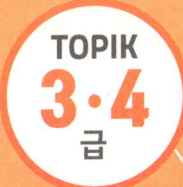

TOPIK 3·4급

Tingkat Dasar

1500 Kata Kunci TOPIK
Belajar dengan Contoh Kalimat

예문으로 배우는

TOPIK 핵심단어

초급 1000단어

인도네시아어 편

50일 완성

Bahasa Indonesia

인사글

안녕하세요. 이 책의 기획과 편집을 맡은 박대건입니다.

K-POP, K-드라마, K-웹툰 등 많은 한국의 문화 컨텐츠가 해외에 알려지면서 한글에 대한 외국인들의 관심은 점점 높아지고 있습니다.

이와 더불어 외국인들의 한국어 능력을 테스트하는 토픽(TOPIK) 시험 응시자 또한 점점 늘어나고 있습니다. 하지만, 처음 한국어를 익히고자 하는 외국인들에게는 쉽지 않은 과정입니다.

언어를 배우기 위해서는 기본이 되는 것이 어휘를 많이 알아야 하는 것과 다양한 사용 예문을 알아야 합니다. 이러한 어려움을 해결하고자 한국어 예문을 통해서 학습할 수 있도록 이 책을 기획하게 되었습니다.

'예문으로 배우는 TOPIK 핵심단어(초급)' 는 한국어를 익히는데 도움이 되는 예문을 사용하여 50일동안 학습할 수 있도록 구성하였습니다.

이 책이 한국어를 배우고 한국을 사랑하는 외국인들에게 한국을 더 알 수 있는 계기가 되었으면 합니다.

케이에스비퓨쳐는 세계 속에 한글의 우수성을 알리는데 열심을 다하겠습니다.

박대건 (케이에스비퓨쳐)

소개글

안녕하세요? 이 책의 편집을 맡은 어뜨겅두입니다.

최근 6년간 한국어를 가르친 경험과 학습자들의 필요 요구에 따라 '예문으로 배우는 TOPIK 핵심 단어(중급)'라는 이 책을 지난 6월에 만들고 이어서 이번에 '예문으로 배우는 TOPIK 핵심 단어(초급)'을 만들었습니다.

한국어 능력 시험을 보는 응시자들 대상으로 강의하면서 가장 많이 받은 질문 중 하나는 "단어를 몇 개 외우고 어떻게 공부해야 토픽에 합격할 수 있나요?" 하는 질문입니다.

그 질문에 대한 대답은 토픽1이냐 토픽2이냐에 따라 달라집니다.

토픽1 (초급)에 합격하려면 약 800개의 기초 어휘와 기본 문법으로 간단한 문장을 만들어보고 생활 속에서 실용화되는 어휘들을 이해하고, 표현할 수 있어야 한다는 기준이 있지만 토픽2 (중, 고급)에는 약 1,500~2,000개 이상의 어휘를 이용하여 공공시설 이용과 사회적 관계, 뉴스, 신문 기사 등을 정확하게 이해하고 사용할 수 있어야 합니다.

지금까지 많은 학습자가 단어의 쓰임을 이해하지 못하고 외워서 그 외운 단어를 활용하여 문장을 만들어보는 것에 어려움을 많이 느껴왔습니다.

단어를 많이 외우는 것이 좋지만, 그 단어의 쓰임과 활용을 확인해 볼 필요가 있습니다.

그래서 이 책에서는 많은 예문을 통해 실제 어휘 쓰임을 이해할 수 있고 특히 예문이 인도네시아어로 번역되어 있어서 스스로 학습하기 편리하게 출간했습니다. 또한 효과적인 학습이 되도록 어휘 암기확인 및 연습 문제까지 제시하였습니다. 본 교재에서 출시된 예문과 어휘 번역은 국립 국어원 한국어 기초 사전을 저작권 승인을 받아 활용하였기 때문에 정확합니다.

토픽시험 핵심 단어 초급 1000개를 50일 동안 하루에 20개씩 외우고 복습하여 토픽 공부에 도전하세요. 당신은 할 수 있습니다.

늘 진심으로 응원하겠습니다.

소기르 어뜨겅두 (TOPIK CENTER)

소개글

Halo, apa kabar?

　　Saya Feby, saya aktif bekerja sebagai pengajar bahasa Korea di Indonesia yang kini sedang menempuh studi di Korea Selatan. Sebelum melanjutkan studi di Korea, dalam pengalaman saya mengajar bahasa Korea selama 3 tahun bagi pembelajar dari Indonesia, saya merasa bahwa banyak sekali yang mulai mempelajari persiapan untuk ujian TOPIK. Meskipun sudah banyak kursus yang menyediakan program khusus persiapan ujian TOPIK di Indonesia, tetapi saya merasa bahwa tidak banyak buku TOPIK yang dibuat di Korea, yang secara spesifik menyediakan terjemahan dan penjelasan dalam Bahasa Indonesia. Sehingga bagi para pembelajar bahasa Korea, hal ini menjadi tantangan tersendiri karena harus rajin mengumpulkan soal ujian dan juga mempelajari kosakata maupun istilah, dan juga tata bahasa yang keluar di soal ujian tersebut.

　　Buku ini memberikan kemudahan bagi mereka yang ingin mempersiapkan ujian TOPIK untuk belajar kosakata yang sering keluar dalam ujian TOPIK dengan menyediakan 1000 kosakata beserta terjemahan di setiap tingkatnya. Tidak hanya contoh kosakata, tetapi juga disediakan pula contoh kalimat dan kosakata lainnya yang berhubungan dengan kosakata tersebut supaya para pembelajar bisa belajar lebih mendalam. Maka dari itu, akan lebih mudah dan efektif bagi para pembelajar untuk mempersiapkan TOPIK dari hal yang paling esensial yaitu kosakata. Semoga bermanfaat!

　　На первый взгляд путь к изучению корейского языка будет казаться нелёгким. Но я знаю что вы добьётесь своей цели. Желаю всем удачи!

소개글

안녕하세요?

페비라고 합니다. 인도네시아에서 한국어 강사로 일하고 있으며 현재 한국에서 유학중입니다. 한국에서 유학하기 전에 3년동안 인도네시아인을 위해 한국어를 가르쳤을 때 토픽 시험을 준비하는 학습자들이 증가하고 있다는 것을 느꼈습니다. 인도네시아에서 토픽 시험 준비 프로그램을 제공하는 학원들이 있는데도 불구하고 한국에서 인도네시아어로 만든 토픽 책이 부족하다는 것을 알게 되었습니다. 따라서 많은 인도네시아 학습자들이 많은 어려움을 겪게 되었습니다. 왜냐하면 스스로 토픽 기출 문제들을 찾고 풀거나 거기에서 나온 단어와 표현, 즉 문법을 꾸준히 정리하고 공부해야 하기 때문입니다.

이 책은 토픽 시험 문제에 나온 어휘를 바탕으로 각 단계별로 인도네시아어 의미를 포함한 1000개의 단어를 제공하여 토픽 시험을 준비하는 학습자들이 이를 쉽게 공부할 수 있습니다. 그 뿐만 아니라 각 어휘와 관련한 예문과 관련 표현들도 동시에 제시되었기 때문에 학습자들이 또 깊은 이해력을 가지게 될 것을 믿습니다.

따라서 학습자들은 가장 핵심적인 것, 즉 어휘부터 토픽을 준비하는 것이 더 쉽고 효과적일 것입니다. 이 책이 유용하길 바랍니다!

이 책의 활용 방법 Petunjuk Penggunaan

50일 동안 완성하는 일정표와 함께
매일 외워야 할 어휘를 외우고 점검하세요!
Hafalkan dan periksa kosakata yang
perlu Anda hafal setiap hari dengan
jadwal penuh selama 50 hari!

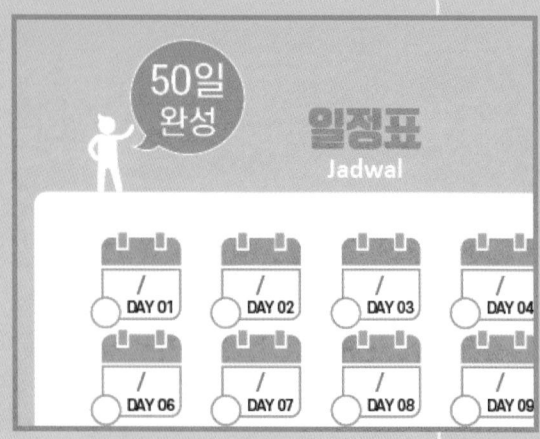

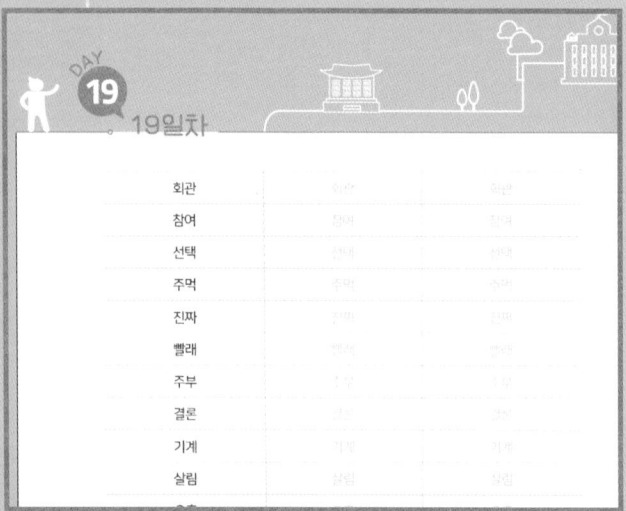

외울 어휘를 확인 해보세요
Lihat kosakata untuk dihafal

어휘 학습하기 전에 본인이 알고 있는
단어와 모르는 단어를 꼭 확인 해보세요!
Pastikan untuk memeriksa
kata-kata yang Anda ketahui dan
yang tidak Anda ketahui sebelum
mempelajari kosakata!

예문과 함께 어휘를 학습하세요.
Pelajari kosakata dengan contoh kalimatnya.

토픽시험에 출시되었던 어휘를 러시아어
번역과 함께 예문, 자주 쓰는 표현,
알아야 할 사항을 제시하였습니다.
Kosakata yang keluar dalam tes TOPIK
disajikan beserta terjemahan dalam bahasa In-
donesia, contoh kalimat, ungkapan yang sering
digunakan, dan hal-hal yang perlu diketahui.

학습한 어휘를 연습문제를 풀어서 확인해 보세요.
Periksa kosakata yang telah Anda pelajari dengan menjawab latihan soal.

어휘를 외우고 '어휘 활용 연습'으로
다시 한번 외운 내용을 점검해보세요.
어휘 응용 능력을 키워 보세요!
Setelah menghafal kosakata, periksa kembali kosakata yang telah dihafal dengan 'Latihan Penggunaan Kosakata'. Kembangkan kemampuan penggunaan kosakata Anda!

학습한 어휘를 암기하였는지 확인해보세요.
Periksa apakah Anda sudah menghafal di luar kepala kosakata yang telah dipelajari.

어휘 학습한 후 얼마나 잘 외웠는지를
'어휘 암기 확인' 부분에서 꼭 확인하고 가세요!
Setelah mempelajari kosakata, pastikan untuk memeriksa seberapa baik Anda menghafalnya di bagian 'Pemeriksaan Hafalan Kosakata'!

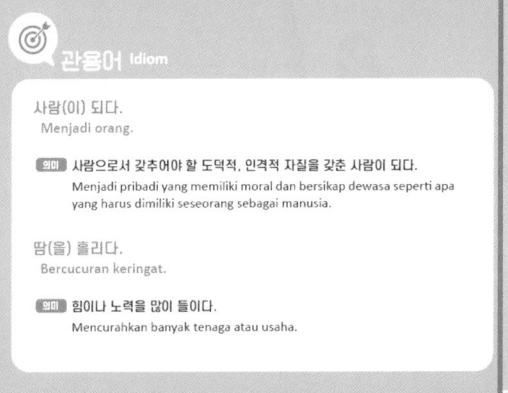

하루에 관용어 두 개를 꼭 외워 보세요.
Hafalkan dua idiom dalam sehari.

'관용어' 부분에서 하루에 관용어 두개를 의미와 함께 인도네시아어 번역까지 준비했습니다.
매일 관용어 두 개를 외우면 50일 동안 100개를 외울 수 있을 것입니다.
Pada bagian 'Idiom', kami telah menyiapkan dua idiom setiap hari dan menerjemahkannya ke dalam bahasa Indonesia. Jika Anda menghafal dua idiom setiap hari, Anda akan dapat menghafal 100 idiom dalam 50 hari.

전자책 앱 활용 방법
Cara Menggunakan Aplikasi Buku

Let's 놀자 play with TOPIK

전자책 앱을 함께 활용하여 공부해보세요.
Belajarlah menggunakan aplikasi e-book bersama.

'놀자TOPIK'은 한국출판문화산업진흥원의 2022년도 멀티미디어 전자책 지원사업에 선정되어 제작된 도서와 함께 출시되는 전자책 앱입니다.

Topi Bermain' adalah aplikasi buku elektronik yang dirilis bersamaan dengan buku yang dipilih dan diproduksi oleh Korea Publishing Culture Industry Promotion Agency pada tahun 2022 untuk mendukung e-book multimedia.

일정표
Jadwal

/ DAY 01	/ DAY 02	/ DAY 03	/ DAY 04	/ DAY 05
/ DAY 06	/ DAY 07	/ DAY 08	/ DAY 09	/ DAY 10
/ DAY 11	/ DAY 12	/ DAY 13	/ DAY 14	/ DAY 15
/ DAY 16	/ DAY 17	/ DAY 18	/ DAY 19	/ DAY 20
/ DAY 21	/ DAY 22	/ DAY 23	/ DAY 24	/ DAY 25
/ DAY 26	/ DAY 27	/ DAY 28	/ DAY 29	/ DAY 30
/ DAY 31	/ DAY 32	/ DAY 33	/ DAY 34	/ DAY 35
/ DAY 36	/ DAY 37	/ DAY 38	/ DAY 39	/ DAY 40
/ DAY 41	/ DAY 42	/ DAY 43	/ DAY 44	/ DAY 45
/ DAY 46	/ DAY 47	/ DAY 48	/ DAY 49	/ DAY 50

DAY 01

01일차

댁	댁	댁
집	집	집
입	입	입
질	질	질
못	못	못
벽	벽	벽
꽃	꽃	꽃
말	말	말
손	손	손
위	위	위
값	값	값
뒤	뒤	뒤
봄	봄	봄
멋	멋	멋
강	강	강
병	병	병
점	점	점
옷	옷	옷
땀	땀	땀
표	표	표

댁   rumah, rumah tangga, keluarga

(높이는 말로) 남의 집이나 가정.
(dalam sebutan hormat) rumah atau rumah tangga orang lain

댁으로 찾아뵙다.
댁으로 찾아가다.
댁으로 가다.

예문
- 우리는 명절을 맞이하여 선생님 댁을 방문했다.
  Kami mengunjungi rumah guru dalam rangka merayakan hari raya.

집   rumah, tempat tinggal

사람이나 동물이 추위나 더위 등을 막고 그 속에 들어 살기 위해 지은 건물.
bangunan untuk orang atau hewan untuk menahan dingin atau panas dsb dan untuk ditinggali di dalamnya

집에서 자다.
집을 짓다.
집을 잃다.

예문
- 남자는 집이 없어 이곳저곳을 떠돌며 지냈다.
  Laki laki itu pindah dari satu tempat ke tempat lain karena tidak mempunyai rumah.

입   mulut

음식을 먹고 소리를 내는 기관으로 입술에서 목구멍까지의 부분.
bagian dari bibir sampai pada kerongkongan yang merupakan organ untuk makan dan mengeluarkan suara

입을 벌리다.
입을 다물다.
입이 크다.

예문
- 엄마가 숟가락에 음식을 뜨자 아기가 입을 크게 벌려 받아먹었다.
  Saat ibu menyendok makanan, anak membuka mulutnya dengan lebar lalu memakannya.

질   kualitas, mutu

속성, 가치, 쓸모, 등급 등과 같은 사물의 근본 성질.
karakter dasar dari benda yang seperti sifat, nilai, kegunaan, tingkat, dsb

질이 좋다.
질이 떨어지다.
질이 높다.

예문
- 여가 활동은 삶의 질을 높여 만족스러운 삶을 살도록 해 준다.
  Kegiatan rekreasi meningkatkan kualitas hidup dan membuat hidup menjadi memuaskan.

몫   bagian

무엇을 여럿이 나누어 가질 때 각 사람이 가지게 되는 부분.
bagian yang menjadi milik setiap orang saat membagi sesuatu menjadi beberapa

몫을 챙기다.
몫을 받다.
몫을 나누다.

예문
- 우리 팀은 장기 자랑에서 받은 상금을 나누어 각자의 몫만큼 가져갔다.
  Tim kami membagi hadiah uang dari pertunjukan adu bakat dan membagikannya ke masing-masing anggota.

벽 — ctembok, dinding

집이나 방의 둘레를 단단하게 막고 있는 부분.
bagian rumah atau kamar yang berdiri mengelilingi untuk menghalangi atau menutupi

벽에 페인트를 칠하다.
벽에 전시하다.
벽에 적히다.

예문
- 아버지는 거실 벽에 새 그림을 걸으셨다.
  Ayah menggantung lukisan baru di dinding ruang tamu.

꽃 — bunga, kembang

특유의 모양과 빛깔, 향기가 있으며 줄기 끝에 달려 있는 식물의 한 부분. 또는 그것이 피는 식물.
bagian dari tanaman yang bergantung di ujung tangkai yang memiliki bentuk warna, harum yang unik, atau tumbuhan yang ditumbuhi sesuatu yang seperti itu

꽃을 피우다.
꽃을 심다.
꽃을 받다.

예문
- 나는 은은한 향기가 나는 꽃을 들고 친구의 병문안을 갔다.
  Aku pergi mengunjungi teman di rumah sakit sambil membawa bunga dengan wangi yang lembut.

말 — perkataan, kata-kata

생각이나 느낌을 표현하고 전달하는 사람의 소리.
bunyi atau suara manusia yang merupakan ungkapan perasaan atau pikiran

말이 빠르다.
말이 느리다.
말이 나오다.

예문
- 감기에 걸려 목이 아파서 말이 잘 안 나온다.
  Tenggorokanku sakit karena terkena flu, jadi aku tidak bisa berbicara dengan baik.

손 — tangan

팔목 끝에 있으며 무엇을 만지거나 잡을 때 쓰는 몸의 부분.
bagian tubuh yang berada di ujung lengan, digunakan untuk menyentuh, menggenggam sesuatu

손으로 빗다.
손으로 만지다.
손으로 때리다.

예문
- 밥을 먹기 전에는 손을 깨끗하게 씻어야 한다.
  Kita harus mencuci tangan dengan bersih sebelum makan.

위 — lambung, mag

동물이나 사람의 몸 안에서 소화시키는 일을 하는 기관.
organ tubuh manusia atau hewan yang berfungsi untuk mencerna makanan

위가 약하다.
위가 아프다.
위가 쓰리다.

예문
- 위가 안 좋아졌는지 요즘 소화가 잘 안 된다.
  Entah karena lambungku tidak sehat, akhir-akhir ini pencernaanku tidak baik.

값 harga

사고파는 물건에 일정하게 매겨진 돈의 액수.
nilai uang yang dikenakan pada barang yang dijualbelikan

저렴한 값에 사다.
비싼 값에 팔다.
비싼 값에 사다.

예문
- 이 식당의 음식은 값도 싸고 맛도 있어 손님들에게 인기가 많다.
  Tempat makan ini terkenal di kalangan para pelanggan tidak hanya karena harganya yang murah, tetapi juga karena rasanya yang enak.

뒤 belakang

향하고 있는 방향의 반대쪽.
arah yang berlawanan dari arah yang sedang dituju

뒤에 앉다.
뒤로 숨다.
뒤로 물러서다.

예문
- 아이들이 선생님의 뒤를 따라 차례로 걸어간다.
  Anak-anak berjalan bergiliran mengikuti di belakang guru.

봄 musim semi

네 계절 중의 하나로 겨울과 여름 사이의 계절.
musim di mana cuaca mulai hangat, bunga yang kuncup mulai bermekaran, musim antara musim dingin dan musim panas

봄을 맞이하다.
봄을 맞다.
봄을 기다리다.

예문
- 앞마당에 핀 진달래꽃을 보고 나는 봄이 왔다는 것을 느낄 수 있었다.
  Melihat bunga azalea bermekaran di halaman depan, aku bisa merasakan bahwa musim semi telah tiba.

멋 penampilan, tampang

생김새, 행동, 차림새 등을 꾸며 놓은 것이 세련되고 보기에 좋은 모양.
tampang, sikap, penampilan, dsb yang selalu dibuat atau diperindah agar terlihat baik

멋을 부리다.
멋을 내다.
멋이 있다.

예문
- 많이 치장해도 예쁘지 않은 사람도 있고 많이 치장하지 않아도 세련된 멋이 나는 사람도 있다.
  Ada orang yang tidak cantik meski dengan banyak riasan, ada juga orang yang tampil elegan dan cantik meski tanpa banyak riasan.

강 sungai

넓고 길게 흘러 바다로 들어가는 물줄기.
aliran air yang yang mengalir luas dan panjang menuju ke laut

강에서 헤엄치다.
강에 이르다.
강을 건너다.

예문
- 다리가 공사 중이라 강을 건너려면 배를 타야 했다.
  Jembatan sedang dalam pembangunan, jadi kita harus naik kapal bila hendak menyeberangi sungai.

병 botol

주로 액체나 가루를 담는 데 쓰는, 목이 길고 좁은 그릇.
wadah sempit yang lehernya panjang, yang biasanya digunakan untuk menyimpan cairan atau bubuk

병에 붓다.
병에 보관하다.
병에 담다.

예문
- 어머니는 양념들을 모두 모양이 같은 병에 담아 보관하신다.
  Ibu menyimpan semua bumbu dalam botol yang bentuknya sama.

점 titik

작고 둥글게 찍은 표시.
tanda baca yang ditulis dengan bentuk bulat kecil

점으로 표시하다.
점을 찍다.
점이 찍히다.

예문
- 종이 위에 찍혀 있는 점을 차례로 이어 보니 하나의 그림이 완성되었다.
  Ketika aku menghubungkan satu per satu titik yang ada di kertas, sebuah lukisan telah terselesaikan.

옷 baju, pakaian

사람의 몸을 가리고 더위나 추위 등으로부터 보호하며 멋을 내기 위하여 입는 것.
sesuatu yang menutupi tubuh, melindungi dari panas dan dingin, dan mempercantik diri

옷을 팔다.
옷을 짓다.
옷을 입다.

예문
- 옷을 잘 차려 입은 친구는 마치 다른 사람처럼 보였다.
  Teman yang pandai dalam memadupadankan pakaian terlihat seperti orang lain.

땀 keringat

덥거나 몸이 아프거나 긴장을 했을 때 피부를 통해 나오는 짭짤한 맑은 액체.
cairan bening dan asin yang keluar melalui kulit saat panas, tubuh sakit, atau tegang

땀을 흘리다.
땀을 씻다.
땀을 식히다.

예문
- 운동장을 두 바퀴 뛴 유민이는 땀을 식히기 위해 그늘에 앉았다.
  Yumin yang telah berlari mengitari lapangan dua putaran duduk di tempat teduh untuk mengeringkan keringat.

표 daftar, tabel, diagram

어떤 내용을 일정한 형식과 순서에 따라 보기 좋게 나타낸 것.
hal yang menunjukkan suatu isi sesuai bentuk dan urutan tertentu agar enak dilihat

표로 정리하다.
표로 나타내다.
표를 작성하다.

예문
- 나는 구입한 내역을 표로 깔끔하게 정리했다.
  Aku menyusun rapi riwayat pembelian dengan tabel.

DAY 01

어휘 활용 연습 — Latihan Penggunaan Kosakata

✏️ **[보기]에서 알맞은 어휘를 골라 문장 안에 쓰십시오.**
Pilihlah kosakata yang tepat dalam [Contoh] dan tuliskan dalam kalimat.

| [보기] | 표 | 질 | 입 | 병 | 말 | 땀 | 뒤 | 꽃 | 강 | 값 |

1. 이 식당의 음식은 __도 싸고 맛도 있어 손님들에게 인기가 많다.
2. 다리가 공사 중이라 __을 건너려면 배를 타야 했다.
3. 나는 은은한 향기가 나는 __을 들고 친구의 병문안을 갔다.
4. 아이들이 선생님의 __를 따라 차례로 걸어간다.
5. 운동장을 두 바퀴 뛴 유민이는 __을 식히기 위해 그늘에 앉았다.
6. 감기에 걸려 목이 아파서 __이 잘 안 나온다.
7. 어머니는 양념들을 모두 모양이 같은 __에 담아 보관하신다.
8. 엄마가 숟가락에 음식을 뜨자 아기가 __을 크게 벌려 받아먹었다.
9. 여가 활동은 삶의 __을 높여 만족스러운 삶을 살도록 해 준다.
10. 나는 구입한 내역을 __로 깔끔하게 정리했다.

✏️ **어휘에 맞는 의미를 찾아 선으로 이어 보세요.**
Temukan arti yang sesuai dengan kosakata dan hubungkan dengan garis.

1. 집 • • ㄱ. 남의 집이나 가정.
2. 점 • • ㄴ. 네 계절 중의 하나로 겨울과 여름 사이의 계절.
3. 위 • • ㄷ. 동물이나 사람의 몸 안에서 소화시키는 일을 하는 기관.
4. 옷 • • ㄹ. 무엇을 여럿이 나누어 가질 때 각 사람이 가지게 되는 부분.
5. 손 • • ㅁ. 사람의 몸을 가리고 더위나 추위 등으로부터 보호하며 멋을 내기 위하여 입는 것.
6. 봄 • • ㅂ. 사람이나 동물이 추위나 더위 등을 막고 그 속에 들어 살기 위해 지은 건물.
7. 벽 • • ㅅ. 생김새, 행동, 차림새 등을 꾸며 놓은 것이 세련되고 보기에 좋은 모양.
8. 몫 • • ㅇ. 작고 둥글게 찍은 표시.
9. 멋 • • ㅈ. 집이나 방의 둘레를 단단하게 막고 있는 부분.
10. 댁 • • ㅊ. 팔목 끝에 있으며 무엇을 만지거나 잡을 때 쓰는 몸의 부분.

DAY 01

어휘 암기 확인 **Pemeriksaan Hafalan Kosakata**

단어	번역	암기확인
댁		
집		
입		
질		
못		
벽		
꽃		
말		
손		
위		
값		
뒤		
봄		
멋		
강		
병		
점		
옷		
땀		
표		

 **어휘 활용 연습 정답**   Kunci Jawaban Latihan Penggunaan Kosakata

 [보기]에서 알맞은 어휘를 골라 문장 안에 쓰십시오.
Pilihlah kosakata yang tepat dalam [Contoh] dan tuliskan dalam kalimat.

| 1) 값 | 2) 강 | 3) 꽃 | 4) 뒤 | 5) 땀 |
| 6) 말 | 7) 병 | 8) 입 | 9) 질 | 10) 표 |

 어휘에 맞는 의미를 찾아 선으로 이어 보세요.
Temukan arti yang sesuai dengan kosakata dan hubungkan dengan garis.

| 1) ㅂ | 2) ㅇ | 3) ㄷ | 4) ㅁ | 5) ㅊ |
| 6) ㄴ | 7) ㅈ | 8) ㄹ | 9) ㅅ | 10) ㄱ |

 **관용어** Idiom

막다른 골목.
   jalan buntu

> 의미   더 이상 어떻게 할 수 없는 절망적인 상태.
>   Keadaan putus asa di mana tidak ada lagi yang bisa dilakukan.

앞길이 멀다.
   jarak yang harus ditempuh masih jauh

> 의미   앞으로 해야 할 일들이 많이 남아 있다.
>   Masih ada banyak hal yang harus dilakukan selanjutnya.

DAY 02
02일차

꿈	꿈	꿈
석	석	석
색	색	색
봉투	봉투	봉투
그룹	그룹	그룹
비자	비자	비자
과학	과학	과학
교재	교재	교재
창작	창작	창작
사용	사용	사용
매일	매일	매일
처음	처음	처음
긴장	긴장	긴장
사람	사람	사람
책방	책방	책방
여름	여름	여름
취소	취소	취소
이후	이후	이후
나라	나라	나라
규칙	규칙	규칙

꿈 impian, impian muluk

잠자는 동안에 깨어 있을 때처럼 보고 듣고 느끼는 정신 현상.
harapan, tujuan dalam hati yang ingin dicapai di masa depan

나쁜 꿈.
꿈이 있다.
꿈을 가지다.

예문
- 지수는 의사인 아버지 때문에 자신도 일찍부터 의사의 꿈을 가지게 되었다.
  Karena ayahnya yang merupakan seorang dokter, Jisu pun bercita-cita menjadi seorang dokter sejak dini.

석 kursi

좌석을 세는 단위.
unit untuk menyatakan banyaknya kursi

삼십 석.
오백 석.
삼천 석.

예문
- 김 박사의 강의를 들으러 온 사람들이 천 석도 넘는 강연장을 꽉 채웠다.
  Orang-orang yang datang untuk mengikuti kuliah Profesor Kim memenuhi ruang kuliah yang melebihi seribu kursi.

색 warna

보통의 사람이나 사물과는 다른 특성.
warna cerah atau gelap seperti merah, kuning, biru yang dipantulkan oleh benda saat menerima cahaya

색이 다르다.
색을 가지다.
색을 유지하다.

예문
- 나는 장롱 속에서 오랜 세월 탓에 색이 바랜 옛날 사진 몇 장을 발견했다.
  Aku menemukan beberapa lembar foto yang warnanya memudar karena termakan zaman di dalam lemari.

봉투 amplop, sampul surat

편지나 서류 등을 넣기 위해 종이로 만든 주머니.
kantong yang terbuat dari kertas untuk memasukkan surat atau dokumen dsb

돈 봉투.
서류 봉투.
편지 봉투.

예문
- 그는 돈이 든 봉투를 동생의 손에 쥐어 주었다.
  Dia memberikan amplop berisi uang kepada adiknya.

그룹 grup

어떤 일을 함께 하는 사람들의 모임.
perkumpulan orang-orang yang mengerjakan suatu pekerjaan bersama-sama

그룹에 가입하다.
그룹에 참가하다.
그룹을 만들다.

예문
- 시험 기간이 되자 학생들은 그룹을 이루어 공부를 하였다.
  Para siswa belajar berkelompok saat masa ujian tiba.

비자 visa

외국인의 출입국을 허가하는 증명.
bukti tertulis untuk memberi izin keluar masuk suatu negara bagi orang asing

미국 비자.
취업 비자.
학생 비자.

예문
- 나는 미국으로 유학을 떠나기 위해, 미국 대사관에 비자를 신청했다.
  Aku mengajukan pendaftaran visa di kedutaan besar Amerika untuk belajar di Amerika.

과학 ilmu alam, ilmu bumi, ilmu pasti

자연에서 일어나는 현상을 연구하는 학문.
cabang ilmu pengetahuan yang mempelajari dan meneliti fenomena yang terjadi di alam

현대 과학.
과학 기술.
과학 분야.

예문
- 과학은 물리학과 생물학 등의 여러 분야로 나눌 수 있다.
  Ilmu Pengetahuan Alam dapat dibagi menjadi beberapa bidang seperti fisika dan biologi.

교재 buku pelajaran sekolah

교육이나 학습을 하는 데 필요한 교과서나 그 외의 자료.
buku yang digunakan dan diperlukan dalam pelajaran di sekolah

교재 개발.
교재 연구.
교재를 개발하다.

예문
- 교수님은 첫 수업 시간에 앞으로 사용할 교재와 참고 서적을 알려 주셨다.
  Dosen memberitahu buku pelajaran dan bacaan referensi yang akan digunakan ke depannya saat kelas pertama.

창작 penciptaan (penciptaan, kreatif)

무엇을 처음으로 만들어 냄. 또는 그렇게 만들어 낸 것.
hal menciptakan sesuatu untuk pertama kali, atau sesuatu yang diciptakan demikian

창작 목적.
창작 프로그램.
창작과 모방.

예문
- 방송국은 봄 개편 때 창작 프로그램을 늘리기로 했다.
  Stasiun TV sepakat untuk memperbanyak program kreatif saat reorganisasi musim semi.

사용 penggunaan

무엇을 필요한 일이나 기능에 맞게 씀.
hal menggunakan sesuai dengan pekerjaan atau kemampuan yang membutuhkan sesuatu

사용 계획.
사용 금지.
사용 기간.

예문
- 이곳에 건물을 짓기 위해서는 토지 사용 허가를 받아야 한다.
  Untuk mendirikan bangunan di sini, harus mendapatkan izin penggunaan tanah.

매일 setiap hari, tiap hari (setiap hari, tiap hari, hari-hari)

하루하루의 모든 날.
semua hari dari hari-hari

매일의 생활.
매일의 일기.
매일을 보내다.

예문

- 어머니는 집을 나간 아들 걱정으로 매일을 보내고 있다.
  Ibu menghabiskan hari-hari dengan mengkhawatirkan putranya yang pergi meninggalkan rumah.

처음 pertama kali (pertama kali, awal)

차례나 시간상으로 맨 앞.
paling depan dari sebuah urutan atau waktu

노래의 처음.
일의 처음.
맨 처음.

예문

- 아버지는 지수가 처음부터 좋은 성적을 낼 것이라고 큰 기대를 하고 있었다.
  Ayah sejak awal memiliki harapan tinggi bahwa Jisu akan mendapatkan nilai yang bagus.

긴장 ketegangan, kegugupan

마음을 놓지 않고 정신을 바짝 차림.
hal tidak lega dan tetap siaga

긴장을 하다.
긴장을 풀다.
긴장을 유지하다.

예문

- 관중들은 두 라이벌의 치열한 결승전 경기를 긴장 속에 관람하였다.
  Penonton menyaksikan pertandingan final yang sengit antara kedua rival dalam ketegangan.

사람 manusia, orang

생각할 수 있으며 언어와 도구를 만들어 사용하고 사회를 이루어 사는 존재.
keberadaan yang bisa berpikir, membuat bahasa dan alat lalu menggunakannya, dan membentuk masyarakat

고향 사람.
동양 사람.
서양 사람.

예문

- 사람은 먼 옛날부터 동물을 길들이고 자연을 지배해 왔다.
  Sejak dahulu kala, manusia telah menjinakkan hewan dan mendominasi alam.

책방 toko buku

책을 파는 가게.
toko yang menjual buku

책방 주인.
동네 책방.
책방에 가다.

예문

- 학교 앞 책방에서는 수업에 필요한 책과 문제집을 판다
  Toko buku di depan sekolah menjual buku dan kumpulan soal yang diperlukan dalam pelajaran.

여름 — musim panas

네 계절 중의 하나로 봄과 가을 사이의 더운 계절.
salah satu musim yang panas dari empat musim yang ada di antara musim semi dan musim gugur

이번 여름.
긴 여름.
무더운 여름.

예문
- 무더운 **여름**이 지나가고 시원한 가을이 돌아왔다.
  Musim gugur yang sejuk telah kembali setelah musim panas yang panas berlalu.

취소 — penghapusan, pembatalan, penarikan (penghapusan, pembatalan, penarikan,

이미 발표한 것을 거두어들이거나 약속한 것 또는 예정된 일을 없앰.
hal menarik kembali apa yang sudah diumumkan atau membatalkan sesuatu yang sudah dijanjikan atau dijadwalkan

계약 취소.
공연 취소.
등록 취소.

예문
- 삼촌은 음주 운전을 하다가 면허 **취소**를 당했다.
  SIM paman dicabut karena mengemudi dalam pengaruh alkohol.

이후 — kemudian, setelah ini

지금부터 뒤.
di belakang dari sekarang

이후의 사회.
이후의 삶.
이후의 일.

예문
- 젊었을 때 아저씨는 **이후**의 삶을 대비하지 않고 그저 흥청망청 살았다.
  Saat muda, paman tidak mempersiapkan hari tuanya dan hanya hidup berfoya-foya.

나라 — negara

일정한 영토와 주권을 가지고 있는 사람들의 사회적인 조직.
sebuah struktur sosial masyarakat yang memiliki teritorial tetap dan kedaulatan

이웃 나라.
다른 나라.
나라 이름.

예문
- 교장 선생님은 아이들에게 **나라**를 사랑하는 마음을 심어 주기 위해 노력하셨다.
  Kepala sekolah berusaha keras untuk menanamkan rasa cinta tanah air kepada para siswa.

규칙 — peraturan

여러 사람이 지키도록 정해 놓은 법칙.
aturan yang ditetapkan agar ditaati oleh banyak orang

규칙이 바뀌다.
규칙을 따르다.
규칙을 만들다.

예문
- 우리 선수들은 경기 **규칙**에 따라 정정당당하게 경기를 치렀다.
  Para atlet kami memainkan pertandingan dengan sportif sesuai peraturan pertandingan.

DAY 02 — 어휘 활용 연습
Latihan Penggunaan Kosakata

✏️ **[보기]에서 알맞은 어휘를 골라 문장 안에 쓰십시오.**
Pilihlah kosakata yang tepat dalam [Contoh] dan tuliskan dalam kalimat.

| [보기] | 과학 그룹 긴장 꿈 나라 매일 색 창작 책방 취소 |

1. 지수는 의사인 아버지 때문에 자신도 일찍부터 의사의 ___을 가지게 되었다.
2. 나는 장롱 속에서 오랜 세월 탓에 ___이 바랜 옛날 사진 몇 장을 발견했다.
3. 시험 기간이 되자 학생들은 ___을 이루어 공부를 하였다.
4. ___은 물리학과 생물학 등의 여러 분야로 나눌 수 있다.
5. 방송국은 봄 개편 때 ___ 프로그램을 늘리기로 했다.
6. 어머니는 집을 나간 아들 걱정으로 ___을 보내고 있다.
7. 관중들은 두 라이벌의 치열한 결승전 경기를 ___ 속에 관람하였다.
8. 학교 앞 ___에서는 수업에 필요한 책과 문제집을 판다
9. 삼촌은 음주 운전을 하다가 면허 ___를 당했다.
10. 교장 선생님은 아이들에게 ___를 사랑하는 마음을 심어 주기 위해 노력하셨다.

✏️ **어휘에 맞는 의미를 찾아 선으로 이어 보세요.**
Temukan arti yang sesuai dengan kosakata dan hubungkan dengan garis.

1. 교재 • • ㄱ. 편지나 서류 등을 넣기 위해 종이로 만든 주머니.
2. 규칙 • • ㄴ. 차례나 시간상으로 맨 앞.
3. 봉투 • • ㄷ. 지금부터 뒤.
4. 비자 • • ㄹ. 좌석을 세는 단위.
5. 사람 • • ㅁ. 외국인의 출입국을 허가하는 증명.
6. 사용 • • ㅂ. 생각할 수 있으며 언어와 도구를 만들어 사용하고 사회를 이루어 사는 존재.
7. 석 • • ㅅ. 무엇을 필요한 일이나 기능에 맞게 씀.
8. 여름 • • ㅇ. 네 계절 중의 하나로 봄과 가을 사이의 더운 계절.
9. 이후 • • ㅈ. 교육이나 학습을 하는 데 필요한 교과서나 그 외의 자료.
10. 처음 • • ㅊ. 여러 사람이 지키도록 정해 놓은 법칙.

Kosakata Kunci

DAY 02 어휘 암기 확인! Pemeriksaan Hafalan Kosakata

단어	번역	암기확인
꿈		
석		
색		
봉투		
그룹		
비자		
과학		
교재		
창작		
사용		
매일		
처음		
긴장		
사람		
책방		
여름		
취소		
이후		
나라		
규칙		

어휘 활용 연습 정답
Kunci Jawaban Latihan Penggunaan Kosakata

✏️ [보기]에서 알맞은 어휘를 골라 문장 안에 쓰십시오.
Pilihlah kosakata yang tepat dalam [Contoh] dan tuliskan dalam kalimat.

1) 꿈 2) 색 3) 그룹 4) 과학 5) 창작
6) 매일 7) 긴장 8) 책방 9) 취소 10) 나라

✏️ 어휘에 맞는 의미를 찾아 선으로 이어 보세요.
Temukan arti yang sesuai dengan kosakata dan hubungkan dengan garis.

1) ㅈ 2) ㅊ 3) ㄱ 4) ㅁ 5) ㅂ
6) ㅅ 7) ㄹ 8) ㅇ 9) ㄷ 10) ㄴ

관용어 Idiom

희망의 등대
Pilar harapan

 앞날에 대한 희망을 주는 마음의 기둥이나 지탱점.
Pilar atau penopang hati yang memberi harapan untuk masa depan.

그늘이 지다.
bermuram durja.

 근심이나 걱정이 있어 얼굴이 밝지 못하다.
Wajah muram karena khawatir atau cemas akan sesuatu.

03일차

전국	전국	전국
빌딩	빌딩	빌딩
등산	등산	등산
과일	과일	과일
동해	동해	동해
지폐	지폐	지폐
안경	안경	안경
수량	수량	수량
어른	어른	어른
앞길	앞길	앞길
내일	내일	내일
어제	어제	어제
그릇	그릇	그릇
단체	단체	단체
오염	오염	오염
당일	당일	당일
자매	자매	자매
의자	의자	의자
낮잠	낮잠	낮잠
문제	문제	문제

전국 seluruh negeri

온 나라 전체.
seluruh negeri

전국 각지.
전국 공연.
전국 대회.

예문
- 방송을 보고 <u>전국</u> 각지에서 올라온 가수 지망생들이 방송국으로 몰렸다.
  Para calon penyanyi dari seluruh penjuru negeri berbondong-bondong mendatangi stasiun TV setelah melihat siaran.

빌딩 gedung

주로 사무실이 많이 있는 서양식 고층 건물.
gedung bertingkat tinggi ala barat yang biasanya memiliki banyak kantor

빌딩이 들어서다.
빌딩을 세우다.
빌딩을 짓다.

예문
- 내가 일하는 사무실은 높은 곳에 위치해 있어 <u>빌딩</u> 바깥으로 도시 전체를 한눈에 볼 수 있다.
  Kantorku terletak di tempat yang tinggi sehingga aku bisa melihat pemandangan seluruh kota di luar gedung.

등산 naik gunung, pendakian gunung

운동이나 놀이 등의 목적으로 산에 올라감.
hal naik gunung untuk tujuan olahraga atau kesenangan dsb

등산 모임.
등산 모자.
등산 양말.

예문
- <u>등산</u>을 할 때에는 산에 쓰레기를 버리지 말아야 한다.
  Tidak boleh membuang sampah di gunung saat mendaki gunung.

과일 buah

사과, 배, 포도 등과 같이 나뭇가지나 줄기에 열리는 먹을 수 있는 열매.
buah-buahan yang dapat dimakan seperti apel, pir, anggur, chestnut, dsb

제철 과일.
과일 접시.
과일이 달다.

예문
- 나는 과수원의 나무에서 갓 따 낸 신선한 <u>과일</u>을 먹었다.
  Aku memakan buah segar yang baru dipetik dari pohon yang ada di kebun buah.

동해 Laut Timur

동쪽에 있는 바다.
laut yang terletak di sebelah timur

동해의 어장.
동해의 여행지.
동해에 가다.

예문
- 나는 남편과 <u>동해</u>에 가서 새해 첫 해돋이를 보기로 했다.
  Aku memutuskan untuk pergi ke Laut Timur untuk melihat matahari terbit pertama di tahun baru bersama suamiku.

지폐 — uang kertas

종이로 만든 돈.
uang yang dibuat dengan cetakan kertas

오만 원짜리 지폐.
지폐 한 장.
지폐를 세다.

예문
- 만 원권 지폐에는 세종 대왕이 인쇄되어 있다.
  Gambar Raja Sejong Yang Agung tercetak di uang kertas pecahan 10.000 won.

안경 — kacamata

눈을 보호하거나 시력이 좋지 않은 사람이 잘 볼 수 있도록 눈에 쓰는 물건.
benda yang digunakan untuk membantu yang penglihatannya kurang atau tidak baik, atau untuk melindungi mata

안경을 끼다.
도수 높은 안경.
검은 테 안경.

예문
- 할머니는 눈이 나빠셔서 안경 없이는 아무것도 읽지 못하신다.
  Nenek tidak bisa melihat apapun tanpa kacamata karena penglihatannya buruk.

수량 — kuantitas, jumlah isi, volume

수와 양.
angka dan kuantitas/volume/isi

수량이 부족하다.
수량이 충분하다.
수량을 산출하다.

예문
- 새로 나온 가방은 높은 가격에도 불구하고 거의 다 팔려 수량이 얼마 남지 않았다.
  Meskipun harganya mahal, jumlah persediaan tas keluaran terbaru tinggal sedikit karena hampir habis terjual.

어른 — orang dewasa, orang tua

다 자란 사람.
orang yang telah tumbuh

어른 행세.
어른의 말씀.
어른이 되다.

예문
- 김 할머니의 세 아들들은 모두 다 늠름한 어른으로 자랐다.
  Ketiga putra nenek Kim semuanya tumbuh menjadi pria yang tangguh.

앞길 — jalan depan

건물이나 마을의 앞에 있는 길.
jalan yang ada di depan rumah atau perkampungan

가게 앞길.
골목 앞길.
대문 앞길.

예문
- 할아버지께서는 산책 겸 동네 앞길을 오가곤 하셨다.
  Kakek sering berjalan-jalan di jalan depan sekitar lingkungan rumah sekaligus berolahraga.

내일　besok

오늘의 다음 날.
hari berikutnya setelah hari ini

내일 밤.
내일 새벽.
내일 아침.

예문
- 지배인은 내 이력서를 유심히 살펴보더니 내일부터 출근하라고 했다.
  Manajer menyuruhku masuk kerja mulai besok setelah melihat riwayat kerjaku dengan cermat.

어제　kemarin

오늘의 하루 전날.
hari sebelum hari ini

어제의 날씨.
어제의 일.
어제와 오늘.

예문
- 어제는 날씨가 맑았는데 오늘은 비가 내린다.
  Kemarin cuacanya cerah, tetapi hari ini turun hujan.

그릇　piring, mangkuk

음식을 담는 도구.
alat untuk menaruh makanan

국수 그릇.
반찬 그릇.
찌개 그릇.

예문
- 할머니께서는 냉장고에서 꺼낸 반찬 그릇을 식탁에 올리셨다.
  Nenek meletakkan piring lauk yang dikeluarkan dari dalam lemari es di atas meja makan.

단체　organisasi, badan

같은 목적을 이루기 위해 모인 사람들의 조직.
organisasi orang-orang yang berkumpul untuk mewujudkan tujuan yang sama

단체를 결성하다.
단체를 만들다.
단체를 조직하다.

예문
- 회사에서는 직원들이 어떤 단체를 조직하는 것을 경계했다.
  Perusahaan membatasi karyawannya membentuk organisasi apapun.

오염　polusi pencemaran (polusi, pencemaran)

더러운 상태가 됨.
hal air, udara, tanah, dsb menjadi dalam keadaan kotor

지구 오염.
오염 상태.
오염이 심각하다.

예문
- 쓰레기가 함부로 버려져 땅의 오염 상태가 심각한 수준이다.
  Pencemaran tanah berada di tingkat serius karena sampah dibuang sembarangan.

당일　hari itu, hari tersebut

바로 그날.
hari yang dimaksud

결혼식 당일.
사건 당일.
사고 당일.

예문

- 옛날에는 신랑과 신부가 결혼식 당일에 처음 얼굴을 보는 것이 일반적이었다.
  Dahulu, melihat wajah satu sama lain untuk pertama kalinya pada hari pernikahan adalah hal yang wajar bagi mempelai pria dan wanita.

자매　saudara perempuan

언니와 여동생 사이.
hubungan kakak perempuan dengan adik perempuan

세 자매.
자매가 있다.
사이가 좋은 자매.

예문

- 나와 지수는 서로 많이 닮아서 같이 다니면 자매로 본다.
  Aku dan Jisu sangat mirip, sehingga orang-orang menganggap kami saudara apabila kami pergi bersama.

의자　kursi, bangku

사람이 엉덩이와 허벅지를 대고 걸터앉는 데 쓰는 기구.
peralatan yang digunakan orang untuk menaruh pantat dan paha serta duduk

식탁 의자.
책상 의자.
의자가 놓이다.

예문

- 나는 책장 높이 꽂힌 책을 꺼내기 위해서 의자를 밟고 올라섰다.
  Aku menaiki kursi untuk mengambil buku yang diletakkan di rak buku bagian atas.

낮잠　tidur siang

낮에 자는 잠.
tidur di waktu siang

낮잠이 들다.
낮잠을 자다.
낮잠에 빠지다.

예문

- 나는 점심을 먹고 잠깐 낮잠이 들었다.
  Aku tidur siang sebentar setelah makan.

문제　soal, pertanyaan

답을 요구하는 물음.
pertanyaan yang menghendaki jawaban

연습 문제.
문제가 쉽다.
문제가 어렵다.

예문

- 학생들은 주어진 시험 문제를 한 시간 동안 풀어야 한다.
  Para siswa harus menyelesaikan soal ujian yang diberikan dalam waktu satu jam.

DAY 03

어휘 활용 연습 — Latihan Penggunaan Kosakata

✎ **[보기]에서 알맞은 어휘를 골라 문장 안에 쓰십시오.**
Pilihlah kosakata yang tepat dalam [Contoh] dan tuliskan dalam kalimat.

[보기]	등산 과일 안경 수량 내일 어제 오염 당일 낮잠 문제

1. 나는 과수원의 나무에서 갓 따 낸 신선한 ___을 먹었다.
2. 나는 점심을 먹고 잠깐 ___이 들었다.
3. 지배인은 내 이력서를 유심히 살펴보더니 ___부터 출근하라고 했다.
4. 옛날에는 신랑과 신부가 결혼식 ___에 처음 얼굴을 보는 것이 일반적이었다.
5. ___을 할 때에는 산에 쓰레기를 버리지 말아야 한다.
6. 학생들은 주어진 시험 ___를 한 시간 동안 풀어야 한다.
7. 새로 나온 가방은 높은 가격에도 불구하고 거의 다 팔려 ___이 얼마 남지 않았다.
8. 할머니는 눈이 나쁘셔서 ___ 없이는 아무것도 읽지 못하신다.
9. ___는 날씨가 맑았는데 오늘은 비가 내린다.
10. 쓰레기가 함부로 버려져 땅의 ___ 상태가 심각한 수준이다.

✎ **어휘에 맞는 의미를 찾아 선으로 이어 보세요.**
Temukan arti yang sesuai dengan kosakata dan hubungkan dengan garis.

1. 그릇 • • ㄱ. 주로 사무실이 많이 있는 서양식 고층 건물.
2. 단체 • • ㄴ. 종이로 만든 돈.
3. 동해 • • ㄷ. 음식을 담는 도구.
4. 빌딩 • • ㄹ. 온 나라 전체.
5. 앞길 • • ㅁ. 언니와 여동생 사이.
6. 어른 • • ㅂ. 사람이 엉덩이와 허벅지를 대고 걸터앉는 데 쓰는 기구.
7. 의자 • • ㅅ. 동쪽에 있는 바다.
8. 자매 • • ㅇ. 다 자란 사람.
9. 전국 • • ㅈ. 건물이나 마을의 앞에 있는 길.
10. 지폐 • • ㅊ. 같은 목적을 이루기 위해 모인 사람들의 조직.

DAY 03 어휘 암기 확인 — Pemeriksaan Hafalan Kosakata

단어	번역	암기확인
전국		
빌딩		
등산		
과일		
동해		
지폐		
안경		
수량		
어른		
앞길		
내일		
어제		
그릇		
단체		
오염		
당일		
자매		
의자		
낮잠		
문제		

 어휘 활용 연습 정답   Kunci Jawaban Latihan Penggunaan Kosakata

 [보기]에서 알맞은 어휘를 골라 문장 안에 쓰십시오.
Pilihlah kosakata yang tepat dalam [Contoh] dan tuliskan dalam kalimat.

1) 과일   2) 낮잠   3) 내일   4) 당일   5) 등산
6) 문제   7) 수량   8) 안경   9) 어제   10) 오염

 어휘에 맞는 의미를 찾아 선으로 이어 보세요.
Temukan arti yang sesuai dengan kosakata dan hubungkan dengan garis.

1) ㄷ   2) ㅊ   3) ㅅ   4) ㄱ   5) ㅈ
6) ㅇ   7) ㅂ   8) ㅁ   9) ㄹ   10) ㄴ

 관용어 Idiom

방해를 놓다.
  Menaruh gangguan.

  의미 남에게 방해가 되는 짓을 하다.
     Melakukan sesuatu yang mengganggu orang lain.

기분을 내다.
  Mentraktir.

  의미 남에게 베풀거나 대접하다.
     Memberi atau menjamu orang lain.

04일차

부품	부품	부품
서점	서점	서점
출근	출근	출근
월말	월말	월말
도시	도시	도시
방문	방문	방문
통지	통지	통지
소리	소리	소리
가수	가수	가수
설탕	설탕	설탕
칫솔	칫솔	칫솔
출입	출입	출입
언니	언니	언니
금방	금방	금방
직업	직업	직업
교사	교사	교사
도로	도로	도로
냄새	냄새	냄새
칭찬	칭찬	칭찬
시민	시민	시민

부품 — onderdil, komponen

기계 등의 전체 중 어느 한 부분을 이루는 물건.
salah satu bagian yang berfungsi menggerakkan sebuah mesin dsb

자동차 부품.
핵심 부품.
부품 공장.

예문
- 고장이 난 냉장고 부품을 수리하니 새것같이 잘 작동이 되었다.
  Lemari es bekerja dengan baik seperti baru setelah komponennya yang rusak diperbaiki.

서점 — toko buku

책을 파는 가게.
toko yang menjual buku

구내 서점.
대학 서점.
대형 서점.

예문
- 지수는 집에 가다가 서점에 들러 신간 서적을 둘러보았다.
  Dalam perjalanan pulang, Jisu mampir ke toko buku untuk melihat-lihat buku yang baru terbit.

출근 — pergi kerja, masuk kantor

일하러 직장에 나가거나 나옴.
hal pergi ke tempat kerja untuk bekerja

출근 시간.
출근 준비.
출근이 늦다.

예문
- 나는 출근 시간에 쫓겨 아침도 못 먹고 집을 나섰다.
  Aku keluar rumah tanpa sempat sarapan karena dikejar jam masuk kantor.

월말 — akhir bulan

그달의 끝 무렵.
sekitar akhir bulan tersebut

월말 결산.
월말 정산.
월말이 되다.

예문
- 용돈을 마구 썼더니 월말에 더 이상 쓸 돈이 없었다.
  Aku tidak punya uang yang bisa aku pakai di akhir bulan karena telah boros menggunakan uang sakuku.

도시 — kota

정치, 경제, 문화의 중심이 되고 사람이 많이 사는 지역.
wilayah yang menjadi pusat dari politik, ekonomi, kebudayaan, dan ditinggali banyak orang

도시 생활.
도시를 짓다.
도시에서 살다.

예문
- 서울은 전국에서 인구 증가율이 가장 높고 외부로부터의 인구 유입도 가장 많은 도시이다.
  Seoul adalah kota dengan tingkat peningkatan penduduk dan tingkat masuk penduduk dari luar kota yang paling tinggi di seluruh Korea.

방문 pintu ruangan, pintu kamar

열거나 닫을 수 있게 방의 입구에 달아 놓은 문.
pintu yang terpasang di depan kamar atau ruangan untuk bisa dibuka atau ditutup

방문이 열리다.
방문을 닫다.
방문을 열다.

예문
- 유민은 열린 방문으로 얼굴을 빼꼼히 내밀었다.
  Yumin menampakkan wajahnya dari pintu kamar yang terbuka.

통지 pengumuman, pemberitahuan

어떤 사실을 알림.
hal memberitahukan suatu kenyataan

통지가 되다.
통지가 오다.
통지를 받다.

예문
- 유민이는 대학의 합격 통지를 받고 뛸 듯이 기뻤다.
  Yumin sangat bahagia seakan ingin meloncat setelah menerima pemberitahuan lolos masuk universitas.

소리 suara

물체가 진동하여 생긴 음파가 귀에 들리는 것.
hal terdengarnya di telinga gelombang suara yang muncul oleh getaran objek

라디오 소리.
사람 소리.
음악 소리.

예문
- 그가 틀어 놓은 라디오에서는 흥겨운 음악 소리가 하루 종일 흘러나오고 있었다.
  Suara musik yang ceria terdengar sepanjang hari dari radio yang dia putar.

가수 penyanyi

노래하는 일을 직업으로 하는 사람.
orang yang bernyanyi sebagai profesinya

대중 가수.
인기 가수.
신인 가수.

예문
- 사회자의 소개에 이어 유명 가수가 나와 노래를 불렀다.
  Penyanyi terkenal keluar dan menyanyikan sebuah lagu setelah diperkenalkan oleh pembawa acara.

설탕 gula

물에 잘 녹으며 음식의 단맛을 내는 데 쓰는 하얀 가루.
bubuk putih yang mudah larut di air dan digunakan untuk memberikan rasa manis pada makanan

설탕 가루.
설탕 과자.
설탕을 넣다.

예문
- 설탕은 사탕수수를 가공해서 만든다.
  Gula dibuat dengan mengolah tebu.

칫솔 — sikat gigi

이를 닦는 데 쓰는 솔.
sikat yang digunakan untuk menggosok gigi

전동 칫솔.
칫솔 한 개.
칫솔을 바꾸다.

예문
- 양치질을 하는 도중에 전화가 와서 나는 칫솔을 입에 물고 전화를 받았다.
Telepon masuk saat aku sedang menyikat gigi, jadi aku mengangkatnya sambil mengemut sikat gigi.

출입 — keluar masuk

사람이 어떤 곳을 드나듦.
hal orang keluar masuk suatu tempat

출입 기자.
출입이 어렵다.
출입이 줄다.

예문
- 동생은 어릴 적부터 몸이 약해 병원 출입이 잦았다.
Adik sering keluar masuk rumah sakit karena badannya lemah sejak kecil.

언니 — kakak perempuan

여자가 형제나 친척 형제들 중에서 자기보다 나이가 많은 여자를 이르거나 부르는 말.
panggilan untuk menyebutkan saudara perempuan yang lebih tua dari seluruh saudara.

둘째 언니.
사촌 언니.
우리 언니.

예문
- 나는 공부를 하다가 모르는 것이 있으면 언니나 오빠에게 물어보곤 한다.
Aku sering bertanya kepada kakak perempuan atau kakak laki-lakiku bila ada yang tidak aku ketahui saat belajar.

금방 — baru saja, beberapa saat saja

바로 얼마 전에.
baru beberapa saat yang lalu

금방 구운 빵.
금방 한 말.
금방 밥을 먹다.

예문
- 유민이는 금방 잠에서 깨어 부스스한 모습으로 방에서 나왔다.
Yumin baru saja bangun lalu keluar dari kamar dengan penampilan yang berantakan.

직업 — pekerjaan, profesi

보수를 받으면서 일정하게 하는 일.
pekerjaan yang dilakukan secara rutin sambil menerima bayaran

직업을 구하다.
직업을 선택하다.
직업을 소개하다.

예문
- 우리 삼촌은 서른 살이 넘었는데도 직업도 없이 집에서 놀고먹는다.
Meskipun usianya sudah lebih dari 30 tahun, pamanku tidak punya pekerjaan dan menganggur di rumah.

교사 — guru, pengajar

유치원, 초등학교, 중학교, 고등학교 등에서 자격을 갖추고 학생을 가르치는 사람.
tenaga edukatif yang memenuhi syarat untuk mengajar siswa-siswa di TK, SD, SMP, SMA, dsb

가정 교사.
고등학교 교사.
수학 교사.

예문
- 나는 교사로서 학생들과 교감하기 위해 항상 노력해 왔다.
  Sebagai pengajar, aku selalu berusaha agar bisa menyambung rasa dengan para murid.

도로 — jalan, jalan raya (jalan, jalan raya, jalur)

사람이나 차가 잘 다닐 수 있도록 만들어 놓은 길.
jalan yang dibangun untuk dilalui orang dan mobil

도로 공사.
도로 표시.
도로를 건너다.

예문
- 지수는 자전거 전용 도로를 찾았지만 찾을 수 없었다.
  Jisu tidak bisa menemukan jalur khusus sepeda meskipun sudah mencarinya.

냄새 — bau (bau, aroma)

코로 맡을 수 있는 기운.
energi yang bisa dicium dengan hidung

꽃 냄새.
김치 냄새.
고기 냄새.

예문
- 아내는 내가 선물로 준 꽃의 냄새를 맡아 보았다.
  Istriku mencium aroma bunga yang aku berikan sebagai hadiah.

칭찬 — pujian

좋은 점이나 잘한 일 등을 매우 훌륭하게 여기는 마음을 말로 나타냄. 또는 그런 말.
hal menunjukkan atau memperlihatkan kebaikan atau kehebatan seseorang dengan kata-kata, atau perkataan yang demikian

칭찬과 격려.
칭찬과 위로.
칭찬을 기대하다.

예문
- 민준이는 작은 일에도 최선을 다해서 선생님께 칭찬을 들었다.
  Minjun mendapat pujian dari guru karena melakukan yang terbaik bahkan dalam hal kecil sekalipun.

시민 — warga kota

한 도시 안에 살고 있는 사람.
orang yang tinggal dalam sebuah kota

서울 시민.
시민이 참여하다.
시민을 보호하다.

예문
- 한강 주변에는 산책을 나온 서울 시민들이 북적였다.
  Area sekitar Sungai Han ramai oleh warga kota Seoul yang datang untuk jalan-jalan.

DAY 04

어휘 활용 연습
Latihan Penggunaan Kosakata

✏️ **[보기]에서 알맞은 어휘를 골라 문장 안에 쓰십시오.**
Pilihlah kosakata yang tepat dalam [Contoh] dan tuliskan dalam kalimat.

| [보기] | 언니 설탕 서점 부품 방문 도시 도로 냄새 금방 가수 |

1. 지수는 집에 가다가 ___에 들러 신간 서적을 둘러보았다.
2. 지수는 자전거 전용 ___를 찾았지만 찾을 수 없었다.
3. 유민이는 ___ 잠에서 깨어 부스스한 모습으로 방에서 나왔다.
4. 유민은 열린 ___으로 얼굴을 빼꼼히 내밀었다.
5. 아내는 내가 선물로 준 꽃의 ___를 맡아 보았다.
6. ___은 사탕수수를 가공해서 만든다.
7. 서울은 전국에서 인구 증가율이 가장 높고 외부로부터의 인구 유입도 가장 많은 ___이다.
8. 사회자의 소개에 이어 유명 ___가 나와 노래를 불렀다.
9. 나는 공부를 하다가 모르는 것이 있으면 ___나 오빠에게 물어보곤 한다.
10. 고장이 난 냉장고 ___을 수리하니 새것같이 잘 작동이 되었다.

✏️ **어휘에 맞는 의미를 찾아 선으로 이어 보세요.**
Temukan arti yang sesuai dengan kosakata dan hubungkan dengan garis.

1. 통지   •   • ㄱ. 그달의 끝 무렵.
2. 칭찬   •   • ㄴ. 물체가 진동하여 생긴 음파가 귀에 들리는 것.
3. 칫솔   •   • ㄷ. 보수를 받으면서 일정하게 하는 일.
4. 출입   •   • ㄹ. 사람이 어떤 곳을 드나듦.
5. 출근   •   • ㅁ. 어떤 사실을 알림.
6. 직업   •   • ㅂ. 유치원, 초등학교, 중학교, 고등학교 등에서 자격을 갖추고 학생을 가르치는 사람.
7. 월말   •   • ㅅ. 이를 닦는 데 쓰는 솔.
8. 시민   •   • ㅇ. 일하러 직장에 나가거나 나옴.
9. 소리   •   • ㅈ. 좋은 점이나 잘한 일 등을 매우 훌륭하게 여기는 마음을 말로 나타냄. 또는 그런 말.
10. 교사 •   • ㅊ. 한 도시 안에 살고 있는 사람.

40 Kosakata Kunci

DAY 04

어휘 암기 확인 **Pemeriksaan Hafalan Kosakata**

단어	번역	암기확인
부품		
서점		
출근		
월말		
도시		
방문		
통지		
소리		
가수		
설탕		
칫솔		
출입		
언니		
금방		
직업		
교사		
도로		
냄새		
칭찬		
시민		

TOPIK 41

 어휘 활용 연습 정답   Kunci Jawaban Latihan Penggunaan Kosakata

✏️ [보기]에서 알맞은 어휘를 골라 문장 안에 쓰십시오.
Pilihlah kosakata yang tepat dalam [Contoh] dan tuliskan dalam kalimat.
1) 서점   2) 도로   3) 금방   4) 방문   5) 냄새
6) 설탕   7) 도시   8) 가수   9) 언니   10) 부품

✏️ 어휘에 맞는 의미를 찾아 선으로 이어 보세요.
Temukan arti yang sesuai dengan kosakata dan hubungkan dengan garis.
1) ㅁ   2) ㅈ   3) ㅅ   4) ㄹ   5) ㅇ
6) ㄷ   7) ㄱ   8) ㅊ   9) ㄴ   10) ㅂ

 관용어 Idiom

신경을 쓰다.
  Menjadi pikiran.

  의미 사소한 일까지 세심하게 생각하다.
    Memikirkan dengan teliti hal-hal yang kecil sekalipun.

글자 그대로.
  Sesuai tulisannya.

  의미 과장하거나 거짓으로 꾸미지 않고.
    Tidak melebih-lebihkan atau menghias sesuatu dengan kebohongan.

05일차

성패	성패	성패
색상	색상	색상
책장	책장	책장
요금	요금	요금
골목	골목	골목
어깨	어깨	어깨
방송	방송	방송
마중	마중	마중
배추	배추	배추
선배	선배	선배
청소	청소	청소
청결	청결	청결
공기	공기	공기
임신	임신	임신
신호	신호	신호
기운	기운	기운
환경	환경	환경
애호	애호	애호
책임	책임	책임
허용	허용	허용

성패 sukses dan kegagalan

성공과 실패.
keberhasilan dan kegagalan

성패 여부.
성패가 달리다.
성패를 결정하다.

예문
- 이번 안건의 성사 여부가 우리 사업의 성패를 결정할 것이다.
  Sukses atau tidaknya acara kali ini akan menentukan sukses atau gagalnya bisnis kita.

색상 warna dasar

빨강, 노랑, 파랑 등과 같이 한 가지 색을 다른 색과 다른 구분되게 하는 색의 특성.
karakteristik warna yang membedakan warna merah, kuning, biru, dsb dengan warna lain

밝은 색상.
어두운 색상.
연한 색상.

예문
- 밝은 색상의 가구를 활용하면 좁은 집을 좀 더 넓어 보이도록 할 수 있다.
  Dengan menggunakan furnitur berwarna dasar terang, kita bia membuat rumah yang sempit terlihat lebih luas.

책장 rak buku (rak buku, halaman buku)

책을 이루는 하나하나의 장.
satu per satu lemari yang menyimpan buku

책장을 넘기다.
책장을 덮다.
책장을 찢다.

예문
- 시험 기간의 교실에는 책장 넘기는 소리밖에 들리지 않았다.
  Hanya terdengar suara membalikkan halaman buku di kelas selama masa ujian.

요금 biaya, ongkos, tarif

시설을 쓰거나 구경을 하는 값으로 내는 돈.
uang yang dikeluarkan untuk menggunakan fasilitas atau melihat-lihat

버스 요금.
사용 요금.
기본 요금.

예문
- 이 호텔은 제때에 방을 비우지 않으면 추가 요금을 받는다.
  Hotel ini mengenakan biaya tambahan apabila tidak meninggalkan ruangan tepat waktu.

골목 gang lorong

집들 사이에 있는 길고 좁은 공간.
jalan sempit yang ada di kumpulan perumahan dari sebuah daerah kecil

골목이 좁다.
골목을 내다.
골목을 찾다.

예문
- 우리 집 앞 골목은 너무 좁아서 주차를 하기가 어렵다.
  Gang depan rumah kami sangat sempit sehingga sulit untuk parkir.

어깨 — bahu, pundak

목의 아래 끝에서 팔의 위 끝에 이르는 몸의 부분.
bagian tubuh mulai dari ujung bawah leher sampai ujung lengan

왼쪽 어깨.
한쪽 어깨.
양쪽 어깨.

예문
- 남편은 <u>어깨</u>가 넓고 딱 벌어져서 정장을 입으면 참 멋있다.
  Suamiku tampak keren apabila memakai jas karena bahunya yang lebar.

방송 — siaran (siaran, program)

텔레비전이나 라디오를 통하여 사람들이 보고 들을 수 있게 소리나 화면 등을 전파로 내보내는 것.
hal menyampaikan suara atau layar dsb dengan gelombang radio agar bisa dilihat dan didengar melalui televisi atau radio

라디오 방송.
실시간 방송.
인터넷 방송.

예문
- 그의 인터뷰가 <u>방송</u>을 타는 바람에 그는 우리 사이에서 유명 인사가 되었다.
  Dia menjadi orang terkenal di antara kami karena wawancaranya masuk program TV.

마중 — jemput, penjemputan

역이나 공항 등에 나가서 자기를 찾아오는 사람을 맞이함.
hal pergi ke stasiun atau bandara dsb untuk menyambut orang yang datang mencarinya

마중을 하다.
마중을 나가다.
마중을 나오다.

예문
- 어머니는 아들이 도착하는 시간에 맞춰 기차역까지 <u>마중</u>을 갔다.
  Sang ibu menyesuaikan jam kedatangan putranya lalu menjemputnya di stasiun kereta.

배추 — sawi putih

속은 누런 흰색이고 겉은 녹색이며 김칫거리로 많이 쓰이는 채소.
sayuran yang tumbuh panjang dan bulat dengan daun yang bertumpuk, bagian dalamnya berwarna putih kekuningan dan bagian luarnya berwarna hijau, banyak digunakan sebagai bahan pembuat kimchi

배추 다섯 통.
배추 열 포기.
배추가 싱싱하다.

예문
- 대규모 김장을 하다 보니 <u>배추</u>를 씻고 손질하는 데에만 해도 한나절이나 걸렸다.
  Karena membuat kimchi dalam skala yang besar, butuh setengah hari hanya untuk mencuci dan memotong sawi putih.

선배 — senior

같은 분야에서 자기보다 먼저 활동하여 경험이나 지위 등이 더 앞선 사람.
orang yang beraktivitas lebih dahulu dari diri sendiri di bidang yang sama dan berada di depan secara pengalaman atau posisi dsb

동아리 선배.
직장 선배.
좋은 선배.

예문
- 동생은 나보다 먼저 결혼하더니 자신이 인생의 <u>선배</u>라고 했다.
  Adikku menyebut dirinya sebagai senior kehidupan karena menikah lebih dulu dari aku.

청소   pembersihan

더럽고 지저분한 것을 깨끗하게 치움.
hal menghilangkan, menghapus, atau menyapu bagian yang kotor dan bernoda

냉장고 청소.
바닥 청소.
화장실 청소.

예문
- 엄마는 먼지에 민감한 아버지 때문에 바닥 청소에 특별히 신경을 쓰신다.
  Ibu memberi perhatian khusus pada kebersihan lantai karena ayah sensitif terhadap debu.

청결   kebersihan, kerapian

맑고 깨끗함.
hal cerah dan bersih

주방 청결.
위생과 청결.
청결에 신경을 쓰다.

예문
- 저희 식당에서는 무엇보다도 주방의 위생과 청결에 힘쓰고 있다.
  Rumah makan kami mengedepankan sanitasi dan kebersihan dapur di atas segalanya.

공기   atmosfir, udara

지구나 별을 둘러싸고 있는 기체.
zat gas yang mengelilingi bumi atau planet lainnya

맑은 공기.
공기가 나쁘다.
공기가 오염되다.

예문
- 시골의 숲은 공기가 매우 맑았다.
  Udara di hutan pedesaan sangat segar.

임신   mengandung, hamil

아이나 새끼가 배 속에 생김.
anak terbentuk di dalam rahim (digunakan sebagai kata benda)

임신 기간.
임신 삼 개월.
임신 여부.

예문
- 언니는 결혼 후 바로 임신을 하고 예쁜 아기를 낳았다.
  Kakak perempuanku langsung hamil setelah menikah dan melahirkan anak yang cantik.

신호   simbol, isyarat, sinyal

어떤 내용의 전달을 위해 서로 약속하여 사용하는 일정한 소리, 색깔, 빛, 몸짓 등의 부호.
tanda seperti suara, warna, sinar, gerak tubuh, dsb tertentu yang telah disepakati untuk digunakan dalam menyampaikan suatu keterangan

신호를 받다.
신호를 보내다.
신호를 정하다.

예문
- 우리는 횡단보도를 건너기 위해 녹색 신호를 기다렸다.
  Kami menunggu lampu hijau untuk menyeberangi zebra cross.

기운 tenaga, semangat, kekayaan

생물이 몸을 움직이고 활동하는 힘.
kekuatan makhluk hidup untuk menggerakkan atau membuat tubuh beraktivitas

기운이 세다.
기운이 없다.
기운을 내다.

예문
- 계속된 야근으로 매우 지쳐서 집으로 걸어갈 기운조차 남아 있지 않다.
  Karena lembur yang berkelanjutan, aku sangat lelah hingga tidak punya tenaga untuk berjalan pulang.

환경 lingkungan

생물이 살아가는 데 영향을 주는 자연 상태나 조건.
keadaan alam yang memberi pengaruh kepada semua mahluk hidup

자연 환경.
환경 오염.
환경 파괴.

예문
- 쓰레기를 많이 버리면 자연 환경이 오염된다.
  Apabila banyak membuang sampah, maka akan membuat lingkungan alam tercemar.

애호 gemar, suka (gemar, suka, pecinta)

사랑하고 좋아함.
hal mencintai dan menyukai

애호 상품.
애호를 받다.
애호를 하다.

예문
- 일부 동물 애호 단체들이 얼마 전부터 모피 소비 반대 운동을 벌이고 있다.
  Beberapa komunitas pecinta hewan melakukan gerakan menolak penggunaan mantel bulu dan kulit hewan sejak beberapa waktu lalu.

책임 tanggung jawab

맡은 일이나 의무.
pekerjaan atau kewajiban yang sudah janji akan dilakukan dan diemban

맡은 책임.
무거운 책임.
정치적 책임.

예문
- 부모에게는 자식들을 양육해야 하는 책임이 있다.
  Orang tua memiliki tanggung jawab untuk membesarkan anak-anaknya.

허용 penerimaan, perizinan (penerimaan, perizinan, pemberian izin)

문제 삼지 않고 허락하여 받아들임.
hal yang menerima dan mengizinkan tanpa mempermasalahkan

입학 허용.
허용 기준.
허용이 되다.

예문
- 편의점에서의 감기약 판매 허용이 논란이 되고 있다.
  Pemberian izin penjualan obat flu di minimarket sedang menjadi kontroversi.

DAY 05

어휘 활용 연습 — Latihan Penggunaan Kosakata

✏️ **[보기]에서 알맞은 어휘를 골라 문장 안에 쓰십시오.**
Pilihlah kosakata yang tepat dalam [Contoh] dan tuliskan dalam kalimat.

[보기]	색상 요금 어깨 마중 선배 청결 임신 기운 애호 허용

1. 계속된 야근으로 매우 지쳐서 집으로 걸어갈 ___조차 남아 있지 않다.
2. 어머니는 아들이 도착하는 시간에 맞춰 기차역까지 ___을 갔다.
3. 밝은 ___의 가구를 활용하면 좁은 집을 좀 더 넓어 보이도록 할 수 있다.
4. 동생은 나보다 먼저 결혼하더니 자신이 인생의 ___라고 했다.
5. 일부 동물 ___ 단체들이 얼마 전부터 모피 소비 반대 운동을 벌이고 있다.
6. 남편은 ___가 넓고 딱 벌어져서 정장을 입으면 참 멋있다.
7. 이 호텔은 제때에 방을 비우지 않으면 추가 ___을 받는다.
8. 언니는 결혼 후 바로 ___을 하고 예쁜 아기를 낳았다.
9. 저희 식당에서는 무엇보다도 주방의 위생과 ___에 힘쓰고 있다.
10. 편의점에서의 감기약 판매 ___이 논란이 되고 있다.

✏️ **어휘에 맞는 의미를 찾아 선으로 이어 보세요.**
Temukan arti yang sesuai dengan kosakata dan hubungkan dengan garis.

1. 환경   •   • ㄱ. 텔레비전이나 라디오를 통하여 사람들이 보고 들을 수 있게 소리나 화면 등을 전파로 내보내는 것.
2. 청소   •   • ㄴ. 책을 이루는 하나하나의 장.
3. 책장   •   • ㄷ. 집들 사이에 있는 길고 좁은 공간.
4. 책임   •   • ㄹ. 지구나 별을 둘러싸고 있는 기체.
5. 신호   •   • ㅁ. 어떤 내용의 전달을 위해 서로 약속하여 사용하는 일정한 소리, 색깔, 빛, 몸짓 등의 부호.
6. 성패   •   • ㅂ. 속은 누런 흰색이고 겉은 녹색이며 김칫거리로 많이 쓰이는 채소.
7. 배추   •   • ㅅ. 성공과 실패.
8. 방송   •   • ㅇ. 생물이 살아가는 데 영향을 주는 자연 상태나 조건.
9. 공기   •   • ㅈ. 맡은 일이나 의무.
10. 골목   •   • ㅊ. 더럽고 지저분한 것을 깨끗하게 치움.

DAY 05 어휘 암기 확인 Pemeriksaan Hafalan Kosakata

단어	번역	암기확인
성패		
색상		
책장		
요금		
골목		
어깨		
방송		
마중		
배추		
선배		
청소		
청결		
공기		
임신		
신호		
기운		
환경		
애호		
책임		
허용		

 어휘 활용 연습 정답 Kunci Jawaban Latihan Penggunaan Kosakata

 [보기]에서 알맞은 어휘를 골라 문장 안에 쓰십시오.
Pilihlah kosakata yang tepat dalam [Contoh] dan tuliskan dalam kalimat.
1) 기운   2) 마중   3) 색상   4) 선배   5) 애호
6) 어깨   7) 요금   8) 임신   9) 청결   10) 허용

 어휘에 맞는 의미를 찾아 선으로 이어 보세요.
Temukan arti yang sesuai dengan kosakata dan hubungkan dengan garis.
1) ㅇ   2) ㅊ   3) ㄴ   4) ㅈ   5) ㅁ
6) ㅅ   7) ㅂ   8) ㄱ   9) ㄹ   10) ㄷ

 관용어 Idiom

얼굴이 피다.
  Wajah merona.

의미 얼굴에 살이 오르고 얼굴빛이 좋아지다.
  Wajahnya makin segar dan rona wajahnya membaik.

신경을 끊다.
  Berhenti mengkhawatirkan.

의미 어떤 일에 더 이상 관심을 두지 않거나 생각하지 않다.
  Tidak memperhatikan atau memikirkan lagi suatu hal.

06일차

상처	상처	상처
공연	공연	공연
계산	계산	계산
소포	소포	소포
범칙	범칙	범칙
불꽃	불꽃	불꽃
소년	소년	소년
불안	불안	불안
홍수	홍수	홍수
인품	인품	인품
약속	약속	약속
그늘	그늘	그늘
얼음	얼음	얼음
비교	비교	비교
일곱	일곱	일곱
산업	산업	산업
먼지	먼지	먼지
주차	주차	주차
위급	위급	위급
기대	기대	기대

상처   luka

몸을 다쳐서 상한 자리.
tempat yang rusak terkena luka

상처 부위.
상처 치료.
상처가 나다.

예문
- <u>상처</u>에 생긴 흉터를 없애기 위해서는 약을 잘 발라야 한다.
  Demi menghilangkan bekas luka, maka harus mengoleskan obat dengan baik.

공연   pertunjukan, tontonan, persembahan

음악, 무용, 연극 등을 많은 사람들 앞에서 보이는 것.
hal negara atau anggota masyarakat menjalankan atau mengatur suatu kegiatan demi keuntungan bersama,

무용 공연.
뮤지컬 공연.
야외 공연.

예문
- 무용수들은 해외 <u>공연</u> 준비를 앞두고 늦은 시간까지 열심히 연습했다.
  Para penari berlatih keras hingga larut malam demi mempersiapkan pertunjukkan mereka di luar negeri.

계산   hitungan, penghitungan

수를 세거나 더하기, 빼기, 곱하기, 나누기 등의 셈을 함.
hal melakukan penghitungan dengan menghitung angka seperti penambahan, pengurangan, perkalian, pembagian, dsb

계산 실수.
계산이 되다.
계산이 맞다.

예문
- 전자계산기로는 좀 더 빠르고 정확하게 <u>계산</u>을 할 수 있다.
  Kalkulator memungkinkan kita untuk menghitung dengan lebih cepat dan akurat.

소포   paket, kiriman

우편으로 보내는, 포장된 작은 짐.
benda kecil yang dibungkus dan dikirim melalui pos

소포를 놓다.
소포를 받다.
소포를 배달하다.

예문
- 유민이는 우편배달부에게 받은 <u>소포</u>를 뜯어 보았다.
  Yumin membuka paket yang diterimanya dari tukang pos.

범칙   pelanggaran

규칙을 어김.
hal menyalahi aturan

범칙하다
범칙 운전자.
범칙 혐의.

예문
- 구청에서 <u>범칙</u> 사건에 대한 벌금 고지서를 발송했다.
  Kantor kecamatan mengirim surat pemberitahuan denda untuk kasus pelanggaran.

불꽃   sinar api, api

타는 불에서 일어나는 붉은색의 빛.
cahaya kemerahan yang timbul dari api yang terbakar

빨간 불꽃.
불꽃이 솟다.
불꽃이 일다.

예문

- 매서운 겨울바람에 모닥불의 **불꽃**이 금방이라도 꺼질 것 같았다.
  Api unggun seperti akan segera padam karena angin musim dingin yang kencang.

소년   anak laki-laki

아직 어른이 되지 않은 어린 남자아이.
anak laki-laki muda yang belum tumbuh dewasa

어린 소년.
소년과 소녀.
소년 시절.

예문

- 운동장을 뛰노는 아이들을 보니 나의 **소년** 시절이 떠올랐다.
  Melihat anak-anak laki-laki yang berlarian di lapangan membuatku mengingat masa kecilku.

불안   kegelisahan, kecemasan, kekhawatir, keresahan

마음이 편하지 않고 조마조마함.
hal hati tidak tenang dan gelisah

마음의 불안.
불안을 느끼다.
불안을 해소하다.

예문

- 나는 낯선 사람들 사이에 있으면 과도한 **불안**을 느낀다.
  Aku merasa sangat cemas saat berada di antara orang asing.

홍수   banjir

비가 많이 내려서 갑자기 크게 불어난 강이나 개천의 물.
air sungai atau kali yang meluap banyak secara tiba-tiba karena hujan turun dengan lebat

홍수 피해.
홍수가 나다.
홍수를 막다.

예문

- **홍수**가 난 해의 과일 값이 폭등했다.
  Harga buah meroket di tahun banjir.

인품   watak, pembawaan, sifat asli

사람으로서 갖추고 있는 타고난 성품이나 됨됨이.
sifat atau karakter yang dimiliki sejak lahir sebagai manusia

겸손한 인품.
높은 인품.
원만한 인품.

예문

- 그는 **인품**이 좋은 부모님 밑에서 자라 배려심이 깊다.
  Tumbuh di antara orang tua berwatak baik, dia memiliki rasa perhatian yang dalam terhadap sesama.

약속　janji

다른 사람과 어떤 일을 하기로 미리 정함. 또는 그렇게 정한 내용.
hal yang disetujui atau dijanjikan kepada orang lain sebelumnya, atau untuk menyebutkan hal seperti itu

시간 약속.
자신과의 약속.
어려운 약속.

예문

- 그는 오늘은 일찍 들어오겠다는 아내와의 <u>약속</u>을 지키기 위해 평소보다 일찍 퇴근했다.
  Dia pulang kerja lebih awal dari biasanya demi menepati janjinya kepada istrinya untuk pulang lebih awal.

그늘　bayangan (bayangan, naungan)

빛이 어떤 물체에 가려져 생긴 어두운 부분.
bagian gelap yang terbentuk karena cahaya terhalang oleh suatu benda

그늘 아래.
시원한 그늘.
어두운 그늘.

예문

- 아이들은 시원한 나무 <u>그늘</u> 아래에서 아이스크림을 먹으며 더위를 식혔다.
  Anak-anak mendinginkan diri dari panas dengan makan es krim di bawah naungan pohon yang sejuk.

얼음　es, batu es

물이 얼어서 굳은 것.
sesuatu dari air yang membeku kemudian mengeras

얼음 조각.
눈과 얼음.
얼음이 녹다.

예문

- 나는 냉장고에서 차가운 <u>얼음</u>을 꺼내 먹었다.
  Aku mengambil es yang dingin dari lemari es lalu memakannya.

비교　perbandingan

둘 이상의 것을 함께 놓고 어떤 점이 같고 다른지 살펴봄.
hal meletakkan dua benda lebih secara bersamaan kemudian mengamati apakah ada titik persamaan atau perbedaannya

비교 대상.
비교 분석.
비교 연구.

예문

- 자신을 잘 알기 위해서는 우선 남과 <u>비교</u>를 해 보는 것이 필요하다.
  Untuk mengenal diri kita dengan baik, pertama-tama kita perlu membandingkan diri kita sendiri dengan orang lain.

일곱　tujuh

여섯에 하나를 더한 수.
angka yang ditambahkan satu di angka enam

일흔 일곱
모두 일곱이다.
의자 일곱 개

예문

- 내가 가르치는 학생은 남학생 셋에 여학생 넷으로 모두 <u>일곱</u>이다.
  Total murid yang kuajar ada tujuh orang, tiga siswa dan empat siswi.

산업　industri

농업, 공업, 임업, 수산업, 광업, 서비스업 등과 같이 물품이나 서비스 등을 만들어 내는 일.
usaha yang menghasilkan produk seperti indusri pertanian, industri manufaktur, industri perhutanan, industri perikanan, industri pertambangan, industri pelayanan, dsb

기술 산업.
일차 산업.
자동차 산업.

예문
- 그는 섬유 산업에 종사하고 있다.
  Dia berkecimpung di industri tekstil.

먼지　debu

공중에 흩날리거나 물건 위에 쌓이는 아주 작고 가벼운 물질.
benda padat yang sangat kecil dan ringan yang beterbangan di udara atau menumpuk di atas suatu benda lainnya

미세 먼지.
먼지가 날리다.
먼지가 많다.

예문
- 지수는 옛날 물건을 찾느라 먼지가 풀풀 날리는 창고를 다 뒤지고 있다.
  Jisu sedang mengobrak-abrik gudang yang penuh debu untuk mencari barang lama.

주차　parkir

자동차 등을 일정한 곳에 세움.
hal menghentikan mobil dsb di suatu tempat

불법 주차.
주차 공간.
주차 문제.

예문
- 운전이 서툰 언니는 주차를 하는 데에 시간이 많이 걸린다.
  Kakak yang tidak pandai mengemudi memerlukan banyak waktu untuk parkir.

위급　darurat, gawat, genting

어떤 일이나 상태가 몹시 위험하고 급함.
hal sebuah pekerjaan atau keadaan sangat berbahaya dan darurat

위급 상황.
위급이 닥치다.
위급이 발생하다.

예문
- 점점 불길이 번져 가는 위급 상황임에도 소방차가 도착하지 않고 있다.
  Mobil pemadam kebakaran tidak kunjung datang meskipun api semakin membesar dan keadaan menjadi darurat.

기대　pengharapan, harapan

어떤 일이 이루어지기를 바라며 기다림.
hal berharap dan menunggu terwujudnya sesuatu

기대가 높다.
기대가 되다.
기대가 무너지다.

예문
- 오랜 시간 회의를 했지만 회의 결과는 우리의 기대를 만족시키지는 못했다.
  Meskipun telah rapat dalam waktu yang lama, hasil rapat tidak sesuai dengan harapan kami.

DAY 06

어휘 활용 연습 — Latihan Penggunaan Kosakata

✏️ [보기]에서 알맞은 어휘를 골라 문장 안에 쓰십시오.
Pilihlah kosakata yang tepat dalam [Contoh] dan tuliskan dalam kalimat.

[보기] 계산   소포   소년   불안   약속   그늘   일곱   산업   위급   기대

1. 내가 가르치는 학생은 남학생 셋에 여학생 넷으로 모두 ___이다.
2. 점점 불길이 번져 가는 ___ 상황임에도 소방차가 도착하지 않고 있다.
3. 그는 오늘은 일찍 들어오겠다는 아내와의 ___을 지키기 위해 평소보다 일찍 퇴근했다.
4. 유민이는 우편배달부에게 받은 ___를 뜯어 보았다.
5. 운동장을 뛰노는 아이들을 보니 나의 ___ 시절이 떠올랐다.
6. 그는 섬유 ___에 종사하고 있다.
7. 나는 낯선 사람들 사이에 있으면 과도한 ___을 느낀다.
8. 오랜 시간 회의를 했지만 회의 결과는 우리의 ___를 만족시키지는 못했다.
9. 아이들은 시원한 나무 ___ 아래에서 아이스크림을 먹으며 더위를 식혔다.
10. 전자계산기로는 좀 더 빠르고 정확하게 ___을 할 수 있다.

✏️ 어휘에 맞는 의미를 찾아 선으로 이어 보세요.
Temukan arti yang sesuai dengan kosakata dan hubungkan dengan garis.

1. 공연 • • ㄱ. 타는 불에서 일어나는 붉은색의 빛.
2. 먼지 • • ㄴ. 자동차 등을 일정한 곳에 세움.
3. 법칙 • • ㄷ. 음악, 무용, 연극 등을 많은 사람들 앞에서 보이는 것.
4. 불꽃 • • ㄹ. 사람으로서 갖추고 있는 타고난 성품이나 됨됨이.
5. 비교 • • ㅁ. 비가 많이 내려서 갑자기 크게 불어난 강이나 개천의 물.
6. 상처 • • ㅂ. 물이 얼어서 굳은 것.
7. 얼음 • • ㅅ. 몸을 다쳐서 상한 자리.
8. 인품 • • ㅇ. 둘 이상의 것을 함께 놓고 어떤 점이 같고 다른지 살펴봄.
9. 주차 • • ㅈ. 규칙을 어김.
10. 홍수 • • ㅊ. 공중에 흩날리거나 물건 위에 쌓이는 아주 작고 가벼운 물질.

DAY 06 어휘 암기 확인 — Pemeriksaan Hafalan Kosakata

단어	번역	암기확인
상처		
공연		
계산		
소포		
범칙		
불꽃		
소년		
불안		
홍수		
인품		
약속		
그늘		
얼음		
비교		
일곱		
산업		
먼지		
주차		
위급		
기대		

어휘 활용 연습 정답
Kunci Jawaban Latihan Penggunaan Kosakata

✏️ [보기]에서 알맞은 어휘를 골라 문장 안에 쓰십시오.
Pilihlah kosakata yang tepat dalam [Contoh] dan tuliskan dalam kalimat.

1) 일곱   2) 위급   3) 약속   4) 소포   5) 소년
6) 산업   7) 불안   8) 기대   9) 그늘   10) 계산

✏️ 어휘에 맞는 의미를 찾아 선으로 이어 보세요.
Temukan arti yang sesuai dengan kosakata dan hubungkan dengan garis.

1) ㄷ   2) ㅊ   3) ㅈ   4) ㄱ   5) ㅇ
6) ㅅ   7) ㅂ   8) ㄹ   9) ㄴ   10) ㅁ

관용어 Idiom

입 밖에 내다.
Membocorkan.

의미 속마음이나 비밀을 말하다.
Mengatakan isi hati atau rahasia.

바다(와) 같다.
seluas lautan, sedalam lautan.

의미 더 이상 어떻게 할 수 없는 절망적인 상태.
Sangat luas atau sangat dalam.

DAY 07 07일차

평일	평일	평일
뉴스	뉴스	뉴스
노력	노력	노력
직장	직장	직장
모임	모임	모임
가게	가게	가게
만화	만화	만화
배달	배달	배달
경험	경험	경험
자동	자동	자동
유행	유행	유행
가능	가능	가능
병원	병원	병원
지금	지금	지금
실패	실패	실패
타인	타인	타인
최고	최고	최고
방과	방과	방과
다리	다리	다리
가을	가을	가을

평일 waktu biasa, keseharian, biasa, umum, sehari-hari

특별한 일이 없는 보통 때.
saat biasa yang tidak ada hal khusus, waktu biasa

평일 모습.
평일과 같다.
평일과 다르다.

예문
- 집에 돌아온 아들의 표정이 평일과 다르게 심상치 않았다.
  Raut muka anak laki-lakinya yang pulang ke rumah aneh dan berbeda dari biasanya.

뉴스 berita

새 소식을 전해 주는 방송 프로그램.
program siaran yang menyampaikan kabar-kabar terbaru

라디오 뉴스.
텔레비전 뉴스.
저녁 뉴스.

예문
- 텔레비전 화면에는 앵커 둘이 나란히 앉아 뉴스를 진행하는 모습이 보였다.
  Di layar televisi terlihat dua pembawa berita duduk berdampingan membawakan berita.

노력 usaha

어떤 목적을 이루기 위하여 힘을 들이고 애를 씀.
hal mengeluarkan tenaga dan berusaha untuk mewujudkan suatu tujuan

최선의 노력.
온갖 노력.
끊임없는 노력.

예문
- 우리 회사는 신제품 개발에 노력을 다한 끝에 드디어 신제품을 출시하게 되었다.
  Perusahaan kami akhirnya meluncurkan produk baru setelah berusaha keras untuk mengembangkan produk tersebut.

직장 tempat kerja (tempat kerja, pekerjaan)

돈을 받고 일하는 곳.
tempat untuk bekerja dan menghasilkan uang

좋은 직장.
직장 동료.
새로운 직장.

예문
- 현우는 졸업 후에 취직하려고 직장을 알아보고 있다.
  Hyeonwu sedang mencari pekerjaan untuk mendapatkan pekerjaan setelah lulus.

모임 pertemuan, perkumpulan

어떤 일을 하기 위하여 여러 사람이 모이는 일.
kegiatan di mana beberapa orang berkumpul untuk melakukan suatu hal

가족 모임.
동호회 모임.
모임이 있다.

예문
- 오늘 동호회 모임으로 간 식당은 아주 맛이 좋았다.
  Tempat makan yang dikunjungi untuk pertemuan klub hari ini memiliki rasa yang sangat lezat.

가게 toko

작은 규모로 물건을 펼쳐 놓고 파는 집.
rumah yang menjual barang khusus, atau berbagai jenis barang dengan skala penjualan kecil

과일 가게.
과자 가게.
구두 가게.

예문
- 윗동네의 야채 <u>가게</u>는 신선한 야채들을 싼값에 팔아서 손님이 매우 많다.
  Toko sayur di daerah atas memiliki banyak sekali pelanggan karena menjual sayuran segar dengan harga murah.

만화 komik

사람의 인생이나 사회 또는 상상 속의 이야기를 재미있게 표현한 그림. 또는 그런 그림을 엮은 책.
gambar yang mengekspresikan hidup orang atau masyarakat, atau cerita dalam dunia khayalan dengan menarik, atau buku yang berisikan gambar demikian

원작 만화.
만화 동아리.
만화를 그리다.

예문
- 이 드라마는 신문에 십 년 가까이 연재되며 큰 인기를 끌었던 <u>만화</u>를 원작으로 하고 있다.
  Drama ini dibuat berdasarkan komik populer yang ditayangkan di surat kabar selama hampir 10 tahun.

배달 pengantaran (pengantaran, pesan antar)

우편물이나 물건, 음식 등을 가져다 줌.
hal mengantarkan benda pos atau barang, makanan, dsb

신문 배달.
우유 배달.
자장면 배달.

예문
- 지수는 부모님이 외출하셔서 피자 <u>배달</u>을 시켜 먹었다.
  Jisu memesan pizza karena orang tuanya keluar rumah.

경험 pengalaman

자신이 실제로 해 보거나 겪어 봄. 또는 거기서 얻은 지식이나 기능.
sesuatu yang benar-benar dialami atau dilakukan sendiri, atau suatu pengetahuan yang didapatkan dari yang dialami atau dilakukan

인생 경험.
현장 경험.
사회 경험.

예문
- 나는 대학생 때에 <u>경험</u>을 넓히기 위해 다양한 아르바이트를 했다.
  Aku melakukan bermacam pekerjaan paruh waktu saat kuliah untuk memperbanyak pengalaman.

자동 otomatis

기계 등이 일정한 장치에 의해 스스로 작동함.
hal mesin dsb bergerak dengan sendirinya karena perangkat khusus

자동 응답기.
자동 장치.
자동으로 꺼지다.

예문
- 나는 아이를 위해 <u>자동</u>으로 흔들리는 흔들 침대를 샀다.
  Aku membeli kasur goyang yang bisa bergoyang secara otomatis untuk anakku.

유행   wabah

전염병이 널리 퍼짐.
hal yang penyakit menular tersebar luas

전염병 유행.
유행이 되다.
유행을 하다.

예문
- 이 지역 사람들은 현재 전염병 유행 때문에 고통을 받고 있다.
  Orang-orang di daerah ini sedang menderita karena wabah penyakit menular.

가능   kemungkinan, kemampuan

할 수 있거나 될 수 있음.
hal mampu atau bisa melakukan sesuatu

연결 가능.
주차 가능.
사용 가능.

예문
- 사업을 시작하려면 자본이 필요하니 은행에 대출 가능 여부를 확인해 볼 생각이다.
  Karena butuh modal jika ingin memulai usaha, sehingga aku akan memastikan kemungkinan untuk mendapatkan pinjaman dari bank.

병원   rumah sakit

시설을 갖추고 의사와 간호사가 병든 사람을 치료해 주는 곳.
bangunan yang dilengkapi fasilitas tertentu tempat dokter dan perawat mengobati atau merawat orang-orang yang menderita penyakit

개인 병원.
대학 병원.
병원에 가다.

예문
- 이 병원에는 최첨단 의료 장비와 실력 있는 의사들이 많다.
  Rumah sakit ini memiliki peralatan medis yang canggih dan dokter ahli yang banyak.

지금   sekarang

말을 하고 있는 바로 이때.
saat sedang berbicara, atau pada saat itu

바로 지금.
지금까지 공부하다.
지금부터 시작하다.

예문
- 학생들은 지금 교실에서 수업을 듣고 있다.
  Para siswa sedang mengikuti pelajaran di ruang kelas sekarang.

실패   kegagalan, ketidakberhasilan

원하거나 목적한 것을 이루지 못함.
hal tidak dapat tercapainya sesuatu yang diinginkan atau dituju

실패의 원인.
성공과 실패.
실패를 겪다.

예문
- 성공한 사람들은 대부분 실패를 극복하기 위해서 노력을 기울인 사람들이다.
  Orang-orang yang sukses biasanya adalah orang-orang yang bekerja keras untuk mengatasi kegagalannya.

타인 orang lain

다른 사람.
orang yang lain

타인의 입장.
타인으로 대하다.
타인으로 생각하다.

예문
- 현우는 타인에 대한 배려심이 깊다.
  Hyeonwu memiliki rasa perhatian kepada orang lain yang tinggi.

최고 tertua, terlama, terkuno

가장 오래됨.
hal paling lama atau tua

최고의 건물.
최고의 유산.
최고의 작품.

예문
- 그 성당은 현존하는 최고의 성당으로 알려져 있다.
  Gereja Katolik itu dikenal sebagai gereja Katolik tertua yang pernah ada.

방과 selesai kelas, selesai pelajaran, selesai sekolah

그날 정해진 학교 수업이 끝남. 또는 수업을 끝냄.
hal pelajaran sekolah yang ditentukan hari itu telah selesai, atau hal menyelesaikan pelajaran

방과 시간.
방과 전.
방과 후.

예문
- 어머니는 방과 시간에 맞추어 학교 앞으로 아이를 데리러 갔다.
  Ibu pergi menjemput anaknya tepat di jam pulang sekolah.

다리 jembatan

강, 바다, 길, 골짜기 등을 건너갈 수 있도록 양쪽을 이어서 만들어 놓은 시설.
fasilitas yang dibuat untuk menyeberangi sungai, laut, jalan, lembah, dan lain-lain dengan menghubungkan dua sisi

다리 공사.
나무로 된 다리.
다리가 무너지다.

예문
- 커다란 다리들이 한강을 가로지르고 있다.
  Jembatan-jembatan besar melintang di atas Sungai Han.

가을 musim gugur

네 계절 중의 하나로 여름과 겨울 사이의 계절.
satu dari antara 4 musim, musim di antara musim panas dan musim dingin

내년 가을.
작년 가을.
올 가을.

예문
- 올 가을은 유난히 짧아서 여름 다음에 바로 겨울이 오는 것 같았다.
  Karena musim gugur tahun ini sangat singkat, musim dingin seperti langsung datang setelah musim panas.

DAY 07

어휘 활용 연습 — Latihan Penggunaan Kosakata

✏️ [보기]에서 알맞은 어휘를 골라 문장 안에 쓰십시오.
Pilihlah kosakata yang tepat dalam [Contoh] dan tuliskan dalam kalimat.

[보기] 뉴스 노력 가게 만화 자동 유행 지금 실패 방과 다리

1. 학생들은 ___ 교실에서 수업을 듣고 있다.
2. 텔레비전 화면에는 앵커 둘이 나란히 앉아 ___ 를 진행하는 모습이 보였다.
3. 커다란 ___ 들이 한강을 가로지르고 있다.
4. 이 지역 사람들은 현재 전염병 ___ 때문에 고통을 받고 있다.
5. 이 드라마는 신문에 십 년 가까이 연재되며 큰 인기를 끌었던 ___ 를 원작으로 하고 있다.
6. 윗동네의 야채 ___ 는 신선한 야채들을 싼값에 팔아서 손님이 매우 많다.
7. 우리 회사는 신제품 개발에 ___ 을 다한 끝에 드디어 신제품을 출시하게 되었다.
8. 어머니는 ___ 시간에 맞추어 학교 앞으로 아이를 데리러 갔다.
9. 성공한 사람들은 대부분 ___ 를 극복하기 위해서 노력을 기울인 사람들이다.
10. 나는 아이를 위해 ___ 으로 흔들리는 흔들 침대를 샀다.

✏️ 어휘에 맞는 의미를 찾아 선으로 이어 보세요.
Temukan arti yang sesuai dengan kosakata dan hubungkan dengan garis.

1. 평일   •   • ㄱ. 할 수 있거나 될 수 있음.
2. 직장   •   • ㄴ. 네 계절 중의 하나로 여름과 겨울 사이의 계절.
3. 모임   •   • ㄷ. 자신이 실제로 해 보거나 겪어 봄. 또는 거기서 얻은 지식이나 기능.
4. 배달   •   • ㄹ. 어떤 일을 하기 위하여 여러 사람이 모이는 일.
5. 경험   •   • ㅁ. 우편물이나 물건, 음식 등을 가져다 줌.
6. 가능   •   • ㅂ. 시설을 갖추고 의사와 간호사가 병든 사람을 치료해 주는 곳.
7. 병원   •   • ㅅ. 돈을 받고 일하는 곳.
8. 타인   •   • ㅇ. 가장 오래됨.
9. 최고   •   • ㅈ. 다른 사람.
10. 가을   •   • ㅊ. 특별한 일이 없는 보통 때.

Kosakata Kunci

DAY 07

어휘 암기 확인 — Pemeriksaan Hafalan Kosakata

단어	번역	암기확인
평일		
뉴스		
노력		
직장		
모임		
가게		
만화		
배달		
경험		
자동		
유행		
가능		
병원		
지금		
실패		
타인		
최고		
방과		
다리		
가을		

 어휘 활용 연습 정답 Kunci Jawaban Latihan Penggunaan Kosakata

✏️ [보기]에서 알맞은 어휘를 골라 문장 안에 쓰십시오.
Pilihlah kosakata yang tepat dalam [Contoh] dan tuliskan dalam kalimat.

1) 지금 2) 뉴스 3) 다리 4) 유행 5) 만화
6) 가게 7) 노력 8) 방과 9) 실패 10) 자동

✏️ 어휘에 맞는 의미를 찾아 선으로 이어 보세요.
Temukan arti yang sesuai dengan kosakata dan hubungkan dengan garis.

1) ㅊ 2) ㅅ 3) ㄹ 4) ㅁ 5) ㄷ
6) ㄱ 7) ㅂ 8) ㅈ 9) ㅇ 10) ㄴ

 관용어 Idiom

꿈(을) 깨다.
 Membuang mimpi.

  의미 희망을 낮추거나 헛된 생각을 버리다.
   Menurunkan harapan atan membuang pikiran yang percuma.

벽(을) 쌓다.
 Membangun tembok.

  의미 관계나 관심을 끊다.
   Memutuskan hubungan atau perhatian.

DAY 08 08일차

검색	검색	검색
날짜	날짜	날짜
한복	한복	한복
우유	우유	우유
동산	동산	동산
답장	답장	답장
낚시	낚시	낚시
손님	손님	손님
아기	아기	아기
조금	조금	조금
출구	출구	출구
지구	지구	지구
중요	중요	중요
습관	습관	습관
자랑	자랑	자랑
예약	예약	예약
경솔	경솔	경솔
대답	대답	대답
성공	성공	성공
바지	바지	바지

검색 pencarian

수상한 사람이나 물건을 살펴 조사하는 것.
hal melaksanakan pemeriksaan terhadap orang atau benda yang dicurigai

검색을 받다.
검색에 걸리다.
검색을 강화하다.

예문
- 경찰은 범인을 잡기 위해 검문과 검색을 강화했다.
  Polisi memperkuat pemeriksaan dan pencarian untuk menangkap pelaku kejahatan.

날짜 tanggal, hari

무엇을 하려고 정한 날.
angka dari hari

결혼 날짜.
날짜가 되다.
날짜를 잡다.

예문
- 이사하기로 한 날까지는 아직 날짜가 좀 남았다.
  Masih tersisa beberapa hari sampai tanggal pindahan.

한복 hanbok

한국의 전통 의복.
baju tradisional yang dikenakan orang Korea

전통 한복.
생활 한복.
맞춤 한복.

예문
- 어머니는 결혼식에 입고 가시려고 한복을 맞추셨다.
  Ibu membuat hanbok yang akan dipakai ke pernikahan.

우유 susu

암소의 젖으로, 아이스크림, 버터, 치즈 등을 만드는 데 사용하는 흰 액체.
cairan putih yang dihasilkan dari perasan susu sapi betina dan digunakan untuk es krim, mentega, keju dan sebagainya

딸기 우유.
바나나 우유.
칼슘 우유.

예문
- 우유에는 단백질과 칼슘이 많아 자라나는 아이들의 성장에 도움을 준다.
  Susu baik bagi anak-anak yang sedang dalam masa pertumbuhan karena banyak mengandung protein dan kalsium.

동산 gunung dekat sini, bukit dekat sini, bukit sekitar (bukit sekitar, bukit dekat rumah)

집이나 마을 근처에 있는 작은 산이나 언덕.
gunung kecil atau bukit yang berada di sekitar rumah atau desa

동산 위.
동산에 올라가다.
동산에서 내려오다.

예문
- 아버지는 매일 아침 일찍 일어나 운동 삼아 집 뒤에 있는 동산을 오르내리신다.
  Ayah bangun pagi setiap hari untuk menaiki bukit yang ada di belakang rumah sekaligus berolahraga.

답장 balasan, jawaban

질문이나 편지에 대한 답으로 보내는 편지.
surat berisi jawaban pertanyaan atau balasan sebuah surat

답장을 받다.
답장을 보내다.
답장을 기다리다.

예문

- 현우는 시골에 계신 할머니께 편지를 쓰고 일주일 내내 답장을 기다렸다.
  Hyeonwu menulis surat untuk nenek yang ada di desa dan terus menunggu jawabannya selama seminggu.

낚시 kail

물고기를 낚는 데 쓰는 끝이 뾰족한 작은 도구.
alat berujung lancip yang digunakan untuk menangkap ikan

낚시를 물다.
낚시를 만들다.
낚시에 걸리다.

예문

- 낚시에 걸린 물고기는 곧 어부에 손에 잡혔다.
  Ikan yang tertangkap di kail dipegang oleh nelayan.

손님 tamu

(높임말로) 다른 곳에서 찾아온 사람.
(dalam sebutan hormat) orang yang berkunjung dari tempat lain

초대 손님.
손님 대접.
손님을 초청하다.

예문

- 어머니는 부엌에서 손님에게 대접할 음식을 준비하고 계셨다.
  Ibu sedang menyiapkan makanan yang akan disajikan ke tamu di dapur.

아기 bayi

젖을 먹는 아주 어린 아이.
bayi sangat kecil yang masih disusui ASI(air susu ibu)

아기 옷.
귀여운 아기.
아기 장난감.

예문

- 아직 걸음마도 못 걷는 아기가 엉금엉금 기어 가 아빠에게 안겼다.
  Bayi yang bahkan belum bisa berjalan merangkak ke arah ayahnya lalu dipeluk oleh sang ayah.

조금 sedikit

적은 분량이나 적은 정도.
jumlah yang sedikit atau tingkat yang sedikit

조금만
조금밖에
너무 조금이에요.

예문

- 민준은 한 달 용돈을 일주일 만에 다 쓰고 조금밖에 안 남겼다.
  Minjun menghabiskan seluruh uang bulanannya dalam satu minggu dan hanya menyisakan sedikit.

출구   pintu keluar, jalan keluar

밖으로 나갈 수 있는 문이나 통로.
pintu atau jalan agar dapat pergi keluar

출구가 보이다.
출구가 열리다.
출구로 나가다.

예문
- 갑자기 건물이 흔들리자 사람들은 급하게 비상 출구로 달려갔다.
 Gedung tiba-tiba bergoyang sehingga orang-orang segera berlarian ke pintu keluar darurat.

지구   bumi

현재 인류가 살고 있는, 태양계의 셋째 행성.
planet ke tiga dalam tata surya yang didiami manusia saat ini

지구 위.
지구의 둘레.
지구를 떠나다.

예문
- 현재 지구 상에는 약 오십억 명의 사람이 살아가고 있다.
 Sekitar 5 miliar orang tinggal di Bumi sekarang.

중요   penting

귀중하고 꼭 필요함.
hal sangat berharga dan pasti diperlukan

중요 내용.
중요 원칙.
중요 의미.

예문
- 나는 중요 부분에 밑줄을 치면서 책을 읽었다.
 Aku membaca buku sambal menggarisbawahi bagian yang penting.

습관   kebiasaan

오랫동안 되풀이하는 동안에 저절로 익혀진 행동 방식.
cara bersikap yang telah terbentuk dengan sendirinya karena terulang terus dalam waktu lama

나쁜 습관.
좋은 습관.
습관이 되다.

예문
- 지수는 건강을 위해서 편식하는 습관을 고치기로 했다.
 Jisu memutuskan untuk mengubah kebiasaan pilih-pilih makanan demi kesehatannya.

자랑   kebanggaan, kebanggaan pada (kebanggaan)

자기 또는 자기와 관계있는 사람이나 물건이 남에게 칭찬을 받을 만한 것임을 드러내어 말하거나 뽐냄.
rasa kagum pada diri sendiri, orang atau benda yang berkaitan dengan diri sendiri sehingga ingin diperlihatkan atau dibicarakan kepada orang lain untuk mendapatkan pujian

자식 자랑.
집안의 자랑.
자랑 같다.

예문
- 옆집 아들은 부모에게 효도하고, 공부도 잘해서 동네의 자랑이다.
 Anak laki-laki tetangga sebelah menjadi kebanggaan lingkungan karena berbakti kepada orang tua dan pandai dalam belajar.

예약   pemesanan, reservasi

자리나 방, 물건 등을 사용하기 위해 미리 약속함. 또는 그런 약속.
hal melakukan reservasi tempat, ruangan, benda dsb yang akan digunakan, atau janji yang demikian

인터넷 예약.
전화 예약.
항공 예약.

예문
- 사람들이 많이 몰리는 휴가철에는 적어도 한 달 전에 항공권 예약을 해 두어야 한다.
  Selama musim liburan yang dipenuhi orang-orang berlibur, tiket pesawat harus dipesan sebulan sebelumnya.

경솔   kecerobohan, kelalaian, ketidakbijaksanaan, perbuatan kasar

말이나 행동이 조심성 없고 신중하지 못함.
perkataan atau perbuatan tidak berhati-hati atau tidak sopan

경솔을 보이다.
경솔을 비난하다.
경솔이 후회스럽다.

예문
- 그날 그렇게 화를 냈던 내 행동은 경솔이었다.
  Hari itu, aku sudah gegabah dengan marah-marah seperti itu.

대답   jawaban

부르는 말에 대해 어떤 말을 함. 또는 그 말.
hal berkata sesuatu atas sebuah panggilan, atau untuk menyebut perkataan tersebut

대답을 하다.
대답이 없다.
대답을 기다리다.

예문
- 민준이 문을 몇 번이나 두드렸지만 안에서는 아무 대답이 없었다.
  Minjun sudah mengetuk pintu berkali-kali tetapi tidak ada jawaban dari dalam.

성공   kesuksesan, keberhasilan

원하거나 목적하는 것을 이룸.
hal mewujudkan sesuatu yang diinginkan atau ditargetkan

성공 사례.
성공의 비결.
성공이 되다.

예문
- 김 박사는 수많은 실패를 딛고 난치병 치료제 개발에 성공을 했다.
  Prof. Kim sukses mengembangkan obat penyakit kronis setelah mengalami banyak kegagalan.

바지   celana

위는 통으로 되고 아래는 두 다리를 넣을 수 있게 갈라진, 몸의 아랫부분에 입는 옷.
pakaian yang dikenakan di bagian bawah tubuh, dengan bentuk tong di bagian atas, dan di bagian bawahnya terbelah untuk bisa dimasukkan kedua kaki

바지 한 벌.
바지를 입다.
바지로 갈아입다.

예문
- 활동하기 편하도록 치마보다 바지를 입는 여직원들이 늘고 있다.
  Demi kenyamanan dalam beraktivitas, jumlah karyawati yang memakai celana daripada rok meningkat.

DAY 08

어휘 활용 연습
Latihan Penggunaan Kosakata

✏️ [보기]에서 알맞은 어휘를 골라 문장 안에 쓰십시오.
   Pilihlah kosakata yang tepat dalam [Contoh] dan tuliskan dalam kalimat.

| [보기] | 한복 출구 중요 자랑 아기 성공 동산 낚시 경솔 검색 |

1. 갑자기 건물이 흔들리자 사람들은 급하게 비상 ___로 달려갔다.
2. 경찰은 범인을 잡기 위해 검문과 ___을 강화했다.
3. 그날 그렇게 화를 냈던 내 행동은 ___이었다.
4. 김 박사는 수많은 실패를 딛고 난치병 치료제 개발에 ___을 했다.
5. 나는 ___ 부분에 밑줄을 치면서 책을 읽었다.
6. ___에 걸린 물고기는 곧 어부에 손에 잡혔다.
7. 아버지는 매일 아침 일찍 일어나 운동 삼아 집 뒤에 있는 ___을 오르내리신다.
8. 아직 걸음마도 못 걷는 ___가 엉금엉금 기어 가 아빠에게 안겼다.
9. 어머니는 결혼식에 입고 가시려고 ___을 맞추셨다.
10. 옆집 아들은 부모에게 효도하고, 공부도 잘해서 동네의 ___이다.

✏️ 어휘에 맞는 의미를 찾아 선으로 이어 보세요.
   Temukan arti yang sesuai dengan kosakata dan hubungkan dengan garis.

1. 날짜 •   • ㄱ. 현재 인류가 살고 있는, 태양계의 셋째 행성.
2. 우유 •   • ㄴ. 적은 분량이나 적은 정도.
3. 답장 •   • ㄷ. 암소의 젖으로, 아이스크림, 버터, 치즈 등을 만드는 데 사용하는 흰 액체.
4. 손님 •   • ㄹ. 자리나 방, 물건 등을 사용하기 위해 미리 약속함. 또는 그런 약속.
5. 조금 •   • ㅁ. 오랫동안 되풀이하는 동안에 저절로 익혀진 행동 방식.
6. 지구 •   • ㅂ. 다른 곳에서 찾아온 사람.
7. 습관 •   • ㅅ. 위는 통으로 되고 아래는 두 다리를 넣을 수 있게 갈라진, 몸의 아랫부분에 입는 옷.
8. 예약 •   • ㅇ. 부르는 말에 대해 어떤 말을 함. 또는 그 말.
9. 대답 •   • ㅈ. 질문이나 편지에 대한 답으로 보내는 편지.
10. 바지 •   • ㅊ. 무엇을 하려고 정한 날.

DAY 08

어휘 암기 확인 — Pemeriksaan Hafalan Kosakata

단어	번역	암기확인
검색		
날짜		
한복		
우유		
동산		
답장		
낚시		
손님		
아기		
조금		
출구		
지구		
중요		
습관		
자랑		
예약		
경솔		
대답		
성공		
바지		

 어휘 활용 연습 정답 Kunci Jawaban Latihan Penggunaan Kosakata

✏️ [보기]에서 알맞은 어휘를 골라 문장 안에 쓰십시오.
Pilihlah kosakata yang tepat dalam [Contoh] dan tuliskan dalam kalimat.

1) 출구   2) 검색   3) 경솔   4) 성공   5) 중요
6) 낚시   7) 동산   8) 아기   9) 한복   10) 자랑

✏️ 어휘에 맞는 의미를 찾아 선으로 이어 보세요.
Temukan arti yang sesuai dengan kosakata dan hubungkan dengan garis.

1) ㅊ   2) ㄷ   3) ㅈ   4) ㅂ   5) ㄴ
6) ㄱ   7) ㅁ   8) ㄹ   9) ㅇ   10) ㅅ

 관용어 Idiom

냄새를 맡다.
Mengendus.

의미 다른 사람이 감추려고 하는 일을 알아차리다.
Menyadari hal yang ingin disembunyikan orang lain.

꿈나라로 가다.
Terbanglah ke dunia mimpi.

의미 깊이 잠이 들다.
Tidur sangat lelap.

09일차

식당	식당	식당
결정	결정	결정
공급	공급	공급
국내	국내	국내
미래	미래	미래
샤워	샤워	샤워
동전	동전	동전
가요	가요	가요
번개	번개	번개
상점	상점	상점
상금	상금	상금
성실	성실	성실
희망	희망	희망
식물	식물	식물
정보	정보	정보
보물	보물	보물
마음	마음	마음
관광	관광	관광
면접	면접	면접
구역	구역	구역

식당　ruang makan, kamar makan

건물 안에 식사를 할 수 있게 만든 방.
ruang atau kamar dalam sebuah bangunan yang dipergunakan sebagai tempat makan

직원 식당.
학생 식당.
회사 식당.

예문

- 점심시간을 알리는 종이 울리자마자 학생 식당으로 아이들이 몰려갔다.
  Anak-anak langsung memenuhi kantin siswa sesaat setelah bel tanda makan siang berbunyi.

결정　keputusan

무엇을 어떻게 하기로 분명하게 정함. 또는 그렇게 정해진 내용.
hal memutuskan sesuatu dengan pasti, atau isi yang diputuskan demikian

어려운 결정.
결정이 되다.
결정을 내리다.

예문

- 나는 충분히 생각한 끝에 유학을 가기로 결정을 내렸다.
  Aku memutuskan untuk pergi belajar di luar negeri setelah melakukan pertimbangan yang cukup.

공급　penyediaan (pasokan, persediaan, penyediaan)

요구나 필요에 따라 물건이나 돈 등을 제공함.
disediakannya barang, uang, dsb. sesuai dengan permintaan atau kebutuhan

공급 가격.
공급 물품.
공급이 되다.

예문

- 세계 각지에서 구호품 공급이 계속되었다.
  Pasokan dari berbagai belahan dunia terus dibagikan.

국내　dalam negeri, domestik

나라의 안.
dalam negara

국내 문제.
국내 사정.
국내 산업.

예문

- 많은 외국인 농구 선수들이 국내의 농구 팀에서 활동하고 있다.
  Banyak atlet basket luar negeri yang bermain di tim basket dalam negeri.

미래　masa depan

앞으로 올 때.
hari yang nanti akan datang

나라의 미래.
가까운 미래.
먼 미래.

예문

- 현재 개발 중인 상품은 가까운 미래에 시중에서 판매될 것이다.
  Produk yang sedang dikembangkan saat ini akan dipasarkan dalam waktu dekat.

샤워 — mandi, shower (mandi)

비처럼 물을 뿜어내는 기구로 몸을 씻음.
hal membersihkan tubuh dengan alat yang memancarkan air seperti hujan

- 샤워를 하다.
- 샤워를 끝내다.
- 샤워를 시작하다.

예문
- 아침에 늦잠을 잔 유민이는 <u>샤워</u>도 제대로 못하고 학교에 갔다.
  Yumin yang terlambat bangun pagi pergi ke sekolah tanpa sempat mandi.

동전 — uang koin, uang logam

구리 등으로 동그랗게 만든 돈.
uang yang dibuat dari logam, tembaga, dsb dengan bentuk bundar

- 백 원짜리 동전.
- 동전 한 푼.
- 동전 지갑.

예문
- 아이가 자판기의 음료수를 뽑아 먹으려고 투입구에 <u>동전</u>을 넣었다.
  Anak itu memasukkan uang koin ke dalam slot untuk membeli minuman dari mesin penjual otomatis.

가요 — lagu pop, musik pop, lagu populer

많은 사람들이 즐겨 부르는 노래.
lagu yang disukai, dinikmati dan dinyanyikan banyak orang

- 옛날 가요.
- 인기 가요.
- 최신 가요.

예문
- 그는 요즘 인기 있는 <u>가요</u>를 부르며 현란하게 춤을 추었다.
  Dia menyanyikan lagu yang sedang populer belakangan ini dan menari dengan lincah.

번개 — kilat, halilintar (petir, halilintar)

비가 내리는 중에 천둥소리와 함께 하늘에서 순간적으로 나는 번쩍이는 강한 빛.
cahaya kuat yang bersinar sesaat dari langit selama hujan turun yang diikuti dengan bunyi petir

- 번개를 맞다.
- 번개를 피하다.
- 번개가 떨어지다.

예문
- 기상청에서 오늘 <u>번개</u>를 동반한 강한 비를 예보했다.
  BMKG memperkirakan hari ini akan turun hujan lebat disertai petir.

상점 — toko, kios, warung

물건을 파는 가게.
toko yang menjual barang-barang

- 상점의 주인.
- 상점을 운영하다.
- 상점에 가다.

예문
- 지하철역 주변에는 여러 <u>상점</u>이 자리 잡고 있다.
  Ada banyak toko di sekitar stasiun kereta bawah tanah.

상금   hadiah uang

업적을 세우거나 우승을 하는 등의 일에 대하여 상으로 주는 돈.
uang yang diberikan sebagai penghargaan atas prestasi yang diperoleh dalam sebuah pertandingan

상금의 금액.
상금을 받다.
상금을 주다.

예문
- 이 노래 대회의 우승자에게는 상금 오백만 원과 상품이 주어진다.
  Uang tunai sebesar 5 juta Won beserta hadiah akan diberikan kepada pemenang kontes menyanyi ini.

성실   kesungguhan, ketulusan, kesetiaan

태도나 행동이 진실하고 정성스러움.
hal sikap atau tindakan tulus dan sepenuh hati

정직과 성실
성실과 노력
성실하다

예문
- 아버지는 삶에 있어서 성실을 최고의 가치로 여기셨다.
  Ayah menganggap bahwa ketulusan adalah nilai yang paling penting dalam kehidupan.

희망   harapan, cita-cita

앞일에 대하여 기대를 가지고 바람.
hal memiliki harapan dan berharap akan hal yang akan datang

간절한 희망.
희망 사항.
희망을 가지다.

예문
- 지수는 언젠가 가수가 되리라는 희망을 가지고 있다.
  Jisu memiliki cita-cita untuk menjadi penyanyi suatu saat nanti.

식물   tanaman, tumbuhan

풀, 나무와 같은 스스로의 힘으로 움직일 수 없는 생명체.
makhluk hidup atau organisme seperti rumput, pohon yang tidak bisa bergerak dengan kekuatan sendiri

식물 채집.
식물이 자라다.
식물을 관찰하다.

예문
- 내가 어렸을 때는 친구들과 함께 방학마다 식물 채집을 하러 다녔다.
  Saat masih kecil, aku sering pergi mengumpulkan tanaman bersama teman-teman setiap liburan.

정보   informasi

어떤 사실이나 현상을 관찰하거나 측정하여 모은 자료를 정리한 지식. 또는 그 자료.
pengetahuan yang mengamati atau memperkirakan suatu fakta atau gejala dan merapikan data yang terkumpul, atau data yang demikian

관광 정보.
생활 정보.
여행 정보.

예문
- 회사는 신기술에 대한 정보가 누출되지 않도록 보안에 주의를 기울였다.
  Perusahaan memperhatikan keamanan agar informasi tentang tekonologi terbaru tidak bocor.

보물 harta karun, harta temuan

높은 가치가 있는 매우 귀하고 소중한 물건.
benda sangat berharga dan penting yang memiliki nilai tinggi

보물 한 점.
보물 도감.
보물 상자.

예문
- 유민이는 화려한 보석이 박힌 <u>보물</u>을 보자 흥분을 하였다.
  Yumin sangat gembira saat melihat harta karun bertahtakan batu permata yang mewah.

마음 hati, sifat

사람이 태어날 때부터 지닌 성질.
sifat yang dimiliki manusia sejak lahir

인간의 마음.
고운 마음.
따뜻한 마음.

예문
- 아이들은 <u>마음</u>이 순수해서 거짓말을 하지 못한다.
  Anak-anak tidak bisa berbohong karena hati mereka yang polos.

관광 pariwisata (wisata, pariwisata)

어떤 곳의 경치, 상황, 풍속 등을 찾아가서 구경함.
berjalan-jalan dan melihat-lihat pemandangan, keadaan, adat budaya, dsb dari sebuah tempat

국내 관광.
해외 관광.
관광 안내소.

예문
- <u>관광</u>을 위해 서울을 찾는 외국인이 점차 증가하고 있다.
  Jumlah orang luar negeri yang mengunjungi Seoul untuk berwisata semakin meningkat.

면접 temu wicara, pembicaraan

서로 얼굴을 대하고 직접 만남.
hal saling bertatapan muka dan bertemu langsung

면접 시간.
면접 약속.
면접을 하다.

예문
- 지수는 상품 소개를 위해 손님과 직접 <u>면접</u>을 하기로 결심했다.
  Jisu memutuskan untuk melakukan wawancara langsung dengan pelanggan untuk memperkenalkan produknya.

구역 wilayah

어떤 기준이나 특성에 따라 여럿으로 나누어 놓은 지역 중 하나.
daerah yang dibagi berdasarkan suatu kriteria atau ciri tertentu

금연 구역.
보호 구역.
주차 금지 구역.

예문
- 모든 시험장은 금연 <u>구역</u>이오니 흡연을 삼가시기 바랍니다.
  Diharap untuk tidak merokok karena seluruh tempat ujian adalah area bebas rokok.

DAY 09

어휘 활용 연습 — Latihan Penggunaan Kosakata

✏️ [보기]에서 알맞은 어휘를 골라 문장 안에 쓰십시오.
Pilihlah kosakata yang tepat dalam [Contoh] dan tuliskan dalam kalimat.

[보기]   공급   국내   동전   가요   상금   성실   정보   보물   면접   구역

1. 회사는 신기술에 대한 ___가 누출되지 않도록 보안에 주의를 기울였다.
2. 지수는 상품 소개를 위해 손님과 직접 ___을 하기로 결심했다.
3. 이 노래 대회의 우승자에게는 ___ 오백만 원과 상품이 주어진다.
4. 유민이는 화려한 보석이 박힌 ___을 보자 흥분을 하였다.
5. 아이가 자판기의 음료수를 뽑아 먹으려고 투입구에 ___을 넣었다.
6. 아버지는 삶에 있어서 ___을 최고의 가치로 여기셨다.
7. 세계 각지에서 구호품 ___이 계속되었다.
8. 모든 시험장은 금연 ___이오니 흡연을 삼가시기 바랍니다.
9. 많은 외국인 농구 선수들이 ___의 농구 팀에서 활동하고 있다.
10. 그는 요즘 인기 있는 ___를 부르며 현란하게 춤을 추었다.

✏️ 어휘에 맞는 의미를 찾아 선으로 이어 보세요.
Temukan arti yang sesuai dengan kosakata dan hubungkan dengan garis.

1. 식당   •   • ㄱ. 앞일에 대하여 기대를 가지고 바람.
2. 결정   •   • ㄴ. 풀, 나무와 같은 스스로의 힘으로 움직일 수 없는 생명체.
3. 미래   •   • ㄷ. 건물 안에 식사를 할 수 있게 만든 방.
4. 샤워   •   • ㄹ. 비처럼 물을 뿜어내는 기구로 몸을 씻음.
5. 번개   •   • ㅁ. 물건을 파는 가게.
6. 상점   •   • ㅂ. 비가 내리는 중에 천둥소리와 함께 하늘에서 순간적으로 나는 번쩍이는 강한 빛.
7. 희망   •   • ㅅ. 앞으로 올 때.
8. 식물   •   • ㅇ. 사람이 태어날 때부터 지닌 성질.
9. 마음   •   • ㅈ. 어떤 곳의 경치, 상황, 풍속 등을 찾아가서 구경함.
10. 관광   •   • ㅊ. 무엇을 어떻게 하기로 분명하게 정함. 또는 그렇게 정해진 내용.

어휘 암기 확인! Pemeriksaan Hafalan Kosakata

단어	번역	암기확인
식당		
결정		
공급		
국내		
미래		
샤워		
동전		
가요		
번개		
상점		
상금		
성실		
희망		
식물		
정보		
보물		
마음		
관광		
면접		
구역		

어휘 활용 연습 정답
Kunci Jawaban Latihan Penggunaan Kosakata

✏️ [보기]에서 알맞은 어휘를 골라 문장 안에 쓰십시오.
Pilihlah kosakata yang tepat dalam [Contoh] dan tuliskan dalam kalimat.

1) 정보 2) 면접 3) 상금 4) 보물 5) 동전
6) 성실 7) 공급 8) 구역 9) 국내 10) 가요

✏️ 어휘에 맞는 의미를 찾아 선으로 이어 보세요.
Temukan arti yang sesuai dengan kosakata dan hubungkan dengan garis.

1) ㄷ 2) ㅊ 3) ㅅ 4) ㄹ 5) ㅂ
6) ㅁ 7) ㄱ 8) ㄴ 9) ㅇ 10) ㅈ

관용어 Idiom

어깨가 무겁다.
Hati berat, Pundak berat.

의미 힘겹고 중대한 일을 맡아 책임감을 느끼고 마음의 부담이 크다.
Merasakan tanggung jawab dan beban yang berat karena diberikan pekerjaan yang berat dan penting.

어깨가 가볍다.
Punggung terasa ringan.

의미 무거운 책임에서 벗어나거나 그 책임이 줄어들어 마음이 편안하다.
Merasa lega karena terlepas dari tanggung jawab yang berat, atau tanggung jawabnya berkurang.

DAY 10 — 10일차

정식	정식	정식
살맛	살맛	살맛
문자	문자	문자
독서	독서	독서
약국	약국	약국
어부	어부	어부
친절	친절	친절
축하	축하	축하
잠깐	잠깐	잠깐
그곳	그곳	그곳
신용	신용	신용
장엄	장엄	장엄
교수	교수	교수
우편	우편	우편
주택	주택	주택
복습	복습	복습
관심	관심	관심
심장	심장	심장
동물	동물	동물
지역	지역	지역

정식 keresmian, formalitas, resmi, formal

절차를 갖춘 제대로의 격식이나 의식.
formalitas atau sopan santun yang seharusnya yang memiliki prosedur atau tahapan

정식 회원.
정식 교육.
정식으로 가입하다.

예문
- 약사 자격증을 취득한 사람들은 약사 협회의 정식 회원으로 가입된다.
  Orang-orang yang memperoleh lisensi apoteker terdaftar sebagai anggota resmi Asosiasi Apoteker.

살맛 kesenangan hidup, kenikmatan hidup

세상을 사는 즐거움이나 보람.
kesenangan atau enaknya tinggal di dunia

살맛이 나다.
살맛이 떨어지다.
살맛이 없다.

예문
- 나는 믿었던 친구에게 배신을 당하고 살맛을 잃었다.
  Aku kehilangan kenikmatan hidup setelah dikhianati oleh teman yang kupercaya.

문자 huruf, aksara

언어의 소리나 뜻을 눈으로 볼 수 있도록 적은 기호 체계.
sistem simbol yang ditulis agar bisa melihat suara atau makna bahasa dengan mata

문자 메시지.
문자를 쓰다.
문자를 사용하다.

예문
- 알파벳은 대부분의 유럽 언어를 표기하는 데 사용되는 문자이다.
  Alfabet adalah huruf yang dipakai untuk menulis sebagian besar bahasa yang ada di Eropa.

독서 membaca

책을 읽음.
kegiatan membaca buku (digunakan sebagai kata benda)

독서의 즐거움.
독서를 권하다.
독서를 즐기다.

예문
- 인터넷이 급속히 발달한 오늘날에도 학습의 대부분은 독서를 통해 이루어진다.
  Meskipun perkembangan internet sangat pesat, saat ini pun sebagian besar pembelajaran dilakukan dengan membaca buku.

약국 apotik, toko obat

약사가 약을 만들거나 파는 곳.
toko yang menjual obat dibuat oleh apoteker atau produk obat-obatan

약국을 찾다.
약국에 가다.
약국이 열리다.

예문
- 나는 머리가 아파서 약국에서 두통약을 사 먹었다.
  Kepalaku sakit sehingga aku membeli obat sakit kepala di apotek dan meminumnya.

어부 nelayan

물고기를 잡는 일을 직업으로 하는 사람.
orang yang bekerja menangkap ikan

어부 생활.
어부 출신.
어부가 되다.

예문

- 아버지는 평생을 고기 잡는 <u>어부</u>로 사셨다.
  Ayah hidup sebagai nelayan penangkap ikan seumur hidupnya.

친절 keramahtamahan, ramah tamah

사람을 대하는 태도가 상냥하고 부드러움. 또는 그런 태도.
hal sikap menghadapi orang lain bersahabat dan halus, atau sikap yang demikian

친절로 대하다.
친절을 보이다.
친절에 감사하다.

예문

- 형은 언제나 모든 여학생들에게 <u>친절</u>을 베풀어서 인기가 좋았다.
  Kakak lelakiku populer karena selalu ramah kepada semua murid perempuan.

축하 ucapan selamat

남의 좋은 일에 대하여 기쁜 마음으로 인사함. 또는 그런 인사.
hal memberi salam dengan hati yang gembira untuk hal baik yang diterima orang lain

축하 인사.
생일 축하.
결혼 축하.

예문

- 우리 가족들의 내 졸업식에 와서 <u>축하</u>의 꽃다발을 건넸다.
  Keluargaku datang ke acara kelulusanku dan memberiku buket bunga sebagai ucapan selamat.

잠깐 sebentar

아주 짧은 시간 동안.
dalam waktu yang sangat pendek, selama waktu yang sangat pendek

잠깐 동안.
잠깐의 시간.
잠깐의 여유.

예문

- 삼촌은 인생은 <u>잠깐</u>이라며 후회 없이 살라고 했다.
  Paman menyuruhku untuk hidup tanpa penyesalan karena hidup itu hanya sebentar.

그곳 tempat itu

듣는 사람에게 가까운 곳을 가리키는 말.
kata untuk menunjuk tempat yang dekat dari si pendengar

그곳이
그곳도
그곳만

예문

- 혹시 <u>그곳</u>에 제 가방이 있는지 한번 봐 주세요.
  Tolong lihat apakah tas saya ada di sana.

신용 — kepercayaan, kredibilitas

약속을 지킬 수 있다는 믿음. 또는 그 믿음의 정도.
keyakinan untuk menepati janji, atau kadar keyakinan yang demikian

신용이 없다.
신용을 얻다.
신용을 떨어뜨리다.

예문

- 수시로 말을 바꾸는 행동은 자기 스스로 신용을 떨어뜨리는 것이다.
Sering mengubah perkataan adalah perilaku yang menurunkan kredibilitas kita.

장엄 — kemegahan, keagungan, kemuliaan

규모가 매우 크며 점잖고 엄숙함.
hal yang skalanya sangat besar dan mulia

장엄을 보다.
화려한 장엄.
장엄이 느껴지다.

예문

선생님은 우주의 장엄과 위대를 배우는 것이 과학이라 하셨다.
Guru berkata bahwa mempelajari kemegahan dan keagungan alam semesta adalah sains.

교수 — pengajaran, belajar mengajar

대학에서 학문을 연구하고 가르치는 일을 하는 사람. 또는 그 직위.
hal mengajari murid

지도 교수.
교수 식당.
교수 연구실.

예문

- 최 박사는 외국에서 박사 학위를 받고 돌아와 교수가 되었다.
Pak Park populer di kalangan anak-anak karena keterampilan mengajarnya yang luar biasa.

우편 — pos

편지나 소포 등을 보내거나 받는 것.
hal menerima dan mengirim surat dan paket

항공 우편.
빠른 우편.
우편으로 받다.

예문

- 교통이 발달해서 해외 우편을 빠르고 저렴하게 이용할 수 있다.
Berkat perkembangan transportasi, layanan pos luar negeri dapat digunakan dengan cepat dan murah.

주택 — perumahan

사람이 살 수 있도록 만든 건물.
gedung yang dibuat agar bisa dibeli orang

고급 주택.
소형 주택.
주택 가격.

예문

- 으리으리한 고급 주택에서 나오는 것을 보니 그는 엄청난 부자임에 틀림없다.
Melihatnya keluar dari rumah yang mewah dan megah, dia pasti orang yang sangat kaya.

복습 pengulangan pelajaran

배운 것을 다시 공부함.
hal tentang mengulang, menelaah kembali sesuatu yang telah dipelajari

복습 문제.
복습 자료.
복습을 하다.

예문
- 한 번 배운 것은 복습을 해야 오랫동안 기억에 남는다.
  Hal yang telah dipelajari harus diulangi kembali agar bisa diingat dalam waktu lama.

관심 perhatian, minat

어떤 것을 향하여 끌리는 감정과 생각.
perasaan dan pikiran yang mengarah dan tertarik pada sesuatu

큰 관심.
관심이 높다.
관심이 많다.

예문
- 최근 건강이나 미용에 대한 사람들의 관심이 뜨겁다.
  Akhir-akhir ini minat masyarakat terhadap kesehatan dan kecantikan sedang hangat-hangatnya.

심장 jantung

피를 온몸에 내보내는 신체 기관.
organ tubuh yang berfungsi untuk mengedarkan darah ke seluruh tubuh

심장 질환
심장이 뛰다.
심장이 멈추다.

예문
- 태아는 엄마의 심장 뛰는 소리를 듣고 편안함을 느낀다고 한다.
  Disebutkan bahwa janin merasa nyaman mendengar detak jantung ibu.

동물 hewan, binatang

생물계의 두 갈래 가운데 먹이로 영양분을 얻고 자유롭게 몸을 움직일 수 있는 생물.
di antara dua kategori di dunia organisme, makhluk hidup yang dapat menggerakkan tubuh dengan bebas serta mendapat nutrisi dari makanan

동물적
동물로 분류하다.
동물에 속하다.

예문
- 사람을 포함하여 동물은 세포벽이 없지만, 식물은 세포벽을 가지고 있다.
  Hewan, termasuk manusia, tidak memiliki dinding sel, namun tumbuhan memilikinya.

지역 wilayah, daearah

어떤 특징이나 일정한 기준에 따라 범위를 나눈 땅.
tanah yang membagi lingkup berdasarkan suatu kekhasan atau standar tertentu

지역 번호.
지역 주민.
중부 지역.

예문
- 오랜만에 날씨가 좋았던 오늘 부산 지역 바닷가에는 엄청난 수의 인파가 몰렸다.
  Saat cuaca bagus setelah sekian lama, banyak orang berbondong-bondong ke pantai daerah di Busan hari ini.

DAY 10

어휘 활용 연습 — Latihan Penggunaan Kosakata

✏️ **[보기]에서 알맞은 어휘를 골라 문장 안에 쓰십시오.**
　　Pilihlah kosakata yang tepat dalam [Contoh] dan tuliskan dalam kalimat.

[보기]	그곳　독서　복습　살맛　심장　어부　우편　장엄　지역　축하

1. 교통이 발달해서 해외 ___을 빠르고 저렴하게 이용할 수 있다.
2. 나는 믿었던 친구에게 배신을 당하고 ___을 잃었다.
3. 아버지는 평생을 고기 잡는 ___로 사셨다.
4. 오랜만에 날씨가 좋았던 오늘 부산 ___ 바닷가에는 엄청난 수의 인파가 몰렸다.
5. 우리 가족들의 내 졸업식에 와서 ___의 꽃다발을 건넸다.
6. 인터넷이 급속히 발달한 오늘날에도 학습의 대부분은 ___를 통해 이루어진다.
7. 태아는 엄마의 ___ 뛰는 소리를 듣고 편안함을 느낀다고 한다.
8. 한 번 배운 것은 ___을 해야 오랫동안 기억에 남는다.
9. 혹시 ___에 제 가방이 있는지 한번 봐 주세요.
10. 선생님은 우주의 ___과 위대를 배우는 것이 과학이라 하셨다.

✏️ **어휘에 맞는 의미를 찾아 선으로 이어 보세요.**
　　Temukan arti yang sesuai dengan kosakata dan hubungkan dengan garis.

1. 친절　　•　　•　ㄱ. 절차를 갖춘 제대로의 격식이나 의식.
2. 주택　　•　　•　ㄴ. 언어의 소리나 뜻을 눈으로 볼 수 있도록 적은 기호 체계.
3. 정식　　•　　•　ㄷ. 어떤 것을 향하여 끌리는 감정과 생각.
4. 잠깐　　•　　•　ㄹ. 약속을 지킬 수 있다는 믿음. 또는 그 믿음의 정도.
5. 약국　　•　　•　ㅁ. 약사가 약을 만들거나 파는 곳.
6. 신용　　•　　•　ㅂ. 아주 짧은 시간 동안.
7. 문자　　•　　•　ㅅ. 생물계의 두 갈래 가운데 먹이로 영양분을 얻고 자유롭게 몸을 움직일 수 있는 생물.
8. 동물　　•　　•　ㅇ. 사람이 살 수 있도록 만든 건물.
9. 교수　　•　　•　ㅈ. 사람을 대하는 태도가 상냥하고 부드러움. 또는 그런 태도.
10. 관심　　•　　•　ㅊ. 대학에서 학문을 연구하고 가르치는 일을 하는 사람. 또는 그 직위.

DAY 10

어휘 암기 확인 — Pemeriksaan Hafalan Kosakata

단어	번역	암기확인
정식		
살맛		
문자		
독서		
약국		
어부		
친절		
축하		
잠깐		
그곳		
신용		
장엄		
교수		
우편		
주택		
복습		
관심		
심장		
동물		
지역		

어휘 활용 연습 정답 — Kunci Jawaban Latihan Penggunaan Kosakata

✏️ **[보기]에서 알맞은 어휘를 골라 문장 안에 쓰십시오.**
Pilihlah kosakata yang tepat dalam [Contoh] dan tuliskan dalam kalimat.

1) 우편   2) 살맛   3) 어부   4) 지역   5) 축하
6) 독서   7) 심장   8) 복습   9) 그곳   10) 장엄

✏️ **어휘에 맞는 의미를 찾아 선으로 이어 보세요.**
Temukan arti yang sesuai dengan kosakata dan hubungkan dengan garis.

1) ㅈ   2) ㅇ   3) ㄱ   4) ㅂ   5) ㅁ
6) ㄹ   7) ㄴ   8) ㅅ   9) ㅊ   10) ㄷ

관용어 Idiom

소금을 뿌리다.
  Melemparkan umpan, Menabur garam.

  의미 잘 되고 있는 일을 망치다.
    Mengacaukan hal yang sedang berjalan lancar.

낚시를 던지다.
  Melempar umpan

  의미 다른 사람이 나의 생각대로 생각하거나 행동하도록 하는 수단을 쓰다.
    Menggunakan cara untuk membuat orang lain berpikir atau bertindak seperti yang kita pikirkan.

DAY 11

면도	면도	면도
각종	각종	각종
신뢰	신뢰	신뢰
체온	체온	체온
딸기	딸기	딸기
소요	소요	소요
체중	체중	체중
기본	기본	기본
주방	주방	주방
우주	우주	우주
요즘	요즘	요즘
고통	고통	고통
출장	출장	출장
범위	범위	범위
순서	순서	순서
기분	기분	기분
비서	비서	비서
동생	동생	동생
버스	버스	버스
생일	생일	생일

면도   cukur

얼굴이나 몸에 난 수염이나 잔털을 깎음.
hal memotong rambut halus atau jenggot yang tumbuh di wajah atau tubuh

면도 크림.
면도를 잘하다.
면도를 하다.

예문
- 현우는 면도 크림을 쓰지 않고 비누로 거품을 내서 수염을 깎는다.
  Hyeonwu tidak bercukur menggunakan krim cukur, melainkan menggunakan sabun yang dikeluarkan busanya.

각종   macam-macam, segala macam, berbagai

여러 가지 종류.
beberapa macam jenis

각종 과일.
각종 모임.
각종 서비스.

예문
- 명절을 맞아 시장에는 사과, 배와 같은 각종 과일들이 잔뜩 나와 있다.
  Menyambut hari raya, pasar dipenuhi dengan buah-buahan seperti apel dan pir.

신뢰   kepercayaan, keyakinan

굳게 믿고 의지함.
yakin dengan kuat dan percaya

자기 신뢰.
부모님의 신뢰.
신뢰가 가다.

예문
- 그는 성실하고 꾸준하게 노력하는 사람이기 때문에 더욱 신뢰가 간다.
  Dia lebih bisa dipercaya karena rajin dan selalu bekerja keras.

체온   suhu badan

몸의 온도.
tinggi rendahnya panas atau dingin badan

체온 유지.
체온이 낮다.
체온이 높다.

예문
- 우리의 몸은 체온을 일정하게 유지시키는 기능이 있다.
  Tubuh kita memiliki kemampuan untuk menjaga agar suhu tubuh tetap konstan.

딸기   tanaman perdu, stroberi, arbei (stroberi, arbei)

줄기가 땅 위로 뻗으며, 겉에 씨가 박혀 있는 빨간 열매가 열리는 여러해살이풀. 또는 그 열매.
buah merah yang berbiji di luar dan cabang dari pohonnya menjalar ke atas tanah sepanjang tahun tumbuh, atau buah yang demikian

딸기를 먹다.
딸기를 재배하다.
딸기를 키우다.

예문
- 나는 딸기를 씻어서 일부는 그냥 먹고 남은 것은 잼을 만들어 먹었다.
  Aku mencuci stroberi lalu memakannya sebagian dan sisanya kubuat menjadi selai.

소요 perlu, butuh, yang diperlukan, yang dibutuhkan

필요하거나 요구됨.
hal perlu atau diminta

시간 소요.
소요 시간.
소요 예산.

예문
- 길이 막혀서 서울까지의 <u>소요</u> 시간이 생각보다 길어졌다.
  Butuh waktu lebih lama untuk sampai ke Seoul karena jalanan macet.

체중 (Tiada Penjelasan Arti) berat badan

몸의 무게.
berat badan

표준 체중.
체중 증가.
체중이 감소하다.

예문
- 나는 갑자기 키가 부쩍 자라면서 <u>체중</u>도 함께 증가했다.
  Tinggi badanku tiba-tiba bertambah bersamaan dengan berat badanku juga.

기본 dasar

무엇을 하기 전에 가장 먼저 해야 하는 것이나 꼭 있어야 하는 것.
sesuatu yang harus dilakukan paling dahulu atau yang harus ada sebelum melakukan suatu hal

기본 기술.
기본 동작.
기본 조건.

예문
- 현우는 <u>기본</u> 동작만 배웠는데 일 년 동안 수영을 배운 나보다 수영을 잘했다.
  Meskipun Hyeonwu hanya belajar gerakan dasar, tetapi dia lebih pandai berenang daripada aku yang sudah belajar selama setahun.

주방 dapur

음식을 만들거나 차리는 곳.
tempat membuat atau menyiapkan makanan

주방 종업원.
주방에서 요리하다.
주방에서 일하다.

예문
- 어머니께서 저녁 식사를 위해 시장에서 사 오신 음식을 <u>주방</u>에 가져다 놓았다.
  Ibu menaruh makanan yang dibelinya di pasar untuk makan malam di dapur.

우주 ruang angkasa

무한한 시간과 만물을 포함하는 끝없는 공간.
ruang tak berbatas yang memuat mahluk dan waktu

우주 만물.
우주의 원리.
우주의 질서.

예문
- 거대한 <u>우주</u>를 생각하면 인간은 아주 작은 점과 같다.
  Bila memikirkan alam semesta yang besar, manusia seperti titik yang sangat kecil.

요즘   akhir-akhir ini, belakangan ini

아주 가까운 과거부터 지금까지의 사이.
di antara waktu sampai sekarang dari waktu yang sangat dekat dengan saat ini.

요즘 시대.
요즘 사람들.
요즘의 가격.

예문
- 현우는 요즘 들어 새로운 사업을 구상하느라 바쁜 나날을 보내고 있다.
  Hyeonwu akhir-akhir ini sibuk karena merencanakan bisnis baru.

고통   penderitaan, kesakitan, kepedihan

몸이나 마음이 괴롭고 아픔.
luka pada tubuh atau hati

고통이 심하다.
고통이 크다.
고통을 감수하다.

예문
- 상대편의 태클에 걸려 넘어진 선수는 발목 부분에 큰 고통을 느꼈다.
  Atlet yang jatuh karena jegalan lawan merasakan sakit yang luar biasa di bagian pergelangan kaki.

출장   dinas, tugas luar

임시로 다른 곳에 일하러 감.
hal pergi bekerja ke tempat lain untuk sementara

미국 출장.
지방 출장.
출장 기간.

예문
- 김 과장은 일본과의 계약을 성사시키기 위하여 해외 출장을 떠났다.
  Manajer Kim melakukan perjalanan bisnis ke luar negeri untuk melakukan perjanjian dengan Jepang.

범위   ruang lingkup, cakupan, kisaran, batasan

일정하게 한정된 구역. 또는 어떤 힘이 미치는 한계.
ruang yang telah ditentukan, atau batas dari sebuah kekuatan, kemampuan

활동 범위.
범위가 좁다.
범위에 들다.

예문
- 가능한 범위 내에서 어려움에 처한 여러분을 최대한 돕도록 하겠습니다.
  Saya akan mambantu kalian yang sedang dalam kesusahan semampu saya.

순서   urutan

정해진 기준에서 앞뒤, 좌우, 위아래 등으로 벌여진 관계.
hubungan antara depan-belakang, kiri-kanan, atas-bawah, dsb dengan berdasarkan standar yang telah ditentukan

순서가 바뀌다.
순서를 맞추다.
순서를 매기다.

예문
- 다음의 이야기를 읽고 시간의 흐름에 따라 그림의 순서를 맞추세요.
  Bacalah cerita berikut lalu susunlah gambar sesuai urutan waktunya.

기분 perasaan, suasana hati, mood (perasaan, suasana hati)

불쾌, 유쾌, 우울, 분노 등의 감정 상태.
kondisi hati yang terkait dengan kenyamanan, ketidaknyamanan hati, kesedihan, dan kemarahan yang timbul dengan sendirinya karena suatu objek atau kondisi sekitar

개운한 기분.
불쾌한 기분.
상쾌한 기분.

예문
- 하룻밤에 모든 것을 잃은 현우는 암담한 기분이 되어 집으로 돌아왔다.
  Hyeonwu yang kehilangan semuanya dalam satu malam kembali ke rumah dengan perasaan yang kelam.

비서 sekretaris

일부 중요한 자리에 있는 사람의 사무나 일정 등을 챙겨 주는 일을 하는 사람.
orang yang bekerja mengatur pekerjaan atau jadwal orang yang memiliki posisi penting dalam perusahaan atau lembaga

대통령의 비서.
사장의 비서.
비서를 대동하다.

예문
- 비서로 일하는 지수는 손님 접대에서부터 사장님의 스케줄 관리까지 하느라 늘 바빴다.
  Jisu yang bekerja sebagai sekretaris selalu sibuk mengurus penyambutan tamu hingga jadwal direktur.

동생 adik

같은 부모에게서 태어난 형제나 친척 형제들 중에서 나이가 적은 사람을 이르거나 부르는 말.
panggilan untuk orang yang lebih muda yang lahir dalam keluarga kandung atau kerabat

막내 동생.
어린 동생.
동생이 태어나다.

예문
- 부모님이 막내를 늦게 낳으셔서 첫째인 나와 막내인 동생은 무려 스무 살 차이가 난다.
  Karena orang tuaku melahirkan adikku di usia tua, maka aku yang merupakan anak pertama berbeda 20 tahun dengan adikku yang merupakan anak terakhir.

버스 bus

돈을 받고 정해진 길을 다니며 많은 사람을 실어 나르는 큰 자동차.
kendaraan besar yang ditumpangi orang dengan membayar dengan rute yang telah ditentukan

전세 버스.
버스 기사.
버스 노선.

예문
- 우리 집은 버스 정류장과 지하철역이 가까이 있어서 아주 편리하다.
  Rumahku sangat nyaman karena stasiun kereta bawah tanah dan halte bus ada di dekat rumah.

생일 hari lahir, tanggal lahir (hari lahir, tanggal lahir, ulang tahun)

사람이 세상에 태어난 날.
hari dari orang lahir ke dunia

생일 선물.
생일을 축하하다.
생일에 초대하다.

예문
- 현우는 여자 친구의 생일을 축하해 주려고 케이크와 꽃을 샀다.
  Hyeonwu membeli kue dan bunga untuk merayakan ulang tahun pacarnya.

TOPIK 95

DAY 11

어휘 활용 연습 — Latihan Penggunaan Kosakata

✏️ **[보기]에서 알맞은 어휘를 골라 문장 안에 쓰십시오.**
Pilihlah kosakata yang tepat dalam [Contoh] dan tuliskan dalam kalimat.

| [보기] | 출장 | 체중 | 주방 | 요즘 | 신뢰 | 순서 | 비서 | 버스 | 면도 | 딸기 |

1. 현우는 ___ 들어 새로운 사업을 구상하느라 바쁜 나날을 보내고 있다.
2. 현우는 ___ 크림을 쓰지 않고 비누로 거품을 내서 수염을 깎는다.
3. 우리 집은 ___ 정류장과 지하철역이 가까이 있어서 아주 편리하다.
4. 어머니께서 저녁 식사를 위해 시장에서 사 오신 음식을 ___에 가져다 놓았다.
5. ___로 일하는 지수는 손님 접대에서부터 사장님의 스케줄 관리까지 하느라 늘 바빴다.
6. 다음의 이야기를 읽고 시간의 흐름에 따라 그림의 ___를 맞추세요.
7. 나는 ___를 씻어서 일부는 그냥 먹고 남은 것은 잼을 만들어 먹었다.
8. 나는 갑자기 키가 부쩍 자라면서 ___도 함께 증가했다.
9. 김 과장은 일본과의 계약을 성사시키기 위하여 해외 ___을 떠났다.
10. 그는 성실하고 꾸준하게 노력하는 사람이기 때문에 더욱 ___가 간다.

✏️ **어휘에 맞는 의미를 찾아 선으로 이어 보세요.**
Temukan arti yang sesuai dengan kosakata dan hubungkan dengan garis.

1. 체온 • • ㄱ. 필요하거나 요구됨.
2. 우주 • • ㄴ. 일정하게 한정된 구역. 또는 어떤 힘이 미치는 한계.
3. 소요 • • ㄷ. 여러 가지 종류.
4. 생일 • • ㄹ. 사람이 세상에 태어난 날.
5. 범위 • • ㅁ. 불쾌, 유쾌, 우울, 분노 등의 감정 상태.
6. 동생 • • ㅂ. 무한한 시간과 만물을 포함하는 끝없는 공간.
7. 기분 • • ㅅ. 무엇을 하기 전에 가장 먼저 해야 하는 것이나 꼭 있어야 하는 것.
8. 기본 • • ㅇ. 몸이나 마음이 괴롭고 아픔.
9. 고통 • • ㅈ. 몸의 온도.
10. 각종 • • ㅊ. 같은 부모에게서 태어난 형제나 친척 형제들 중에서 나이가 적은 사람을 이르거나 부르는 말.

어휘 암기 확인! Pemeriksaan Hafalan Kosakata

단어	번역	암기확인
면도		
각종		
신뢰		
체온		
딸기		
소요		
체중		
기본		
주방		
우주		
요즘		
고통		
출장		
범위		
순서		
기분		
비서		
동생		
버스		
생일		

 어휘 활용 연습 정답   Kunci Jawaban Latihan Penggunaan Kosakata

✏️ [보기]에서 알맞은 어휘를 골라 문장 안에 쓰십시오.
Pilihlah kosakata yang tepat dalam [Contoh] dan tuliskan dalam kalimat.

1) 요즘   2) 면도   3) 버스   4) 주방   5) 비서
6) 순서   7) 딸기   8) 체중   9) 출장   10) 신뢰

✏️ 어휘에 맞는 의미를 찾아 선으로 이어 보세요.
Temukan arti yang sesuai dengan kosakata dan hubungkan dengan garis.

1) ㅈ   2) ㅂ   3) ㄱ   4) ㄹ   5) ㄴ
6) ㅊ   7) ㅁ   8) ㅅ   9) ㅇ   10) ㄷ

 관용어 Idiom

빈주먹만 들다.
  Membawa tangan kosong.

  의미 아무것도 가진 것이 없이 일을 시작하다.
    Memulai pekerjaan tanpa memiliki apa pun di tangan.

파김치가 되다.
  Menjadi kimchi daun bawang.

  의미 몹시 지치고 피곤한 상태가 되다.
    Menjadi sangat letih dan lelah.

12일차

스타	스타	스타
재산	재산	재산
아침	아침	아침
내년	내년	내년
가위	가위	가위
하루	하루	하루
심리	심리	심리
근무	근무	근무
손목	손목	손목
행운	행운	행운
메뉴	메뉴	메뉴
법률	법률	법률
비누	비누	비누
사진	사진	사진
우정	우정	우정
연필	연필	연필
거절	거절	거절
방법	방법	방법
주제	주제	주제
가난	가난	가난

스타   bintang

인기가 많은 연예인이나 운동선수.
selebritis atau atlet olahgara yang terkenal

스포츠 스타.
스타가 되다.
스타를 꿈꾸다.

예문
- 누구나 한 번쯤은 사람들의 인기를 한 몸에 받는 <u>스타</u>가 되기를 꿈꾼다.
  Semuanya bermimpi menjadi bintang populer walau hanya sekali.

재산   kekayaan, harta

개인이나 단체가 가지고 있는 돈이나 돈으로 바꿀 수 있는 것.
uang yang dimiliki perseorangan atau badan atau sesuatu yang bisa ditukar dengan uang

재산이 늘다.
재산을 모으다.
재산을 지키다.

예문
- 그는 자기 <u>재산</u>을 다 털어 학교를 세웠다.
  Dia membangun sekolah dengan menghabiskan semua aset kekayaannya.

아침   pagi

날이 밝아올 때부터 해가 떠올라 하루의 일이 시작될 때쯤까지의 시간.
waktu yang dimulai dari terangnya hari sampai pada dimulainya waktu kerja

오늘 아침.
아침 문안.
아침 식사.

예문
- <u>아침</u>마다 타는 버스에는 항상 등교하는 학생들이 가득 차 있다.
  Bus yang aku naiki setiap pagi selalu penuh dengan para siswa yang berangkat sekolah.

내년   tahun depan

올해의 바로 다음 해.
tahun setelah tahun ini

내년 가을.
내년 겨울.
내년 봄.

예문
- 정부가 서민층을 위해 새롭게 제정한 법은 <u>내년</u>부터 시행된다.
  Undang-undang baru yang disusun untuk kalangan menengah ke bawah diberlakukan mulai tahun depan.

가위   gunting

종이나 천, 머리카락 등을 자르는 도구.
pemotong kertas atau kain, rambut, dsb

큰 가위.
작은 가위.
미용 가위.

예문
- 아이는 색종이를 <u>가위</u>로 자르고 풀로 붙여 종이 목걸이를 만들었다.
  Anak kecil itu menggunting kertas warna dan melekatkannya dengan lem lalu membuatnya menjadi kalung kertas.

하루　satu hari, sehari

밤 열두 시부터 다음 날 밤 열두 시까지의 스물네 시간.
24 jam sejak jam 12 malam hingga jam 12 malam hari berikutnya

하루가 가다.
하루가 걸리다.
하루가 지나가다.

예문
- 사람들은 보통 하루에 세 번 이를 닦는다.
  Orang-orang biasanya menyikat gigi tiga kali sehari.

심리　psikologi (psikologi, psikologis)мышления

마음의 움직임이나 의식의 상태.
pergerakan hati atau kondisi kesadaran

여자의 심리.
인간의 심리.
소비자의 심리.

예문
- 사람들의 심리 상태는 보통 행동을 통해 나타나는 경우가 많다.
  Kondisi psikologis seseorang biasanya muncul melalui tindakannya.

근무　kerja, bekerja, tugas (kerja, bekerja, tugas, pekerjaan)

직장에서 맡은 일을 하는 것. 또는 그런 일.
hal bekerja di tempat kerja atau melakukan pekerjaan yang dipercayakan

야간 근무.
주말 근무.
주 오 일 근무.

예문
- 현우는 회사의 근무 조건이 좋지 않아서 직장을 그만두었다.
  Hyeonwu berhenti dari kantor karena kondisi pekerjaannya tidak baik.

손목　pergelangan tangan

손과 팔이 이어지는 부분.
bagian di mana tangan dan lengan menyambung

손목을 잡다.
손목이 아프다.
손목에 시계를 차다.

예문
- 소매를 걷어 올리자 그녀의 가녀린 손목이 드러났다.
  Pergelangan tangannya yang ramping terlihat saat dia menggulung lengan bajunya.

행운　keberuntungan, nasib baik, kemujuran

좋은 운수. 또는 행복한 운수.
nasib baik, atau nasib yang membahagiakan

행운의 여신.
행운이 오다.
행운이 따르다.

예문
- 형은 시험에서 행운이 따랐는지 평소보다 좋은 성적이 나왔다.
  Entah karena beruntung, kakak lelakiku mendapat nilai yang lebih baik dari biasanya.

메뉴 tabel menu, daftar menu

음식점에서 파는 음식의 종류와 가격을 적은 판.
daftar, tabel yang berisikan jenis harga dan makanan yang dijual dalam suatu restoran

메뉴를 보다.
메뉴를 찾다.
메뉴를 가져오다.

예문
- 우리는 식당 벽에 붙은 메뉴를 보고 음식을 골랐다.
  Kami memilih makanan setelah melihat daftar menu yang ditempel di tembok rumah makan.

법률 hukum, undang-undang, peraturan

모든 국민이 반드시 지켜야 하는, 나라에서 만든 명령이나 규칙.
aturan yang ditetapkan oleh negara dan harus ditaati oleh rakyat

법률 상담
법률을 위반하다.
법률을 제정하다.

예문
- 현행 법률이 인정하는 범위 내에서 이번 일을 처리하도록 하겠습니다.
  Kami akan mengurus hal ini berdasarkan undang-undang yang berlaku.

비누 sabun

물을 묻혀서 거품을 내어 몸이나 옷에 묻은 때를 씻는 데 쓰는 물건.
benda yang dibasahkan dengan air untuk menghasilkan busa dan digunakan untuk mencuci badan atau pakaian yang bernoda

천연 비누.
비누 거품.
비누 냄새.

예문
- 천연 재료가 들어간 비누는 순해서 피부에 자극이 덜 가고 향기도 좋다.
  Sabun yang mengandung bahan-bahan alami bersifat ringan sehingga tidak membuat kulit iritasi dan juga harum.

사진 foto

사물의 모습을 오래 보존할 수 있도록 사진기로 찍어 종이나 컴퓨터 등에 나타낸 영상.
gambar pada kertas, layar komputer, dsb, yang diambil dengan kamera untuk mengabadikan rupa suatu obyek

광고 사진.
대형 사진.
작품 사진.

예문
- 학생들이 모두 모이자 선생님은 하나, 둘, 셋까지 세고 사진을 찍으셨다.
  Setelah semua siswa berkumpul, guru menghitung satu, dua, tiga lalu mengambil foto.

우정 persahabatan, perkawanan

친구 사이의 정.
tali pertemanan

우정이 깊다.
우정을 나누다.
변치 않는 우정.

예문
- 한동네에서 나고 자란 우리는 같이 놀고 싸우며 두터운 우정을 쌓았다.
  Dengan bermain bersama dan berkelahi, kami yang besar di lingkungan yang sama membangun persahabatan yang kuat.

연필 pensil

가늘고 긴 검은색 심을 나무 막대 속에 넣어 글씨를 쓰거나 그림을 그릴 때 쓰는 도구.
alat tulis atau pelukis yang di dalam batang kayunya dimasukkan isi pensil yang panjang tipis

연필 한 자루.
연필을 깎다.
연필을 쥐다.

예문
- 지수의 필통 안에는 **연필** 두 자루와 지우개가 들어 있었다.
  Di kotak pensil Jisu ada dua batang pensil dan penghapus.

거절 penolakan

다른 사람의 부탁이나 제안, 선물 등을 받아들이지 않음.
hal tidak menerima permintaan atau usul, hadiah, dsb dari orang lain

거절이 되다.
거절을 당하다.
거절을 하다.

예문
- 유민이가 민준이의 청혼에 **거절**을 했다.
  Yumin menolak lamaran Minjun.

방법 cara, jalan

어떤 일을 해 나가기 위한 수단이나 방식.
jalan atau cara untuk melakukan suatu pekerjaan

공부 방법.
연구 방법.
사용 방법.

예문
- 어머니는 아이들에게 사과를 깎는 **방법**을 가르쳤다.
  Ibu mengajarkan cara memotong apel kepada anak-anak.

주제 tema, topik

대화나 연구 등에서 중심이 되는 문제.
masalah yang menjadi inti dalam percakapan atau penelitian dsb

논문 주제.
대화 주제.
연설 주제.

예문
- 나는 "부의 양극화 현상"을 **주제**로 신문에 글을 실었다.
  Aku menulis artikel di surat kabar dengan topik "Fenomena Bipolarisasi Kekayaan".

가난 kemiskinan, miskin

돈이 없어서 생활이 어려움. 또는 그런 상태.
Hyeonwu bekerja keras dan mengumpulkan uang demi lepas dari kemiskinan.

집안의 가난.
가난을 겪다.
가난을 극복하다.

예문
- 현우는 **가난**에서 벗어나기 위해 열심히 일해 돈을 모았다.
  Чтобы выбраться из бедности Хёну усердно работал и копил деньги.

어휘 활용 연습 Latihan Penggunaan Kosakata

✏️ [보기]에서 알맞은 어휘를 골라 문장 안에 쓰십시오.
Pilihlah kosakata yang tepat dalam [Contoh] dan tuliskan dalam kalimat.

[보기] 아침   내년   심리   근무   메뉴   법률   우정   연필   주제   가난

1. 현우는 ___에서 벗어나기 위해 열심히 일해 돈을 모았다.
2. 현우는 회사의 ___ 조건이 좋지 않아서 직장을 그만두었다.
3. 정부가 서민층을 위해 새롭게 제정한 법은 ___부터 시행된다.
4. 우리는 식당 벽에 붙은 ___를 보고 음식을 골랐다.
5. 현행 ___이 인정하는 범위 내에서 이번 일을 처리하도록 하겠습니다.
6. 사람들의 ___ 상태는 보통 행동을 통해 나타나는 경우가 많다.
7. ___마다 타는 버스에는 항상 등교하는 학생들이 가득 차 있다.
8. 지수의 필통 안에는 ___ 두 자루와 지우개가 들어 있었다.
9. 한동네에서 나고 자란 우리는 같이 놀고 싸우며 두터운 ___을 쌓았다.
10. 나는 "부의 양극화 현상"을 ___로 신문에 글을 실었다.

✏️ 어휘에 맞는 의미를 찾아 선으로 이어 보세요.
Temukan arti yang sesuai dengan kosakata dan hubungkan dengan garis.

1. 스타   •   • ㄱ. 종이나 천, 머리카락 등을 자르는 도구.
2. 재산   •   • ㄴ. 다른 사람의 부탁이나 제안, 선물 등을 받아들이지 않음.
3. 가위   •   • ㄷ. 어떤 일을 해 나가기 위한 수단이나 방식.
4. 하루   •   • ㄹ. 물을 묻혀서 거품을 내어 몸이나 옷에 묻은 때를 씻는 데 쓰는 물건.
5. 손목   •   • ㅁ. 사물의 모습을 오래 보존할 수 있도록 사진기로 찍어 종이나 컴퓨터 등에 나타낸 영상.
6. 행운   •   • ㅂ. 손과 팔이 이어지는 부분.
7. 비누   •   • ㅅ. 인기가 많은 연예인이나 운동선수.
8. 사진   •   • ㅇ. 개인이나 단체가 가지고 있는 돈이나 돈으로 바꿀 수 있는 것.
9. 거절   •   • ㅈ. 밤 열두 시부터 다음 날 밤 열두 시까지의 스물네 시간.
10. 방법 •   • ㅊ. 좋은 운수. 또는 행복한 운수.

DAY 12 어휘 암기 확인 — Pemeriksaan Hafalan Kosakata

단어	번역	암기확인
스타		
재산		
아침		
내년		
가위		
하루		
심리		
근무		
손목		
행운		
메뉴		
법률		
비누		
사진		
우정		
연필		
거절		
방법		
주제		
가난		

어휘 활용 연습 정답 — Kunci Jawaban Latihan Penggunaan Kosakata

✏️ [보기]에서 알맞은 어휘를 골라 문장 안에 쓰십시오.
Pilihlah kosakata yang tepat dalam [Contoh] dan tuliskan dalam kalimat.

1) 가난 2) 근무 3) 내년 4) 메뉴 5) 법률
6) 심리 7) 아침 8) 연필 9) 우정 10) 주제

✏️ 어휘에 맞는 의미를 찾아 선으로 이어 보세요.
Temukan arti yang sesuai dengan kosakata dan hubungkan dengan garis.

1) ㅅ 2) ㅇ 3) ㄱ 4) ㅈ 5) ㅂ
6) ㅊ 7) ㄹ 8) ㅁ 9) ㄴ 10) ㄷ

 관용어 Idiom

입맛대로 하다.
Melakukan sesuai selera.

> 의미 저 좋은 대로 마음대로 하다.
> Melakukannya sebaik dan sesuka hati.

피부로 느끼다.
Merasakan dengan kulit.

> 의미 직접적으로 느끼다.
> Merasakan secara langsung.

DAY 13
13일차

연락	연락	연락
종이	종이	종이
무대	무대	무대
소풍	소풍	소풍
소금	소금	소금
구름	구름	구름
노래	노래	노래
자연	자연	자연
자율	자율	자율
기쁨	기쁨	기쁨
열차	열차	열차
관찰	관찰	관찰
요리	요리	요리
작품	작품	작품
수박	수박	수박
바다	바다	바다
밤중	밤중	밤중
현관	현관	현관
온도	온도	온도
기도	기도	기도

연락 kontak, hubungan

어떤 사실을 전하여 알림.
hal menghubungi atau menyampaikan kabar kepada orang lain

연락이 없다.
연락을 받다.
연락이 되다.

예문
- 이후에 전달할 내용이 있으면 제게 연락을 주십시오.
  Hubungi saya apabila ada hal yang ingin disampaikan kemudian.

종이 kertas

나무를 원료로 하여 얇게 만든, 글씨를 쓰고 그림을 그리고 인쇄를 하는 등 여러 가지 일에 쓰는 물건.
sesuatu yang dibuat tipis dengan bahan dasar dari pohon yang digunakan untuk berbagai macam pekerjaan seperti menulis, menggambar, mencetak, dsb

검은색 종이.
얇은 종이.
종이 한 장.

예문
- 아이는 종이에 그림을 그렸다.
  Anak itu menggambar di kertas.

무대 panggung, pentas

연극, 무용, 음악 등을 공연하기 위하여 객석 앞에 좀 높게 만들어 놓은 넓은 자리.
tempat yang luas yang dibuat lebih tinggi di depan kursi penonton untuk mempertunjukkan drama, tari, musik, dsb

무대 위.
무대 의상.
무대 장치.

예문
- 관객들은 공연이 끝나고 조명이 꺼진 무대를 향해 계속해서 기립 박수를 쳤다.
  Setelah pertunjukkannya selesai, para penonton terus bertepuk tangan ke arah panggung yang lampunya telah dimatikan.

소풍 piknik

경치를 즐기거나 놀이를 하기 위하여 야외에 나갔다 오는 일.
pergi untuk menikmati pemandangan atau permainan ke tempat yang tidak terlalu jauh

가을 소풍.
소풍 계획.
소풍 장소.

예문
- 이 산은 그리 높지도 않으면서 계곡이 있어 소풍 장소로 제격이었다.
  Meskipun tidak terlalu tinggi, gunung ini cocok dijadikan tempat piknik karena memiliki lembah.

소금 garam

짠맛을 내는 하얀 가루.
bubuk putih yang mengeluarkan rasa asin

구운 소금.
볶은 소금.
흰 소금.

예문
- 어렸을 적에는 소풍을 갈 때 삶은 달걀을 소금에 찍어 먹고는 했다.
  Waktu kecil aku sering makan telur rebus yang dicocol ke garam saat piknik.

구름 awan

공기 속의 작은 물방울이나 얼음 알갱이가 한데 뭉쳐 하늘에 떠 있는 것.
gumpalan berwarna putih atau abu-abu yang berbentuk tetesan air atau butiran es kecil di dalam udara yang berkumpul menjadi satu dan menggantung di udara

흰 구름.
구름 사이.
구름 속.

예문
- 비가 오려는지 하늘에 잿빛 구름이 가득 끼었다.
  Entah karena akan turun hujan, langit dipenuhi dengan awan kelabu.

노래 lagu

운율에 맞게 지은 가사에 곡을 붙인 음악. 또는 그런 음악을 소리 내어 부름.
kata yang disesuaikan dengan irama musik, atau hal menyanyikan kata-kata yang demikian

가수의 노래.
듣기 좋은 노래.
슬픈 노래.

예문
- 아이들이 흥겨운 노래에 맞춰 귀엽게 춤을 추기 시작했다.
  Anak-anak menari dengan menggemaskan mengikuti lagu berirama riang.

자연 alam

사람의 힘에 의한 것이 아닌, 세상에 원래부터 있거나 저절로 이루어지는 모든 현상이나 존재.
semua fenomena atau keberadaan yang sudah ada sejak awal di dunia yang bukan sesuatu dari kekuatan manusia, atau yang muncul dengan sendirinya

자연 현상.
자연의 힘.
자연의 법칙.

예문
- 인류는 자연을 극복하기 위해 과학 기술을 발전시켜 왔다.
  Manusia mengembangkan teknologi sains untuk menaklukkan alam.

자율 otonomi (otonomi, mandiri)

남의 지배나 구속을 받지 않고 스스로의 원칙에 따라 자신의 행위를 통제하는 일.
proses menjalankan suatu pekerjaan atau organisasi tanpa mendapat pengawasan atau pembatasan dari orang lain atau pihak lain, mengatur segala tindakan dan menjalankannya atas dasar aturan sendiri

자율 결정.
자율 복장.
자율 의사.

예문
- 지수는 누가 시키지 않았는데도 학교에 남아 자율 학습을 한다.
  Meski tidak ada yang menyuruhnya, Jisu tetap tinggal di sekolah dan melakukan pembelajaran mandiri.

기쁨 kesenangan, kebahagiaan

기분이 매우 좋고 즐거운 마음.
hati yang bersuka dan merasa gembira

큰 기쁨.
기쁨과 행복.
기쁨이 넘치다.

예문
- 나는 합격 소식을 듣고 기쁨에 겨워서 덩실덩실 춤을 추었다.
  Aku menari dengan riang karena gembira setelah mendengar kabar bahwa aku lolos.

열차 — rangkaian kereta

여러 개의 칸을 길게 이어 놓은 기차나 전철.
kereta api atau kereta bawah tanah yang terangkai panjang dari beberapa gerbong kereta

화물 열차.
열차 시간표.
열차가 달리다.

예문
- 나는 자동차보다 교통 체증에 시달릴 필요가 없는 열차를 자주 이용하는 편이다.
  Daripada menggunakan mobil, aku lebih sering menggunakan kereta yang tidak perlu bermacet-macetan di jalan.

관찰 — pengamatan, pencermatan

사물이나 현상을 주의 깊게 자세히 살펴봄.
hal mengamati secara seksama barang atau gejala

관찰 결과.
관찰 방법.
관찰 보고서.

예문
- 자세한 관찰을 해 보니 개미의 머리에 작은 더듬이가 있었다.
  Setelah diamati dengan teliti, semut memiliki antena kecil di kepalanya.

요리 — masakan

음식을 만듦.
sesuatu yang dibuat dengan bahan yang telah disiapkan

요리 방법.
요리 비결.
요리를 못하다.

예문
- 나는 아이에게 좀 더 맛있는 음식을 먹이기 위해 요리를 배우고 있다.
  Aku sedang belajar memasak demi memberi makan anakku makanan yang lebih enak.

작품 — karya

만든 물건.
barang yang dibuat

작품 발표.
작품 제작.
작품을 만들다.

예문
- 우리는 더욱 우수한 작품으로 고객들의 성원에 보답하고자 하였다.
  Kami ingin membalas dukungan para pelanggan dengan karya yang lebih baik.

수박 — semangka

둥글고 크며 초록 빛깔에 검푸른 줄무늬가 있으며 속이 붉고 수분이 많은 과일.
buah berbentuk bulat dan besar, berwarna hijau dengan garis-garis hitam kehijauan, dan bagian dalamnya berwarna merah serta berair banyak

수박 한 조각.
수박 한 통.
수박 껍질.

예문
- 우리 가족은 여름에 수박으로 시원한 화채를 만들어 먹곤 하였다.
  Keluarga kami sering membuat es buah yang segar dari semangka saat musim panas.

바다 laut (laut, pantai)

지구에서 육지 이외의 부분으로 짠물이 차 있는 곳.
tempat yang dipenuhi dengan air asin yang merupakan bagian di luar daratan

동해 바다.
새벽 바다.
서해 바다.

예문

- 나는 여름이면 바다에 가서 해수욕을 즐긴다.
  Aku pergi ke pantai dan menikmati berenang di pantai saat musim panas.

밤중 tengah malam, malam hari

밤이 깊은 때.
saat malam yang larut

컴컴한 밤중.
어두운 밤중.
밤중에 다니다.

예문

- 어두운 밤중에 으슥한 골목길을 다니는 것은 매우 위험하다.
  Berjalan di gang yang gelap di malam hari adalah hal yang sangat berbahaya.

현관 pendopo (pintu depan)

건물의 출입문이 있는 문간.
bagian gerbang yang memiliki pintu keluar masuk dari gedung

집 현관.
현관 앞.
현관이 넓다.

예문

- 현우는 문밖으로는 나가지 않고 현관까지만 손님을 배웅했다.
  Tidak sampai keluar dari pintu, Hyeonwu hanya mengantar tamu sampai pintu depan saja.

온도 temperatur, suhu

따뜻하고 차가운 정도. 또는 그것을 나타내는 수치.
ukuran hangat dan dingin, atau angka yang menunjukkan itu

냉방 온도.
실내 온도.
이상 온도.

예문

- 건물 안과 밖의 온도 차이가 너무 크면 건강에 좋지 않다.
  Perbedaan suhu yang besar antara dalam dan luar gedung tidak baik untuk kesehatan.

기도 doa

바라는 바가 이루어지도록 절대적 존재 혹은 신앙의 대상에게 비는 것.
hal memohon kepada suatu yang dipercaya atau eksistensi tertentu untuk mewujudkan sesuatu yang diharapkan

간절한 기도.
기도를 드리다.
기도를 들어주다.

예문

- 대입 시험을 앞둔 민준이의 어머니는 아들을 위해 매일 아침 기도를 올린다.
  Ibu Minjun berdoa setiap pagi demi anaknya yang akan mengikuti ujian masuk perguruan tinggi.

어휘 활용 연습 — Latihan Penggunaan Kosakata

✏️ **[보기]에서 알맞은 어휘를 골라 문장 안에 쓰십시오.**
　　Pilihlah kosakata yang tepat dalam [Contoh] dan tuliskan dalam kalimat.

[보기]	무대　소풍　노래　자연　열차　관찰　수박　바다　온도　기도

1. 인류는 ___을 극복하기 위해 과학 기술을 발전시켜 왔다.
2. 건물 안과 밖의 ___ 차이가 너무 크면 건강에 좋지 않다.
3. 나는 자동차보다 교통 체증에 시달릴 필요가 없는 ___를 자주 이용하는 편이다.
4. 우리 가족은 여름에 ___으로 시원한 화채를 만들어 먹곤 하였다.
5. 이 산은 그리 높지도 않으면서 계곡이 있어 ___ 장소로 제격이었다.
6. 나는 여름이면 ___에 가서 해수욕을 즐긴다.
7. 관객들은 공연이 끝나고 조명이 꺼진 ___를 향해 계속해서 기립 박수를 쳤다.
8. 아이들이 흥겨운 ___에 맞춰 귀엽게 춤을 추기 시작했다.
9. 대입 시험을 앞둔 민준이의 어머니는 아들을 위해 매일 아침 ___를 올린다.
10. 자세한 ___을 해 보니 개미의 머리에 작은 더듬이가 있었다.

✏️ **어휘에 맞는 의미를 찾아 선으로 이어 보세요.**
　　Temukan arti yang sesuai dengan kosakata dan hubungkan dengan garis.

1. 현관　　•　　　•　ㄱ. 짠맛을 내는 하얀 가루.
2. 종이　　•　　　•　ㄴ. 음식을 만듦.
3. 작품　　•　　　•　ㄷ. 어떤 사실을 전하여 알림.
4. 자율　　•　　　•　ㄹ. 밤이 깊은 때.
5. 요리　　•　　　•　ㅁ. 만든 물건.
6. 연락　　•　　　•　ㅂ. 남의 지배나 구속을 받지 않고 스스로의 원칙에 따라 자신의 행위를 통제하는 일.
7. 소금　　•　　　•　ㅅ. 나무를 원료로 하여 얇게 만든, 글씨를 쓰고 그림을 그리고 인쇄를 하는 등 여러 가지 일에 쓰는 물건.
8. 밤중　　•　　　•　ㅇ. 기분이 매우 좋고 즐거운 마음.
9. 기쁨　　•　　　•　ㅈ. 공기 속의 작은 물방울이나 얼음 알갱이가 한데 뭉쳐 하늘에 떠 있는 것.
10. 구름　•　　　•　ㅊ. 건물의 출입문이 있는 문간.

DAY 13

어휘 암기 확인 — Pemeriksaan Hafalan Kosakata

단어	번역	암기확인
연락		
종이		
무대		
소풍		
소금		
구름		
노래		
자연		
자율		
기쁨		
열차		
관찰		
요리		
작품		
수박		
바다		
밤중		
현관		
온도		
기도		

 어휘 활용 연습 정답   Kunci Jawaban Latihan Penggunaan Kosakata

 [보기]에서 알맞은 어휘를 골라 문장 안에 쓰십시오.
Pilihlah kosakata yang tepat dalam [Contoh] dan tuliskan dalam kalimat.

1) 자연   2) 온도   3) 열차   4) 수박   5) 소풍
6) 바다   7) 무대   8) 노래   9) 기도   10) 관찰

 어휘에 맞는 의미를 찾아 선으로 이어 보세요.
Temukan arti yang sesuai dengan kosakata dan hubungkan dengan garis.

1) ㅊ   2) ㅅ   3) ㅁ   4) ㅂ   5) ㄴ
6) ㄷ   7) ㄱ   8) ㄹ   9) ㅇ   10) ㅈ

 관용어 Idiom

얼굴이 팔리다.
Wajahnya tersebar.

의미 좋지 않은 일로 사람들에게 자신의 얼굴이 알려지게 되다.
Wajah seseorang jadi diketahui oleh orang banyak karena hal yang tidak baik.

얼굴이 두껍다.
Bermuka tebal, Muka tebal.

의미 부끄러움이나 거리낌이 없이 뻔뻔하고 염치가 없다.
Tidak tahu malu dan tidak tahu rasa malu.

14일차

주소	주소	주소
성격	성격	성격
기념	기념	기념
불평	불평	불평
무게	무게	무게
장래	장래	장래
먼저	먼저	먼저
계단	계단	계단
탁자	탁자	탁자
결혼	결혼	결혼
순위	순위	순위
조건	조건	조건
졸업	졸업	졸업
자세	자세	자세
착각	착각	착각
사실	사실	사실
진찰	진찰	진찰
고객	고객	고객
과목	과목	과목
정오	정오	정오

주소 alamat

집이나 직장, 기관 등이 위치한 곳의 행정 구역상 이름.
nama sesuai daerah administratif tempat beradanya rumah atau tempat bekerja, lembaga, dsb

주소를 바꾸다.
주소를 옮기다.
주소를 적다.

예문
- 나는 전입 신고를 마치고 새 주소를 갖게 되었다.
  Aku memiliki alamat baru setelah melakukan pelaporan pindah.

성격 sifat, karakter, watak (sifat, karakter, watak, kepribadian)

개인이 가지고 있는 고유한 성질이나 품성.
karakter atau kepribadian asli yang dimiliki

긍정적인 성격.
독립적인 성격.
비관적인 성격.

예문
- 삼촌은 어디를 가나 사교적이고 성격이 좋다는 말을 많이 듣는다.
  Kemana pun pamanku pergi, orang-orang sering menyebutnya ramah dan berkepribadian baik.

기념 peringatan, perayaan (peringatan, perayaan, kenang-kenangan)

훌륭한 인물이나 특별한 일 등을 오래도록 잊지 않고 마음에 간직함.
hal tidak melupakan orang hebat atau hal khusus dsb dalam waktu lama dan menyimpannya di dalam hati

입학 기념.
졸업 기념.
결혼 기념.

예문
- 수학여행 때 선생님과 찍은 기념 사진을 보니 옛 생각이 난다.
  Aku teringat masa lalu saat melihat foto kenang-kenangan yang diambil bersama guru saat rekreasi sekolah.

불평 keluhan, komplain

어떤 일이나 사람에 대하여 마음에 들지 않음. 또는 그것을 말로 드러냄.
sesuatu yang dirasa tidak sesuai di hati mengenai seseorang atau pekerjaan, atau untuk menyebutkan perkataan yang mengandung hal yang demikian

불평이 많다.
불평을 토로하다.
불평을 하다.

예문
- 유민이는 마음이 항상 너그럽고 여유가 있어서 불평을 늘어놓는 법이 없다.
  Yumin tidak pernah mengeluh karena selalu murah hati dan santai.

무게 berat, bobot

물건의 무거운 정도.
tingkat berat benda

무게가 나가다.
무게를 견디다.
무게를 재다.

예문
- 정육점 주인은 고깃덩어리를 저울에 올려놓고 무게를 쟀다.
  Pemilik toko daging menaruh potongan daging di atas timbangan dan menimbang beratnya.

장래 masa depan, masa yang akan datang

다가올 앞날.
hari depan yang akan datang

장래 계획.
장래 걱정.
장래 일.

예문
- 김 군은 졸업 후 불투명한 장래를 대비하기 위해 자격증을 많이 따 놓았다.
  Setelah lulus, Kim mengumpulkan banyak sertifikasi keahlian untuk mempersiapkan masa depan yang tidak pasti.

먼저 duluan, terlebih dahulu (terlebih dahulu, dahulu)

시간이나 순서에서 앞선 때.
(berada) di depan dari waktu atau urutan

먼저의 일.
먼저가 낫다.
먼저를 참고하다.

예문
- 현우는 늦는다고 하니 음식이 식기 전에 우리 먼저 먹자.
  Karena Hyeonwu katanya terlambat, ayo kita makan terlebih dahulu sebelum makanannya dingin.

계단 tangga

오르내리기 위하여 작은 단들을 비스듬하게 차례로 이어 놓은 시설.
fasilitas yang digunakan untuk naik turun berbentuk susunan miring anak tangga yang memanjang

계단이 낮다.
계단이 높다.
계단을 이용하다.

예문
- 키가 작은 유민이는 축제를 보기 위해 계단에 올라가 구경하였다.
  Yumin yang pendek naik ke tangga demi menonton festival.

탁자 meja

떠받치는 다리가 있고 위가 평평해서 물건을 올려놓을 수 있는 책상 모양의 가구.
perabot rumah tangga berbentuk seperti meja belajar, bertopang kaki meja, dan karena bagian atasnya landai dapat dipakai untuk meletakkan barang

나무 탁자.
탁자를 만들다.
탁자 위에 두다.

예문
- 어머니는 꽃을 꽂은 화병을 거실 탁자 위에 올려놓았다.
  Ibu meletakkan vas berisi bunga di meja ruang tamu.

결혼 pernikahan, perkawinan

남자와 여자가 법적으로 부부가 됨.
hal pria dan wanita dewasa menjadi pasangan suami istri secara sah dalam hukum

결혼 문제.
결혼 발표.
결혼 준비.

예문
- 우리는 결혼을 한 달 앞두고 친지들에게 청첩장을 돌렸다.
  Kami menyebar undangan kepada teman-teman baik sebulan sebelum pernikahan.

순위   peringkat, urutan

어떤 기준에 따라 순서를 나타내는 위치나 지위.
tempat atau tingkatan yang menunjukkan peringkat berdasarkan sebuah kriteria

순위가 떨어지다.
순위가 올라가다.
순위를 결정하다.

예문
- 그녀는 열심히 연습했지만 메달 순위에 들지는 못했다.
  Dia gagal memperoleh medali meskipun sudah berlatih keras.

조건   syarat, kondisi

어떤 일을 이루게 하기 위하여 미리 갖추어야 할 상태나 요소.
keadaan atau unsur yang harus dimiliki sebelumnya untuk membuat sesuatu terjadi

성공 조건.
물질적 조건.
사회적 조건.

예문
- 나는 현실적인 조건을 고려해서 합격이 가능한 학교에 지원했다.
  Dengan mempertimbangkan syarat yang realistis, aku mendaftarkan diri ke universitas di mana kemungkinan aku akan lolos.

졸업   lulus, kelulusan, tamat

학생이 학교에서 정해진 교과 과정을 모두 마침.
hal lulus atau menyelesaikan proses belajar seorang pelajar di sekolah

중학교 졸업.
고등학교 졸업.
대학교 졸업.

예문
- 형은 대학교 졸업을 하고 직장에 들어갔다.
  Kakak lelakiku masuk kerja setelah lulus kuliah.

자세   sikap (sikap, postur tubuh)

몸을 움직이거나 가누는 태도.
cara tubuh bergerak dan bertindak

바른 자세.
앉은 자세.
자세를 교정하다.

예문
- 어깨를 구부리지 말고 허리를 똑바로 펴고 바른 자세로 앉으세요.
  Tegakkan bahu, luruskan punggung, dan duduklah yang benar.

착각   khayalan, angan

어떤 사물이나 사실을 실제와 다르게 잘못 생각하거나 느낌.
hal salah berpikir atau merasakan suatu benda atau fakta yang berbeda dengan keadaan sebenarnya

착각이 되다.
착각이 심하다.
착각을 하다.

예문
- 그는 비행기 출발 시간을 착각을 해서 비행기를 놓쳤다.
  Dia ketinggalan pesawat karena salah melihat waktu keberangkatan pesawat.

사실   fakta, kenyataan

실제로 있었던 일이나 현재 일어나고 있는 일.
hal yang benar-benar pernah terjadi atau sedang terjadi saat ini

사실이 아니다.
사실을 밝히다.
사실과 다르다.

예문
- 그는 아직도 그녀가 같은 학교에 다니고 있다는 <u>사실</u>이 믿어지지 않았다.
  Dia masih tidak percaya satu sekolah dengan perempuan itu.

진찰   pemeriksaan kesehatan, pemeriksaan medis

의사가 치료를 위하여 환자의 병이나 상태를 살핌.
kegiatan dokter memeriksa keadaan pasien, kondisi penyakit dengan tujuan untuk menyembuhkan

진찰 결과.
진찰을 받다.
진찰을 하다.

예문
- 몸이 아프면 병원에 가서 <u>진찰</u>을 받아야 한다.
  Kita harus pergi dan periksa di rumah sakit kalau sakit.

고객   pelanggan

상품을 사거나 서비스를 이용하는 사람.
orang yang menggunakan barang atau jasa

고객의 만족.
고객의 입장.
고객이 늘다.

예문
- 호텔은 더 많은 <u>고객</u>을 유치하기 위해 숙박비를 내렸다.
  Hotel menurunkan biaya penginapannya demi menarik lebih banyak pelanggan.

과목   mata pelajaran

가르치거나 배워야 할 지식을 분야에 따라 나눈 갈래.
cabang pelajaran berdasarkan bidang ilmu yang harus diajarkan atau dipelajari

전 과목.
시험 과목.
암기 과목.

예문
- 모든 신입생은 이번 학기에 여섯 <u>과목</u>의 교양 수업을 듣는다.
  Semua mahasiswa baru mengikuti enam mata kuliah wajib pada semester ini.

정오   tengah hari, siang hari

낮 열두 시.
jam 12 siang

정오 뉴스.
정오가 되다.
정오가 지나다.

예문
- <u>정오</u>가 지나고 곧이어 오후 수업이 시작되었다.
  Kelas sore telah dimulai segera setelah lewat tengah hari.

DAY 14

어휘 활용 연습 — Latihan Penggunaan Kosakata

✏️ **[보기]에서 알맞은 어휘를 골라 문장 안에 쓰십시오.**
Pilihlah kosakata yang tepat dalam [Contoh] dan tuliskan dalam kalimat.

[보기] 기념 불평 먼저 계단 순위 조건 착각 사실 과목 정오

1. 키가 작은 유민이는 축제를 보기 위해 ___에 올라가 구경하였다.
2. 모든 신입생은 이번 학기에 여섯 ___의 교양 수업을 듣는다.
3. 수학여행 때 선생님과 찍은 ___ 사진을 보니 옛 생각이 난다.
4. 현우는 늦는다고 하니 음식이 식기 전에 우리 ___ 먹자.
5. 유민이는 마음이 항상 너그럽고 여유가 있어서 ___을 늘어놓는 법이 없다.
6. 그는 아직도 그녀가 같은 학교에 다니고 있다는 ___이 믿어지지 않았다.
7. 그녀는 열심히 연습했지만 메달 ___에 들지는 못했다.
8. ___가 지나고 곧이어 오후 수업이 시작되었다.
9. 나는 현실적인 ___을 고려해서 합격이 가능한 학교에 지원했다.
10. 그는 비행기 출발 시간을 ___을 해서 비행기를 놓쳤다.

✏️ **어휘에 맞는 의미를 찾아 선으로 이어 보세요.**
Temukan arti yang sesuai dengan kosakata dan hubungkan dengan garis.

1. 주소 • • ㄱ. 떠받치는 다리가 있고 위가 평평해서 물건을 올려놓을 수 있는 책상 모양의 가구.
2. 성격 • • ㄴ. 의사가 치료를 위하여 환자의 병이나 상태를 살핌.
3. 무게 • • ㄷ. 집이나 직장, 기관 등이 위치한 곳의 행정 구역상 이름.
4. 장래 • • ㄹ. 학생이 학교에서 정해진 교과 과정을 모두 마침.
5. 탁자 • • ㅁ. 다가올 앞날.
6. 결혼 • • ㅂ. 몸을 움직이거나 가누는 태도.
7. 졸업 • • ㅅ. 개인이 가지고 있는 고유한 성질이나 품성.
8. 자세 • • ㅇ. 물건의 무거운 정도.
9. 진찰 • • ㅈ. 상품을 사거나 서비스를 이용하는 사람.
10. 고객 • • ㅊ. 남자와 여자가 법적으로 부부가 됨.

어휘 암기 확인 — Pemeriksaan Hafalan Kosakata

단어	번역	암기확인
주소		
성격		
기념		
불평		
무게		
장래		
먼저		
계단		
탁자		
결혼		
순위		
조건		
졸업		
자세		
착각		
사실		
진찰		
고객		
과목		
정오		

어휘 활용 연습 정답
Kunci Jawaban Latihan Penggunaan Kosakata

✏️ [보기]에서 알맞은 어휘를 골라 문장 안에 쓰십시오.
Pilihlah kosakata yang tepat dalam [Contoh] dan tuliskan dalam kalimat.

1) 계단   2) 과목   3) 기념   4) 먼저   5) 불평
6) 사실   7) 순위   8) 정오   9) 조건   10) 착각

✏️ 어휘에 맞는 의미를 찾아 선으로 이어 보세요.
Temukan arti yang sesuai dengan kosakata dan hubungkan dengan garis.

1) ㄷ   2) ㅅ   3) ㅇ   4) ㅁ   5) ㄱ
6) ㅊ   7) ㄹ   8) ㅂ   9) ㄴ   10) ㅈ

관용어 Idiom

뒷구멍을 캐다.
Menggali lubang belakang.

> 의미 다른 사람의 실수나 잘못을 찾아내다.
> Menemukan kesalahan orang lain.

구석에 몰리다.
Terpojok, Terpojokkan.

> 의미 어려운 상황이 되다.
> Situasi menjadi sulit.

DAY 15
15일차

문서	문서	문서
목적	목적	목적
바퀴	바퀴	바퀴
단맛	단맛	단맛
야외	야외	야외
도서	도서	도서
슬픔	슬픔	슬픔
별명	별명	별명
특성	특성	특성
식탁	식탁	식탁
평화	평화	평화
기차	기차	기차
계란	계란	계란
휴식	휴식	휴식
시작	시작	시작
일생	일생	일생
창피	창피	창피
미술	미술	미술
활동	활동	활동
다시	다시	다시

문서   dokumen

다른 일의 자료가 되거나 어떤 사실을 증명하는 데 쓰이는 글을 적은 종이.
kertas yang berisi bahan dari suatu pekerjaan atau tulisan untuk membuktikan sebuah kenyataan

노비 문서.
문서를 위조하다.
문서를 처리하다.

예문
- 나는 지수를 시켜 계약 내용을 자세하게 기록한 <u>문서</u>를 작성하도록 하였다.
  Aku menyuruh Jisu membuat dokumen yang mencatat lengkap isi perjanjian.

목적   arah, tujuan, visi

이루려고 하는 일이나 나아가고자 하는 방향.
hal yang ingin diwujudkan atau arah yang ingin dicapai

최종 목적.
경제적 목적.
목적이 분명하다.

예문
- 이번 평가의 <u>목적</u>은 학생들의 학습 내용 이해도를 파악하는 것이다.
  Tujuan penilaian kali ini adalah untuk mengetahui tingkat pemahaman siswa terhadap isi pembelajaran.

바퀴   roda, ban

돌리거나 굴리려고 둥글게 만든 물건.
benda bulat yang dibuat agar bisa diputar atau digulingkan

자동차 바퀴.
바퀴가 달리다.
바퀴가 돌다.

예문
- 자전거 <u>바퀴</u>에 바람을 새로 넣었더니 아주 잘 굴러간다.
  Roda sepeda berputar dengan baik setelah dipompa kembali.

단맛   manis, rasa manis

설탕이나 꿀을 먹었을 때 느껴지는 달콤한 맛.
rasa manis yang terasa ketika memakan gula atau madu

단맛이 강하다.
단맛이 나다.
단맛을 느끼다.

예문
- 음식의 <u>단맛</u>을 내는 데에는 주로 설탕이 많이 쓰인다.
  Gula banyak digunakan untuk memberi rasa manis ke makanan.

야외   luar kota, pinggiran kota

도시에서 조금 떨어져 있는 들판.
padang lapang yang agak terpisah dari kota

야외로 나가다.
야외에서 놀다.
야외로 드라이브를 간다.

예문
- 오랜만에 도시를 벗어나 <u>야외</u>로 나오니 한적해서 좋다.
  Keluar dari perkotaan dan pergi ke alam terbuka setelah sekian lama membuatku merasa tenang.

도서 — buku

일정한 주제나 형식에 맞추어 어떤 생각이나 감정, 이야기 등을 글이나 그림으로 표현해 인쇄하여 묶어 놓은 것.
kumpulan pikiran, kesan, cerita, dsb yang diungkapkan dengan tulisan atau gambar berdasar tema dan bentuk tertentu yang kemudian dicetak

도서 전시회.
도서 출판.
도서를 구입하다.

예문
- 나는 내일 한 출판사에서 여는 도서 전시회에 갈 예정이다.
  Besok aku berencana untuk pergi ke pameran buku yang diselenggarakan oleh sebuah penerbit,

슬픔 — kesedihan

마음이 아프거나 괴로운 느낌.
perasaan hati yang sakit dan menderita sampai mengeluarkan air mata

슬픔을 나누다.
슬픔을 이기다.
슬픔에 잠기다.

예문
- 그는 사업의 실패로 모든 것을 잃고 슬픔에 잠겨 있었다.
  Dia kehilangan semuanya dan terkurung dalam kesedihan karena gagal dalam berbisnis.

별명 — julukan, sebutan

본래의 이름과는 다르게 대상의 특징을 나타내도록 지어 부르는 이름.
nama yang secara khusus memperlihatkan karakteristik subjek yang dibicarakan yang bukan nama asli

별명을 붙이다.
별명을 얻다.
별명으로 불리다.

예문
- 친한 사이가 아니면 함부로 별명을 부르지 않는 것이 좋다.
  Sebaiknya tidak memanggil seseorang dengan nama julukannya kalau tidak akrab.

특성 — keunikan, sifat unik, kekhasan (keunikan, sifat unik, kekhasan,

일정한 사물에만 있는 보통과 매우 차이가 나게 다른 성질.
karakter yang terdapat hanya pada benda tertentu, yang sangat berbeda dengan kebiasaan

다른 특성.
인간의 특성.
신체적 특성.

예문
- 이 외투는 보온성과 방수 효과가 매우 뛰어난 특성을 지니고 있다.
  Mantel ini memiliki ciri khas yaitu kemampuan menghangatkan dan kedap air yang sangat baik.

식탁 — meja makan

음식을 차려 놓고 둘러앉아서 먹을 때 쓰는 탁자.
meja yang digunakan untuk menempatkan makanan, dan untuk makan

아침 식탁.
저녁 식탁.
식탁 예절.

예문
- 그녀는 아이들이 일어나면 먹을 아침을 식탁 위에 차려 놓고 출근했다.
  Dia pergi ke kantor setelah menaruh sarapan yang akan dimakan anak-anaknya nanti di atas meja makan bila mereka bangun.

평화 perdamaian, kedamaian

걱정이나 탈이 없이 조용하고 화목함.
hal damai dan harmonis tanpa ada kekhawatiran atau halangan

가정의 평화.
마음의 평화.
평화를 유지하다.

예문
- 현우는 마음의 평화를 유지하기 위해 명상을 즐겨 한다.
  Hyeonwu sering melakukan meditasi untuk menjaga kedamaian hati.

기차 kereta, kereta api

사람이나 물건을 싣고 연료의 힘으로 철도 위를 달리는, 길이가 긴 차.
kendaraan panjang untuk membawa orang atau barang yang melaju di atas rel dengan kekuatan bahan bakar

새벽 기차.
기차 여행.
기차 요금.

예문
- 폭설로 인해 서울행 기차가 연착되었다는 안내 방송이 나왔다.
  Telah diumumkan bahwa kereta jurusan Seoul tertunda karena salju tebal.

계란 telur

닭의 알.
telur yang ditelurkan oleh ayam

삶은 계란.
계란 노른자.
계란 후라이.

예문
- 끓는 물에 계란을 완전히 익힌 것을 완숙이라고 한다.
  Telur matang sempurna adalah telur yang dimasak dengan memasukkannya ke dalam air mendidih hingga benar-benar matang.

휴식 istirahat, rehat

하던 일을 멈추고 잠시 쉼.
hal yang beristirahat dengan berhenti sebentar dari pekerjaan yang dilakukan

휴식 공간.
휴식 시간.
휴식이 필요하다.

예문
- 지수는 충분한 휴식을 취하고 나서 건강을 되찾았다.
  Jisu kembali sehat setelah istirahat dengan cukup.

시작 awal, permulaan (awal, permulaan, mulai)

어떤 일이나 행동의 처음 단계를 이루거나 이루게 함. 또는 그런 단계.
tahap atau fase awal di mana sebuah pekerjaan atau tindakan baru saja dimulai

수업 시작.
업무 시작.
영업 시작.

예문
- 수업 시작을 알리는 종소리가 울리자 학생들이 일제히 교실로 뛰어갔다.
  Para siswa serempak berlari menuju ke ruang kelas setelah bel tanda dimulainya pelajaran berbunyi.

일생 selama hidup, sepanjang hidup

태어나서 죽을 때까지 살아있는 동안.
selama hidup sejak lahir hingga mati

일생의 대부분.
일생을 걸다.
일생을 살다.

예문
- 당신과 함께 했던 추억만은 내 일생을 두고 길이길이 기억될 것입니다.
  Hanya kenangan bersamamu saja yang akan kuingat sepanjang hidupku.

창피 malu

체면이 깎이는 어떤 일이나 사실 때문에 몹시 부끄러움.
hal sangat malu karena suatu hal atau fakta yang mencoreng muka

창피를 느끼다.
창피를 당하다.
창피를 면하다.

예문
- 현우는 지수를 놀리며 친구들 앞에서 창피를 주었다.
  Hyeonwu mengolok-olok Jisu dan mempermalukannya di depan teman-teman.

미술 seni, ilmu seni, kesenian

그림이나 조각처럼 눈으로 볼 수 있는 아름다움을 표현한 예술.
seni yang mengekspresikan keindahan yang dapat dinikmati langsung dengan mata seperti gambar atau patung

생활 미술.
실용 미술.
전통 미술.

예문
- 선생님은 방학 숙제로 그림을 한 장씩 그려 오는 미술 숙제를 내 주셨다.
  Sebagai tugas sekolah, guru memberi tugas masing-masing anak untuk menggambar sebuah lukisan.

활동 tindakan, aktivitas, kegiatan

몸을 움직여 행동함.
hal menggerakkan tubuh kemudian bertindak

활동이 어렵다.
활동을 계속하다.
활동을 자제하다.

예문
- 의사는 환자에게 활동을 줄이고 안정을 취할 필요가 있다고 했다.
  Dokter berkata kepada pasiennya bahwa dia perlu beristirahat dan mengurangi aktivitasnya.

다시 lagi, kembali

같은 말이나 행동을 반복해서 또.
mengulang lagi kata atau tindakan yang sama

다시 한번.
다시 가다.
다시 말하다.

예문
- 남자는 노래 가사를 외울 때까지 몇 번이고 노래를 다시 불렀다.
  Laki-laki itu menyanyikan lagu berkali-kali sampai hafal lirik lagunya.

DAY 15

어휘 활용 연습 — Latihan Penggunaan Kosakata

✏️ **[보기]에서 알맞은 어휘를 골라 문장 안에 쓰십시오.**
Pilihlah kosakata yang tepat dalam [Contoh] dan tuliskan dalam kalimat.

| [보기] | 휴식 | 특성 | 창피 | 야외 | 식탁 | 미술 | 문서 | 목적 | 도서 | 계란 |

1. 이번 평가의 ___은 학생들의 학습 내용 이해도를 파악하는 것이다.
2. 현우는 지수를 놀리며 친구들 앞에서 ___를 주었다.
3. 지수는 충분한 ___을 취하고 나서 건강을 되찾았다.
4. 이 외투는 보온성과 방수 효과가 매우 뛰어난 ___을 지니고 있다.
5. 오랜만에 도시를 벗어나 ___로 나오니 한적해서 좋다.
6. 선생님은 방학 숙제로 그림을 한 장씩 그려 오는 ___ 숙제를 내 주셨다.
7. 나는 지수를 시켜 계약 내용을 자세하게 기록한 ___를 작성하도록 하였다.
8. 나는 내일 한 출판사에서 여는 ___ 전시회에 갈 예정이다.
9. 끓는 물에 ___을 완전히 익힌 것을 완숙이라고 한다.
10. 그녀는 아이들이 일어나면 먹을 아침을 ___ 위에 차려 놓고 출근했다.

✏️ **어휘에 맞는 의미를 찾아 선으로 이어 보세요.**
Temukan arti yang sesuai dengan kosakata dan hubungkan dengan garis.

1. 활동 • • ㄱ. 태어나서 죽을 때까지 살아있는 동안.
2. 평화 • • ㄴ. 어떤 일이나 행동의 처음 단계를 이루거나 이루게 함. 또는 그런 단계.
3. 일생 • • ㄷ. 설탕이나 꿀을 먹었을 때 느껴지는 달콤한 맛.
4. 시작 • • ㄹ. 사람이나 물건을 싣고 연료의 힘으로 철도 위를 달리는, 길이가 긴 차.
5. 슬픔 • • ㅁ. 본래의 이름과는 다르게 대상의 특징을 나타내도록 지어 부르는 이름.
6. 별명 • • ㅂ. 몸을 움직여 행동함.
7. 바퀴 • • ㅅ. 마음이 아프거나 괴로운 느낌.
8. 단맛 • • ㅇ. 돌리거나 굴리려고 둥글게 만든 물건.
9. 다시 • • ㅈ. 걱정이나 탈이 없이 조용하고 화목함.
10. 기차 • • ㅊ. 같은 말이나 행동을 반복해서 또.

128 Kosakata Kunci

DAY 15 어휘 암기 확인
Pemeriksaan Hafalan Kosakata

단어	번역	암기확인
문서		
목적		
바퀴		
단맛		
야외		
도서		
슬픔		
별명		
특성		
식탁		
평화		
기차		
계란		
휴식		
시작		
일생		
창피		
미술		
활동		
다시		

 어휘 활용 연습 정답   Kunci Jawaban Latihan Penggunaan Kosakata

✏️ [보기]에서 알맞은 어휘를 골라 문장 안에 쓰십시오.
Pilihlah kosakata yang tepat dalam [Contoh] dan tuliskan dalam kalimat.

1) 목적   2) 창피   3) 휴식   4) 특성   5) 야외
6) 미술   7) 문서   8) 도서   9) 계란   10) 식탁

✏️ 어휘에 맞는 의미를 찾아 선으로 이어 보세요.
Найдите нужный смысл слову и соедините линией.

1) ㅂ   2) ㅈ   3) ㄱ   4) ㄴ   5) ㅅ
6) ㅁ   7) ㅇ   8) ㄷ   9) ㅊ   10) ㄹ

 관용어 Idiom

모양을 차리다.
 Berpenampilan bagus, berpenampilan indah

　의미 옷을 갖추어 입고 멋을 내다.
　　　　Berpenampilan rapi dan menampilkan keindahan.

불행 중 다행.
 Keberuntungan di tengah kemalangan.

　의미 불행한 가운데서도 그만하여 그나마 다행임.
　　　　Beruntung meskipun ada di tengah-tengah kemalangan.

DAY 16 - 16일차

부탁	부탁	부탁
신청	신청	신청
의류	의류	의류
핵심	핵심	핵심
요구	요구	요구
한식	한식	한식
젊음	젊음	젊음
취미	취미	취미
품질	품질	품질
보통	보통	보통
철도	철도	철도
게임	게임	게임
좌석	좌석	좌석
친척	친척	친척
방해	방해	방해
이름	이름	이름
도전	도전	도전
시장	시장	시장
채소	채소	채소
편지	편지	편지

부탁 permohonan, permintaan

어떤 일을 해 달라고 하거나 맡김.
hal meminta atau mempercayakan untuk melakukan sesuatu

간절한 부탁.
부탁을 거절하다.
부탁을 드리다.

예문
- 민준이는 돈을 좀 빌려 달라는 현우의 <u>부탁</u>을 냉정하게 거절했다.
  Minjun menolak dengan dingin permintaan Hyeonwu untuk meminjaminya uang.

신청 pengajuan, permohonan

단체나 기관 등에 어떤 일을 해 줄 것을 정식으로 요구함.
hal memohon untuk melakukan suatu hal secara formal

장학금 신청.
휴가 신청.
신청이 되다.

예문
- 많은 분들의 관심으로 인해 강좌 참가 <u>신청</u>이 조기 마감되었습니다.
  Pendaftaran kelas ditutup lebih awal karena banyaknya antusiasme orang-orang.

의류 pakaian

티셔츠나 남방, 바지 등 모든 종류의 옷.
segala jenis pakaian kaos, celana, baju, dsb

남성 의류.
아동 의류.
여성 의류.

예문
- 올 가을 여성 <u>의류</u>는 색상도 다양하고 디자인도 화려한 편이다.
  Pakaian musim gugur wanita tahun ini memiliki warna yang beragam dan model yang mewah.

핵심 inti, pusat

가장 중심이 되거나 중요한 부분.
bagian yang menjadi paling pusat atau penting

핵심 내용.
핵심 인물.
핵심이 되다.

예문
- 지수는 내 질문의 <u>핵심</u>을 이해하지 못하고 엉뚱한 대답만 했다.
  Jisu tidak paham inti pertanyaanku dan memberikan jawaban yang tidak jelas.

요구 permintaan

필요하거나 받아야 할 것을 달라고 청함.
hal meminta dan memohon untuk mendapatkan sesuatu yang dibutuhkan atau harus diterima

요구 사항.
요구 수용.
요구 조건.

예문
- 휴식 공간이 필요하다는 직원들의 <u>요구</u>가 받아들여져서 휴게실이 생겼다.
  Ruang istirahat dibuat sebagai tanggapan atas permintaan para karyawan yang menyebutkan perlunya tempat istirahat.

한식   makanan Korea

한국 고유의 음식.
makanan tradisional Korea

한식 식당.
한식을 먹다.
한식을 요리하다.

예문

- 한국 사람 입에는 <u>한식</u>이 잘 맞는다.
  Корейская еда хорошо приходится по вкусу корейцам

젊음   kemudaan

몸과 마음이 젊은 상태.
keadaan tubuh dan hati yang muda

젊음을 누리다.
젊음을 유지하다.
젊음을 허비하다.

예문

- 어머니는 운동으로 <u>젊음</u>을 계속해서 유지하셨다.
  Olahraga membuat ibu tetap awet muda.

취미   hobi

좋아하여 재미로 즐겨서 하는 일.
pekerjaan yang dilakukan karena senang dan untuk kesenangan

취미 생활.
취미 활동.
취미가 다양하다.

예문

- 아버지는 <u>취미</u> 삼아서 주말마다 산에 오르신다.
  Ayah mendaki gunung setiap akhir pekan sebagai hobi.

품질   kualitas, mutu

물건의 성질과 바탕.
karakter dan dasar barang

품질 개선.
품질이 좋다.
품질이 떨어지다.

예문

- 그 가게에서 산 양말은 싸고 <u>품질</u>도 좋아서 자꾸 사게 된다.
  Kaus kaki yang kubeli di toko itu murah dan berkualitas bagus sehingga membuatku terus membeli di sana.

보통   biasa, normal

흔히 볼 수 있어 특별하지 않고 평범함. 또는 뛰어나지도 뒤떨어지지도 않은 중간 정도.
tingkat yang biasa dan tidak khusus atau sedang-sedang saja dan tidak menonjol dan tidak terbelakang

보통 키.
보통 걸음.
보통 실력.

예문

- 우리나라의 영재 교육은 <u>보통</u> 학생들을 위한 교육과 크게 다르지 않다.
  Pendidikan anak berbakat di negara kita tidak jauh berbeda dengan pendidikan bagi siswa biasa.

철도 rel kereta

기차나 전차 등이 다니는 쇠로 만든 길.
jalur yang dibuat dari besi yang dilalui kereta, kereta listrik, dsb

고속 철도.
도시 철도.
철도 교통.

예문
- 한국은 철도 교통이 발달되어 있어서 전국을 쉽게 이동할 수 있다.
  Sistem transportasi kereta api Korea telah berkembang sehingga kita bisa pergi ke penjuru negeri dengan mudah.

게임 permainan, pertandingan

규칙을 정해 이기고 지는 것을 가르는 놀이.
permainan yang menetapkan yang menang dan yang kalah

인터넷 게임.
퍼즐 게임.
게임을 즐기다.

예문
- 아이들이 컴퓨터로 온라인 게임을 재미있게 즐겼다.
  Anak-anak bermain permainan online dengan komputer dengan senang.

좌석 bangku, kursi

앉을 수 있게 준비된 자리.
tempat yang disiapkan untuk dapat duduk

비행기 좌석.
열차 좌석.
좌석에 앉다.

예문
- 평일 오전의 극장 안에는 빈 좌석이 즐비했다.
  Ada banyak kursi kosong di dalam bioskop pada pagi hari di hari kerja.

친척 sanak saudara

부모나 배우자와 혈연관계가 있는 사람.
orang yang bertalian darah dengan orang tua atau pasangan hidup

친척 관계.
친척 집.
친척이 모이다.

예문
- 이모 댁에 가면 친척 언니가 나를 친동생처럼 예뻐해 주었다.
  Kalau pergi ke rumah bibi, kakak sepupu memperlakukanku seperti adik kandungnya sendiri.

방해 gangguan, penghalang

일이 제대로 되지 못하도록 간섭하고 막음.
hal mengganggu atau menghalangi agar sesuatu tidak dapat berjalan lancar

방해가 되다.
방해를 받다.
방해를 하다.

예문
- 편의점 앞에서 소란을 피우던 그는 영업 방해로 신고를 당했다.
  Dia yang membuat ricuh di depan minimarket dilaporkan atas tuduhan mengganggu usaha.

이름 nama, judul

다른 것과 구별하기 위해 동물, 사물, 현상 등에 붙여서 부르는 말.
kata panggilan yang disematkan pada hewan, benda, fenomena, dsb untuk membedakannya dengan hal lain

이름을 묻다.
이름을 배우다.
이름을 붙이다.

예문
- 나는 사려고 했던 책의 <u>이름</u>이 기억나지 않았다.
  Aku tidak ingat judul buku yang akan kubeli.

도전 tantangan

정면으로 맞서서 싸움을 걺.
saling bertatap muka dan bertanding

도전을 받다.
도전을 신청하다.
도전을 하다.

예문
- 그는 작년 챔피언에게 <u>도전</u>을 하기로 했다.
  Dia memutuskan untuk menantang juara tahun lalu.

시장 pasar

여러 가지 상품을 사고파는 곳.
tempat menjualbelikan bermacam-macam produk

약재 시장.
재래 시장.
농산물 시장.

예문
- 우리는 조금이라도 더 싼 물건을 사려고 사람들 틈을 비집으며 하루 종일 <u>시장</u>을 돌아다녔다.
  Kami mengitari pasar seharian sambil melewati kerumunan orang-orang demi membeli barang yang lebih murah.

채소 sayuran, sayur-mayur

밭에서 기르며 주로 그 잎이나 줄기, 열매를 먹는 농작물.
hasil pertanian yang tumbuh di ladang dan yang dimakan biasanya daun, cabang, atau buahnya

채소를 가꾸다.
채소를 기르다.
채소를 다듬다.

예문
- 엄마는 옥상에 작은 밭을 만들어 직접 <u>채소</u>를 가꾸신다.
  Ibuku membuat ladang kecil di atap rumah lalu menanam sayuran sendiri.

편지 surat

다른 사람에게 하고 싶은 말을 적어서 보내는 글.
sebuah tulisan yang berisi kata-kata yang hendak disampaikan kepada seseorang dan dikirimkan melalui pos atau disampaikan langsung

영상 편지.
협박 편지.
감사의 편지.

예문
- 어버이날을 맞아 고향에 계신 부모님께 <u>편지</u>를 보냈다.
  Aku mengirim surat kepada orang tuaku yang ada di kampung halaman untuk memperingati Hari Orang Tua.

DAY 16

어휘 활용 연습 — Latihan Penggunaan Kosakata

✏️ **[보기]에서 알맞은 어휘를 골라 문장 안에 쓰십시오.**
Pilihlah kosakata yang tepat dalam [Contoh] dan tuliskan dalam kalimat.

[보기]　핵심　품질　편지　취미　좌석　이름　요구　부탁　도전　게임

1. 그 가게에서 산 양말은 싸고 ___도 좋아서 자꾸 사게 된다.
2. 그는 작년 챔피언에게 ___을 하기로 했다.
3. 나는 사려고 했던 책의 ___이 기억나지 않았다.
4. 민준이는 돈을 좀 빌려 달라는 현우의 ___을 냉정하게 거절했다.
5. 아버지는 ___ 삼아서 주말마다 산에 오르신다.
6. 아이들이 컴퓨터로 온라인 ___을 재미있게 즐겼다.
7. 어버이날을 맞아 고향에 계신 부모님께 ___를 보냈다.
8. 지수는 내 질문의 ___을 이해하지 못하고 엉뚱한 대답만 했다.
9. 평일 오전의 극장 안에는 빈 ___이 즐비했다.
10. 휴식 공간이 필요하다는 직원들의 ___가 받아들여져서 휴게실이 생겼다.

✏️ **어휘에 맞는 의미를 찾아 선으로 이어 보세요.**
Temukan arti yang sesuai dengan kosakata dan hubungkan dengan garis.

1. 한식　•　　•　ㄱ. 흔히 볼 수 있어 특별하지 않고 평범함. 또는 뛰어나지도 뒤떨어지지도 않은 중간 정도.
2. 친척　•　　•　ㄴ. 한국 고유의 음식.
3. 철도　•　　•　ㄷ. 티셔츠나 남방, 바지 등 모든 종류의 옷.
4. 채소　•　　•　ㄹ. 일이 제대로 되지 못하도록 간섭하고 막음.
5. 젊음　•　　•　ㅁ. 여러 가지 상품을 사고파는 곳.
6. 의류　•　　•　ㅂ. 부모나 배우자와 혈연관계가 있는 사람.
7. 신청　•　　•　ㅅ. 밭에서 기르며 주로 그 잎이나 줄기, 열매를 먹는 농작물.
8. 시장　•　　•　ㅇ. 몸과 마음이 젊은 상태.
9. 보통　•　　•　ㅈ. 단체나 기관 등에 어떤 일을 해 줄 것을 정식으로 요구함.
10. 방해　•　　•　ㅊ. 기차나 전차 등이 다니는 쇠로 만든 길.

어휘 암기 확인 — Pemeriksaan Hafalan Kosakata

단어	번역	암기확인
부탁		
신청		
의류		
핵심		
요구		
한식		
젊음		
취미		
품질		
보통		
철도		
게임		
좌석		
친척		
방해		
이름		
도전		
시장		
채소		
편지		

 어휘 활용 연습 정답　**Kunci Jawaban Latihan Penggunaan Kosakata**

✏️ [보기]에서 알맞은 어휘를 골라 문장 안에 쓰십시오.
Pilihlah kosakata yang tepat dalam [Contoh] dan tuliskan dalam kalimat.

1) 품질　2) 도전　3) 이름　4) 부탁　5) 취미
6) 게임　7) 편지　8) 핵심　9) 좌석　10) 요구

✏️ 어휘에 맞는 의미를 찾아 선으로 이어 보세요.
Temukan arti yang sesuai dengan kosakata dan hubungkan dengan garis.

1) ㄴ　2) ㅂ　3) ㅊ　4) ㅅ　5) ㅇ
6) ㄷ　7) ㅈ　8) ㅁ　9) ㄱ　10) ㄹ

 관용어　**Idiom**

마음에 걸리다.
mengganjal di hati.

의미 걱정되어 마음이 편하지 않게 느껴지다.
Hati terasa tidak nyaman karena khawatir.

마음 같아서는
kalau boleh mengikuti kata hati

의미 자기가 생각하는 것대로 하자면.
Kalau melakukan seperti apa yang dipikirkan.

DAY 17
17일차

야채	야채	야채
건강	건강	건강
놀이	놀이	놀이
명절	명절	명절
김치	김치	김치
회원	회원	회원
저희	저희	저희
거기	거기	거기
만일	만일	만일
도착	도착	도착
동작	동작	동작
종일	종일	종일
월급	월급	월급
음료	음료	음료
생신	생신	생신
업무	업무	업무
제공	제공	제공
예절	예절	예절
동시	동시	동시
모집	모집	모집

야채 sayur, sayur-sayuran, sayur mayur

밭에서 기르며 주로 그 잎이나 줄기, 열매를 먹는 농작물.
tanaman yang dipelihara di kebun atau ladang dan biasanya daun, batang, atau buahnya dimakan

신선한 야채.
야채 가게.
야채를 먹다.

예문
- <u>야채</u>는 냉장고에 보관해야 신선도를 유지하며 오래 두고 먹을 수 있다.
  Sayur harus disimpan di dalam kulkas untuk mempertahankan kesegarannya agar bisa disimpan dan dimakan dalam waktu yang lama.

건강 kesehatan

몸이나 정신이 이상이 없이 튼튼한 상태.
kondisi tubuh atau mental yang baik

건강 검진.
건강 문제.
건강 비결.

예문
- 의사는 일 년에 한 번씩은 꼭 <u>건강</u> 검진을 받으라고 했다.
  Dokter menyuruh untuk melakukan pemeriksaan kesehatan setahun sekali.

놀이 permainan

즐겁게 노는 일.
hal bermain dengan riang

놀이 공간.
놀이 문화.
재미있는 놀이.

예문
- 방 한쪽 구석에서는 아이들이 인형 <u>놀이</u>를 하고 있었다.
  Anak-anak sedang bermain boneka di sudut ruangan.

명절 hari raya

설이나 추석 등 해마다 일정하게 돌아와 전통적으로 즐기거나 기념하는 날.
hari yang dinikmati dan diperingati secara tradisional saat memasuki tahun baru atau waktu panen dsb setiap tahunnya secara teratur

명절 연휴.
명절 음식.
명절을 맞다.

예문
- 우리 가족은 <u>명절</u>이 되면 시골에 계신 할머니 댁에 친척들이 모두 모인다.
  Semua keluarga kami berkumpul di rumah nenek yang ada di desa saat hari raya.

김치 kimchi

배추나 무 등의 채소를 소금에 절인 후 양념에 버무려 발효시켜서 만든 음식.
makanan khas Korea yang terbuat dari sawi atau lobak yang digarami, dibumbui, dan difermentasikan sebelum dimakan

매운 김치.
신 김치.
익은 김치.

예문
- 어머니는 묵은 <u>김치</u>로 맛있는 찌개를 끓여 주셨다.
  Ibu membuatkanku sup yang enak dengan kimchi yang sudah matang.

회원 anggota

어떤 모임을 이루는 사람.
orang yang ikut ke dalam suatu perkumpulan

신입 회원.
회원 자격.
회원이 되다.

예문
- 우리 산악회 <u>회원</u>들은 한 달에 한 번 같이 등산을 간다.
  Anggota klub pendakian gunung kami mendaki gunung bersama sebulan sekali.

저희 kami, saya

말하는 사람이 자기보다 높은 사람에게 자기를 포함한 여러 사람들을 가리키는 말.
kata yang digunakan orang yang berbicara untuk menunjuk beberapa orang termasuk diri sendiri kepada orang yang lebih tinggi jabatan atau umurnya dari dirinya sendiri

저희 가게.
저희 가족.
저희 반.

예문
- 형님 덕분에 <u>저희</u> 가족들이 한 달 동안 편히 쉴 수 있었습니다.
  Berkat kakak, keluarga kami bisa istirahat dengan tenang selama sebulan.

거기 di sana, sana

듣는 사람에게 가까운 곳을 가리키는 말.
kata untuk menunjukkan tempat yang dekat dengan orang yang mendengar

거기에서 오다.
거기로 가다.
거기에 있는 서류.

예문
- <u>거기</u>에서 조금만 기다려 주세요.
  Tunggu di sana sebentar saja.

만일 seandainya, seumpama, andaikan, andaikata

있을지도 모르는 뜻밖의 경우.
kata yang dipakai saat mengumpamakan jika sesuatu terjadi di luar dugaan

만일의 경우.
만일의 사태.
만일의 상황.

예문
- <u>만일</u>을 대비하여 비상 약을 챙겨야 합니다.
  Harus membawa obat darurat untuk berjaga-jaga.

도착 tiba, kedatangan

목적지에 다다름.
hal tiba di tempat tujuan

도착 시간.
도착 알림.
도착 예정.

예문
- 오후 네 시쯤 <u>도착</u> 예정인 비행기는 한 편밖에 없었다.
  Hanya ada satu pesawat yang diperkirakan tiba sekitar pukul empat sore.

동작 — gerakan, pergerakan

몸이나 손발 등을 움직임. 또는 그런 모양.
hal menggerakkan badan orang atau tangan kaki dsb, atau bentuk tersebut

반복 동작.
동작 연습.
동작을 반복하다.

예문
- 요가에는 반복해서 하는 동작들이 많다.
  Yoga memiliki banyak gerakan yang dilakukan berulang-ulang.

종일 — seharian penuh, sepanjang hari

아침부터 저녁까지의 동안.
sepanjang hari sejak pagi hingga malam

종일이 가다.
종일이 걸리다.
종일을 보내다.

예문
- 나는 집 대청소를 하는 데만 종일이 걸렸다.
  Aku butuh waktu seharian hanya untuk membersihkan rumah.

월급 — gaji, gaji bulanan

일한 대가로 한 달마다 지급하는 보수.
bayaran yang diberikan selama satu bulan sebagai upah kerja

월급이 많다.
월급이 적다.
월급을 올리다.

예문
- 민준이는 일 년 동안 받은 월급을 모아 소형차를 장만했다.
  Minjun membeli mobil mini setelah menabung gajinya selama setahun.

음료 — minuman

물이나 물처럼 마시는 모든 액체.
air atau semua cairan yang dapat diminum seperti air

건강 음료.
과일 음료.
음료를 마시다.

예문
- 요즘에는 야채를 갈아서 만든 건강 음료가 많이 나온다.
  Belakangan ini ada banyak minuman kesehatan yang dibuat dari sayur yang dihaluskan.

생신 — ulang tahun

(높이는 말로) 사람이 세상에 태어난 날.
(dalam sebutan hormat) hari lahir orang ke dunia

생신 날짜.
생신 선물.
생신 잔치.

예문
- 할머니의 생신 잔치에 온 친척들이 모두 모여서 즐거운 시간을 보냈다.
  Semua sanak saudara yang datang ke pesta ulang tahun nenek berkumpul dan menikmati waktu yang menyenangkan.

업무 pekerjaan

직장 등에서 맡아서 하는 일.
sesuatul yang ditanggungjawabkan di tempat kerja dsb

업무 계획.
업무 내용.
행정 업무.

예문
- 회사 내 컴퓨터 시스템이 고장 나서 하루 종일 회사 업무가 마비되었다.
  Pekerjaan perusahaan lumpuh sepanjang hari karena sistem komputer perusahaan bermasalah.

제공 penyediaan, penawaran, pemberian

무엇을 내주거나 가져다줌.
hal memberi atau menyediakan sesuatu

숙식 제공.
음식 제공.
제공이 되다.

예문
- 학교 측의 자료 제공으로 입학시험 준비를 잘할 수 있었다.
  Aku bisa mempersiapkan ujian masuk dengan baik berkat materi yang disediakan oleh pihak sekolah.

예절 kesopanan, sopan santun, tata krama, etika

사람이 사회 생활에서 지켜야 하는 바르고 공손한 태도나 행동.
sikap atau tindakan yang benar dan sopan yang harus dipatuhi orang dalam kehidupan bermasyarakat

예절 교육.
예절 생활.
예절이 바르다.

예문
- 지수는 회사 사람들에게 항상 먼저 인사하는 예절 바른 모습을 보였다.
  Jisu selalu menunjukkan sikap sopan santun dengan selalu menyapa para karyawan kantor terlebih dahulu.

동시 bersamaan

같은 때.
waktu yang sama

동시에 말하다.
동시에 발생하다.
동시에 생기다.

예문
- 밖에서 들리는 사람 소리에 동생과 나는 동시에 서로를 바라봤다.
  Aku dan adik saling melihat satu sama lain secara bersamaan karena suara manusia yang terdengar dari luar.

모집 pencarian, pendaftaran

사람이나 작품, 물건 등을 일정한 조건에 맞게 널리 알려 뽑거나 모음.
hal mencari tenaga baru, hasil karya, benda, dsb sesuai dengan syarat tertentu secara terbuka

직원 모집.
학생 모집.
모집 정원.

예문
- 방송국에서 신입 아나운서 모집 공고를 냈다.
  Stasiun TV mengumumkan perekrutan penyiar berita baru.

DAY 17

어휘 활용 연습 — Latihan Penggunaan Kosakata

✏️ **[보기]에서 알맞은 어휘를 골라 문장 안에 쓰십시오.**
Pilihlah kosakata yang tepat dalam [Contoh] dan tuliskan dalam kalimat.

[보기] 건강   놀이   회원   저희   도착   동작   음료   생신   예절   동시

1. 밖에서 들리는 사람 소리에 동생과 나는 ___에 서로를 바라봤다.
2. 방 한쪽 구석에서는 아이들이 인형 ___를 하고 있었다.
3. 오후 네 시쯤 ___ 예정인 비행기는 한 편밖에 없었다.
4. 요가에는 반복해서 하는 ___들이 많다.
5. 요즘에는 야채를 갈아서 만든 건강 ___가 많이 나온다.
6. 우리 산악회 ___들은 한 달에 한 번 같이 등산을 간다.
7. 의사는 일 년에 한 번씩은 꼭 ___ 검진을 받으라고 했다.
8. 지수는 회사 사람들에게 항상 먼저 인사하는 ___ 바른 모습을 보였다.
9. 할머니의 ___ 잔치에 온 친척들이 모두 모여서 즐거운 시간을 보냈다.
10. 형님 덕분에 ___ 가족들이 한 달 동안 편히 쉴 수 있었습니다.

✏️ **어휘에 맞는 의미를 찾아 선으로 이어 보세요.**
Temukan arti yang sesuai dengan kosakata dan hubungkan dengan garis.

1. 거기   •   • ㄱ. 아침부터 저녁까지의 동안.
2. 제공   •   • ㄴ. 무엇을 내주거나 가져다줌.
3. 야채   •   • ㄷ. 일한 대가로 한 달마다 지급하는 보수.
4. 김치   •   • ㄹ. 직장 등에서 맡아서 하는 일.
5. 모집   •   • ㅁ. 밭에서 기르며 주로 그 잎이나 줄기, 열매를 먹는 농작물.
6. 명절   •   • ㅂ. 사람이나 작품, 물건 등을 일정한 조건에 맞게 널리 알려 뽑거나 모음.
7. 종일   •   • ㅅ. 설이나 추석 등 해마다 일정하게 돌아와 전통적으로 즐기거나 기념하는 날.
8. 월급   •   • ㅇ. 있을지도 모르는 뜻밖의 경우.
9. 만일   •   • ㅈ. 배추나 무 등의 채소를 소금에 절인 후 양념에 버무려 발효시켜서 만든 음식.
10. 업무 •   • ㅊ. 듣는 사람에게 가까운 곳을 가리키는 말.

Kosakata Kunci

DAY 17

어휘 암기 확인 — Pemeriksaan Hafalan Kosakata

단어	번역	암기확인
야채		
건강		
놀이		
명절		
김치		
회원		
저희		
거기		
만일		
도착		
동작		
종일		
월급		
음료		
생신		
업무		
제공		
예절		
동시		
모집		

 # 어휘 활용 연습 정답   Kunci Jawaban Latihan Penggunaan Kosakata

 [보기]에서 알맞은 어휘를 골라 문장 안에 쓰십시오.
Pilihlah kosakata yang tepat dalam [Contoh] dan tuliskan dalam kalimat.

1) 동시 2) 놀이 3) 도착 4) 동작 5) 음료
6) 회원 7) 건강 8) 예절 9) 생신 10) 저희

 어휘에 맞는 의미를 찾아 선으로 이어 보세요.
Temukan arti yang sesuai dengan kosakata dan hubungkan dengan garis.

1) ㅊ 2) ㄴ 3) ㅁ 4) ㅈ 5) ㅂ
6) ㅅ 7) ㄱ 8) ㄷ 9) ㅇ 10) ㄹ

 관용어   Idiom

말(을) 삼키다.
Menelan perkataan.

의미 하려고 한 말을 그만 두다.
Tidak jadi mengatakan apa yang ingin dikatakan.

양보다(는) 질
Kualitas di atas kuantitas

의미 많거나 큰 것보다는 자신에게 필요하거나 좋은 것이 우선한다는 말.
Ekspresi yang berarti sesuatu yang dibutuhkan atau baik bagi dirinya lebih diutamakan daripada sesuatu yang banyak atau besar.

18일차

학생	학생	학생
효과	효과	효과
예습	예습	예습
감소	감소	감소
우리	우리	우리
허리	허리	허리
의미	의미	의미
기초	기초	기초
부담	부담	부담
관객	관객	관객
고기	고기	고기
일치	일치	일치
개선	개선	개선
걸음	걸음	걸음
퇴근	퇴근	퇴근
현실	현실	현실
새벽	새벽	새벽
연습	연습	연습
가격	가격	가격
왕복	왕복	왕복

학생 — pelajar

학교에 다니면서 공부하는 사람.
orang yang bersekolah untuk menimba ilmu

이 학교 학생.
학생 수첩.
학생 시절.

예문
- 학생은 공부를 열심히 하는 것이 가장 중요하지만 자신만의 재능을 찾는 것도 중요하다.
  Belajar keras adalah hal yang paling penting bagi pelajar, tetapi mencari bakat tersendiri juga sama pentingnya.

효과 — khasiat, hasil (efek, khasiat, hasil)

어떠한 것을 하여 얻어지는 좋은 결과.
hasil baik yang didapat dari melakukan sesuatu

예방 효과.
치료 효과.
일시적 효과.

예문
- 그의 행동에 변화가 있는 것을 보니 교육 효과가 조금씩 나타나는 듯했다.
  Sepertinya efek pembelajaran sudah mulai muncul sedikit demi sedikit kalau dilihat dari perubahan perilakunya.

예습 — persiapan pelajaran

앞으로 배울 것을 미리 공부함.
hal mempelajari terlebih dahulu suatu bahan yang akan dipelajari

수업 예습.
예습과 복습.
예습을 하다.

예문
- 예습이 습관이 된 아이들은 대개 학업 능력이 우수하다.
  Anak-anak yang terbiasa menyiapkan pelajaran terlebih dahulu biasanya memiliki prestasi akademik yang unggul.

감소 — pengurangan, penyusutan

양이나 수가 줄어듦. 또는 양이나 수를 줄임.
keadaan berkurangnya jumlah suatu benda atau hal

매출 감소.
인구 감소.
체중 감소.

예문
- 매장 직원들의 불친절한 서비스는 매출의 감소로 이어졌다.
  Pelayanan kurang ramah pegawai toko menimbulkan penurunan pemasukan.

우리 — kita

말하는 사람이 자기와 듣는 사람 또는 이를 포함한 여러 사람들을 가리키는 말.
kata untuk menyebutkan beberapa orang termasuk yang berbicara dan yang mendengar

우리 민족.
우리의 문제.
우리 모두.

예문
- 얘들아, 올여름에는 우리 다 함께 여행 가자.
  Teman-teman, ayo kita pergi liburan bersama musim panas ini.

허리 pinggang

사람이나 동물의 신체에서 갈비뼈 아래에서 엉덩이뼈까지의 부분.
bagian tubuh orang atau manusia yang terletak dari tulang rusuk sampai tulang pantat

날씬한 허리.
잘록한 허리.
허리 둘레.

예문

- 민준은 <u>허리</u>를 구부려 땅에 떨어진 서류를 주웠다.
  Minjun membungkukkan pinggangnya lalu mengambil dokumen yang jatuh ke tanah.

의미 arti, makna

말이나 글, 기호 등이 나타내는 뜻.
makna yang mengekspresikan perkataan atau tulisan, simbol, dsb

단어의 의미.
문장의 의미.
의미가 없다.

예문

- 책에 나온 단어의 <u>의미</u>가 해석되지 않아 하루 종일 사전을 찾으며 책을 읽었다.
  Karena tidak diterjemahkan, aku membaca buku seharian sambil mencari arti katanya di kamus.

기초 dasar, basis

사물이나 일 등의 기본이 되는 바탕.
latar belakang yang menjadi dasar dari benda atau sesuatu dsb

기초 공부.
기초 공사.
기초 과목.

예문

- 무슨 일이든 처음에 <u>기초</u>를 잘 닦아 두어야 나중이 편하다.
  Apapun itu, kalau memiliki dasar yang kuat, maka kita akan mudah untuk melakukannya di kemudian hari.

부담 Beban

일을 맡거나 책임, 의무를 짐.
tugas yang dilimpahkan, atau hal melaksanakan tanggung jawab dan kewajiban

업무 부담.
부담이 되다.
부담이 크다.

예문

- 정부에서는 맞벌이 부부의 양육 <u>부담</u>을 줄이기 위해서 노력해야 한다.
  Pemerintah harus bekerja keras untuk meringankan beban mengasuh anak oleh suami istri yang sama-sama bekerja.

관객 penonton, permisa (penonton, pemirsa)

운동 경기, 영화, 연극, 음악회, 무용 공연 등을 구경하는 사람.
orang yang menyaksikan pertandingan olahraga, film, drama, konser musik, pertunjukkan tari, dsb

관객의 반응.
관객이 많다.
관객이 모여들다.

예문

- 이번 콘서트에서는 <u>관객</u>의 호응이 유독 좋았다.
  Respon penonton di konser ini bagus.

고기　daging

음식으로 먹는 동물의 살.
makanan berupa daging hewan

고기 백 그램.
고기 이 인분.
고기 한 근.

예문
- 요즘은 건강을 위해 고기보다 야채를 먹으려는 사람들이 많아졌다.
  Akhir-akhir ini semakin banyak orang-orang yang makan sayur daripada daging demi kesehatan.

일치　kesamaan, keselarasan, kemiripan

비교되는 대상이 서로 다르지 않고 꼭 같거나 들어맞음.
hal mengenai objek yang dibandingkan tidak berbeda, sama dan saling bermiripan

전원 일치.
우연의 일치.
의견의 일치.

예문
- 지도자는 말과 행동의 일치로 다른 사람에게 모범이 되어야 한다.
  Pemimpin harus menjadi contoh bagi orang lain dengan perkataan dan tindakan yang selaras.

개선　perbaikan, pembetulan

부족한 점, 잘못된 점, 나쁜 점 등을 고쳐서 더 좋아지게 함.
proses memperbaiki sesuatu yang kurang, yang salah, dan yang jelek menjadi lebh baik.

관계 개선.
구조 개선.
상황 개선.

예문
- 우리는 신제품에서 문제점을 발견하고 곧바로 개선 방안을 찾았다.
  Kami menemukan masalah pada produk baru dan langsung mencari solusi untuk memperbaikinya.

걸음　langkah kaki

다리를 움직여 두 발을 번갈아 옮겨 놓는 동작.
gerakan memindahkan kedua kaki dengan bergantian

급한 걸음.
빠른 걸음.
걸음이 느리다.

예문
- 지수는 전화를 받더니 급한 일이 생겼다며 갑자기 빠른 걸음으로 걷기 시작했다.
  Setelah menerima telepon, Jisu berkata bahwa telah terjadi hal yang mendesak dan tiba-tiba mulai berjalan dengan cepat.

퇴근　pulang kerja

일터에서 일을 끝내고 집으로 돌아가거나 돌아옴.
hal menyelesaikan tugas keseharian di tempat kerja lalu pergi
(digunakan sebagai kata benda)

퇴근 시간.
퇴근이 늦다.
퇴근을 미루다.

예문
- 요즘 일이 많아서 정시 퇴근을 한 날이 손에 꼽을 정도이다.
  Akhir-akhir ini aku jarang pulang kerja tepat waktu karena banyak pekerjaan.

현실　realitas, kenyataan

현재 실제로 있는 사실이나 상태.
fakta atau kondisi yang terwujud di masa sekarang

사회 현실.
나라의 현실.
현실이 중요하다.

예문

- 민준이는 지금의 현실에 만족하지 않고 끊임없이 새로운 것에 도전한다.
  Minjun tidak puas dengan kenyataan sekarang dan terus menerus mencoba sesuatu yang baru.

새벽　subuh, fajar, dini hari

해가 뜰 즈음.
saat matahari akan terbit

새벽 시간.
새벽이 되다.
새벽을 밝히다.

예문

- 어머니는 이른 새벽부터 내 점심 도시락을 준비하셨다.
  Ibu menyiapkan bekal makan siangku sejak pagi buta.

연습　latihan

무엇을 잘할 수 있도록 반복하여 익힘.
hal mengulang dan melatih sesuatu agar dapat pandai melakukan

동작 연습.
운전 연습.
연습이 되다.

예문

- 지수는 글씨를 잘 쓰고 싶어서 매일 쓰기 연습을 한다.
  Jisu latihan menulis setiap hari karena ingin bisa menulis dengan bagus.

가격　harga

물건의 가치를 돈으로 나타낸 것.
hal menunjukan nilai barang dengan uang

물건의 가격.
낮은 가격.
비싼 가격.

예문

- 장마가 길어진 탓에 채소와 과일 가격이 대체로 올랐다.
  Harga sayur dan buah naik secara keseluruhan karena musim hujan yang berkepanjangan.

왕복　pulang pergi

갔다가 돌아옴.
hal datang setelah pergi

왕복 열차.
왕복을 하다.
왕복으로 운행하다.

예문

- 고속 열차를 타면 서울에서 부산까지 왕복으로 여섯 시간도 안 걸린다.
  Perjalanan pulang pergi Seoul ke Busan memakan waktu tidak lebih dari enam jam dengan kereta berkecepatan tinggi.

DAY 18

어휘 활용 연습 Latihan Penggunaan Kosakata

✏️ **[보기]에서 알맞은 어휘를 골라 문장 안에 쓰십시오.**
   Pilihlah kosakata yang tepat dalam [Contoh] dan tuliskan dalam kalimat.

| [보기] | 학생 퇴근 의미 우리 예습 새벽 부담 고기 개선 가격 |

1. 정부에서는 맞벌이 부부의 양육 ___을 줄이기 위해서 노력해야 한다.
2. ___은 공부를 열심히 하는 것이 가장 중요하지만 자신만의 재능을 찾는 것도 중요하다.
3. 책에 나온 단어의 ___가 해석되지 않아 하루 종일 사전을 찾으며 책을 읽었다.
4. 장마가 길어진 탓에 채소와 과일 ___이 대체로 올랐다.
5. 우리는 신제품에서 문제점을 발견하고 곧바로 ___ 방안을 찾았다.
6. 요즘은 건강을 위해 ___보다 야채를 먹으려는 사람들이 많아졌다.
7. 요즘 일이 많아서 정시 ___을 한 날이 손에 꼽을 정도이다.
8. ___이 습관이 된 아이들은 대개 학업 능력이 우수하다.
9. 어머니는 이른 ___부터 내 점심 도시락을 준비하셨다.
10. 얘들아, 올여름에는 ___ 다 함께 여행 가자.

✏️ **어휘에 맞는 의미를 찾아 선으로 이어 보세요.**
   Temukan arti yang sesuai dengan kosakata dan hubungkan dengan garis.

1. 효과   •   • ㄱ. 현재 실제로 있는 사실이나 상태.
2. 감소   •   • ㄴ. 운동 경기, 영화, 연극, 음악회, 무용 공연 등을 구경하는 사람.
3. 허리   •   • ㄷ. 어떠한 것을 하여 얻어지는 좋은 결과.
4. 기초   •   • ㄹ. 양이나 수가 줄어듦. 또는 양이나 수를 줄임.
5. 관객   •   • ㅁ. 사물이나 일 등의 기본이 되는 바탕.
6. 일치   •   • ㅂ. 사람이나 동물의 신체에서 갈비뼈 아래에서 엉덩이뼈까지의 부분.
7. 걸음   •   • ㅅ. 비교되는 대상이 서로 다르지 않고 꼭 같거나 들어맞음.
8. 현실   •   • ㅇ. 무엇을 잘할 수 있도록 반복하여 익힘.
9. 연습   •   • ㅈ. 다리를 움직여 두 발을 번갈아 옮겨 놓는 동작.
10. 왕복   •   • ㅊ. 갔다가 돌아옴.

DAY 18 어휘 암기 확인 — Pemeriksaan Hafalan Kosakata

단어	번역	암기확인
학생		
효과		
예습		
감소		
우리		
허리		
의미		
기초		
부담		
관객		
고기		
일치		
개선		
걸음		
퇴근		
현실		
새벽		
연습		
가격		
왕복		

# 어휘 활용 연습 정답

Kunci Jawaban Latihan Penggunaan Kosakata

✏️ [보기]에서 알맞은 어휘를 골라 문장 안에 쓰십시오.
Pilihlah kosakata yang tepat dalam [Contoh] dan tuliskan dalam kalimat.

1) 부담 2) 학생 3) 의미 4) 가격 5) 개선
6) 고기 7) 퇴근 8) 예습 9) 새벽 10) 우리

✏️ 어휘에 맞는 의미를 찾아 선으로 이어 보세요.
Temukan arti yang sesuai dengan kosakata dan hubungkan dengan garis.

1) ㄷ 2) ㄹ 3) ㅂ 4) ㅁ 5) ㄴ
6) ㅅ 7) ㅈ 8) ㄱ 9) ㅇ 10) ㅊ

# 관용어 Idiom

사람(이) 되다.
Menjadi orang.

의미 사람으로서 갖추어야 할 도덕적, 인격적 자질을 갖춘 사람이 되다.
Menjadi pribadi yang memiliki moral dan bersikap dewasa seperti apa yang harus dimiliki seseorang sebagai manusia.

땀(을) 흘리다.
Bercucuran keringat.

의미 힘이나 노력을 많이 들이다.
Mencurahkan banyak tenaga atau usaha.

DAY 19 — 19일차

회관	회관	회관
참여	참여	참여
선택	선택	선택
주먹	주먹	주먹
진짜	진짜	진짜
빨래	빨래	빨래
주부	주부	주부
결론	결론	결론
기계	기계	기계
살림	살림	살림
오후	오후	오후
경쟁	경쟁	경쟁
상자	상자	상자
근처	근처	근처
주위	주위	주위
취업	취업	취업
주문	주문	주문
행복	행복	행복
식구	식구	식구
동의	동의	동의

회관　balai pertemuan, gedung pertemuan, gedung rapat

모임이나 회의 등을 목적으로 지은 건물.
gedung yang dibangun untuk tujuan perkumpulan atau rapat dsb

여성 회관.
체육 회관.
회관이 들어서다.

예문
- 이번 대회의 시상식은 시민 회관에서 열릴 예정이다.
  Penghargaan kontes kali ini akan diadakan di balai pertemuan warga.

참여　partisipasi

여러 사람이 같이 하는 어떤 일에 끼어들어 함께 일함.
keikutsertaan dalam hal yang dilakukan bersama beberapa orang

행사 참여.
참여 대상.
참여가 많다.

예문
- 선생님은 학생들에게 학교 행사 참여를 부탁했다.
  Guru meminta para murid untuk berpartisipasi di kegiatan sekolah.

선택　pemilihan, penarikan

여럿 중에서 필요한 것을 골라 뽑음.
hal memilih dan menarik sesuatu yang diperlukan di antara beberapa

소재의 선택.
전략적 선택.
선택 과목.

예문
- 우리나라의 선거는 투표를 통해 국민의 직접적인 선택으로 이루어진다.
  Pemilihan umum di Korea diwujudkan oleh pemilihan langsung oleh rakyat melalui pemungutan suara.

주먹　kepalan, pukulan

손가락을 모두 모아 쥔 손.
tangan yang mengepal seluruh jari tangan

주먹이 작다.
주먹이 크다.
주먹을 쥐다.

예문
- 지수는 손이 작아서 주먹도 다른 사람들보다 훨씬 작았다.
  Tangan Jisu kecil, oleh karena itu kepalan tangannya juga kecil bila dibandingkan dengan orang lain.

진짜　asli

다른 것을 본뜨거나 거짓으로 만들어 낸 것이 아닌 것.
sesuatu yang tidak dibuat dengan meniru yang lain atau dengan kebohongan

진짜 속셈.
진짜로 믿다.
진짜와 같다.

예문
- 나는 이번만은 거짓말쟁이 동생의 말이 진짜라고 믿고 싶었다.
  Aku ingin mempercayai perkataan adikku yang tukang bohong setidaknya kali ini saja.

빨래　mencuci pakaian

더러운 옷이나 천 등을 물에 빠는 일.
pekerjaan mencuci pakaian atau kain dsb yang kotor menggunakan air (digunakan sebagai kata benda)

빨래를 끝내다.
빨래를 마치다.
빨래를 하다.

예문
- 나는 빨래를 마친 후 설거지와 방청소를 했다.
  Setelah selesai mencuci pakaian, aku mencuci piring dan membersihkan kamar.

주부　pembantu rumah tangga

한 가정의 살림을 맡아서 하는 사람.
orang yang bekerja dengan melakukan pekerjaan rumah tangga suatu keluarga

주부의 삶.
주부의 생활.
주부로 살다.

예문
- 주부로 살던 아내가 갑자기 취업을 하겠다고 나섰다.
  Istriku yang sebelumnya merupakan seorang ibu rumah tangga tiba-tiba memutuskan untuk bekerja.

결론　kesimpulan

말이나 글을 마무리하는 부분.
bagian akhir atau penyelesaian dari perkataan atau tulisan

결론이 없다.
결론이 좋다.
결론을 맺다.

예문
- 우리는 시간이 없어서 이야기를 대충 마무리하고 결론으로 넘어갔다.
  Karena tidak ada waktu, kami menyelesaikan pembicaraan dengan cepat dan langsung beralih ke kesimpulan.

기계　mesin

일정한 일을 하는 도구나 장치.
alat atau perangkat untuk melakukan pekerjaan tertentu

복사 기계.
기계 부속품.
기계 소리.

예문
- 공장에 기계 한 대가 더 생기면서 직원들은 더욱 편하게 일을 하게 되었다.
  Dengan bertambahnya satu unit mesin di pabrik, para karyawan bisa bekerja dengan lebih nyaman.

살림　rumah tangga

한 가정을 이루어 살아가는 일.
kegiatan menjalankan rumah tangga

살림을 살다.
살림을 차리다.
살림을 하다.

예문
- 민준이는 회사 근처에 신혼 살림을 차렸다.
  Rumah pengantin baru Minjun ada di dekat kantor.

오후 — siang hari, sore hari

정오부터 해가 질 때까지의 동안.
masa sejak pukul 12 siang hingga matahari terbenam

오후 다섯 시.
오후 수업.
오후 일정.

예문
- 비는 오전부터 오후 내내 오더니 저녁쯤 되자 그쳤다.
  Setelah turun sepanjang pagi hingga sore, hujan akhirnya berhenti di malam hari.

경쟁 — persaingan, kompetisi

어떤 분야에서 이기거나 앞서려고 서로 겨룸.
kondisi di mana beberapa pihak saling berusaha untuk menang atau maju

무한 경쟁.
경쟁 관계.
경쟁 상대.

예문
- 품질 면에서는 전혀 문제가 될 것이 없지만 가격 면에 있어 경쟁 업체에 뒤지고 있다는 보고가 있었다.
  Meskipun tidak ada masalah dalam hal kualitas, ada laporan yang menyebutkan bahwa produk ini kalah dari produk pesaingnya dalam hal harga.

상자 — kotak, kardus

물건을 넣어 둘 수 있도록 나무나 종이 등으로 만든 네모난 통.
tempat persegi yang dibuat dari kayu atau kertas dsb untuk tempat memasukkan atau menyimpan barang

상자 뚜껑.
상자를 열다.
상자를 옮기다.

예문
- 상자 안에는 온갖 장난감들이 가득 들어 있었다.
  Kotak penuh dengan berbagai jenis mainan.

근처 — sekitar

어떤 장소나 물건, 사람을 중심으로 하여 가까운 곳.
tempat yang dekat dengan suatu tempat atau benda, orang

이 근처.
고향 근처.
역 근처.

예문
- 학교 근처에는 문구점과 서점이 있다.
  Di sekitar sekolah ada toko buku dan toko alat tulis.

주위 — garis sekitar

어떤 곳을 둘러싸고 있는 테두리.
garis batas yang menutupi suatu tempat

코 주위.
호수 주위.
주위를 돌다.

예문
- 인공위성은 지구 주위를 돌며 지구 사진을 찍는다.
  Satelit buatan mengambil foto Bumi sambil berputar mengelilinginya.

취업   memperoleh pekerjaan, dapat kerja

일정한 직업을 얻어 직장에 나감.
hal mendapatkan pekerjaan tertentu kemudian pergi ke tempat kerja
(digunakan sebagai kata benda)

취업 준비.
취업 희망자.
취업이 되다.

예문
- 사촌 형은 증권 회사 취업을 위해 열심히 준비하고 있다.
  Kakak sepupuku sedang mempersiapkan diri untuk bekerja di perusahaan sekuritas.

주문   pemesanan, pesanan, permintaan, permohonan

어떤 물건을 만들거나 파는 사람에게 보내어 달라고 부탁하는 일이나 내용.
order yang diajukan kepada pembuat atau penjual barang untuk mendapatkan suatu barang sesuai jenis, jumlah, bentuk, ukuran, dsb tertentu sesuai keinginan

상품 주문.
손님의 주문.
주문 사항.

예문
- 그 중식 식당은 음식이 맛있다고 소문이 나서 항상 배달 주문이 많다.
  Restoran China itu selalu mendapat banyak permintaan pesan antar karena makanannya terkenal enak.

행복   kebahagiaan

복되고 좋은 운수.
keberuntungan yang diberkati dan baik

행복이 가득하다.
행복을 기원하다.
행복을 빌다.

예문
- 나는 그 여자의 앞날에 행복을 빌어 주는 것 말고는 할 수 있는 게 없다.
  Yang bisa kulakukan hanyalah mendoakan kebahagian wanita itu di masa depan.

식구   anggota keluarga, keluarga

한집에서 함께 사는 사람.
orang yang tinggal bersama dalam satu rumah

시댁 식구.
집안 식구.
식구가 모이다.

예문
- 오늘은 동생 생일이라 오랜만에 온 식구가 모여서 저녁을 먹었다.
  Karena hari ini adalah hari ulang tahun adik, seluruh anggota keluarga berkumpul lalu makan malam bersama setelah sekian lama.

동의   setuju, sependapat, seia

같은 의미.
pendapat yang sama

동의 관계.
동의를 갖다.
동의를 지니다.

예문
- 사회자의 안건에 동의를 표하는 회원들은 모두 손을 들었다.
  Semua anggota yang menyetujui usulan pembawa acara mengangkat tangan mereka.

DAY 19

어휘 활용 연습 — Latihan Penggunaan Kosakata

✏️ [보기]에서 알맞은 어휘를 골라 문장 안에 쓰십시오.
Pilihlah kosakata yang tepat dalam [Contoh] dan tuliskan dalam kalimat.

[보기] 결론 경쟁 기계 동의 상자 주먹 주문 진짜 취업 회관

1. 공장에 ___ 한 대가 더 생기면서 직원들은 더욱 편하게 일을 하게 되었다.
2. 그 중식 식당은 음식이 맛있다고 소문이 나서 항상 배달 ___이 많다.
3. 나는 이번만은 거짓말쟁이 동생의 말이 ___라고 믿고 싶었다.
4. 사촌 형은 증권 회사 ___을 위해 열심히 준비하고 있다.
5. 사회자의 안건에 ___를 표하는 회원들은 모두 손을 들었다.
6. ___ 안에는 온갖 장난감들이 가득 들어 있었다.
7. 이번 대회의 시상식은 시민 ___에서 열릴 예정이다.
8. 품질 면에서는 전혀 문제가 될 것이 없지만 가격 면에 있어 ___ 업체에 뒤지고 있다는 보고가 있었다.
9. 우리는 시간이 없어서 이야기를 대충 마무리하고 ___으로 넘어갔다.
10. 지수는 손이 작아서 ___도 다른 사람들보다 훨씬 작았다.

✏️ 어휘에 맞는 의미를 찾아 선으로 이어 보세요.
Temukan arti yang sesuai dengan kosakata dan hubungkan dengan garis.

1. 근처 •   • ㄱ. 더러운 옷이나 천 등을 물에 빠는 일.
2. 빨래 •   • ㄴ. 복되고 좋은 운수.
3. 살림 •   • ㄷ. 어떤 곳을 둘러싸고 있는 테두리.
4. 선택 •   • ㄹ. 어떤 장소나 물건, 사람을 중심으로 하여 가까운 곳.
5. 식구 •   • ㅁ. 여러 사람이 같이 하는 어떤 일에 끼어들어 함께 일함.
6. 오후 •   • ㅂ. 여럿 중에서 필요한 것을 골라 뽑음.
7. 주부 •   • ㅅ. 정오부터 해가 질 때까지의 동안.
8. 주위 •   • ㅇ. 한 가정을 이루어 살아가는 일.
9. 참여 •   • ㅈ. 한 가정의 살림을 맡아서 하는 사람.
10. 행복 •   • ㅊ. 한집에서 함께 사는 사람.

어휘 암기 확인 — Pemeriksaan Hafalan Kosakata

단어	번역	암기확인
회관		
참여		
선택		
주먹		
진짜		
빨래		
주부		
결론		
기계		
살림		
오후		
경쟁		
상자		
근처		
주위		
취업		
주문		
행복		
식구		
동의		

어휘 활용 연습 정답
Kunci Jawaban Latihan Penggunaan Kosakata

 [보기]에서 알맞은 어휘를 골라 문장 안에 쓰십시오.
Pilihlah kosakata yang tepat dalam [Contoh] dan tuliskan dalam kalimat.

1) 기계　　2) 주문　　3) 진짜　　4) 취업　　5) 동의
6) 상자　　7) 회관　　8) 경쟁　　9) 결론　　10) 주먹

 어휘에 맞는 의미를 찾아 선으로 이어 보세요.
Temukan arti yang sesuai dengan kosakata dan hubungkan dengan garis.

1) ㄹ　　2) ㄱ　　3) ㅇ　　4) ㅂ　　5) ㅊ
6) ㅅ　　7) ㅈ　　8) ㄷ　　9) ㅁ　　10) ㄴ

관용어 Idiom

눈앞이 환해지다.
　Depan mata menjadi terang.

　　의미　전망이나 앞길이 뚜렷해지다.
　　　　Prospek atau masa depan menjadi jelas.

눈앞이 새까맣다.
　Depan mata gelap.

　　의미　앞으로 어떻게 해야 할지 모르다.
　　　　Tidak tahu apa yang harus dilakukan selanjutnya.

DAY 20 20일차

발표	좌석	좌석
피부	피부	피부
수첩	수첩	수첩
사과	사과	사과
작성	작성	작성
날씨	날씨	날씨
노인	노인	노인
식량	식량	식량
단계	단계	단계
부엌	부엌	부엌
마련	마련	마련
해결	해결	해결
말씀	말씀	말씀
세계	세계	세계
걷기	걷기	걷기
인간	인간	인간
반응	반응	반응
장터	장터	장터
분수	분수	분수
지하	지하	지하

발표   pemberitaan, pemberitahuan, pengumuman

어떤 사실이나 결과, 작품 등을 세상에 드러내어 널리 알림.
hal memperlihatkan dan memberitahukan secara luas kepada dunia suatu fakta atau hasil, karya, dsb

비행기 좌석.
열차 좌석.
좌석에 앉다.

예문

- 공식 발표는 안 나왔지만 이번 태풍으로 인해 그 피해가 클 것으로 예상된다.
  Meskipun belum ada pengumuman resmi, tetapi diperkirakan kerusakan akibat topan kali ini akan besar.

피부   kulit

사람이나 동물의 몸을 싸고 있는 살의 겉 부분.
bagian luar dari daging yang membungkus tubuh orang atau binatang

아기 피부.
까만 피부.
하얀 피부.

예문

- 아이의 피부는 하얗고 부드러웠다.
  Kulit bayi putih dan lembut.

수첩   buku catatan, notes

필요할 때 간단히 적기 위해 들고 다니는 작은 크기의 공책.
buku tulis berukuran kecil yang dibawa-bawa untuk mencatat secara sederhana saat diperlukan

수첩을 꺼내다.
수첩을 휴대하다.
수첩에 글을 쓰다.

예문

- 그녀는 딸아이의 사진을 수첩 속에 보관해 두고 보고 싶을 때마다 수시로 꺼내 보곤 했다.
  Dia menyimpan foto putrinya di buku catatannya dan terkadang mengeluarkan lalu melihatnya setiap kali merindukan putrinya.

사과   permohonan maaf, permintaan maaf

자신의 잘못을 인정하며 용서해 달라고 빎.
perkataan atau tindakan meminta maaf atas kesalahan yang dilakukan

사과를 드리다.
사과를 받다.
사과를 하다.

예문

- 사장은 종업원의 실수에 대해 고객에게 진심으로 사과를 했다.
  Pemilik dengan tulus meminta maaf kepada pelanggan atas kesalahan karyawannya.

작성   pembuatan, penyusunan, penulisan

원고나 서류 등을 만듦.
hal membuat naskah atau dokumen dsb

계약서 작성.
목록 작성.
보고서 작성.

예문

- 나는 서류 작성 방법에 따라 빈칸을 모두 채웠다.
  Aku mengisi semua bagian kosong sesuai cara penyusunan dokumen.

날씨　cuaca

그날그날의 기온이나 공기 중에 비, 구름, 바람, 안개 등이 나타나는 상태.
kondisi yang menyatakan suhu, udara, hujan, angin, awan, dsb setiap harinya

가을 날씨.
봄 날씨.
오늘 날씨.

예문

- 현우는 내일 비가 오는지 궁금해서 기상청에 <u>날씨</u>를 알아보았다.
  Hyeonwu mencari tahu perkiraan cuaca di BMKG karena penasaran apakah besok turun hujan atau tidak.

노인　orang tua, manula

나이가 들어 늙은 사람.
orang tua yang berusia lanjut

노인 병원.
노인 복지.
노인 인구.

예문

- 한낮에 공원에는 할 일 없는 <u>노인</u>들만이 여기저기 앉아 있었다.
  DI tengah hari, hanya orang tua yang tidak punya pekerjaan duduk-duduk di taman.

식량　продовольствие; продукты питания

사람이 살아가는 데 필요한 먹을거리.
Предметы питания, съестные запасы, необходимые для существования человека.

식량이 남아돌다.
식량이 부족하다.
식량을 구하다.

예문

- 봉사 단체가 어려운 이웃에게 <u>식량</u>을 지원해 주었다.
  Группа волонтеров раздавала еду нуждающимся соседям.

단계　tahapan, fase

일이 변화해 나가는 각 과정.
bagian dari proses perubahan

한 단계.
단계가 낮다.
단계가 높다.

예문

- 나는 기초부터 한 <u>단계</u>씩 착실히 기술을 배웠다.
  Aku belajar keterampilan secara bertahap dari dasar dengan sungguh-sungguh .

부엌　dapur

집에서 음식을 만들고 설거지를 하는 등 식사와 관련된 일을 하는 장소.
tempat untuk melakukan pekerjaan yang terkait dengan makanan seperti membuat makanan dan cuci piring di rumah

부엌 청소.
부엌에 가다.
부엌에 나가다.

예문

- 어머니는 밥상을 들고 <u>부엌</u>에서 나오셨다.
  Ibu keluar dari dapur sambil mengangkat meja makan.

마련 persiapan, penyediaan

어떤 물건이나 상황을 준비하여 갖춤.
hal menyiapkan dan melengkapi dengan suatu benda atau kondisi

기금 마련.
돈 마련.
용돈 마련.

예문
- 지수가 집 마련에 필요한 돈을 모으기 위해서 적금을 들었다.
  Jisu membuat simpanan deposito demi mengumpulkan uang yang diperlukan untuk persiapan membeli rumah.

해결 penyelesaian

사건이나 문제, 일 등을 잘 처리해 끝을 냄.
hal mengurus kemudian mengakhiri peristiwa atau masalah, hal, dsb

문제 해결.
사건 해결.
해결 방안.

예문
- 김 형사는 해결을 못하는 사건이 없을 정도로 유능한 형사이다.
  Detektif Kim adalah detektif yang kompeten sampai-sampai tidak ada kasus yang tidak bisa dia pecahkan.

말씀 perkataan, kata nasehat, wejangan

(높이는 말로) 남의 말.
(dalam sebutan hormat) perkataan atasan, orang yang lebih tua umurnya, orang yang lebih tinggi posisinya

부모님 말씀.
선생님 말씀.
어른들 말씀.

예문
- 이 선생님은 학생들이 지루해 할 때마다 재미있는 말씀을 많이 해 주신다.
  Bapak/Ibu guru Lee selalu menceritakan hal yang menarik setiap kali murid-muridnya bosan.

세계 dunia

지구 위에 있는 모든 나라.
semua negara yang ada di dalam bumi

세계 각국.
세계 시장.
세계 일주.

예문
- 요새 회사들은 국내 시장뿐만 아니라 세계 시장에서 경쟁할 수 있는 상품을 만든다.
  Akhir-akhir ini perusahan-perusahaan membuat produk yang bisa bersaing tidak hanya di pasar domestik tetapi juga di pasar internasional.

걷기 jalan kaki

걷는 것.
hal berjalan

걷기 운동.
걷기 훈련.
걷기와 달리기.

예문
- 나는 우리 동네 공원을 걷기 운동 코스로 자주 이용한다.
  Aku sering menggunakan taman perumahan sebagai rute olahraga jalan kaki.

인간　manusia

생각할 수 있으며 언어와 도구를 만들어 사용하고 사회를 이루어 사는 존재.
suatu keberadaan yang bisa berpikir, membuat dan menggunakan suatu bahasa dan alat kemudian membentuk suatu masyarakat, orang

인간 세상.
인간 승리.
인간의 본성.

예문
- 인간의 끝없는 욕심이 자원의 고갈을 가져왔다.
  Keserakahan manusia menyebabkan berkurangnya sumber daya alam.

반응　reaksi, tanggapan

어떤 자극에 대하여 일정한 동작이나 태도를 보임. 또는 그런 동작이나 태도.
sesuatu yang muncul akibat rangsangan

뜨거운 반응.
반응이 나타나다.
반응이 빠르다.

예문
- 회의에서 내 의견은 긍정적인 반응을 얻었다.
  Pendapatku mendapat respon positif dalam rapat.

장터　pasar

많은 사람들이 모여 물건을 사고파는 장이 서는 곳.
tempat di mana banyak orang berkumpul kemudian dan menjualbelikan barang

온라인 장터.
중고 장터.
직거래 장터.

예문
- 최근 중고 제품 거래를 위한 인터넷 장터 이용이 활발해졌다.
  Akhir-akhir ini, pasar internet untuk jual beli barang bekas makin banyak digunakan.

분수　air mancur

흔히 공원이나 광장 한가운데에 설치하는, 좁은 구멍을 통해서 물을 위로 내뿜는 장치. 또는 그 물.
alat yang menyemburkan air ke atas melalui lubang yang sempit yang banyak dipasang di tengah taman atau lapangan, atau untuk menyebutkan air yang disemburkan

분수가 쏟아지다.
분수가 작동하다.
분수에서 물줄기가 솟구치다.

예문
- 공원 안에는 숲과 연못, 분수가 아름다운 조화를 이루고 있다.
  Hutan, kolam teratai, dan air mancur membentuk keselarasan yang indah di taman.

지하　bawah tanah

땅속이나 땅을 파고 그 아래에 만든 건물의 공간.
sisi atau bagian dari gedung yang dibuat dengan menggali dalam tanah

지하 2층.
지하 5미터.
지하 도로.

예문
- 광부들은 어두컴컴한 지하 탄광에서 하루 종일 일을 한다.
  Para penambang bekerja sepanjang hari di tambang batu bara bawah tanah yang gelap.

DAY 20
어휘 활용 연습
Latihan Penggunaan Kosakata

📌 [보기]에서 알맞은 어휘를 골라 문장 안에 쓰십시오.
　　Pilihlah kosakata yang tepat dalam [Contoh] dan tuliskan dalam kalimat.

| [보기] | 피부　장터　수첩　세계　분수　부엌　마련　노인　날씨　걷기 |

1. 공원 안에는 숲과 연못, ___가 아름다운 조화를 이루고 있다.
2. 그녀는 딸아이의 사진을 ___ 속에 보관해 두고 보고 싶을 때마다 수시로 꺼내 보곤 했다.
3. 나는 우리 동네 공원을 ___ 운동 코스로 자주 이용한다.
4. 아이의 ___는 하얗고 부드러웠다.
5. 어머니는 밥상을 들고 ___에서 나오셨다.
6. 요새 회사들은 국내 시장뿐만 아니라 ___ 시장에서 경쟁할 수 있는 상품을 만든다.
7. 지수가 집 ___에 필요한 돈을 모으기 위해서 적금을 들었다.
8. 최근 중고 제품 거래를 위한 인터넷 ___ 이용이 활발해졌다.
9. 한낮에 공원에는 할 일 없는 ___들만이 여기저기 앉아 있었다.
10. 현우는 내일 비가 오는지 궁금해서 기상청에 ___를 알아보았다.

✏️ 어휘에 맞는 의미를 찾아 선으로 이어 보세요.
　　Temukan arti yang sesuai dengan kosakata dan hubungkan dengan garis.

1. 해결　　•　　•　ㄱ. 자신의 잘못을 인정하며 용서해 달라고 빎.
2. 지하　　•　　•　ㄴ. 일이 변화해 나가는 각 과정.
3. 좌석　　•　　•　ㄷ. 원고나 서류 등을 만듦.
4. 작성　　•　　•　ㄹ. 어떤 자극에 대하여 일정한 동작이나 태도를 보임. 또는 그런 동작이나 태도.
5. 인간　　•　　•　ㅁ. 앉을 수 있게 준비된 자리.
6. 식량　　•　　•　ㅂ. 사람이 살아가는 데 필요한 먹을거리.
7. 사과　　•　　•　ㅅ. 사건이나 문제, 일 등을 잘 처리해 끝을 냄.
8. 반응　　•　　•　ㅇ. 땅속이나 땅을 파고 그 아래에 만든 건물의 공간.
9. 말씀　　•　　•　ㅈ. (높이는 말로) 남의 말.
10. 단계　　•　　•　ㅊ. 생각할 수 있으며 언어와 도구를 만들어 사용하고 사회를 이루어 사는 존재.

어휘 암기 확인 — Pemeriksaan Hafalan Kosakata

단어	번역	암기확인
좌석		
피부		
수첩		
사과		
작성		
날씨		
노인		
식량		
단계		
부엌		
마련		
해결		
말씀		
세계		
걷기		
인간		
반응		
장터		
분수		
지하		

 어휘 활용 연습 정답　　**Kunci Jawaban Latihan Penggunaan Kosakata**

✏️ [보기]에서 알맞은 어휘를 골라 문장 안에 쓰십시오.
Pilihlah kosakata yang tepat dalam [Contoh] dan tuliskan dalam kalimat.

1) 분수　　2) 수첩　　3) 걷기　　4) 피부　　5) 부엌
6) 세계　　7) 마련　　8) 장터　　9) 노인　　10) 날씨

✏️ 어휘에 맞는 의미를 찾아 선으로 이어 보세요.
Temukan arti yang sesuai dengan kosakata dan hubungkan dengan garis.

1) ㅅ　　2) ㅇ　　3) ㅁ　　4) ㄷ　　5) ㅊ
6) ㅂ　　7) ㄱ　　8) ㄹ　　9) ㅈ　　10) ㄴ

 관용어 **Idiom**

장래를 약속하다.
　Menjanjikan masa depan.

　　의미 결혼하기로 정하다.
　　　Memutuskan untuk menikah.

무게(를) 잡다.
　Memegang bobot.

　　의미 점잖은 척을 하며 분위기를 심각하게 만들다.
　　　Berpura-pura bertindak tenang dan membuat suasana menjadi serius.

21일차

외모	외모	외모
라면	라면	라면
연애	연애	연애
공감	공감	공감
약사	약사	약사
글자	글자	글자
카페	카페	카페
다음	다음	다음
보관	보관	보관
장소	장소	장소
반면	반면	반면
소화	소화	소화
혜택	혜택	혜택
실내	실내	실내
주말	주말	주말
증가	증가	증가
운동	운동	운동
소형	소형	소형
한번	한번	한번
밑줄	밑줄	밑줄

외모   penampilan

사람의 겉으로 보이는 모양.
tampak luar dari seseorang

단정한 외모.
뛰어난 외모.
깔끔한 외모.

예문
- 외모로 사람을 차별해서는 안 된다.
  Tidak boleh membeda-bedakan orang berdasarkan penampilannya.

라면   mi instan (mie)

기름에 튀겨 말린 국수와 가루 스프가 들어 있어서 물에 끓이기만 하면 간편하게 먹을 수 있는 음식.
makanan yang dimakan dengan mudah, cukup direbus dengan air karena di dalamnya sudah terdapat mie yang dikeringkan dengan minyak dan bubuk supnya

라면 봉지.
라면을 끓이다.
라면을 먹다.

예문
- 영수는 김치찌개에 라면 사리를 넣어 먹는 걸 좋아한다.
  Yeongsu suka menambahkan mie ke dalam sup kimci.

연애   percintaan (percintaan, pacaran)

남자와 여자가 서로 사랑해서 사귐.
hubungan kekasih, hal berpacaran

연애 감정.
연애 관계.
연애 시절.

예문
- 남편은 연애 시절부터 친구들 모임에 나를 자주 데려가고는 했다.
  Sejak saat masih pacaran, suamiku sering mengajakku ke pertemuan teman-temannya.

공감   simpati

다른 사람의 마음이나 생각에 대해 자신도 그렇다고 똑같이 느낌.
kebersamaan hati, hal merasakan hal yang sama dengan apa yang dialami oleh orang lain

깊은 공감.
공감이 가다.
공감이 되다.

예문
- 감동을 주는 글이란 독자의 공감을 이끌어 내는 글이다.
  Tulisan yang menggerakkan hati adalah tulisan yang menarik simpati pembaca.

약사   apoteker

약을 조제하고 파는 일 등을 직업으로 하는 사람.
orang yang berprofesi meracik dan menjual obat dsb

약사와 의사.
약사가 되다.
약사의 말.

예문
- 지수는 약사가 되고 싶어서 약학 대학에 갔다.
  Jisu masuk ke universitas farmasi karena ingin menjadi apoteker.

글자   huruf, abjad

말을 적는 기호.
sombol untuk menuliskan perkataan

글자가 작다.
글자가 크다.
글자를 가르치다.

예문

- 이 책은 글자가 너무 작아 시력이 안 좋은 사람은 돋보기를 써야 볼 수 있다.
 Karena hurufnya sangat kecil, orang yang penglihatannya tidak bagus harus menggunakan kaca pembesar untuk membaca buku ini.

카페   kafe, kedai kopi

주로 커피와 차, 가벼운 간식거리 등을 파는 가게.
toko yang biasanya menjual kopi, teh, serta makanan ringan dsb

카페 종업원.
카페를 운영하다.
카페에서 기다리다.

예문

- 조용한 카페 안에는 한 여인이 차를 마시며 책을 읽고 있었다.
 Seorang perempuan membaca buku sambil meminum teh di dalam kafe yang sepi.

다음   berikut, berikutnya

어떤 차례에서 바로 뒤.
tepat berikutnya dalam sebuah urutan

다음 날.
다음 달.
다음 사람.

예문

- 지수는 친구를 만나기로 한 날에 바빠서 다음 날로 약속을 미루었다.
 Jisu menunda janji ke hari berikutnya karena sibuk di hari seharusnya dia bertemu temannya.

보관   penyimpanan, penitipan

물건을 맡아 간직하여 둠.
proses menerima atau menjaga barang untuk sementara, proses menitipkan barang

보관 상태.
보관 시설.
보관이 되다.

예문

- 그 반지는 내가 화장대 서랍에 보관 중이던 것이다.
 Cincin itu kusimpan di laci meja rias.

장소   tempat

어떤 일이 일어나는 곳. 또는 어떤 일을 하는 곳.
tempat munculnya suatu kejadian, atau tempat untuk menjalankan suatu pekerjaan

데이트 장소.
보관 장소.
비밀 장소.

예문

- 내가 교통사고를 낸 장소는 내리막길이었는데, 비가 온 뒤여서 길이 미끄러웠다.
 Tempat aku kecelakaan adalah jalanan menurun, dan saat itu jalanan licin karena sehabis turun hujan.

반면 tetapi, di lain sisi

뒤에 오는 말이 앞의 내용과는 반대임.
hal kata yang ada di belakang berlawanan dengan yang ada di depan

적은 반면에 크다.
반면으로 석 집을 이겼다.
반면이 좋지 않다.

예문
- 이 가수는 가창력이 뛰어난 반면 춤 실력이 부족하다.
  Penyanyi ini memiliki kemampuan menyanyi yang luar biasa, tetapi tidak memiliki kemampuan menari.

소화 pencernaan

먹은 음식물을 뱃속에서 분해하여 영양분으로 흡수함.
proses mencerna makanan yang dimakan oleh manusia atau hewan dalam perut dan menyerap nutrisinya

소화 불량.
소화가 되다.
소화를 돕다.

예문
- 먹은 것이 소화가 잘 안 되어서 속이 답답합니다.
  Perutku tidak nyaman karena makanan yang kumakan tidak bisa dicerna dengan baik.

혜택 keuntungan, manfaat

제도나 환경, 다른 사람 등으로부터 받는 도움이나 이익.
bantuan atau keuntungan yang diterima dari sistem atau lingkungan, orang lain, dsb

혜택이 있다.
혜택을 받다.
혜택을 보다.

예문
- 심리학 수업을 들으면서 실험에 참가하는 학생에게는 가산점 혜택을 주기로 했다.
  Keuntungan berupa poin tambahan akan diberikan kepada siswa yang mengikuti kelas psikologi sambil berpartisipasi dalam percobaan.

실내 dalam

방이나 건물 등의 안.
keadaan dalam dari sebuah kamar, ruangan atau gedung

실내 난방.
실내 냉방.
실내 수영장.

예문
- 오늘은 비가 와서 실내 체육관에서 체육 수업을 했다.
  Hari ini kelas olahraga diadakan di dalam gedung olahraga karena hujan turun.

주말 akhir pekan, akhir minggu

한 주일의 끝.
akhir dari satu minggu

다음 주말.
이번 주말.
저번 주말.

예문
- 주말이면 우리 가족은 공원에 산책을 가곤 한다.
  Keluarga kami sering jalan-jalan ke taman pada hari Minggu.

증가   kenaikan, peningkatan

수나 양이 더 늘어나거나 많아짐.
naiknya atau bertambah banyaknya jumlah, kuantitas

수출 증가.
인구 증가.
지출 증가.

예문

- 물가가 오르면 사업의 예산 증가도 불가피하다.
  Peningkatan anggaran bisnis tidak bisa dihindari apabila terjadi kenaikan harga barang.

운동   olahraga

몸을 단련하거나 건강을 위하여 몸을 움직이는 일.
hal melatih tubuh atau menggerakkan tubuh supaya sehat

아침 운동.
지나친 운동.
운동 시설.

예문

- 현우는 종종 아버지와 함께 운동을 하러 공원에 간다.
  Hyeonwu sering pergi ke taman untuk berolahraga bersama ayahnya.

소형   kecil, ukuran kecil, bentuk kecil, model kecil

같은 종류의 사물 가운데 크기나 규모가 작은 것.
hal yang besar atau ukurannya kecil di antara jenis barang yang sama

소형 가방.
소형 비행기.
소형 자동차.

예문

- 학교는 멀리서 통학하는 학생들을 위해 소형 셔틀버스를 운행하고 있다.
  Sekolah mengoperasikan shuttle bus kecil untuk para siswa yang rumahnya jauh.

한번   sekali (sekali, pernah)

어떤 행동이나 상태 등을 강조함을 나타내는 말.
suatu waktu yang telah lewat di masa lampau

말 한번 잘한다.
일 한번 잘한다.
춤 한번 잘 춘다.

예문

- 한번은 우연히 버스 안에서 첫사랑을 만나기도 했지.
  Aku pernah tidak sengaja berpapasan dengan cinta pertamaku di dalam bus.

밑줄   garis bawah

문장 부호의 하나로, 가로로 쓴 글에서 중요한 부분의 아래에 긋는 줄.
salah satu tanda baca, garis horisontal atau menyamping yang tertera di bawah bagian penting dari sebuah tulisan

밑줄 부분.
밑줄을 그리다.
밑줄을 치다.

예문

- 시험 공부를 하는 민준이는 수업 시간에 밑줄을 친 부분만 중점적으로 읽었다.
  Minjun yang sedang belajar untuk ujian hanya fokus membaca bagian yang digarisbawahi saat jam pelajaran.

DAY 21

어휘 활용 연습 — Latihan Penggunaan Kosakata

✏️ **[보기]에서 알맞은 어휘를 골라 문장 안에 쓰십시오.**
  Pilihlah kosakata yang tepat dalam [Contoh] dan tuliskan dalam kalimat.

| [보기] | 반면 | 보관 | 약사 | 연애 | 외모 | 운동 | 주말 | 카페 | 한번 | 혜택 |

1. 그 반지는 내가 화장대 서랍에 ___ 중이던 것이다.
2. 현우는 종종 아버지와 함께 ___을 하러 공원에 간다.
3. ___은 우연히 버스 안에서 첫사랑을 만나기도 했지.
4. 지수는 ___가 되고 싶어서 약학 대학에 갔다.
5. ___이면 우리 가족은 공원에 산책을 가곤 한다.
6. 조용한 ___ 안에는 한 여인이 차를 마시며 책을 읽고 있었다.
7. 이 가수는 가창력이 뛰어난 ___ 춤 실력이 부족하다.
8. ___로 사람을 차별해서는 안 된다.
9. 심리학 수업을 들으면서 실험에 참가하는 학생에게는 가산점 ___을 주기로 했다.
10. 남편은 ___ 시절부터 친구들 모임에 나를 자주 데려가고는 했다.

✏️ **어휘에 맞는 의미를 찾아 선으로 이어 보세요.**
  Temukan arti yang sesuai dengan kosakata dan hubungkan dengan garis.

1. 공감 • • ㄱ. 같은 종류의 사물 가운데 크기나 규모가 작은 것.
2. 글자 • • ㄴ. 기름에 튀겨 말린 국수와 가루 스프가 들어 있어서 물에 끓이기만 하면 간편하게 먹을 수 있는 음식.
3. 다음 • • ㄷ. 다른 사람의 마음이나 생각에 대해 자신도 그렇다고 똑같이 느낌.
4. 라면 • • ㄹ. 말을 적는 기호.
5. 밑줄 • • ㅁ. 먹은 음식물을 뱃속에서 분해하여 영양분으로 흡수함.
6. 소형 • • ㅂ. 문장 부호의 하나로, 가로로 쓴 글에서 중요한 부분의 아래에 긋는 줄.
7. 소화 • • ㅅ. 방이나 건물 등의 안.
8. 실내 • • ㅇ. 수나 양이 더 늘어나거나 많아짐.
9. 장소 • • ㅈ. 어떤 일이 일어나는 곳. 또는 어떤 일을 하는 곳.
10. 증가 • • ㅊ. 어떤 차례에서 바로 뒤.

DAY 21

어휘 암기 확인 — Pemeriksaan Hafalan Kosakata

단어	번역	암기확인
외모		
라면		
연애		
공감		
약사		
글자		
카페		
다음		
보관		
장소		
반면		
소화		
혜택		
실내		
주말		
증가		
운동		
소형		
한번		
밑줄		

 어휘 활용 연습 정답   Kunci Jawaban Latihan Penggunaan Kosakata

✏️ [보기]에서 알맞은 어휘를 골라 문장 안에 쓰십시오.
Pilihlah kosakata yang tepat dalam [Contoh] dan tuliskan dalam kalimat.

1) 보관   2) 운동   3) 한번   4) 약사   5) 주말
6) 카페   7) 반면   8) 외모   9) 혜택   10) 연애

✏️ 어휘에 맞는 의미를 찾아 선으로 이어 보세요.
Temukan arti yang sesuai dengan kosakata dan hubungkan dengan garis.

1) ㄷ   2) ㄹ   3) ㅊ   4) ㄴ   5) ㅂ
6) ㄱ   7) ㅁ   8) ㅅ   9) ㅈ   10) ㅇ

 관용어 Idiom

목구멍이 포도청
Tenggorokan adalah kantor polisi

> 의미 먹고살기 위해서 해서는 안 될 짓까지 할 수밖에 없음.
> Melakukan hal-hal yang seharusnya tidak dilakukan untuk mencari nafkah karena tidak punya pilihan lain.

근처도 못 가다.
Mendekati pun tidak bisa.

> 의미 비교할 정도가 못 되다.
> Dalam taraf dibandingkan pun tidak bisa.

22일차

여행	여행	여행
개념	개념	개념
신발	신발	신발
계속	계속	계속
흰색	흰색	흰색
전달	전달	전달
식품	식품	식품
원리	원리	원리
현대	현대	현대
처리	처리	처리
탄산	탄산	탄산
청년	청년	청년
꾀병	꾀병	꾀병
택시	택시	택시
경탄	경탄	경탄
선물	선물	선물
회복	회복	회복
옛날	옛날	옛날
입맛	입맛	입맛
시청	시청	시청

여행   wisata, perjalanan

집을 떠나 다른 지역이나 외국을 두루 구경하며 다니는 일.
kegiatan meninggalkan rumah kemudian berkeliling dan melihat-lihat ke daerah lain, atau luar negeri

비행기 여행.
세계 일주 여행.
외국 여행.

예문
- 여자는 여행을 마치고 돌아오는 길에 친구들에게 나눠 줄 기념품을 샀다.
  Perempuan itu membeli oleh-oleh yang akan dibagikan kepada teman-temannya dalam perjalanan pulang setelah selesai liburan.

개념   konsep, gagasan

어떤 사실이나 관념, 사물에 대한 많은 구체적인 예나 특성을 통해 얻은 일반적인 지식이나 생각.
pengetahuan atau pemikiran umum yang didapatkan melalui contoh nyata atau ciri khas sebuah fakta, ide, atau benda

기본 개념.
상위 개념.
시간 개념.

예문
- 민준이는 수학의 기본 개념부터 이해한 뒤 응용문제를 풀었다.
  Minjun mengerjakan soal terapan setelah memahami konsep dasar matematika terlebih dahulu.

신발   sepatu

서거나 걸을 때 발을 보호하기 위해 신는 물건.
benda yang dikenakan di kaki untuk melindungi kaki saat berdiri atau berjalan di luar rumah

새 신발.
높은 신발.
비싼 신발.

예문
- 운동을 할 때에는 가볍고 편한 신발을 신는 것이 좋다.
  Saat berolahraga, sebaiknya menggunakan sepatu yang ringan dan nyaman.

계속   berlanjutnya

끊이지 않고 이어 나감.
terus menerusnya

더위의 계속.
장마의 계속.
계속이 되다.

예문
- 더운 날씨의 계속으로 사람들이 지친 모습이다.
  Orang-orang tampak lelah karena cuaca panas yang berkelanjutan.

흰색   warna putih

눈이나 우유와 같은 밝은 색.
warna cerah yang seperti salju atau susu

흰색 꽃.
흰색 바탕.
흰색이 어울리다.

- 눈이 많이 내려 세상이 흰색으로 변해 가고 있다.
  Salju turun dengan lebat sehingga membuat dunia berubah menjadi warna putih.

전달　pengantaran, pengiriman

사물을 어떤 대상에게 전하여 받게 함.
proses menyampaikan sesuatu kepada orang yang dimaksud

전달 방법.
전달이 되다.
전달을 하다.

예문
- 어제 장학생들에게 장학금 전달이 이루어졌다.
  Beasiswa diberikan kepada para siswa penerima beasiswa kemarin.

식품　makanan, produk makanan

사람이 먹는 음식물.
makanan yang dimakan orang

상한 식품.
식품을 공급하다.
식품을 관리하다.

예문
- 제철에 나는 여러 가지 자연 식품을 철에 따라 바꿔 먹는 것이 건강에 좋다.
  Makan bahan makanan sesuai musimnya baik bagi kesehatan.

원리　prinsip, asas

사물의 본질이나 바탕이 되는 이치.
prinsip yang menjadi inti atau dasar dari objek

우주의 원리.
자연의 원리.
고유한 원리.

예문
- 예방 주사의 원리는 바이러스를 미리 주입해서 신체의 면역력을 높이는 것이다.
  Prinsip vaksinasi adalah meningkatkan kekebalan tubuh dengan menyuntikkan virus terlebih dahulu.

현대　zaman modern

오늘날의 시대.
zaman dari hari ini

현대 과학.
현대 문명.
현대 여성.

예문
- 환경 오염의 문제는 현대에 인류가 당면한 중대한 문제 중 하나이다.
  Masalah pencemaran lingkungan adalah salah satu masalah utama yang dihadapi oleh umat manusia di zaman modern.

처리　penyelesaian

일이나 사무, 사건을 절차에 따라 정리해 마무리함.
pemberesan urusan atau pekerjaan sesuai dengan prosedur hingga selesai

사고 처리.
업무 처리.
처리 능력.

예문
- 현우는 일 처리 속도가 빠르기로 유명해 어떤 일을 시켜도 두 시간이면 끝낸다.
  Hyeonwu terkenal cepat dalam menyelesaikan pekerjaan sehingga apa pun pekerjaannya, dia bisa menyelesaikannya dalam dua jam.

탄산 asam karbonat (asam karbonat, bersoda)

이산화 탄소가 물에 녹아서 생기는 약한 산.
asam lemah yang terbentuk karena karbon dioksida meleleh di dalam air

탄산이 느껴지다.
탄산이 들어가다.
탄산이 포함되다.

예문
- 탄산이 들어간 음료는 톡 쏘는 맛이 일품이다.
  Minuman bersoda memiliki sensasi rasa yang unik.

청년 pemuda

육체적으로나 정신적으로 다 자란 젊은 사람.
orang muda yang sudah tumbuh secara rohani dan jasmani

낯선 청년.
성실한 청년.
젊은 청년.

예문
- 아버지의 고등학교 졸업 사진에는 청년 시절의 모습이 고스란히 담겨 있었다.
  Foto kelulusan SMA ayahku memuat gambaran masa mudanya.

꾀병 penyakit palsu

거짓으로 병을 앓는 체하는 것.
hal berpura-pura mengidap penyakit

꾀병이 드러나다.
꾀병을 앓다.
꾀병으로 몰리다.

예문
- 민준이는 하기 싫은 일을 피하려고 꾀병을 부린 것이 들통났다.
  Minjun ketahuan berpura-pura sakit untuk menghindari pekerjaan yang tidak dia sukai.

택시 taksi

돈을 받고 손님이 원하는 곳까지 태워 주는 일을 하는 승용차.
kendaraan umum yang mengantar tamu hingga ke tempat yang dituju dengan menerima sejumlah uang sesuai yang tertera dalam argo

심야 택시.
일반 택시.
지나가는 택시.

예문
- 약속에 늦어서 버스를 타지 않고 택시를 타고 약속 장소에 갔다.
  Aku pergi ke tempat yang dijanjikan dengan tidak naik bus melainkan naik taksi karena terlambat.

경탄 kekaguman, keheranan, ketakjuban

매우 놀라며 감탄함.
hal kagum, heran, atau takjub karena kaget atau kagum

경탄의 눈길.
경탄의 소리.
경탄을 보내다.

예문
- 많은 사람들은 웅장한 자연의 모습 앞에서 경탄을 아끼지 않았다.
  Banyak orang yang terkesima melihat keindahan alam yang luar biasa.

선물   kado, hadiah

고마움을 표현하거나 어떤 일을 축하하기 위해 다른 사람에게 물건을 줌. 또는 그 물건.
sesuatu yang diberikan kepada orang lain sebagai ungkapan terima kasih atau ucapan selamat, atau untuk menyebutkan benda tersebut

입학 선물.
졸업 선물.
축하 선물.

예문
- 현우는 아버지에게 고등학교 입학 선물로 컴퓨터를 받았다.
  Hyeonwu mendapat komputer dari ayahnya sebagai kado masuk SMA.

회복   pemulihan, penyembuhan

아프거나 약해졌던 몸을 다시 예전의 상태로 돌이킴.
tubuh yang tadinya sakit atau lemah kembali ke kondisi semula

건강 회복.
회복이 빠르다.
회복을 기대하다.

예문
- 의사는 새로 개발된 방법을 이용해서 치료를 받으면 회복이 더 빠르다고 말했다.
  Dokter mengatakan bahwa bila mendapat pengobatan menggunakan cara baru yang dikembangkan, maka masa penyembuhan akan lebih cepat.

옛날   zaman dahulu, dahulu kala

아주 오래된 지난 날.
suatu hari yang telah lama sekali lewat

옛날 물건.
옛날 이야기.
옛날 사람.

예문
- 지수는 할머니가 해 주시는 옛날 이야기 듣는 것을 좋아한다.
  Jisu suka mendengar cerita nenek tentang zaman dulu.

입맛   cita rasa, selera makan, nafsu makan

음식을 먹을 때 입에서 느끼는 맛. 또는 음식을 먹고 싶은 욕구.
rasa yang dicecap di mulut pada saat menikmati makanan, atau keinginan untuk menikmati makan,

입맛이 나다.
입맛이 떨어지다.
입맛이 변하다.

예문
- 이 찌개는 짜지도 맵지도 않아 제 입맛에 잘 맞아요.
  Sup ini tidak asin dan tidak pedas, sehingga cocok di lidahku.

시청   menonton, menyaksikan

텔레비전 방송을 눈으로 보고 귀로 들음.
hal melihat dengan mata langsung atau mendengar dengan telinga langsung siaran televisi (digunakan sebagai kata benda)

드라마 시청.
텔레비전 시청.
시청 후기.

예문
- 내 동생은 하루에 텔레비전 시청 시간이 나보다 많다.
  Jam menonton TV adikku dalam sehari lebih lama dariku.

DAY 22 어휘 활용 연습 — Latihan Penggunaan Kosakata

✏️ [보기]에서 알맞은 어휘를 골라 문장 안에 쓰십시오.
Pilihlah kosakata yang tepat dalam [Contoh] dan tuliskan dalam kalimat.

[보기] 택시   청년   처리   전달   원리   옛날   시청   선물   계속   개념

1. 내 동생은 하루에 텔레비전 ___ 시간이 나보다 많다.
2. 더운 날씨의 ___으로 사람들이 지친 모습이다.
3. 민준이는 수학의 기본 ___부터 이해한 뒤 응용문제를 풀었다.
4. 아버지의 고등학교 졸업 사진에는 ___ 시절의 모습이 고스란히 담겨 있었다.
5. 약속에 늦어서 버스를 타지 않고 ___를 타고 약속 장소에 갔다.
6. 어제 장학생들에게 장학금 ___이 이루어졌다.
7. 예방 주사의 ___는 바이러스를 미리 주입해서 신체의 면역력을 높이는 것이다.
8. 지수는 할머니가 해 주시는 ___ 이야기 듣는 것을 좋아한다.
9. 현우는 아버지에게 고등학교 입학 ___로 컴퓨터를 받았다.
10. 현우는 일 ___ 속도가 빠르기로 유명해 어떤 일을 시켜도 두 시간이면 끝낸다.

✏️ 어휘에 맞는 의미를 찾아 선으로 이어 보세요.
Temukan arti yang sesuai dengan kosakata dan hubungkan dengan garis.

1. 흰색 • • ㄱ. 집을 떠나 다른 지역이나 외국을 두루 구경하며 다니는 일.
2. 회복 • • ㄴ. 이산화 탄소가 물에 녹아서 생기는 약한 산.
3. 현대 • • ㄷ. 음식을 먹을 때 입에서 느끼는 맛. 또는 음식을 먹고 싶은 욕구.
4. 탄산 • • ㄹ. 오늘날의 시대.
5. 입맛 • • ㅁ. 아프거나 약해졌던 몸을 다시 예전의 상태로 돌이킴.
6. 여행 • • ㅂ. 서거나 걸을 때 발을 보호하기 위해 신는 물건.
7. 신발 • • ㅅ. 사람이 먹는 음식물.
8. 식품 • • ㅇ. 매우 놀라며 감탄함.
9. 꾀병 • • ㅈ. 눈이나 우유와 같은 밝은 색.
10. 경탄 • • ㅊ. 거짓으로 병을 앓는 체하는 것.

DAY 22

어휘 암기 확인! Pemeriksaan Hafalan Kosakata

단어	번역	암기확인
여행		
개념		
신발		
계속		
흰색		
전달		
식품		
원리		
현대		
처리		
탄산		
청년		
꾀병		
택시		
경탄		
선물		
회복		
옛날		
입맛		
시청		

 어휘 활용 연습 정답 **Kunci Jawaban Latihan Penggunaan Kosakata**

✏️ [보기]에서 알맞은 어휘를 골라 문장 안에 쓰십시오.
Pilihlah kosakata yang tepat dalam [Contoh] dan tuliskan dalam kalimat.

1) 시청   2) 계속   3) 개념   4) 청년   5) 택시
6) 전달   7) 원리   8) 옛날   9) 선물   10) 처리

✏️ 어휘에 맞는 의미를 찾아 선으로 이어 보세요.
Temukan arti yang sesuai dengan kosakata dan hubungkan dengan garis.

1) ㅈ   2) ㅁ   3) ㄹ   4) ㄴ   5) ㄷ
6) ㄱ   7) ㅂ   8) ㅅ   9) ㅊ   10) ㅇ

 관용어 **Idiom**

번지수가 틀리다.
  Salah alamat.

  의미 본래의 생각이나 의도에 들어맞지 않거나 잘못된 결과가 나오다.
  Tidak cocok dengan pikiran atau niat asli atau muncul hasil yang salah.

가슴이 시원하다.
  Hati terasa lega.

  의미 기분이 매우 좋고 가뿐하다.
  Merasa sangat baik dan ringan.

DAY 23

23일차

역할	역할	역할
운전	운전	운전
엽서	엽서	엽서
서류	서류	서류
질문	질문	질문
비용	비용	비용
첫째	첫째	첫째
수영	수영	수영
육체	육체	육체
나중	나중	나중
모습	모습	모습
문화	문화	문화
입학	입학	입학
휴대	휴대	휴대
예방	예방	예방
오해	오해	오해
포도	포도	포도
산책	산책	산책
전설	전설	전설
세일	세일	세일

역할 peran

맡은 일 또는 해야 하는 일.
pekerjaan yang harus dilakukan dengan tanggung jawab

역할 분담.
역할 수행.
역할이 크다.

예문
- 민준이는 우리 모임에서 사람들에게 연락을 돌리는 역할을 하고 있다.
  Dalam perkumpulan kami, Minjun bertugas menghubungi orang-orang.

운전 pengoperasian, penggerakkan, penjalanan, pengemudian

기계나 자동차를 움직이고 조종함.
hal menggerakkan dan mengoperasikan mesin atau kendaraan

안전 운전.
운전 솜씨.
운전 연습.

예문
- 운전 중에는 안전을 위해 전화 통화를 자제해야 한다.
  Demi keselamatan, menelepon harus dibatasi saat mengemudi.

엽서 kartu pos

보내는 사람과 받는 사람의 주소, 편지의 내용을 한 장에 적어서 우편으로 보낼 수 있도록 만들어진 용지.
kertas yang dibuat agar alamat si pengirim dan tujuan, isi dari surat ditulis dalam satu lembar dan dapat dikirim melalui pos

엽서 한 장.
엽서 한 통.
엽서가 도착하다.

예문
- 예전에는 엽서에 사연을 적어 라디오 방송국에 보내는 사람들이 많았다.
  Dahulu banyak orang yang menulis kisahnya di kartu pos dan mengirimnya ke stasiun radio.

서류 dokumen, surat

글자로 기록한 문서.
dokumen yang disimpan dalam bentuk huruf

증빙 서류.
서류를 접수하다.
서류를 제출하다.

예문
- 민준이는 서류 심사에 통과한 후 면접 시험을 준비했다.
  Minjun menyiapkan ujian wawancara setelah lolos seleksi dokumen.

질문 pertanyaan

모르는 것이나 알고 싶은 것을 물음.
hal menanyakan sesuatu yang tidak diketahui atau yang ingin diketahui

질문 공세.
질문 사항.
간단한 질문.

예문
- 교수는 예상하지 못한 질문을 받고 당황한 표정을 지었다.
  Dosen tampak kaget setelah menerima pertanyaan yang tidak terduga.

비용 biaya

어떤 일을 하는 데 드는 돈.
uang yang diperlukan untuk melakukan suatu hal

가입 비용.
거래 비용.
결혼 비용.

예문
- 지수는 만 원 정도의 비용을 들여 아이의 장난감을 직접 만든다.
  Jisu membuat sendiri mainan anaknya dengan bermodalkan biaya sekitar sepuluh ribu Won.

첫째 utama, pertama

무엇보다도 앞서는 것. 제일.
paling depan dibandingkan yang lain, terpenting

첫째로 꼽다.
첫째로 들다.
첫째로 중요하다.

예문
- 배우자를 고를 때 첫째로 중요한 것은 그 사람의 성격이다.
  Saat memilih jodoh, hal pertama yang penting adalah kepribadian orang tersebut.

수영 renang

물속을 헤엄침.
aktivitas menyelam atau mengapung di dalam air

수영 선수.
수영을 배우다.
수영을 연습하다.

예문
- 박 선수는 수영 종목에서 우리나라 선수로는 최초로 금메달을 땄다.
  Atlet Park adalah atleh pertama dari negara kita yang memenangkan medali emas dalam cabang olahraga renang.

육체 tubuh, badan

사람의 몸.
tubuh manusia

건강한 육체.
아름다운 육체.
육체의 병.

예문
- 마라톤은 육체와 정신을 모두 튼튼하게 하는 운동이다.
  Maraton adalah olahraga yang memperkuat fisik dan pikiran.

나중 nanti, setelahnya

일정한 시간이 지난 뒤.
setelah waktu tertentu berlalu

나중에 보다.
나중에 알다.
나중에 가다.

예문
- 그는 나중에 다시 찾아오겠다고 하고 돌아갔다.
  Dia pergi sambil berkata akan kembali lagi nanti.

모습 — rupa, penampilan, sosok

사람이나 사물의 생김새.
penampilan orang atau benda

어머니의 모습.
자신의 모습.
귀여운 모습.

예문
- 어머니는 곤히 잠든 아이의 <u>모습</u>이 너무도 귀여워 넋을 놓고 아이를 바라보았다.
  Ibu tertegun melihat anaknya yang tertidur pulas karena sangat menggemaskan.

문화 — budaya, kebudayaan

사회의 공동체가 일정한 목적 또는 생활 이상을 실현하기 위하여 만드는 정신적 활동.
aktivitas fisik, mental yang dibuat, dibiasakan, dibagi, disampaikan komunitas sosial untuk melaksanakan tujuan tertentu atau model kehidupan

고대 문화.
현대 문화.
새로운 문화.

예문
- 지금의 신세대 문화는 기성세대의 <u>문화</u>와 큰 차이를 보인다.
  Budaya generasi baru saat ini memperlihatkan perbedaan yang signifikan dari budaya generasi lama.

입학 — masuk sekolah

학생이 되어 공부하기 위해 학교에 들어감.
hal menjadi siswa dan masuk ke sekolah untuk belajar
(digunakan sebagai kata benda)

대학 입학.
중학교 입학.
입학 선물.

예문
- 그 대학에는 <u>입학</u> 정원보다 열 배나 많은 학생들이 원서를 냈다.
  Universitas itu menerima formulir pendaftaran dari siswa sepuluh kali lipat dibandingakan dengan kuota penerimaan.

휴대 — bawaan

어떤 물건을 손에 들거나 몸에 지니고 다님.
hal yang pergi membawa suatu barang di tangan atau di tubuh

휴대 금지.
휴대가 가능하다.
휴대가 간편하다.

예문
- 새로 산 노트북은 작고 가벼워서 <u>휴대</u>가 간편하다.
  Laptop yang baru dibeli mudah dibawa karena kecil dan ringan.

예방 — imunisasi (mencegah, pencegahan)

병이나 사고 등이 생기지 않도록 미리 막음.
pencegahan agar penyakit, bencana, dsb tidak terjadi

감기 예방.
예방이 되다.
예방을 하다.

예문
- 병은 생기기 전에 <u>예방</u>을 하는 것이 가장 좋다.
  Yang terbaik adalah mencegah sebelum terserang penyakit.

오해   kesalahpahaman

어떤 것을 잘못 알거나 잘못 해석함.
salah penafsiran, hal salah tanggap terhadap sesuatu

오해가 되다.
오해를 받다.
오해를 사다.

예문
- 우리는 사소한 <u>오해</u>로 인해 사이가 멀어졌다.
  Hubungan kami menjauh karena kesalahpahaman kecil.

포도   anggur

달면서도 약간 신맛이 나는 작은 열매가 뭉쳐서 송이를 이루는 보라색 과일.
buah berwarna ungu yang memiliki rasa manis tetapi sedikit asam, berbentuk buah-buah kecil yang menyatu membentuk ikatan

포도 한 송이.
포도가 달다.
포도가 시다.

예문
- 과일 가게 앞에는 탐스럽고 먹음직스러운 <u>포도</u>가 진열되어 있었다.
  Di depan toko buah dipajang anggur yang menggiurkan dan terlihat enak.

산책   jalan-jalan, berkeliling

잠깐 쉬거나 건강을 위해서 주변을 천천히 걷는 일.
kegiatan beristirahat sebentar dari kegiatan rutin atau berjalan-jalan santai di sekitar tempat tinggal untuk kesehatan (digunakan sebagai kata benda)

공원 산책.
가벼운 산책.
산책을 가다.

예문
- 나는 아침에 일찍 일어나서 혼자서 <u>산책</u>을 하는 것이 취미이다.
  Hobiku adalah bangun pagi lalu berjalan-jalan sendiri.

전설   legenda

오래전부터 전해 내려오는 이야기.
cerita zaman dahulu yang disampaikan secara turun-temurun

아름다운 전설.
전설을 남기다.
전설을 듣다.

예문
- 어느 나라에나 영웅들에 대한 믿기 어려운 <u>전설</u>들이 있다.
  Di negara mana pun itu, terdapat legenda tentang pahlawan yang sulit untuk dipercaya.

세일   diskon

정해진 값보다 싸게 할인해서 팖.
hal menjual dengan lebih murah daripada harga yang ditentukan

봄맞이 세일.
세일 가격.
세일 기간.

예문
- 백화점이 봄맞이 <u>세일</u>에 들어가자 쇼핑을 나온 사람들로 발 디딜 틈이 없었다.
  Pusat perbelanjaan dipenuhi oleh orang-orang yang datang untuk berbelanja setelah dimulainya musim diskon menyambut musim semi.

DAY 23

어휘 활용 연습 — Latihan Penggunaan Kosakata

✏️ **[보기]에서 알맞은 어휘를 골라 문장 안에 쓰십시오.**
Pilihlah kosakata yang tepat dalam [Contoh] dan tuliskan dalam kalimat.

[보기]	예방 휴대 첫째 전설 운전 엽서 산책 비용 모습 나중

1. 그는 ___에 다시 찾아오겠다고 하고 돌아갔다.
2. 나는 아침에 일찍 일어나서 혼자서 ___을 하는 것이 취미이다.
3. 배우자를 고를 때 ___로 중요한 것은 그 사람의 성격이다.
4. 병은 생기기 전에 ___을 하는 것이 가장 좋다.
5. 새로 산 노트북은 작고 가벼워서 ___가 간편하다.
6. 어느 나라에나 영웅들에 대한 믿기 어려운 ___들이 있다.
7. 어머니는 곤히 잠든 아이의 ___이 너무도 귀여워 넋을 놓고 아이를 바라보았다.
8. 예전에는 ___에 사연을 적어 라디오 방송국에 보내는 사람들이 많았다.
9. ___ 중에는 안전을 위해 전화 통화를 자제해야 한다.
10. 지수는 만 원 정도의 ___을 들여 아이의 장난감을 직접 만든다.

✏️ **어휘에 맞는 의미를 찾아 선으로 이어 보세요.**
Temukan arti yang sesuai dengan kosakata dan hubungkan dengan garis.

1. 문화 • • ㄱ. 글자로 기록한 문서.
2. 서류 • • ㄴ. 달면서도 약간 신맛이 나는 작은 열매가 뭉쳐서 송이를 이루는 보라색 과일.
3. 세일 • • ㄷ. 맡은 일 또는 해야 하는 일.
4. 수영 • • ㄹ. 모르는 것이나 알고 싶은 것을 물음.
5. 역할 • • ㅁ. 물속을 헤엄침.
6. 오해 • • ㅂ. 사람의 몸.
7. 육체 • • ㅅ. 사회의 공동체가 일정한 목적 또는 생활 이상을 실현하기 위하여 만드는 정신적 활동.
8. 입학 • • ㅇ. 어떤 것을 잘못 알거나 잘못 해석함.
9. 질문 • • ㅈ. 정해진 값보다 싸게 할인해서 팖.
10. 포도 • • ㅊ. 학생이 되어 공부하기 위해 학교에 들어감.

DAY 23 어휘 암기 확인 — Pemeriksaan Hafalan Kosakata

단어	번역	암기확인
역할		
운전		
엽서		
서류		
질문		
비용		
첫째		
수영		
육체		
나중		
모습		
문화		
입학		
휴대		
예방		
오해		
포도		
산책		
전설		
세일		

 어휘 활용 연습 정답 **Kunci Jawaban Latihan Penggunaan Kosakata**

✏️ [보기]에서 알맞은 어휘를 골라 문장 안에 쓰십시오.
Pilihlah kosakata yang tepat dalam [Contoh] dan tuliskan dalam kalimat.

1) 나중   2) 산책   3) 첫째   4) 예방   5) 휴대
6) 전설   7) 모습   8) 엽서   9) 운전   10) 비용

✏️ 어휘에 맞는 의미를 찾아 선으로 이어 보세요.
Temukan arti yang sesuai dengan kosakata dan hubungkan dengan garis.

1) ㅅ   2) ㄱ   3) ㅈ   4) ㅁ   5) ㄷ
6) ㅇ   7) ㅂ   8) ㅊ   9) ㄹ   10) ㄴ

 관용어 **Idiom**

색안경(을) 쓰다.
  Memakai kacamata berwarna.

  의미 좋지 않은 주관이나 선입견을 가지다.
  Memiliki pendapat atau prasangka yang tidak baik.

강 건너 불 보듯
  Seperti melihat api di seberang sungai.

  의미 자기와 관계없는 일이라고 해서 관여하지 않고 무관심하게 보기만 하는 모양.
  Hanya melihat sesuatu dengan acuh dan tidak peduli karena tidak ada hubungannya dengan diri sendiri.

DAY 24 — 24일차

시절	시절	시절
판매	판매	판매
지능	지능	지능
분석	분석	분석
심금	심금	심금
자료	자료	자료
메모	메모	메모
환영	환영	환영
왼쪽	왼쪽	왼쪽
정원	정원	정원
신경	신경	신경
개성	개성	개성
설치	설치	설치
가방	가방	가방
숙제	숙제	숙제
금액	금액	금액
정말	정말	정말
발송	발송	발송
결국	결국	결국
최상	최상	최상

시절 — masa tertentu

특정한 시기나 때.
periode atau waktu khusus

대학생 시절.
청소년 시절.
젊은 시절.

예문
- 김 씨는 고등학교 재학 시절에 일 등을 한 번도 놓쳐 본 적이 없다.
  Kim selalu mendapat peringkat pertama saat SMA.

판매 — penjualan

상품을 팖.
hal menjual produk

예약 판매.
할인 판매.
판매 가격.

예문
- 올해는 비가 많이 와서 우산과 비옷의 판매가 잘 된다.
  Payung dan jas hujan terjual banyak karena tahun ini hujan sering turun.

지능 — kecerdasan, intelektual

사물이나 상황을 이해하고 대처하는 지적인 적응 능력.
kemampuan intelegensi untuk memahami dan menangani suatu benda atau sebuah keadaan

지능 수준.
지능이 낮다.
지능이 발달하다.

예문
- 그 학생은 지능이 우수하다지만 실제 학업 성적은 그리 좋지 않다.
  Siswa itu memiliki kecerdasaan yang luar biasa, tetapi nilai akademiknya tidak terlalu bagus.

분석 — analisis

더 잘 이해하기 위하여 어떤 현상이나 사물을 여러 요소나 성질로 나눔.
mencari tahu, mencari dasar dari permasalahan yang rumit atau sulit

내용 분석.
문제 분석.
원인 분석.

예문
- 문제 해결을 위해서는 먼저 문제에 대한 분석이 이루어져야 한다.
  Untuk memecahkan permasalahan, harus ada analisis tentang permasalahan tersebut terlebih dahulu.

심금 — hati sanubari, perasaan hati

(비유적으로) 외부의 자극에 따라 움직이는 마음.
(dalam bentuk kiasan) hati yang bergerak sesuai dorongan/rangsangan dari luar

심금을 울리다.
심금을 흔들다.
심금에 와 닿다.

예문
- 그녀의 피겨 스케이팅 연기는 국민들의 심금을 흔들었다.
  Akting peseluncur indah perempuan itu menggetarkan hati masyarakat.

자료 data, bahan

연구나 조사를 하는 데 기본이 되는 재료.
bahan yang menjadi dasar dalam penelitian atau pemeriksaan

보도 자료.
분석 자료.
연구 자료.

예문
- 이번에 발굴된 유물은 역사 연구에 있어 귀중한 자료가 될 것으로 보인다.
  Peninggalan yang ditemukan kali ini sepertinya akan menjadi data yang berharga bagi penelitian sejarah.

메모 memo

잊지 않거나 다른 사람에게 전하기 위해 어떤 내용을 간단하게 글로 적음. 또는 그렇게 적은 글.
hal mencatat tulisan dengan suatu isi yang sederhana agar tidak lupa atau untuk menyampaikan ke pada orang lain, atau tulisan yang dicatat demikian

메모를 남기다.
메모를 쓰다.
메모를 하다.

예문
- 김 과장은 회의의 내용을 수첩에 메모로 남겼다.
  Manajer Kim menulis isi rapat sebagai memo di buku catatan.

환영 penyambutan

오는 사람을 기쁘고 반갑게 맞이함.
hal menyambut orang yang datang dengan gembira dan senang

환영의 인사.
환영을 받다.
환영을 하다.

예문
- 올림픽에서 금메달을 따고 돌아온 선수들은 팬들에게 환영을 받았다.
  Para atlet yang kembali setelah meraih medali emas di olimpiade disambut para penggemar.

왼쪽 kiri, sebelah kiri, sisi kiri

사람이 북쪽을 보고 있을 때 서쪽과 같은 쪽.
sisi sebelah barat saat dilihat dari sebelah utara

왼쪽 가슴.
왼쪽 눈.
왼쪽 다리.

예문
- 무대의 왼쪽에는 커다란 나무가 하나 있었다.
  Ada sebuah pohon besar di sisi kiri panggung.

정원 kebun (kebun, taman)

집 안에 풀과 나무 등을 가꾸어 놓은 뜰이나 꽃밭.
halaman atau halaman bunga yang dihias dengan rumput atau pohon dsb

정원을 가꾸다.
정원을 구경하다.
정원을 꾸미다.

예문
- 아버지는 분수도 만들고 곳곳에 꽃을 심어 정원을 꾸몄다.
  Ayah menghias taman dengan membuat air mancur dan juga menanam bunga di setiap sudutnya.

신경   syaraf

동물이나 사람의 몸에서 외부의 자극을 감지하고 이에 대처하는 가는 실 모양의 기관.
organ dengan bentuk seperti benang yang merespon pengaruh dari luar dan mengetahui bagaimana cara menanggapinya

신경 마비.
신경 치료.
신경을 다치다.

예문
- 우리 몸에는 수많은 신경이 있다.
  Di tubuh kita terdapat banyak sekali syaraf.

개성   kepribadian (kepribadian, karakter)

다른 것과 구별되는 고유의 특성.
ciri-ciri khusus yang membedakan dengan yang lain.

다양한 개성.
개성이 강하다.
개성이 나타나다.

예문
- 그 가수는 항상 자신만의 개성이 뚜렷이 드러나는 노래를 만든다.
  Penyanyi itu selalu membuat lagu yang mengekspresikan dengan jelas karakternya.

설치   pemasangan, penginstalasian (pemasangan, instalasi)

어떤 목적에 맞게 쓰기 위하여 기관이나 설비 등을 만들거나 제자리에 맞게 놓음.
hal membuat atau menginstalasi peralatan atau sesuatu di suatu tempat untuk tujuan tertentu

설치 계획.
설치 작업.
설치가 되다.

예문
- 그 동네 주민들은 초등학교 앞 신호등 설치에 적극적으로 찬성했다.
  Warga lingkungan itu sangat setuju dengan pemasangan lampu lalu lintas di depan sekolah dasar.

가방   tas

물건을 넣어 손에 들거나 어깨에 멜 수 있게 만든 것.
benda yang digunakan untuk menaruh barang-barang dan dibawa di tangan atau disampirkan di pundak

가죽 가방.
돈 가방.
서류 가방.

예문
- 수업 시간이 되자 학생들은 가방에서 교과서와 공책을 꺼냈다.
  Setelah jam pelajaran dimulai, para siswa mengeluarkan buku pelajaran dan buku tulis dari dalam tas.

숙제   pekerjaan rumah, PR

학생들에게 복습이나 예습을 위하여 수업 후에 하도록 내 주는 과제.
tugas yang diberikan kepada siswa untuk mempersiapkan atau mengulangi pelajaran setelah kelas

숙제가 많다.
숙제를 검토하다.
숙제를 내다.

예문
- 숙제를 안 해 온 나는 복도에 나가서 벌을 섰다.
  Aku yang tidak mengerjakan tugas dihukum di lorong.

금액   total uang, jumlah uang

돈의 액수.
jumlah uang

대출 금액.
소비 금액.
지출 금액.

예문
- 음식값으로 지출된 <u>금액</u>은 예상보다 큰 액수였다.
  Uang yang dikeluarkan untuk biaya makan lebih besar daripada perkiraan.

정말   benar-benar, sungguh-sungguh

거짓이 없는 사실. 또는 사실과 조금도 틀림이 없는 말.
tidak ada kebohongan, yang sebenarnya

정말이었다.
정말인지 아닌지
정말이었다.

예문
- 산 정상에서 내려다보는 경치는 <u>정말</u> 아름다웠다.
  Pemandangan dari atas puncak gunung sangat indah.

발송   pengiriman, pengeposan, pemaketan

물건, 편지, 서류 등을 우편이나 택배 등을 이용하여 보냄.
hal mengirimkan benda-benda, dokumen, surat melalui pos atau layanan kilat

메일 발송.
서신 발송.
신문 발송.

예문
- 행사 날짜가 아직 정확하게 잡히지 않아 행사 안내문 <u>발송</u>을 미루고 있다.
  Pengiriman pemberitahuan acara ditunda karena tanggal acara masih belum ditentukan secara pasti.

결국   akhir, akhirnya

일이나 상황이 마무리되는 단계.
hasil, langkah akhir dari sebuah pekerjaan atau keadaan

결국이
결국도
결국만

예문
- 조금만 참아 보세요. 당장은 힘들겠지만 <u>결국</u>에 꼭 성공할 것이다.
  Sabarlah sebentar. Meskipun sekarang sulit, namun pada akhirnya pasti akan sukses.

최상   teratas, paling top (terbanyak, paling maksimal)

수준이나 등급 등의 맨 위.
paling atas dari standar atau tingkatan sesuatu

최상의 높이.
최상의 무게.
최상의 품질.

예문
- 이곳의 수용 인원의 <u>최상</u>의 한계는 오백 명이다.
  Batas maksimal orang yang bisa ditampung tempat ini adalah 500 orang.

DAY 24

어휘 활용 연습 — Latihan Penggunaan Kosakata

✎ **[보기]에서 알맞은 어휘를 골라 문장 안에 쓰십시오.**
Pilihlah kosakata yang tepat dalam [Contoh] dan tuliskan dalam kalimat.

[보기] 가방 결국 메모 발송 숙제 신경 자료 정원 지능 판매

1. 그 학생은 ___이 우수하다지만 실제 학업 성적은 그리 좋지 않다.
2. 김 과장은 회의의 내용을 수첩에 ___로 남겼다.
3. ___를 안 해 온 나는 복도에 나가서 벌을 섰다.
4. 아버지는 분수도 만들고 곳곳에 꽃을 심어 ___을 꾸몄다.
5. 올해는 비가 많이 와서 우산과 비옷의 ___가 잘 된다.
6. 우리 몸에는 수많은 ___이 있다.
7. 이번에 발굴된 유물은 역사 연구에 있어 귀중한 ___가 될 것으로 보인다.
8. 행사 날짜가 아직 정확하게 잡히지 않아 행사 안내문 ___을 미루고 있다.
9. 수업 시간이 되자 학생들은 ___에서 교과서와 공책을 꺼냈다.
10. 조금만 참아 보세요. 당장은 힘들겠지만 ___에 꼭 성공할 것이다.

✎ **어휘에 맞는 의미를 찾아 선으로 이어 보세요.**
Temukan arti yang sesuai dengan kosakata dan hubungkan dengan garis.

1. 환영 •   • ㄱ. 특정한 시기나 때.
2. 최상 •   • ㄴ. 오는 사람을 기쁘고 반갑게 맞이함.
3. 정말 •   • ㄷ. 어떤 목적에 맞게 쓰기 위하여 기관이나 설비 등을 만들거나 제자리에 맞게 놓음.
4. 왼쪽 •   • ㄹ. 사람이 북쪽을 보고 있을 때 서쪽과 같은 쪽.
5. 심금 •   • ㅁ. 돈의 액수.
6. 시절 •   • ㅂ. 더 잘 이해하기 위하여 어떤 현상이나 사물을 여러 요소나 성질로 나눔.
7. 설치 •   • ㅅ. 다른 것과 구별되는 고유의 특성.
8. 분석 •   • ㅇ. 거짓이 없는 사실. 또는 사실과 조금도 틀림이 없는 말.
9. 금액 •   • ㅈ. (비유적으로) 외부의 자극에 따라 움직이는 마음.
10. 개성 •   • ㅊ. 수준이나 등급 등의 맨 위.

DAY 24

어휘 암기 확인 — Pemeriksaan Hafalan Kosakata

단어	번역	암기확인
시절		
판매		
지능		
분석		
심금		
자료		
메모		
환영		
왼쪽		
정원		
신경		
개성		
설치		
가방		
숙제		
금액		
정말		
발송		
결국		
최상		

 어휘 활용 연습 정답 **Kunci Jawaban Latihan Penggunaan Kosakata**

✏️ [보기]에서 알맞은 어휘를 골라 문장 안에 쓰십시오.
Pilihlah kosakata yang tepat dalam [Contoh] dan tuliskan dalam kalimat.

1) 지능   2) 메모   3) 숙제   4) 정원   5) 판매
6) 신경   7) 자료   8) 발송   9) 가방   10) 결국

✏️ 어휘에 맞는 의미를 찾아 선으로 이어 보세요.
Temukan arti yang sesuai dengan kosakata dan hubungkan dengan garis.

1) ㄴ   2) ㅊ   3) ㅇ   4) ㄹ   5) ㅈ
6) ㄱ   7) ㄷ   8) ㅂ   9) ㅁ   10) ㅅ

 관용어 **Idiom**

달도 차면 기운다.
Panas tidak sampai ke petang.

의미 세상 모든 일이 잘 되고 좋은 때가 있으면 그렇지 않은 때도 있다.
Ada kalanya semua di dunia ini berjalan dengan baik dan ada kalanya tidak berjalan dengan baik.

되지도 않는 소리
Omong kosong

의미 이루어질 가능성이 전혀 없는 의견
Pendapat yang kemungkinan terjadinya sama sekali tidak ada

25일차

가슴	가슴	가슴
앞집	앞집	앞집
호수	호수	호수
비율	비율	비율
연인	연인	연인
보편	보편	보편
창문	창문	창문
잠시	잠시	잠시
위치	위치	위치
진실	진실	진실
사건	사건	사건
얼굴	얼굴	얼굴
예매	예매	예매
구석	구석	구석
업적	업적	업적
이용	이용	이용
버튼	버튼	버튼
사탕	사탕	사탕
졸음	졸음	졸음
결심	결심	결심

가슴　dada

인간이나 동물의 목과 배 사이에 있는 몸의 앞 부분.
bagian depan tubuh manusia atau hewan yang berada di antara leher dan perut

가슴이 좁다.
가슴을 치다.
가슴을 펴다.

예문
- 어머니는 아이를 가슴에 꼭 안았다.
  Ibu memeluk erat anaknya di dadanya.

앞집　rumah depan (rumah depan, tetangga depan rumah)

앞쪽으로 나란히 또는 가까이 있는 집.
rumah yang berjajar atau terletak di depan sebuah rumah

앞집 아이.
앞집 아저씨.
앞집에 놀러 가다.

예문
- 아내는 종종 앞집에 가서 수다를 떨고 온다.
  Istriku beberapa kali pergi ke tetangga depan rumah dan mengobrol.

호수　danau

땅으로 둘러싸인 큰 못.
kolam besar yang dikelilingi tanah

인공 호수.
맑은 호수.
호수를 건너다.

예문
- 이 호수는 수심이 매우 깊어 위험하므로 수영을 금하는 곳이다.
  Danau ini karena sangat dalam dan berbahaya, sehingga dilarang berenang.

비율　rasio, persentase, perbandingan

기준이 되는 수나 양에 대한 어떤 값의 비.
nilai yang muncul saat membandingkan dua angka yang salah satunya dijadikan standar

비율이 낮다.
비율이 높다.
비율이 증가하다.

예문
- 인터넷이 보편화되면서 인터넷 사용 비율이 폭발적으로 증가하였다.
  Presentase penggunaan internet meningkat tajam seiring dengan semakin umumnya internet.

연인　kekasih, pacar (kekasih, pacar, pasangan yang menjalin kasih)

서로 사랑하여 사귀는 남자와 여자.
pria dan wanita yang menjalin tali kasih dan saling mencintai

연인 관계.
연인 사이.
연인이 되다.

예문
- 봄은 연인들의 마음을 설레게 하는 계절이다.
  Musim semi adalah musim yang membuat hati pasangan yang menjalin kasih berdebar.

보편 umum, universal

모든 것에 두루 미치거나 통함. 또는 그런 것.
umum atau dapat dirasakan oleh banyak orang, atau hal seperti itu

보편의 가치.
보편의 문제.
보편의 원리.

예문

- 인간은 대체로 <u>보편</u>을 지향하며 살아간다.
  Orang-orang kebanyakan hidup dengan berorientasi pada hal yang universal.

창문 jendela

공기나 햇빛이 들어올 수 있도록 벽이나 지붕에 만들어 놓은 문.
pintu yang dibuat di dinding atau di atap agar udara atau sinar matahari bisa masuk

창문이 없다.
창문을 닦다.
창문을 닫다.

예문

- 새로 얻은 집은 <u>창문</u>이 없어서 어두컴컴하고 답답했다.
  Karena tidak memiliki jendela, rumah yang baru kudapatkan gelap dan pengap.

잠시 sebentar

잠깐 동안.
dalam waktu yang pendek

잠시 동안.
잠시 전.
잠시 후.

예문

- 나는 방학 동안에 할머니 댁에 가서 <u>잠시</u> 머무를 계획이었다.
  Aku berencana pergi ke rumah nenek dan tinggal di sana sementara selama liburan.

위치 lokasi, posisi

일정한 곳에 자리를 차지함. 또는 그 자리.
hal mengambil posisi di tempat tertentu, atau posisi yang demikian

건물 위치.
시설의 위치.
정류장의 위치.

예문

- 부동산 사장님은 집의 <u>위치</u>와 면적 등을 자세히 소개해 주셨다.
  Pemilik agen properti menunjukkan lokasi rumah, ukuran, dan lain sebagainya dengan detail.

진실 kebenaran, kenyataan

거짓이 아닌 사실.
kenyataan yang bukan kebohongan

진실을 감추다.
진실을 말하다.
진실을 알다.

예문

- 이번 사건의 <u>진실</u>을 밝히기 위해 많은 전문가들이 조사에 참여했다.
  Banyak ahli yang terlibat dalam penyelidikan untuk mengungkap kebenaran kasus kali ini.

사건   insiden, kejadian (kasus, insiden, kejadian)

관심이나 주목을 끌 만한 일.
peristiwa yang menarik minat dan perhatian

강도 사건.
사건 현장.
사건이 나다.

예문
- 경찰은 <u>사건</u>을 해결하기 위해 최선을 다하고 있다.
  Polisi melakukan yang terbaik untuk menyelesaikan kasus.

얼굴   wajah, muka

눈, 코, 입이 있는 머리의 앞쪽 부분.
bagian depan dari kepala yang terdapat mata, hidung, dan mulut

시커먼 얼굴.
붉은 얼굴.
하얀 얼굴.

예문
- 그 여자는 큰 모자로 <u>얼굴</u>을 가리고 남들이 모르게 건물에서 나갔다.
  Wanita itu menutupi wajahnya dengan topi yang besar lalu keluar dari gedung tanpa sepengetahuan orang lain.

예매   pemesanan

차표나 입장권 등을 정해진 때가 되기 전에 미리 사 둠.
hal membeli lebih awal tiket atau tiket masuk dsb sebelum masa habisnya

온라인 예매.
인터넷 예매.
항공권 예매.

예문
- 그는 여자 친구와 데이트를 하려고 주말에 볼 영화를 <u>예매</u>를 했다.
  Dia memesan tiket film yang akan dilihatnya minggu depan untuk kencan dengan pacarnya.

구석   sudut, pojok

모퉁이의 안쪽.
sisi dalam dari suatu ujung

구석 자리.
구석에 놓다.
구석에 있다.

예문
- 나는 방 한쪽 <u>구석</u>에 책을 잔뜩 쌓아 놓았다.
  Aku menumpuk banyak buku di salah satu sudut kamar.

업적   prestasi, hasil (prestasi, hasil, jasa)

사업이나 연구 등에서 노력과 수고를 들여 이룩해 놓은 결과.
hasil yang dicapai dengan usaha dan kerja keras dalam usaha atau penelitian dsb

연구 업적.
주요 업적.
개인의 업적.

예문
- 그는 화가로서 미술 대중화에 훌륭한 <u>업적</u>을 남겼다.
  Sebagai pelukis, dia meninggalkan jasa yang sangat luar biasa dalam memopulerkan seni.

이용 penggunaan, pemakaian

대상을 필요에 따라 이롭거나 쓸모가 있게 씀.
hal mendapatkan keuntungan atau membuat objek berguna menurut kebutuhannya

자원의 이용.
효율적 이용.
이용 규제.

예문
- 나는 현금보다는 편리한 카드 이용을 더 선호한다.
  Aku lebih suka menggunakan kartu yang nyaman daripada uang tunai.

버튼 tombol

전기 장치에서 손가락으로 눌러 조작할 수 있게 만들어 놓은 장치.
alat yang dibuat untuk dapat mengatur peralatan listrik dengan cara ditekan oleh jari

재생 버튼.
전원 버튼.
버튼이 망가지다.

예문
- 나는 세탁기에 빨랫감을 넣고 시작 버튼을 눌렀다.
  Aku menaruh cucian ke mesin cuci dan menekan tombol mulai.

사탕 permen, gula-gula

엿이나 설탕을 졸여서 입에 넣기 좋은 크기로 만든 딱딱하고 단 과자.
makanan ringan, keras dan manis berukuran pas di mulut, dan terbuat dari gula

막대 사탕.
사탕 봉지.
사탕을 먹다.

예문
- 유치원 선생님은 아이들이 답을 맞출 때마다 사탕을 주었다.
  Guru TK memberikan permen kepada anak-anak setiap kali mereka menjawab pertanyaan dengan benar.

졸음 kantuk

잠이 오는 느낌이나 상태.
rasa atau keadaan ingin tidur

졸음이 오다.
졸음을 이기다.
졸음을 참다.

예문
- 동생은 졸음이 오는지 크게 하품을 했다.
  Entah karena mengantuk, adik menguap dengan lebar.

결심 tekad

어떻게 하기로 굳게 마음을 정함. 또는 그런 마음.
proses menetapkan hati dengan kukuh untuk melakukan sesuatu atau untuk menyebutkan kemauan demikian

큰 결심.
결심이 서다.
결심이 흔들리다.

예문
- 나는 3일 만에 금연을 하겠다는 결심을 했다.
  Aku memutuskan untuk berhenti merokok setelah tiga hari.

DAY 25 어휘 활용 연습 — Latihan Penggunaan Kosakata

✏️ [보기]에서 알맞은 어휘를 골라 문장 안에 쓰십시오.
　　Pilihlah kosakata yang tepat dalam [Contoh] dan tuliskan dalam kalimat.

[보기]	진실　잠시　이용　얼굴　앞집　사탕　비율　보편　구석　결심

1. 나는 3일 만에 금연을 하겠다는 ___을 했다.
2. 나는 방 한쪽 ___에 책을 잔뜩 쌓아 놓았다.
3. 나는 현금보다는 편리한 카드 ___을 더 선호한다.
4. 아내는 종종 ___에 가서 수다를 떨고 온다.
5. 유치원 선생님은 아이들이 답을 맞출 때마다 ___을 주었다.
6. 그 여자는 큰 모자로 ___을 가리고 남들이 모르게 건물에서 나갔다.
7. 나는 방학 동안에 할머니 댁에 가서 ___ 머무를 계획이었다.
8. 이번 사건의 ___을 밝히기 위해 많은 전문가들이 조사에 참여했다.
9. 인간은 대체로 ___을 지향하며 살아간다.
10. 인터넷이 보편화되면서 인터넷 사용 ___이 폭발적으로 증가하였다.

✏️ 어휘에 맞는 의미를 찾아 선으로 이어 보세요.
　　Temukan arti yang sesuai dengan kosakata dan hubungkan dengan garis.

1. 호수　　•　　　•　ㄱ. 차표나 입장권 등을 정해진 때가 되기 전에 미리 사 둠.
2. 창문　　•　　　•　ㄴ. 전기 장치에서 손가락으로 눌러 조작할 수 있게 만들어 놓은 장치.
3. 졸음　　•　　　•　ㄷ. 잠이 오는 느낌이나 상태.
4. 위치　　•　　　•　ㄹ. 일정한 곳에 자리를 차지함. 또는 그 자리.
5. 예매　　•　　　•　ㅁ. 인간이나 동물의 목과 배 사이에 있는 몸의 앞 부분.
6. 연인　　•　　　•　ㅂ. 서로 사랑하여 사귀는 남자와 여자.
7. 업적　　•　　　•　ㅅ. 사업이나 연구 등에서 노력과 수고를 들여 이룩해 놓은 결과.
8. 사건　　•　　　•　ㅇ. 땅으로 둘러싸인 큰 못.
9. 버튼　　•　　　•　ㅈ. 관심이나 주목을 끌 만한 일.
10. 가슴　　•　　　•　ㅊ. 공기나 햇빛이 들어올 수 있도록 벽이나 지붕에 만들어 놓은 문.

Kosakata Kunci

어휘 암기 확인 — Pemeriksaan Hafalan Kosakata

단어	번역	암기확인
가슴		
앞집		
호수		
비율		
연인		
보편		
창문		
잠시		
위치		
진실		
사건		
얼굴		
예매		
구석		
업적		
이용		
버튼		
사탕		
졸음		
결심		

 어휘 활용 연습 정답 Kunci Jawaban Latihan Penggunaan Kosakata

 [보기]에서 알맞은 어휘를 골라 문장 안에 쓰십시오.
Pilihlah kosakata yang tepat dalam [Contoh] dan tuliskan dalam kalimat.

1) 결심　　2) 구석　　3) 이용　　4) 앞집　　5) 사탕
6) 얼굴　　7) 잠시　　8) 진실　　9) 보편　　10) 비율

 어휘에 맞는 의미를 찾아 선으로 이어 보세요.
Temukan arti yang sesuai dengan kosakata dan hubungkan dengan garis.

1) ㅇ　　2) ㅊ　　3) ㄷ　　4) ㄹ　　5) ㄱ
6) ㅂ　　7) ㅅ　　8) ㅈ　　9) ㄴ　　10) ㅁ

 관용어 Idiom

하루가 멀다 하고
Sering sekali

의미 하루가 빠지지 않을 정도로 자주
　　　Begitu sering sehingga tidak ada hari yang terlewat

비교도 되지 않다.
Tidak bisa dibandingkan.

의미 어느 것이 월등하게 뛰어나 다른 것과 견줄 만한 가치도 없다.
　　　Tidak layak untuk dibandingkan dengan yang lain karena yang satu lebih unggul.

26일차

실수	실수	실수
매력	매력	매력
보호	보호	보호
건물	건물	건물
기억	기억	기억
세상	세상	세상
관리	관리	관리
지식	지식	지식
번지	번지	번지
반복	반복	반복
태풍	태풍	태풍
이유	이유	이유
동료	동료	동료
구멍	구멍	구멍
휴일	휴일	휴일
불편	불편	불편
금지	금지	금지
추위	추위	추위
영향	영향	영향
축제	축제	축제

실수   kesalahan, kekeliruan, kealpaan

잘 알지 못하거나 조심하지 않아서 저지르는 잘못.
kesalahan yang dilakukan karena tidak tahu atau tidak berhati-hati

사소한 실수.
실수를 저지르다.
실수를 하다.

예문
- 늦잠을 잔 신입 사원은 회사에 넥타이를 매지 않고 출근하는 실수했다.
  Karyawan baru yang ketiduran membuat kesalahan dengan pergi bekerja tanpa dasi.

매력   pesona, karisma

사람의 마음을 강하게 끄는 힘.
kemampuan atau kekuatan untuk menarik minat atau perhatian orang lain

매력 덩어리.
매력이 넘치다.
매력이 없다.

예문
- 이 요리의 매력은 땅콩 같은 고소한 맛과 향이라고 할 수 있다.
  Pesona masakan ini adalah rasa serta aroma yang gurih seperti kacang.

보호   perlindungan, pemeliharaan

위험하거나 곤란하지 않게 지키고 보살핌.
hal menjaga dan merawat dengan baik agar tidak terkena bahaya atau kesulitan atau menjadi buruk

소비자 보호.
자연 보호.
환경 보호.

예문
- 위험한 작업을 할 때에는 다치지 않게 보호 장비를 반드시 착용해야 한다.
  Alat pelindung harus dipakai setiap kali melakukan pekerjaan berbahaya agar tidak terluka.

건물   gedung, bangunan

사람이 살거나 일을 하거나 물건을 보관하기 위해 지은 벽과 지붕이 있는 구조물.
bangunan terstruktur yang memiliki dinding dan atap untuk ditinggali orang, digunakkan, menyimpan barang-barang

목조 건물.
무허가 건물.
벽돌 건물.

예문
- 지수는 마침내 자기 소유의 땅과 건물을 갖게 되었다.
  Jisu akhirnya memiliki tanah dan bangunan atas nama dirinya.

기억   ingatan, kenangan

이전의 모습, 사실, 지식, 경험 등을 잊지 않거나 다시 생각해 냄.
menyimpan kenyataan, bentuk, pengetahuan, pengalaman, dsb sebelumnya dalam hati atau pikiran, atau hal mengingat hal tersebut

옛 기억.
아련한 기억.
기억 속.

예문
- 우리 할머니는 내가 다섯 살 때 돌아가셔서 나에게는 희미한 기억으로만 남아 계신다.
  Aku hanya memiliki ingatan yang samar tentang nenekku karena beliau meninggal dunia saat aku berumur lima tahun.

212 Kosakata Kunci

세상 bumi

지구 위 전체.
keseluruhan yang ada di atas bumi

세상 구경.
세상 위.
세상에 태어나다.

예문
- 현우는 <u>세상</u> 구경하는 것을 좋아해 여행을 자주 다닌다.
  Hyeonwu sering pergi berlibur karena suka melihatlihat dunia.

관리 pengelolaan, kepengurusan

어떤 일을 책임지고 맡아 처리함.
cara, proses, perbuatan yang mengatur segala-galanya tentang suatu urusan atau hal dan bertanggung jawab mengenai hal itu

인사 관리.
판매 관리.
관리를 맡다.

예문
- 동창회의 회계인 유민이는 회원들이 낸 회비 <u>관리</u>한다.
  Yumin yang merupakan bendahara perkumpulan alumni mengelola iuran yang dikeluarkan oleh anggota.

지식 pengetahuan, pemahaman

어떤 대상에 대하여 배우거나 직접 경험하여 알게 된 내용.
isi benda atau pengetahuan akan suatu keadaan yang diketahui

사전 지식.
전문 지식.
지식이 많다.

예문
- 그 학생은 책을 많이 읽어서 다양한 <u>지식</u>을 가지고 있다.
  Siswa itu memiliki pengetahuan yang beragam karena banyak membaca buku.

번지 nomor alamat rumah

지역을 일정한 기준에 따라 나누고 그 각각에 붙인 번호.
nomor yang ditentukan menurut standar tertentu untuk membagi daerah

번지를 알다.
번지를 적다.
번지를 찾다.

예문
- 주소를 쓸 때 <u>번지</u>를 정확히 적으세요.
  Mohon menulis nomor alamat rumah dengan jelas saat menulis alamat.

반복 berulang, berulang-ulang

같은 일을 여러 번 계속함.
hal terus berlangsungnya hal yang sama berkali-kali

반복 동작.
반복 연습.
반복 학습.

예문
- 상품을 포장하는 일은 <u>반복</u> 작업이라 몸을 움직이지 못해서 매우 피곤했다.
  Mengepak barang adalah pekerjaan yang berulang-ulang, jadi aku sangat lelah karena tidak bisa menggerakkan tubuhku.

태풍 angin topan

거센 폭풍우를 동반한 바람.
angin yang disertai hujan deras yang biasanya bertiup antara bulan Juli hingga September dari samudera Pasifik ke sisi timur benua Asia seperti Korea, Jepang, dsb

태풍의 영향.
태풍이 발생하다.
태풍이 불다.

예문
- 남해안에는 태풍이 올라오면서 거센 바람과 함께 큰 파도가 몰려왔다.
  Di pantai selatan, angin kencang dan gelombang besar datang bersamaan dengan topan.

이유 alasan

어떠한 결과가 생기게 된 까닭이나 근거.
sebab atau bukti di mana hasil tertentu menjadi muncul

간단한 이유.
복잡한 이유.
이유가 되다.

예문
- 현우는 몇 가지 이유를 들어 이번 계획은 수정되어야 한다고 주장했다.
  Hyeonwu berpendapat bahwa rencana ini harus direvisi sambil menunjukkan beberapa alasan.

동료 teman sejawat, rekan kantor

직장에서 함께 일하는 사람.
orang yang bekerja di tempat yang sama

회사 동료.
동료 교사.
동료 의식.

예문
- 지난 토요일에 일을 마치고 직장 동료 모두와 회식을 했다.
  Aku makan malam bersama semua rekan kerja Sabtu lalu setelah menyelesaikan pekerjaan.

구멍 lubang

뚫어지거나 파낸 자리.
tempat yang dibolongkan atau digali

구멍 난 양말.
구멍 속.
구멍이 나다.

예문
- 오래된 양말을 계속 신었더니 구멍이 났다.
  Kaus kaki lamaku berlubang karena terus kupakai.

휴일 hari libur

일요일이나 공휴일 등과 같이 일을 하지 않고 쉬는 날.
hari bersama-sama tidak bekerja dan beristirahat seperti hari minggu atau tanggal merah

휴일 일정.
휴일이 많다.
휴일을 기다리다.

예문
- 매주 휴일을 맞아 우리는 가까운 산에 올랐다.
  Setiap hari libur, kami mendaki gunung terdekat.

불편 ketidaknyamanan

이용하기에 편리하지 않음.
hal tidak nyaman saat digunakan

생활의 불편.
불편이 따르다.
불편을 감수하다.

예문
- 주차 공간의 부족으로 주민들의 **불편**이 많았다.
  Warga merasakan banyak ketidaknyamanan karena kurangnya lahan parkir.

금지 larangan, dilarang

법이나 규칙이나 명령으로 어떤 행위를 하지 못하게 함.
hal melarang suatu perbuatan berdasarkan hukum, aturan, atau perintah

외출 금지.
입국 금지.
출국 금지.

예문
- 그는 출국 **금지** 명령 때문에 해외에 나갈 수 없었다.
  Dia tidak bisa ke luar negeri karena perintah larangan pergi ke luar negeri.

추위 dingin, kedinginan

주로 겨울철의 추운 기운이나 추운 날씨.
energi atau cuaca dingin biasanya di musim dingin

지독한 추위.
추위가 잦아들다.
추위를 견디다.

예문
- 우리는 **추위**를 피해 모닥불 주위로 모여들었다.
  Kami berkumpul di sekitar api unggun untuk menghindari hawa dingin.

영향 pengaruh, efek, dampak

어떤 것의 효과나 작용이 다른 것에 미치는 것.
hal memberikan kekuatan untuk mengubah atau mendapatkan tanggapan

긍정적 영향.
부정적 영향.
영향이 크다.

예문
- 대중 매체는 사람들의 사고에 큰 **영향**을 준다.
  Media massa memberikan pengaruh besar pada pemikiran masyarakat.

축제 festival, pesta, kenduri

어떤 것을 기념하거나 축하하기 위하여 벌이는 큰 규모의 행사.
acara berskala besar yang diselenggarakan untuk memperingati atau menyelamati sesuatu

기념 축제.
학교 축제.
축제 기간.

예문
- 새해를 기념하며 거리 곳곳에는 한바탕 **축제**가 벌어졌다.
  Festival diadakan di jalanan untuk merayakan tahun baru.

DAY 26

어휘 활용 연습 — Latihan Penggunaan Kosakata

✏️ **[보기]에서 알맞은 어휘를 골라 문장 안에 쓰십시오.**
Pilihlah kosakata yang tepat dalam [Contoh] dan tuliskan dalam kalimat.

[보기]   관리   금지   기억   동료   번지   보호   실수   영향   태풍   휴일

1. 그는 출국 ___ 명령 때문에 해외에 나갈 수 없었다.
2. 남해안에는 ___이 올라오면서 거센 바람과 함께 큰 파도가 몰려왔다.
3. 늦잠을 잔 신입 사원 이 씨는 회사에 넥타이를 매지 않고 출근하는 ___를 저지르고 말았다.
4. 대중 매체는 사람들의 사고에 큰 ___을 준다.
5. 동창회의 회계인 유민이는 회원들이 낸 회비 ___한다.
6. 매주 ___을 맞아 우리는 가까운 산에 올랐다.
7. 우리 할머니는 내가 다섯 살 때 돌아가셔서 나에게는 희미한 ___으로만 남아 계신다.
8. 위험한 작업을 할 때에는 다치지 않게 ___ 장비를 반드시 착용해야 한다.
9. 주소를 쓸 때 ___를 정확히 적으세요.
10. 지난 토요일에 일을 마치고 직장 ___ 모두와 회식을 했다.

✏️ **어휘에 맞는 의미를 찾아 선으로 이어 보세요.**
Temukan arti yang sesuai dengan kosakata dan hubungkan dengan garis.

1. 매력 • • ㄱ. 지구 위 전체.
2. 건물 • • ㄴ. 주로 겨울철의 추운 기운이나 추운 날씨.
3. 세상 • • ㄷ. 이용하기에 편리하지 않음.
4. 지식 • • ㄹ. 어떤 대상에 대하여 배우거나 직접 경험하여 알게 된 내용.
5. 반복 • • ㅁ. 어떤 것을 기념하거나 축하하기 위하여 벌이는 큰 규모의 행사.
6. 이유 • • ㅂ. 어떠한 결과가 생기게 된 까닭이나 근거.
7. 구멍 • • ㅅ. 사람이 살거나 일을 하거나 물건을 보관하기 위해 지은 벽과 지붕이 있는 구조물.
8. 불편 • • ㅇ. 사람의 마음을 강하게 끄는 힘.
9. 추위 • • ㅈ. 뚫어지거나 파낸 자리.
10. 축제 • • ㅊ. 같은 일을 여러 번 계속함.

DAY 26 어휘 암기 확인 — Pemeriksaan Hafalan Kosakata

단어	번역	암기확인
실수		
매력		
보호		
건물		
기억		
세상		
관리		
지식		
번지		
반복		
태풍		
이유		
동료		
구멍		
휴일		
불편		
금지		
추위		
영향		
축제		

 어휘 활용 연습 정답　　Kunci Jawaban Latihan Penggunaan Kosakata

✏️ [보기]에서 알맞은 어휘를 골라 문장 안에 쓰십시오.
Pilihlah kosakata yang tepat dalam [Contoh] dan tuliskan dalam kalimat.

1) 금지　　2) 태풍　　3) 실수　　4) 영향　　5) 관리
6) 휴일　　7) 기억　　8) 보호　　9) 번지　　10) 동료

✏️ 어휘에 맞는 의미를 찾아 선으로 이어 보세요.
Temukan arti yang sesuai dengan kosakata dan hubungkan dengan garis.

1) ㅇ　　2) ㅅ　　3) ㄱ　　4) ㄹ　　5) ㅊ
6) ㅂ　　7) ㅈ　　8) ㄷ　　9) ㄴ　　10) ㅁ

 관용어 Idiom

허리띠를 졸라매다.
　Mengencangkan ikat pinggang.

　　의미 마음먹은 일을 이루려고 새로운 결의와 단단한 각오로 일에 임하다.
　　　　Fokus melakukan sesuatu dengan resolusi yang baru dan tekad yang kuat untuk mewujudkan hal yang telah diniatkan.

구름같이 모여들다.
　Berkumpul seperti awan.

　　의미 한꺼번에 많이 모여들다.
　　　　Terkumpul banyak sekaligus.

27일차

공원	공원	공원
감기	감기	감기
물건	물건	물건
위반	위반	위반
환자	환자	환자
거실	거실	거실
양말	양말	양말
꽃병	꽃병	꽃병
걱정	걱정	걱정
변경	변경	변경
연극	연극	연극
선호	선호	선호
진심	진심	진심
혼자	혼자	혼자
그때	그때	그때
가족	가족	가족
표현	표현	표현
만남	만남	만남
읽기	읽기	읽기
지각	지각	지각

공원 taman

사람들이 놀고 쉴 수 있도록 풀밭, 나무, 꽃 등을 가꾸어 놓은 넓은 장소.
tempat yang ditanami dengan rumput, pohon, bunga, dan lain-lain agar orang dapat bermain dan beristirahat di sana

시민 공원.
공원 녹지.
공원 벤치.

예문
- 오랜만에 공원에 나오니 공기도 상쾌하고 좋다.
  Aku pergi ke taman setelah sekian lamanya dan merasa senang karena udaranya sejuk.

감기 flu, influensa, masuk angin

보통 기침, 콧물, 두통, 오한의 증상이 있는, 전염성이 있는 병.
penyakit menular yang biasanya memiliki gejala seperti batuk, bersin, hidung berair, sakit kepala, demam, dan lain sebagainya

유행성 감기.
환절기 감기.
가벼운 감기.

예문
- 나는 감기에 걸려 몸에서 열이 나고 자꾸 기침을 했다.
  Aku demam dan terus menerus batuk karena terkena flu.

물건 benda (benda, barang)

일정한 모양을 갖춘 어떤 물질.
objek material yang memiliki bentuk tertentu

물건을 두다.
물건을 맡기다.
물건을 부수다.

예문
- 아이가 남의 물건을 훔쳤을 때에는 따끔하게 혼을 내야 한다.
  Anak harus dimarahi dengan tegas saat mencuri barang milik orang lain.

위반 pelanggaran, pengingkaran

법, 명령, 약속 등을 지키지 않고 어김.
hal yang melanggar hukum, perintah, janji, dsb

법규 위반.
속도 위반.
신호 위반.

예문
- 나는 속도 위반으로 경찰에게 붙잡혔다.
  Aku ditangkap polisi karena melanggar batas kecepatan mengemudi.

환자 pasien, penderita

몸에 병이 들거나 다쳐서 아픈 사람.
orang yang menderita penyakit atau terluka di badan

암 환자.
예약 환자.
입원 환자.

예문
- 병실에는 환자들이 병색이 완연한 얼굴로 팔에 누워 있었다.
  Para pasien berbaring telentang dengan air muka yang terlihat sakit di kamar rawat inap

거실   ruang tamu

서양식 집에서, 가족이 모여서 생활하거나 손님을 맞는 중심 공간.
tempat di dalam rumah untuk keluarga berkumpul dan tinggal atau menjamu tamu ala barat

거실에 앉다.
거실에 있다.
거실에서 놀다.

예문
- 우리는 식사를 끝낸 뒤 거실에 모여 과일을 먹었다.
  Setelah selesai makan, kami berkumpul di ruang tamu untuk makan buah.

양말   kaus kaki

발을 보호하거나 추위를 막기 위해 실이나 천으로 만들어 발에 신는 물건.
alat yang dibuat dari kain atau benang yang dipakai di kaki untuk melindungi kaki atau untuk menghalang dingin

양말 한 짝.
양말 한 켤레.
검은 양말.

예문
- 할머니는 지금도 옛날처럼 뒤꿈치가 해진 양말을 꿰매서 신으신다.
  Sekarang pun nenek masih memakai kaus kaki yang bagian tumitnya dijahit karena berlubang seperti dahulu.

꽃병   vas bunga

꽃을 꽂아 놓는 병.
botol untuk tempat rangkaian bunga

창가의 꽃병.
꽃병의 물.
꽃병을 떨어뜨리다.

예문
- 영수는 꽃병 안의 꽃이 시들지 않도록 물을 매일 갈아 주었다.
  Yeongsu mengganti air vas bunga setiap hari agar bunga yang ada di dalamnya tidak layu.

걱정   kekhawatiran, kecemasan

좋지 않은 일이 있을까 봐 두렵고 불안함.
hal takut dan was-was sesuatu yang tidak baik akan terjadi

건강 걱정.
돈 걱정.
쓸데없는 걱정.

예문
- 나는 좋은 직장에 취직해서 돈에 대한 걱정에서 벗어났다.
  Aku lepas dari kekhawatiran tentang keuangan setelah mendapatkan pekerjaan yang baik.

변경   penggantian, perubahan, modifikasi

다르게 바꾸거나 새롭게 고침.
proses mengganti sesuatu dengan yang lain atau dengan yang baru

계획 변경.
시간 변경.
변경이 되다.

예문
- 수강 신청한 과목의 변경이 언제까지 가능하죠?
  Mata kuliah yang telah dipilih saat KRS bisa diubah sampai kapan, ya?

연극   lakon drama, teater, sandiwara

배우가 무대 위에서 대본에 따라 관객에게 연기를 보이는 것.
pertunjukan di atas panggung di mana para aktor berakting mengikuti naskah yang sudah ada

어린이 연극.
연극 공연장.
연극 단체.

예문
- 오늘 본 연극은 매우 감동적이었다.
  Teater yang kulihat hari ini benar-benar mengharukan.

선호   kecondongan, kesukaan

여럿 가운데서 어떤 것을 특별히 더 좋아함.
hal menyukai sesuatu secara khusus di antara beberapa yang lainnya

소비자 선호.
정치적 선호.
선호 성향.

예문
- 요즘 젊은이들 사이에서 재즈 음악에 대한 선호가 확산되고 있다.
  Akhir-akhir ini kecenderungan tentang musik jazz menyebar di kalangan anak muda.

진심   kejujuran (tulus)

거짓이 없는 진실한 마음.
sifat hati yang dipenuhi rasa jujur dan tulus tanpa ada kebohongan

진심으로 사랑하다.
진심으로 축하하다.
진심으로 환영하다.

예문
- 지수는 친구의 생일을 진심으로 축하했다.
  Jisu dengan tulus mengucapkan ulang tahun kepada temannya.

혼자   sendiri, sendirian

다른 사람 없이 한 사람.
tanpa orang lain

그 사람 혼자.
나 혼자.
저 혼자.

예문
- 나는 집에 혼자 있는 시간에 조용히 생각들을 정리한다.
  Aku diam-diam mengatur pikiranku saat sendirian di rumah.

그때   waktu itu, saat itu

앞에서 이야기한 어떤 때.
suatu waktu yang telah disebut sebelumnya

그때에.
그때의 아이 표정
그때 본 영화

예문
- 그때 본 영화 제목이 뭐지?
  Judul film yang kita tonton waktu itu apa, ya?

가족   keluarga atau anggota keluarga

주로 한 집에 모여 살고 결혼이나 부모, 자식, 형제 등의 관계로 이루어진 사람들의 집단. 또는 그 구성원.
kelompok yang umumnya tinggal di satu rumah, terdiri dari pernikahan, dan terdiri atas orang tua, anak, saudara, dan lainnya. Atau anggota kelompok itu.

한 가족.
4인 가족.
우리 가족.

예문
- 매일 친구 집에 놀러 가서 그런지 친구 식구들은 나를 자기 <u>가족</u>처럼 대해 준다.
  Keluarga temanku menganggapku sebagai keluarga mereka sendiri mungkin karena aku main ke rumahnya setiap hari.

표현   pengekspresian, pengungkapan (ekspresi, ungkapan)

느낌이나 생각 등을 말, 글, 몸짓 등으로 나타내어 겉으로 드러냄.
hal menampilkan dan memunculkan ke luar perasaan atau pikiran dsb dengan perkataan, tulisan, gerak tubuh, dsb

감정 표현.
감사의 표현.
상징적 표현.

예문
- 현우는 적당한 <u>표현</u>이 생각나지 않는지 한참 동안 말을 못하고 있었다.
  Hyeonwu tidak bisa melanjutkan perkataannya untuk beberapa saat mungkin karena dia tidak mengingat ungkapan yang tepat.

만남   pertemuan, perjumpaan

만나는 일.
hal bertemu.

첫 만남.
우연한 만남.
특별한 만남.

예문
- 김 사장은 업무와 관련된 <u>만남</u>이 아니더라도 사람들과 약속을 잡아 자주 만나려고 노력한다.
  Direktur Kim berusaha untuk membuat janji dan sering bertemu dengan orang-orang meskipun bukan pertemuan yang berhubungan dengan pekerjaan.

읽기   membaca

글을 바르게 읽고 이해하는 일. 또는 그런 방법.
hal membaca dan mengerti tulisan dengan benar, atau cara yang demikian

읽기를 가르치다.
읽기를 못하다.
읽기를 배우다.

예문
- 아무리 말을 잘해도 글자를 모르면 <u>읽기</u>를 제대로 할 수 없다.
  Sepandai apapun dalam berbicara, kita tidak bisa membaca dengan benar bila tidak tahu huruf.

지각   terlambat, keterlambatan

정해진 시각보다 늦게 출근하거나 등교함.
hal masuk kantor atau sekolah lebih terlambat daripada waktu yang ditentukan

수업 지각.
지각이 잦다.
지각을 하다.

예문
- <u>지각</u> 대장 지수는 오늘도 수업에 늦어 선생님께 꾸중을 들었다.
  Hari ini pun Jisu si jago terlambat diomeli guru karena terlambat masuk kelas.

DAY 27

어휘 활용 연습 — Latihan Penggunaan Kosakata

✏️ **[보기]에서 알맞은 어휘를 골라 문장 안에 쓰십시오.**
Pilihlah kosakata yang tepat dalam [Contoh] dan tuliskan dalam kalimat.

[보기] 감기 위반 거실 꽃병 변경 선호 혼자 가족 만남 지각

1. 나는 집에 ___ 있는 시간에 조용히 생각들을 정리한다.
2. ___ 대장 지수는 오늘도 수업에 늦어 선생님께 꾸중을 들었다.
3. 나는 속도 ___으로 경찰에게 붙잡혔다.
4. 요즘 젊은이들 사이에서 재즈 음악에 대한 ___가 확산되고 있다.
5. 수강 신청한 과목의 ___이 언제까지 가능하죠?
6. 김 사장은 업무와 관련된 ___이 아니더라도 사람들과 약속을 잡아 자주 만나려고 노력한다.
7. 영수는 ___ 안의 꽃이 시들지 않도록 물을 매일 갈아 주었다.
8. 우리는 식사를 끝낸 뒤 ___에 모여 과일을 먹었다.
9. 나는 ___에 걸려 몸에서 열이 나고 자꾸 기침을 했다.
10. 매일 친구 집에 놀러 가서 그런지 친구 식구들은 나를 자기 ___처럼 대해 준다.

✏️ **어휘에 맞는 의미를 찾아 선으로 이어 보세요.**
Temukan arti yang sesuai dengan kosakata dan hubungkan dengan garis.

1. 환자 •   • ㄱ. 좋지 않은 일이 있을까 봐 두렵고 불안함.
2. 표현 •   • ㄴ. 일정한 모양을 갖춘 어떤 물질.
3. 진심 •   • ㄷ. 앞에서 이야기한 어떤 때.
4. 읽기 •   • ㄹ. 사람들이 놀고 쉴 수 있도록 풀밭, 나무, 꽃 등을 가꾸어 놓은 넓은 장소.
5. 연극 •   • ㅁ. 발을 보호하거나 추위를 막기 위해 실이나 천으로 만들어 발에 신는 물건.
6. 양말 •   • ㅂ. 몸에 병이 들거나 다쳐서 아픈 사람.
7. 물건 •   • ㅅ. 느낌이나 생각 등을 말, 글, 몸짓 등으로 나타내어 겉으로 드러냄.
8. 그때 •   • ㅇ. 글을 바르게 읽고 이해하는 일. 또는 그런 방법.
9. 공원 •   • ㅈ. 거짓이 없는 진실한 마음.
10. 걱정 •   • ㅊ. 배우가 무대 위에서 대본에 따라 관객에게 연기를 보이는 것.

어휘 암기 확인 — Pemeriksaan Hafalan Kosakata

단어	번역	암기확인
공원		
감기		
물건		
위반		
환자		
거실		
양말		
꽃병		
걱정		
변경		
연극		
선호		
진심		
혼자		
그때		
가족		
표현		
만남		
읽기		
지각		

 어휘 활용 연습 정답   **Kunci Jawaban Latihan Penggunaan Kosakata**

 [보기]에서 알맞은 어휘를 골라 문장 안에 쓰십시오.
Pilihlah kosakata yang tepat dalam [Contoh] dan tuliskan dalam kalimat.

1) 혼자   2) 지각   3) 위반   4) 선호   5) 변경
6) 만남   7) 꽃병   8) 거실   9) 감기   10) 가족

 어휘에 맞는 의미를 찾아 선으로 이어 보세요.
Temukan arti yang sesuai dengan kosakata dan hubungkan dengan garis.

1) ㅂ   2) ㅅ   3) ㅈ   4) ㅇ   5) ㅊ
6) ㅁ   7) ㄴ   8) ㄷ   9) ㄹ   10) ㄱ

 관용어 **Idiom**

얼굴에 씌어 있다.
Tertulis di wajah.

의미 감정이나 기분 등의 심리 상태가 얼굴에 그대로 드러나다.
Kondisi hati atau perasaan terlihat apa adanya di wajah.

도마에 오른 고기
Daging di atas talenan

의미 꼼짝할 수 없이 위험한 상황에 처하다.
Terjebak dalam situasi berbahaya.

DAY 28
28일차

규모	규모	규모
경찰	경찰	경찰
천만	천만	천만
곡식	곡식	곡식
담당	담당	담당
특히	친절	친절
꾸밈	꾸밈	꾸밈
조깅	조깅	조깅
다른	다른	다른
소란	소란	소란
원인	원인	원인
향기	향기	향기
촛불	촛불	촛불
로봇	로봇	로봇
고생	고생	고생
일부	일부	일부
풍경	풍경	풍경
책자	책자	책자
얘기	얘기	얘기
결석	결석	결석

규모　skala

물건이나 현상의 크기나 범위.
besar atau lingkup suatu benda atau gejala

건물 규모.
지진 규모.
공장의 규모.

예문

- 요즈음은 <u>규모</u>가 큰 대형 상점이 늘어나서 주변의 소형 상점에는 손님이 끊겼다.
  Karena akhir-akhir ini jumlah toko berskala besar meningkat, toko kecil di sekitar kehilangan pembeli.

경찰　kepolisian, polisi

사회의 질서를 지키고 국민의 안전과 재산을 보호하는 일. 또는 그러한 일을 맡은 국가 기관.
lembaga negara yang mengatur keamanan negara dan masyarakat serta berkewajiban menjaga properti negara

경찰 조사.
경찰 차량.
경찰에 신고하다.

예문

- 학교 근방에 도난 사건이 잇따라 일어나 <u>경찰</u>이 수사에 나섰다.
  Polisi melakukan penyelidikan setelah terjadi serangkaian pencurian di sekitar sekolah.

천만　sangat banyak

아주 많은 수.
jumlah yang sangat banyak

천만 가지
천만 이상의
천만 배

예문

- 언뜻 봐도 현우보다 지수가 나은 점이 <u>천만</u> 가지는 있다.
  Meskipun hanya dilihat sekilas, Jisu memiliki sangat banyak kelebihan daripada Hyeonwu.

곡식　biji-bijian dan padi-padian

쌀, 보리, 밀, 옥수수 등 주로 주식으로 쓰이는 먹거리.
bahan pangan utama termasuk beras, jelai, gandum, jagung, dsb

곡식이 익다.
곡식을 거두다.
곡식을 재배하다.

예문

- 우리가 먹는 <u>곡식</u>은 농민들이 땀 흘려서 가꾼 것이다.
  Biji-bijian yang kita makan ditanam oleh para petani dengan bercucuran keringat.

담당　tugas, urusan, tanggung jawab, pekerjaan

어떤 일을 맡음.
suatu pekerjaan yang diberikan, yang dititipkan, yang diamanatkan

담당 기관.
담당 선생.
담당을 하다.

예문

- 김 선생님은 국어 과목을 <u>담당</u>을 하여 가르치고 계신다.
  Guru Kim bertanggungjawab dan mengajar mata pelajaran Bahasa Korea.

과잉   surplus (berlebihan)

수량이나 정도가 필요로 하는 것보다 지나치게 많아서 남음.
hal jumlah atau kadar berlebih dari yang dibutuhkan

특히 많다.
특히 맛있다.
특히 어렵다.

예문
- 유민이는 과잉 소비를 하는 편이어서 늘 용돈이 모자랐다.
  Yumin cenderung boros, jadi uang sakunya selalu kurang.

꾸밈   hiasan, buatan

어떤 것을 보기 좋고 그럴듯하게 만드는 것.
hal membuat sesuatu demikian rupa sehingga terlihat bagus

꾸밈이 없다.
꾸밈이 없는 모습.
꾸밈이 없는 태도.

예문
- 그는 그녀의 꾸밈이 없는 수수한 옷차림에 반했다.
  Dia jatuh cinta pada cara berpakaian perempuan itu yang apa adanya tanpa hiasan.

조깅   lari pagi, joging

건강을 유지하기 위하여 천천히 달리는 운동.
lari santai yang dilakukan untuk menjaga kesehatan

아침 조깅.
조깅 코스.
조깅을 하다.

예문
- 현우는 아침마다 조깅을 하고 학교에 온다.
  Setiap pagi Hyeonwu jogging sebelum berangkat ke sekolah.

다른   yang lain, lain

해당하는 것 이외의.
di luar sesuatu yang termasuk

다른 나라.
다른 사람.
다른 식당.

예문
- 민준은 고객들을 상대하느라 다른 업무를 할 시간이 없었다.
  Minjun tidak punya waktu melakukan pekerjaan lain karena sibuk berurusan dengan pelanggan.

소란   keributan, kegegeran, kekacauan, kerusuhan

시끄럽고 정신없게 복잡함.
keributan dan kekacauan

소란이 일다.
소란을 떨다.
소란을 일으키다.

예문
- 옆집 사람들이 소란을 피운 탓에 유민이는 잠에서 깼다.
  Yumin terbangun dari tidurnya karena tetangga-tetangga sebelah membuat keributan.

원인   penyebab, sebab

어떤 일이 일어나게 하거나 어떤 사물의 상태를 바꾸는 근본이 된 일이나 사건.
pekerjaan atau peristiwa yang menjadikan sesuatu terjadi atau merubah keadaan sebuah benda

고통의 원인.
문제의 원인.
사고의 원인.

예문
- 사장은 직접 이번 열차 고장의 정확한 원인을 찾아 나섰다.
  Direktur sendiri yang mencari tahu penyebab pasti rusaknya kereta kali ini.

향기   wangi, harum

좋은 냄새.
bau yang enak

장미 향기.
풀 향기.
독특한 향기.

예문
- 지수는 늘 향수를 뿌리는지 좋은 향기를 풍겼다.
  Jisu selalu wangi mungkin karena selalu menyemprotkan parfum.

촛불   api lilin, cahaya lilin

초에 밝힌 불.
api yang bersinar dari lilin

촛불이 밝다.
촛불이 어둡다.
촛불이 타다.

예문
- 전기가 없던 시절에는 촛불을 켜고 공부를 했다.
  Orang-orang belajar diterangi cahaya lilin saat belum ada listrik.

로봇   robot

사람의 전체 모습이나 몸의 한 부위와 비슷하게 만들어서 사람이 하는 행동이나 작업 등을 할 수 있도록 만든 기계.
mesin yang dibuat menyerupai manusia secara keseluruhan atau per bagian dan dapat menirukan gerakan atau melakukan pekerjaan manusia

로봇 공학.
로봇 시스템.
로봇 장난감.

예문
- 엄마가 아이에게 로봇 장난감을 사 주었다.
  Ibu membelikan anaknya robot mainan.

고생   kesusahan, kesukaran, kesulitan, kepayahan

괴롭거나 어렵고 힘든 일을 겪음. 또는 그런 생활.
kehidupan atau hidup yang bersangkutan dengan beberapa hal yang menyulitkan dan menyita tenaga

고생이 되다.
고생이 많다.
고생이 심하다.

예문
- 지금은 힘들겠지만 고생을 견디고 끊임없이 노력하다 보면 성공할 수 있다.
  Meskipun sekarang sulit, pada akhirnya pasti akan sukses bila bertahan dan terus berusaha.

일부 sebagian

한 부분. 또는 전체 중에서 얼마.
satu bagian tertentu di antara keseluruhan

생활의 일부.
일부 구간.
일부 사람들.

예문
- 나는 옷감으로 옷을 만들고 남은 **일부**로 머리 끈을 만들었다.
  Aku membuat pakaian dari kain dan membuat ikat rambut dari sebagian sisanya.

풍경 pemandangan

자연이나 지역의 아름다운 모습.
pemandangan indah dari alam atau daerah

가을 풍경.
바깥 풍경.
풍경이 아름답다.

예문
- 단풍으로 물든 가을 산의 **풍경**은 그림처럼 아름다웠다.
  Pemandangan gunung musim gugur yang dipenuhi dengan daun kekuningan indah seperti lukisan.

책자 buklet, brosur, pamflet, selebaran

글이나 그림 등을 인쇄하여 묶어 놓은 것.
sesuatu yang mencetak tulisan atau lukisan dsb kemudian mengumpulkannya menjadi satu

안내 책자.
여행 책자.
홍보 책자.

예문
- 회사에서는 신제품 홍보 **책자**를 각 언론사에 배부했다.
  Perusahaan membagikan brosur promosi produk terbaru kepada setiap kantor media massa.

얘기 cerita

어떠한 사실이나 상태, 현상, 경험, 생각 등에 관해 누군가에게 하는 말.
perkataan atau tulisan yang membentuk suatu cerita di permulaan atau akhir mengenai suatu hal atau benda dsb

긴 얘기.
지나간 얘기.
얘기가 끝나다.

예문
- 언니는 동생에게 형부와 결혼하게 된 **얘기**를 들려주었다.
  Kakak perempuan menceritakan kepada adik perempuannya bagaimana dia bisa menikah dengan suaminya.

결석 tidak hadir, absen (tidak masuk, tidak hadir, absen)

학교나 회의 등 공식적인 자리에 나오지 않음.
hal tidak muncul ke tempat resmi seperti sekolah atau rapat dsb

장기 결석.
결석 일수.
결석으로 처리하다.

예문
- 지수는 몸이 아파서 학교에 **결석**을 했다.
  Jisu tidak masuk sekolah karena sakit.

DAY 28 어휘 활용 연습
Latihan Penggunaan Kosakata

✏️ [보기]에서 알맞은 어휘를 골라 문장 안에 쓰십시오.
　　Pilihlah kosakata yang tepat dalam [Contoh] dan tuliskan dalam kalimat.

| [보기] | 규모　천만　담당　꾸밈　다른　원인　촛불　고생　풍경　얘기 |

1. 그는 그녀의 ___이 없는 수수한 옷차림에 반했다.
2. 김 선생님은 국어 과목을 ___을 하여 가르치고 계신다.
3. 단풍으로 물든 가을 산의 ___은 그림처럼 아름다웠다.
4. 사장은 직접 이번 열차 고장의 정확한 ___을 찾아 나섰다.
5. 언니는 동생에게 형부와 결혼하게 된 ___를 들려주었다.
6. 언뜻 봐도 현우보다 지수가 나은 점이 ___ 가지는 있다.
7. 요즈음은 ___가 큰 대형 상점이 늘어나서 주변의 소형 상점에는 손님이 끊겼다.
8. 전기가 없던 시절에는 ___을 켜고 공부를 했다.
9. 지금은 힘들겠지만 ___을 견디고 끊임없이 노력하다 보면 성공할 수 있다.
10. 민준은 고객들을 상대하느라 ___ 업무를 할 시간이 없었다.

✏️ 어휘에 맞는 의미를 찾아 선으로 이어 보세요.
　　Temukan arti yang sesuai dengan kosakata dan hubungkan dengan garis.

1. 결석　　•　　•　ㄱ. 건강을 유지하기 위하여 천천히 달리는 운동.
2. 경찰　　•　　•　ㄴ. 글이나 그림 등을 인쇄하여 묶어 놓은 것.
3. 곡식　　•　　•　ㄷ. 사람을 대하는 태도가 상냥하고 부드러움. 또는 그런 태도.
4. 로봇　　•　　•　ㄹ. 사람의 전체 모습이나 몸의 한 부위와 비슷하게 만들어서 사람이 하는 행동이나 작업 등을 할 수 있도록 만든 기계.
5. 소란　　•　　•　ㅁ. 사회의 질서를 지키고 국민의 안전과 재산을 보호하는 일. 또는 그러한 일을 맡은 국가 기관.
6. 일부　　•　　•　ㅂ. 시끄럽고 정신없게 복잡함.
7. 조깅　　•　　•　ㅅ. 쌀, 보리, 밀, 옥수수 등 주로 주식으로 쓰이는 먹거리.
8. 책자　　•　　•　ㅇ. 좋은 냄새.
9. 친절　　•　　•　ㅈ. 학교나 회의 등 공식적인 자리에 나오지 않음.
10. 향기　　•　　•　ㅊ. 한 부분. 또는 전체 중에서 얼마.

DAY 28 어휘 암기 확인 — Pemeriksaan Hafalan Kosakata

단어	번역	암기확인
규모		
경찰		
천만		
곡식		
담당		
친절		
꾸밈		
조깅		
다른		
소란		
원인		
향기		
촛불		
로봇		
고생		
일부		
풍경		
책자		
얘기		
결석		

어휘 활용 연습 정답
Kunci Jawaban Latihan Penggunaan Kosakata

✏️ [보기]에서 알맞은 어휘를 골라 문장 안에 쓰십시오.
Pilihlah kosakata yang tepat dalam [Contoh] dan tuliskan dalam kalimat.

1) 꾸밈   2) 담당   3) 풍경   4) 원인   5) 얘기
6) 천만   7) 규모   8) 촛불   9) 고생   10) 다른

✏️ 어휘에 맞는 의미를 찾아 선으로 이어 보세요.
Temukan arti yang sesuai dengan kosakata dan hubungkan dengan garis.

1) ㅈ   2) ㅁ   3) ㅅ   4) ㄹ   5) ㅂ
6) ㅊ   7) ㄱ   8) ㄴ   9) ㄷ   10) ㅇ

관용어 Idiom

마음이 굴뚝 같다.
Hati seperti cerobong asap.

> 의미 매우 원하다.
> Sangat menginginkan.

고생을 사서 하다.
Melakukan dengan susah Payah.

> 의미 스스로 일부러 어려운 일을 맡아서 고생을 하다.
> Dengan sengaja atau sukarela bersusah payah melakukan pekerjaan yang berat.

DAY 29
29일차

모자	모자	모자
시중	시중	시중
향상	향상	향상
오락	오락	오락
도움	도움	도움
봉사	봉사	봉사
새해	새해	새해
속도	속도	속도
울음	울음	울음
실망	실망	실망
다행	다행	다행
양보	양보	양보
피해	피해	피해
구분	구분	구분
서로	서로	서로
고민	고민	고민
사랑	사랑	사랑
합격	합격	합격
불길	불길	불길
종류	종류	종류

모자   topi

예의를 차리거나 추위나 더위 등을 막기 위해 머리에 쓰는 물건.
benda yang dikenakan di kepala untuk menunjukkan rasa hormat atau menghalangi dingin atau panas dsb

예쁜 모자.
모자가 작다.
모자가 크다.

예문
- 지수는 햇빛도 가릴 겸 해서 노란색의 귀여운 <u>모자</u>를 샀다.
 Jisu membeli topi kuning yang menggemaskan sekaligus untuk menghalangi sinar matahari.

시중   pasar terbuka (pasar terbuka, pasaran)

사람들이 상품을 거래하며 일상적으로 생활하는 곳.
pasar di mana komoditas ditransaksikan. komunitas di mana komoditas dan ide saling ditukarkan

시중 가격.
시중에 나오다.
시중에 유포하다.

예문
- 유명한 디자이너가 만든 그 가방은 <u>시중</u>에 나오자마자 큰 인기를 모았다.
 Tas yang dibuat oleh designer terkenal itu langsung terkenal sesaat setelah diluncurkan ke pasaran.

향상   perkembangan, peningkatan

실력, 수준, 기술 등이 더 나아짐. 또는 나아지게 함.
hal yang kemampuan, tingkat, keahlian, dsb menjadi lebih baik, atau hal yang mengembangkannya

소득 향상.
품질 향상.
향상이 되다.

예문
- 품질 <u>향상</u>에 힘쓴 결과 매출이 증가했다.
 Peningkatan pemasukan merupakan hasil dari kerja keras dalam usaha meningkatkan kualitas.

오락   hiburan

여유 시간에 기분을 즐겁게 하기 위하여 하는 여러 가지 놀이.
berbagai permainan untuk bersenang-senang di waktu senggang

오락 시간.
오락 정보.
오락을 즐기다.

예문
- 나는 친구들과 여행을 가서 <u>오락</u>을 즐겼다.
 Aku pergi berlibur dan menikmati hiburan dengan teman-teman.

도움   bantuan

다른 사람을 돕는 일.
pekerjaan membantu orang lain

작은 도움.
큰 도움.
사람들의 도움.

예문
- 삼촌은 자존심이 강해서 누구에게 <u>도움</u>을 받는 것을 싫어한다.
 Paman tidak suka menerima bantuan dari orang lain karena memiliki harga diri yang tinggi.

봉사 kerja sukarela

자신의 이익을 생각하지 않고 남을 위하여 애써 일함.
hal bekerja tidak demi keuntungan sendiri tapi untuk orang lain

자원 봉사.
봉사 단체.
봉사를 하다.

예문
- 사회의 어려운 사람들을 위한 자발적인 <u>봉사</u>가 필요하다.
  Dibutuhkan kerja sukarela untuk membantu orang-orang yang kesulitan di masyarakat.

새해 tahun baru

새로 시작되는 해.
tahun yang baru dimulai

새해 아침.
새해 인사.
새해가 다가오다.

예문
- 나는 부모님께 <u>새해</u> 인사를 드렸다.
  Aku mengucapkan selamat tahun baru kepada orang tuaku.

속도 kecepatan

물체가 움직이거나 일이 진행되는 빠르기.
kecepatan pergerakan benda atau berlangsungnya pekerjaan

일정한 속도.
속도 조절.
속도가 느리다.

예문
- 교통 체증 때문에 자동차들은 느린 <u>속도</u>로 천천히 가고 있었다.
  Mobil-mobil berjalan lambat karena kemacetan lalu lintas.

울음 tangisan, tangis

소리를 내면서 눈물을 흘리는 일.
hal meneteskan air mata dengan bersuara

웃음과 울음.
울음이 섞이다.
울음이 터지다.

예문
- 엄마가 장난감을 쥐어 주자 동생이 언제 울었냐는 듯이 <u>울음</u>을 그쳤다.
  Setelah diberi mainan oleh Ibu, adik langsung berhenti menangis seakan tidak pernah menangis sebelumnya.

실망 kekecewaan

기대하던 대로 되지 않아 희망을 잃거나 마음이 몹시 상함.
perasaan kecewa karena tidak sesuai dengan harapan

기대에 대한 실망.
실망이 크다.
실망을 시키다.

예문
- 지수는 면접에서 떨어지자 <u>실망</u>에 가득 찼다.
  Jisu dipenuhi rasa kekecewaan karena tidak lolos wawancara.

다행 untung (saja), syukur(lah) (untung (saja), syukur(lah), lega)

뜻밖에 운이 좋음.
keberuntungan di luar dugaan

다행으로 생각하다.
그나마 다행이다.
얼마나 다행인지 모르다.

예문
- 공항에 늦게 도착해서 비행기를 놓칠까 봐 염려했는데 무사히 비행기를 타서 정말 **다행**이다.
  Sempat khawatir akan terlambat sampai ke bandara dan ketinggalan pesawat, aku sangat lega karena bisa naik pesawat tanpa masalah apapun.

양보 menyerah, mengalah

다른 사람을 위해 자리나 물건 등을 내주거나 넘겨줌.
tindakan memberikan tempat atau benda untuk seseorang sebagai bentuk pengertian atau rasa kasihan

자리 양보.
양보를 하다.
양보 못 한다.

예문
- 나는 다른 건 몰라도 먹는 건 절대 **양보** 못 한다.
  Aku tidak peduli dengan yang lain, yang jelas aku tidak bisa mengalah dalam hal makanan.

피해 kerugian

생명이나 신체, 재산, 명예 등에 손해를 입음. 또는 그 손해.
hal yang mendapat kerugian berupa nyawa atau fisik, harta, kehormatan, dsb. Atau kerugian demikian.

피해가 많다.
피해가 적다.
피해가 심각하다.

예문
- 우리 마을은 폭설로 큰 **피해**를 입었다.
  Desa kami mengalami kerugian besar karena turunnya salju yang lebat.

구분 bagian, perbedaan

어떤 기준에 따라 전체를 몇 개의 부분으로 나눔.
pembagian keseluruhan sesuatu berdasarkan suatu kriteria menjadi beberapa bagian

공사 구분.
구분이 되다.
구분이 없다.

예문
- 새로 산 수학 교재는 문제가 난이도에 따라 **구분**이 되어 있다.
  Dalam buku pelajaran matematika yang baru dibeli, soal dibagi berdasarkan tingkat kesulitannya.

서로 saling

관계를 맺고 있는 둘 이상의 대상이 각기 그 상대에 대하여.
tentang masing-masing dari dua atau lebih perihal yang berhubungan

서로 믿다.
서로 친하다.
서로 칭찬하다.

예문
- 옆집 형제가 **서로** 칭찬하는 모습이 보기 좋았다.
  Senang melihat kakak beradik laki-laki sebelah rumah yang saling memuji satu sama lain.

고민   kecemasan, kekhawatiran

마음속에 걱정거리가 있어 괴로워하고 계속 신경 씀.
hati atau perasaan yang tergganggu karena ada hal yang dikhawatirkan dalam hati

큰 고민.
고민이 되다.
고민이 많다.

예문

- 졸업을 앞둔 대학생들의 가장 큰 고민은 취업 문제이다.
  Kekhawatiran terbesar para mahasiswa yang akan lulus adalah masalah mendapatkan pekerjaan.

사랑   cinta

상대에게 성적으로 매력을 느껴 열렬히 좋아하는 마음.
hati yang merasakan daya tarik secara seksual pada lawan dan menyukainya dengan penuh

남녀 간의 사랑.
사랑 이야기.
사랑을 고백하다.

예문

- 나는 낭만적인 사랑을 꿈꾼다.
  Aku mendambakan cinta yang romantis.

합격   kelulusan, lulus, lewat

시험, 검사, 심사 등을 통과함.
hal lolos dari ujian, pemeriksaan, pengujian, dsb

면접 합격.
시험 합격.
합격 소식.

예문

- 승규는 오랜 공부 끝에 드디어 토픽시험 합격했다.
  Akhirnya Jaya lulus ujian TOPIK setelah belajar sekian lama.

불길   jolak api, kobaran api, nyala api

세차게 타오르는 불의 줄기.
kobaran api yang memancara kencang

불길이 약하다.
불길이 치솟다.
불길을 놓치다.

예문

- 바람을 타고 불길이 점점 거세지면서 불이 번지고 있다.
  Seiring dengan hembusan angin, api semakin membesar dan merambat.

종류   jenis, macam

어떤 기준에 따라 여러 가지로 나눈 갈래.
bagian yang terbagi ke dalam beberapa cabang menurut suatu standar

여러 종류.
종류가 같다.
종류가 다르다.

예문

- 꽃 가게에는 다양한 종류의 아름다운 꽃이 있다.
  Ada berbagai jenis bunga indah di toko bunga.

DAY 29

어휘 활용 연습 — Latihan Penggunaan Kosakata

✏️ **[보기]에서 알맞은 어휘를 골라 문장 안에 쓰십시오.**
Pilihlah kosakata yang tepat dalam [Contoh] dan tuliskan dalam kalimat.

| [보기] | 시중 | 오락 | 봉사 | 속도 | 실망 | 양보 | 구분 | 고민 | 합격 | 종류 |

1. 졸업을 앞둔 대학생들의 가장 큰 ___은 취업 문제이다.
2. 새로 산 수학 교재는 문제가 난이도에 따라 ___이 되어 있다.
3. 사회의 어려운 사람들을 위한 자발적인 ___가 필요하다.
4. 교통 체증 때문에 자동차들은 느린 ___로 천천히 가고 있었다.
5. 유명한 디자이너가 만든 그 가방은 ___에 나오자마자 큰 인기를 모았다.
6. 지수는 면접에서 떨어지자 ___에 가득 찼다.
7. 나는 다른 건 몰라도 먹는 건 절대 ___ 못 한다.
8. 나는 친구들과 여행을 가서 ___을 즐겼다.
9. 꽃 가게에는 다양한 ___의 아름다운 꽃이 있다.
10. 자야는 오랜 공부 끝에 드디어 토픽시험 ___했다.

✏️ **어휘에 맞는 의미를 찾아 선으로 이어 보세요.**
Temukan arti yang sesuai dengan kosakata dan hubungkan dengan garis.

1. 향상 • • ㄱ. 관계를 맺고 있는 둘 이상의 대상이 각기 그 상대에 대하여.
2. 피해 • • ㄴ. 다른 사람을 돕는 일.
3. 울음 • • ㄷ. 뜻밖에 운이 좋음.
4. 서로 • • ㄹ. 상대에게 성적으로 매력을 느껴 열렬히 좋아하는 마음.
5. 새해 • • ㅁ. 새로 시작되는 해.
6. 사랑 • • ㅂ. 생명이나 신체, 재산, 명예 등에 손해를 입음. 또는 그 손해.
7. 불길 • • ㅅ. 세차게 타오르는 불의 줄기.
8. 모자 • • ㅇ. 소리를 내면서 눈물을 흘리는 일.
9. 도움 • • ㅈ. 실력, 수준, 기술 등이 더 나아짐. 또는 나아지게 함.
10. 다행 • • ㅊ. 예의를 차리거나 추위나 더위 등을 막기 위해 머리에 쓰는 물건.

DAY 29

어휘 암기 확인 — Pemeriksaan Hafalan Kosakata

단어	번역	암기확인
모자		
시중		
향상		
오락		
도움		
봉사		
새해		
속도		
울음		
실망		
다행		
양보		
피해		
구분		
서로		
고민		
사랑		
합격		
불길		
종류		

 어휘 활용 연습 정답 Kunci Jawaban Latihan Penggunaan Kosakata

 [보기]에서 알맞은 어휘를 골라 문장 안에 쓰십시오.
Pilihlah kosakata yang tepat dalam [Contoh] dan tuliskan dalam kalimat.

1) 고민   2) 구분   3) 봉사   4) 속도   5) 시중
6) 실망   7) 양보   8) 오락   9) 종류   10) 합격

 어휘에 맞는 의미를 찾아 선으로 이어 보세요.
Temukan arti yang sesuai dengan kosakata dan hubungkan dengan garis.

1) ㅈ   2) ㅂ   3) ㅇ   4) ㄱ   5) ㅁ
6) ㄹ   7) ㅅ   8) ㅊ   9) ㄴ   10) ㄷ

 관용어 Idiom

사람 팔자 시간문제
Takdir manusia hanya soal waktu

 사람의 인생은 갑자기 달라질 수도 있으므로 미래가 어떻게 될지 알 수 없다는 말.

Manusia tidak pernah tahu apa yang akan terjadi di masa depan karena kehidupan seseorang bisa berubah secara tiba-tiba.

어제가 옛날(이다).
Kemarin adalah dulu.

 변화가 매우 빨라서 짧은 시간 사이에 변화가 아주 크다.

Perubahannya terjadi sangat cepat sehingga sesuatu berubah drastis dalam waktu singkat.

DAY 30 30일차

상담	상담	상담
중앙	중앙	중앙
여권	여권	여권
제출	제출	제출
신고	신고	신고
인기	인기	인기
한창	한창	한창
모양	모양	모양
위로	위로	위로
설명	설명	설명
준비	준비	준비
연주	연주	연주
입구	입구	입구
상태	상태	상태
집단	집단	집단
우산	우산	우산
생명	생명	생명
축복	축복	축복
한계	한계	한계
지도	지도	지도

상담   konsultasi

어떤 문제를 해결하기 위하여 서로 이야기함.
hal saling bercerita untuk memecahkan suatu masalah

건강 상담.
취업 상담.
상담을 하다.

예문
- 보건소에서는 주민들에게 무료로 건강 상담을 실시하고 있다.
  Puskesmas mengadakan konsultasi kesehatan gratis bagi masyarakat.

중앙   tengah

어떤 장소나 물체의 중심이 되는 한가운데.
bagian tengah, titik tengah dari suatu tempat, sesuatu benda

무대 중앙.
벽 중앙.
사무실 중앙.

예문
- 아파트 중앙에 놀이터가 있어서 아이들이 모이기가 쉽다.
  Karena ada taman bermain di tengah apartemen, maka mudah bagi anak-anak untuk berkumpul.

여권   paspor

다른 나라를 여행하는 사람의 신분이나 국적을 증명하고, 여행하는 나라에 그 사람의 보호를 맡기는 문서.
dokumen yang menunjukkan identitas atau kewarganegaraan seseorang yang berwisata di negara lain atau dokumen yang memberikan perlindungan kepada orang tersebut di negara tempatnya berwisata

여권 수속.
여권이 나오다.
여권을 만들다.

예문
- 현우는 이번 방학 때 유럽 여행을 가기 위해 여권을 발급받았다.
  Hyeonwu membuat paspor untuk pergi berlibur ke Eropa selama liburan kali ini.

제출   penyajian, penyodoran (pengumpulan)

어떤 안건이나 의견, 서류 등을 내놓음.
hal yang memberikan suatu isu, agenda, pendapat, atau dokumen, dsb

보고서 제출.
제출 서류.
제출이 되다.

예문
- 지수는 비자 발급에 필요한 제출 서류를 준비했다.
  Jisu telah menyiapkan dokumen yang perlu dikumpulkan untuk penerbitan paspor.

신고   pelaporan, pemberitahuan, pengajuan

어떠한 사실을 행정 관청에 알림.
hal memberitahukan fakta yang harus diberitahukan atau dilaporkan rakyat menurut hukum ke kantor pemerintah

신고 기간.
신고 대상.
파산 신고.

예문
- 우리는 태어난 아이의 이름을 짓자마자 출생 신고를 했다.
  Kami langsung melaporkan kelahiran anak kami segera setelah kami memberinya nama.

인기 kepopuleran, poularitas (kepopuleran, popularitas, populer)

어떤 대상에 쏠리는 많은 사람들의 높은 관심이나 좋아하는 마음.
ketertarikan yang tinggi dari orang-orang yang terbawa ke suatu objek atau hati yang menyukai objek tersebut

인기 드라마.
인기 배우.
인기 상품.

예문
- 내가 어제 본 여배우는 한창 <u>인기</u>를 끌고 있는 옷차림을 하고 있었다.
  Aktris yang kulihat kemarin memakai pakaian yang sedang populer.

한창 puncak, matang (sibuk, puncak, matang)

어떤 일이 가장 활기 있고 왕성하게 일어나는 때. 또는 어떤 상태가 가장 무르익은 때.
saat di mana suatu hal muncul dengan paling aktif dan penuh vitalitas, atau saat di mana suatu keadaan berada paling matang.

일이 한창이다.
축제가 한창이다.
준비에 한창이다.

예문
- 손님맞이를 앞두고 엄마와 누나는 음식 준비에 <u>한창</u>이었다.
  Ibu dan kakak perempuan sibuk memasak makanan untuk menyambut tamu.

모양 rupa, wujud (bentuk, rupa, wujud)

겉으로 나타나는 생김새나 모습.
penampilan atau bentuk yang terlihat ke luar

격자 모양.
동그라미 모양.
네모난 모양.

예문
- 학생들은 모두 줄무늬 <u>모양</u>을 넣은 티셔츠에 반바지를 입고 있었다.
  Para siswa semuanya memakai kaos bermotif garis dan celana pendek.

위로 penghiburan

따뜻한 말이나 행동 등으로 괴로움을 덜어 주거나 슬픔을 달래 줌.
hal mengurangi penderitaan atau menawarkan kesedihan dengan kata-kata atau tindakan yang hangat dsb

위로의 말.
위로가 되다.
위로가 필요하다.

예문
- 어떤 <u>위로</u>의 말도 사고를 당한 사람들의 슬픔을 달랠 수 없었다.
  Tidak ada kata-kata yang bisa menghibur kesedihan keluarga orang yang mengalami kecelakaan.

설명 penjelasan

어떤 것을 남에게 알기 쉽게 풀어 말함. 또는 그런 말.
hal mengatakan sesuatu dengan mudah dimengerti oleh orang lain, atau perkataan yang demikian

설명이 부족하다.
설명이 쉽다.
설명이 어렵다.

예문
- 이 책은 뜨개질을 하는 방법에 대한 <u>설명</u>이 알기 쉽게 되어 있다.
  Buku ini menjelaskan cara merajut dengan mudah.

준비 persiapan, penyiapan

미리 마련하여 갖춤.
hal mempersiapkan lebih awal dan memiliki

출근 준비.
준비 과정.
준비가 끝나다.

예문
- 남편과 나는 아침 일찍부터 산에 갈 준비를 했다.
  Aku dan suamiku bersiap-siap untuk pergi ke gunung sejak pagi.

연주 resital, konser (pertunjukan, permainan musik, resital, konser)

악기를 다루어 음악을 들려줌.
permainan alat musik untuk diperdengarkan di depan penonton

악기 연주.
피아노 연주.
연주가 되다.

예문
- 그녀의 첼로 연주는 사람의 마음을 감동시키는 힘이 있다.
  Pertunjukan selo perempuan itu memiliki kekuatan menggerakkan hati orang lain.

입구 jalan masuk, pintu masuk

안으로 들어갈 수 있는 문이나 통로.
pintu atau jalan di mana orang dapat masuk

입구를 찾다.
입구에 서 있다.
입구에서 만나다.

예문
- 차가 너무 막혀서 이제서야 고속 도로 입구에 들어섰다.
  Akhirnya sekarang aku memasuki pintu masuk tol karena jalannya sangat macet.

상태 kondisi, keadaan

사물이나 현상의 모양이나 형편.
kondisi bentuk benda atau keadaan dalam waktu tertentu

건강 상태.
정신 상태.
상태가 좋다.

예문
- 할머니의 건강 상태가 호전되어서 퇴원하실 수 있게 되었다.
  Nenek bisa keluar dari rumah sakit karena kondisi kesehatannya membaik.

집단 organisasi, perkumpulan, kelompok, grup

여럿이 모여서 이룬 무리나 단체.
tempat di mana binatang atau manusia berkumpul

소비자 집단.
소수 집단.
집단 운동.

예문
- 그 집단은 적은 수의 사람이 모이지만 가장 큰 영향력을 가졌다.
  Kelompok itu memiliki pengaruh yang paling besar meskipun anggotanya sedikit.

우산 payung

긴 막대 위에 지붕 같은 막을 펼쳐서 비가 올 때 손에 들고 머리 위를 가리는 도구.
alat berupa tangkai panjang yang bagian atasnya tertutup atap dari kain yang digenggam untuk melindungi kepala saat hujan turun

우산이 뒤집히다.
우산을 꽂다.
우산을 들다.

예문
- 갑자기 소나기를 만난 지수는 우산을 사러 가게로 뛰어갔다.
  Jisu berlari ke toko untuk membeli payung karena hujan yang tiba-tiba datang.

생명 jiwa, nyawa, hidup

생물이 살 수 있도록 하는 힘.
energi yang membuat mahluk hidup dapat hidup

생명이 위태롭다.
생명을 건지다.
생명을 구하다.

예문
- 한 사람의 생명을 구하기 위해 많은 구급 대원들이 구조에 힘썼다.
  Para anggota paramedis bekerja keras untuk menyelamatkan nyawa satu orang.

축복 permohonan berkat, berkat

행복을 빎. 또는 그 행복.
hal memohonkan kebahagiaan, atau untuk menyebut kebahagiaan tersebut

축복과 축하.
축복을 받다.
축복을 빌다.

예문
- 사람들은 행복한 모습의 부부에게 축복을 아끼지 않았다.
  Orang-orang terus memberkati pasangan suami istri yang terlihat bahagia.

한계 batasan, batas

어떤 것이 실제로 일어나거나 영향을 미칠 수 있는 범위나 경계.
jangkauan atau batasan yang suatu hal benar-benar dapat terjadi atau dapat mempengaruhi suatu hal

인간의 한계.
한계가 없다.
한계를 극복하다.

예문
- 나는 친구들에게 놀림을 받다가 인내심의 한계에 도달해 화를 내고 말았다.
  Aku meluapkan kemarahanku setelah kesabaranku mencapai batas karena diolok-olok oleh teman-teman.

지도 peta

지구 표면의 전부나 일부를 일정한 비율로 줄여 약속된 기호를 사용하여 평면에 그린 그림.
gambar sebagian atau seluruh permukaan dunia dengan rasio tertentu yang digambar dengan menggunakan simbol yang telah disepakati

한국의 지도.
지도를 보다.
지도를 이용하다.

예문
- 지수는 관광 지도에서 가 보고 싶은 곳을 찾아보았다.
  Jisu mencari tempat yang ingin dia kunjungi di peta pariwisata.

DAY 30

어휘 활용 연습 — Latihan Penggunaan Kosakata

✏️ [보기]에서 알맞은 어휘를 골라 문장 안에 쓰십시오.
　　Pilihlah kosakata yang tepat dalam [Contoh] dan tuliskan dalam kalimat.

[보기] 　모양　상태　설명　연주　우산　인기　제출　중앙　지도　축복

1. 할머니의 건강 ___가 호전되어서 퇴원하실 수 있게 되었다.
2. 학생들은 모두 줄무늬 ___을 넣은 티셔츠에 반바지를 입고 있었다.
3. 지수는 비자 발급에 필요한 ___ 서류를 준비했다.
4. 지수는 관광 ___에서 가 보고 싶은 곳을 찾아보았다.
5. 이 책은 뜨개질을 하는 방법에 대한 ___이 알기 쉽게 되어 있다.
6. 아파트 ___에 놀이터가 있어서 아이들이 모이기가 쉽다.
7. 사람들은 행복한 모습의 부부에게 ___을 아끼지 않았다.
8. 내가 어제 본 여배우는 한창 ___를 끌고 있는 옷차림을 하고 있었다.
9. 그녀의 첼로 ___는 사람의 마음을 감동시키는 힘이 있다.
10. 갑자기 소나기를 만난 지수는 ___을 사러 가게로 뛰어갔다.

✏️ 어휘에 맞는 의미를 찾아 선으로 이어 보세요.
　　Temukan arti yang sesuai dengan kosakata dan hubungkan dengan garis.

1. 한창　　•　　•　ㄱ. 여럿이 모여서 이룬 무리나 단체.
2. 한계　　•　　•　ㄴ. 어떤 일이 가장 활기 있고 왕성하게 일어나는 때. 또는 어떤 상태가 가장 무르익은 때.
3. 집단　　•　　•　ㄷ. 어떤 문제를 해결하기 위하여 서로 이야기함.
4. 준비　　•　　•　ㄹ. 어떤 것이 실제로 일어나거나 영향을 미칠 수 있는 범위나 경계.
5. 입구　　•　　•　ㅁ. 어떠한 사실을 행정 관청에 알림.
6. 위로　　•　　•　ㅂ. 안으로 들어갈 수 있는 문이나 통로.
7. 여권　　•　　•　ㅅ. 생물이 살 수 있도록 하는 힘.
8. 신고　　•　　•　ㅇ. 미리 마련하여 갖춤.
9. 생명　　•　　•　ㅈ. 따뜻한 말이나 행동 등으로 괴로움을 덜어 주거나 슬픔을 달래 줌.
10. 상담　　•　　•　ㅊ. 다른 나라를 여행하는 사람의 신분이나 국적을 증명하고, 여행하는 나라에 그 사람의 보호를 맡기는 문서.

DAY 30 어휘 암기 확인 — Pemeriksaan Hafalan Kosakata

단어	번역	암기확인
상담		
중앙		
여권		
제출		
신고		
인기		
한창		
모양		
위로		
설명		
준비		
연주		
입구		
상태		
집단		
우산		
생명		
축복		
한계		
지도		

어휘 활용 연습 정답
Kunci Jawaban Latihan Penggunaan Kosakata

✏️ [보기]에서 알맞은 어휘를 골라 문장 안에 쓰십시오.
Pilihlah kosakata yang tepat dalam [Contoh] dan tuliskan dalam kalimat.

1) 상태   2) 모양   3) 제출   4) 지도   5) 설명
6) 중앙   7) 축복   8) 인기   9) 연주   10) 우산

✏️ 어휘에 맞는 의미를 찾아 선으로 이어 보세요.
Temukan arti yang sesuai dengan kosakata dan hubungkan dengan garis.

1) ㄴ   2) ㄹ   3) ㄱ   4) ㅇ   5) ㅂ
6) ㅈ   7) ㅊ   8) ㅁ   9) ㅅ   10) ㄷ

관용어 Idiom

계란으로 바위 치기.
Bagai telur di ujung tanduk. Memukul batu dengan telur.

 매우 어려운 상황이거나 너무 강한 상대여서 맞서 싸워도 도저히 이길 수 없는 경우.
Situasi sangat sulit atau tidak bisa menang dalam pertandingan karena lawan yang terlalu kuat

쓴맛 단맛 다 맛 보다.
Sudah makan asam garam.

 세상의 괴로움과 즐거움을 모두 경험하다.
Merasakan semua penderitaan dan kesenangan dunia.

31일차

박수	박수	박수
출발	출발	출발
교실	교실	교실
달성	달성	달성
연휴	연휴	연휴
식사	식사	식사
여가	여가	여가
관계	관계	관계
격려	격려	격려
병실	병실	병실
저녁	저녁	저녁
시계	시계	시계
업체	업체	업체
중심	중심	중심
참석	참석	참석
단짝	단짝	단짝
출산	출산	출산
눈물	눈물	눈물
승객	승객	승객
느낌	느낌	느낌

박수   tepuk tangan

기쁨, 축하, 환영, 칭찬 등을 나타내거나 장단을 맞추려고 두 손뼉을 마주 침.
tindakan menepukkan kedua belah tangan terus-menerus untuk mengekspresikan kebahagiaan, selamat, penyambutan, pujian, atau untuk mengikuti musik

박수 소리.
박수가 쏟아지다.
박수를 보내다.

예문
- 신랑과 신부는 하객들이 보내는 축복의 박수 속에서 행복해 하였다.
  Mempelai pria dan wanita bahagia atas tepuk tangan penuh berkah yang dilemparkan oleh para tamu pesta pernikahan.

출발   keberangkatan (keberangkatan, berangkat, mulai)

어떤 곳을 향하여 길을 떠남.
hal pergi meninggalkan mengikuti jalan menuju suatu tempat

출발 날짜.
출발 시간.
출발 신호.

예문
- 달리기의 출발을 알리는 총 소리가 울러 퍼졌다.
  Terdengar suara letusan pistol tanda dimulainya pertandingan lari.

교실   ruangan kelas (ruang kelas)

유치원, 초등학교, 중학교, 고등학교에서 교사가 학생들을 가르치는 방.
ruangan di mana pengajar mengajar murid-murid di taman kanak-kanak, sekolah dasar, SLTP, SLTA

일 학년 교실.
초등학교 교실.
학교 교실.

예문
- 우리 반은 오늘 날씨가 좋아서 교실이 아닌 야외에서 수업을 했다.
  Kami belajar di luar ruangan dan tidak di dalam ruang kelas karena cuaca yang bagus.

달성   pencapaian

목적한 것을 이룸.
kegiatan meraih, mencapai target

계획 달성.
기록 달성.
목표 달성.

예문
- 그는 시험 합격이라는 목표 달성을 위해 열심히 공부했다.
  Dia belajar dengan giat demi mencapai tujuannya yaitu lulus ujian.

연휴   libur panjang akhir pekan, libur panjang tanggal merah

휴일이 이틀 이상 계속됨. 또는 그 휴일.
hal libur nasional atau tanggal merah muncul lebih dari dua hari, atau tanggal merah yang demikian

설 연휴.
이틀 연휴.
추석 연휴.

예문
- 긴 연휴 기간이 시작되자 사람들은 모두 여행을 떠났다.
  Semua orang pergi berlibur setelah liburan panjang dimulai.

식사　makan

아침, 점심, 저녁과 같이 날마다 일정한 시간에 음식을 먹는 일. 또는 그 음식.
makan di waktu yang telah ditentukan setiap hari makan malam, makan siang, makan malam, atau untuk menyebut makanan yang demikian

점심 식사.
규칙적인 식사.
맛있는 식사.

예문
- 짜고 매운 <u>식사</u>는 건강에 좋지 않다.
  Makanan yang asin dan pedas tidak baik untuk kesehatan.

여가　waktu senggang, waktu luang

일을 하지 않는 시간. 또는 일을 하는 중간에 생기는 여유로운 시간.
waktu di mana orang dapat beristirahat dari pekerjaan

여가 시간.
여가 활동.
여가가 생기다.

예문
- 우리 동네에는 주민들이 <u>여가</u>를 편하게 즐길 만한 공간이 없다.
  Di lingkungan kami tidak ada tempat bagi para warga untuk menikmati waktu luang dengan nyaman.

관계　hubungan, kaitan

둘 이상의 사람, 사물, 현상 등이 서로 관련을 맺음. 또는 그런 관련.
hal saling memberikan dan menerima pengaruh

국제 관계.
남녀 관계.
형제 관계.

예문
- 청소년 문제는 가족 문제와 밀접한 <u>관계</u>를 갖는 경우가 많다.
  Banyak permasalahan remaja yang berhubungan erat dengan masalah keluarga.

격려　dorongan, dukungan

용기나 의욕이 생기도록 기운을 북돋아 줌.
hal memberikan dorongan agar keberanian atau semangat timbul

격려의 말.
격려의 메시지.
격려의 편지.

예문
- 친구에게서 따뜻한 <u>격려</u>를 들으니 힘이 다시 생긴다.
  Kekuatanku muncul kembali setelah mendengar dukungan yang hangat dari temanku.

병실　kamar rawat, kamar pasien, ruang perawatan

병원에 입원한 환자가 지내는 방.
kamar di sebuah instansi pengobatan (rumah sakit) yang digunakan pasien selama dirawat

병실이 깨끗하다.
병실을 옮기다.
병실에 들어가다.

예문
- 지수는 꽃을 들고 친구의 <u>병실</u>에 찾아갔다.
  Jisu pergi ke ruang rawat inap temannya sambil membawa bunga.

저녁 petang (malam)

해가 지기 시작할 때부터 밤이 될 때까지의 동안.
selama mulai dari terbenamnya matahari sampai waktu malam

늦은 저녁.
이른 저녁.
저녁 시간.

예문
- 낮에는 몹시 더웠지만 저녁이 되자 선선한 바람이 불기 시작했다.
  Meskipun siang hari sangat panas, angin sejuk mulai berhembus saat malam tiba.

시계 jam

시간을 나타내는 기계.
mesin penunjuk, waktu

야광 시계.
패션 시계.
시계 바늘.

예문
- 시계는 벌써 일곱 시를 가리키고 있는데 할 일은 아직도 많이 남아 있다.
  Pekerjaan masih tersisa banyak padahal jam sudah menunjukkan pukul tujuh.

업체 perusahaan

이익을 얻기 위해서 특정 사업을 하는 단체.
kumpulan orang yang menjalankan usaha tertentu untuk mendapatkan keuntungan

해외 업체.
자동차 업체.
업체와 거래하다.

예문
- 우리 회사는 이번 심사에서 모범 업체로 선정이 되었다.
  Perusahaan kami terpilih sebagai perusahaan teladan di penilaian kali ini.

중심 keseimbangan (pusat, tengah)

어떤 것의 한가운데.
di tengah sesuatu

중심을 잃다.
중심에 두다.
중심에 서다.

예문
- 나는 도시 중심에서 조금 벗어나 한적하고 조용한 동네로 이사를 왔다.
  Aku pindah dari pusat kota ke daerah yang tenang dan sunyi.

참석 kehadiran

회의나 모임 등의 자리에 가서 함께함.
hal menghadiri sebuah pertemuan, rapat, dsb

참석이 가능하다.
참석을 부탁하다.
참석을 하다.

예문
- 형은 요즘 바빠서 가족 모임 참석이 어렵다고 했다.
  Kakak lelakiku berkata bahwa karena akhir-akhir ini ia sibuk, jadi sulit untuk mengikuti acara keluarga.

단짝 belahan jiwa, akrab, erat (teman akrab, teman dekat)

아주 친해서 항상 함께 다니는 사이. 또는 그러한 친구.
hubungan yang sangat dekat hingga selalu bersama-sama, atau untuk menyebut teman yang demikian

단짝 친구.
단짝을 찾다.
단짝으로 지내다.

예문
- 우리 딸들은 자매이지만 친구처럼 서로 단짝으로 지낸다.
  Anak-anak perempuan kami adalah kakak beradik, namun mereka bergaul layaknya teman akrab.

출산 kelahiran, persalinan

아이를 낳음.
proses melahirkan anak

출산의 기쁨.
출산 예정일.
출산 준비.

예문
- 언니는 다음 달에 둘째 아이의 출산을 앞두고 있다.
  Kakak perempuanku akan melahirkan anak keduanya bulan depan.

눈물 air mata

사람이나 동물의 눈에서 흘러나오는 맑은 액체.
cairan bening yang mengalir ke luar dari mata manusia atau hewan

감동의 눈물.
뜨거운 눈물.
눈물이 나다.

예문
- 어머니가 사고를 당하신 날, 나는 흐르는 눈물을 참을 수가 없었다.
  Aku tidak bisa menahan air mataku yang menetes di hari ibuku mengalami kecelakaan.

승객 penumpang

자동차, 열차, 비행기, 배 등에 타는 손님.
orang yang naik bus, taksi, kereta, pesawat, dsb

버스 승객.
지하철 승객.
승객이 탑승하다.

예문
- 승객 여러분, 잠시 후 기차가 출발할 예정이니 안전벨트를 착용해 주시기 바랍니다.
  Para penumpang diharap menggunakan sabuk pengaman karena kereta akan segera berangkat.

느낌 perasaan

몸이나 마음에서 일어나는 기분이나 감정.
perasaan atau emosi yang muncul dari dalam tubuh atau hati

귀여운 느낌.
따뜻한 느낌.
좋은 느낌.

예문
- 항상 남을 배려하는 지수의 행동을 보면 마음속에서 따뜻한 느낌이 생겨난다.
  Setiap melihat tindakan Jisu yang selalu memikirkan orang lain memunculkan perasaan hangat di hatiku.

DAY 31

어휘 활용 연습 — Latihan Penggunaan Kosakata

✏️ **[보기]에서 알맞은 어휘를 골라 문장 안에 쓰십시오.**
Pilihlah kosakata yang tepat dalam [Contoh] dan tuliskan dalam kalimat.

[보기]	박수 출발 연휴 식사 격려 병실 업체 중심 출산 눈물

1. 어머니가 사고를 당하신 날, 나는 흐르는 ___을 참을 수가 없었다.
2. 친구에게서 따뜻한 ___를 들으니 힘이 다시 생긴다.
3. 짜고 매운 ___는 건강에 좋지 않다.
4. 지수는 꽃을 들고 친구의 ___에 찾아갔다.
5. 우리 회사는 이번 심사에서 모범 ___로 선정이 되었다.
6. 언니는 다음 달에 둘째 아이의 ___을 앞두고 있다.
7. 신랑과 신부는 하객들이 보내는 축복의 ___ 속에서 행복해 하였다.
8. 달리기의 ___을 알리는 총 소리가 울러 퍼졌다.
9. 나는 도시 ___에서 조금 벗어나 한적하고 조용한 동네로 이사를 왔다.
10. 긴 ___ 기간이 시작되자 사람들은 모두 여행을 떠났다.

✏️ **어휘에 맞는 의미를 찾아 선으로 이어 보세요.**
Temukan arti yang sesuai dengan kosakata dan hubungkan dengan garis.

1. 관계 • • ㄱ. 둘 이상의 사람, 사물, 현상 등이 서로 관련을 맺음. 또는 그런 관련.
2. 교실 • • ㄴ. 목적한 것을 이룸.
3. 느낌 • • ㄷ. 몸이나 마음에서 일어나는 기분이나 감정.
4. 단짝 • • ㄹ. 시간을 나타내는 기계.
5. 달성 • • ㅁ. 아주 친해서 항상 함께 다니는 사이. 또는 그러한 친구.
6. 승객 • • ㅂ. 유치원, 초등학교, 중학교, 고등학교에서 교사가 학생들을 가르치는 방.
7. 시계 • • ㅅ. 일을 하지 않는 시간. 또는 일을 하는 중간에 생기는 여유로운 시간.
8. 여가 • • ㅇ. 자동차, 열차, 비행기, 배 등에 타는 손님.
9. 저녁 • • ㅈ. 해가 지기 시작할 때부터 밤이 될 때까지의 동안.
10. 참석 • • ㅊ. 회의나 모임 등의 자리에 가서 함께함.

DAY 31 어휘 암기 확인! Pemeriksaan Hafalan Kosakata

단어	번역	암기확인
박수		
출발		
교실		
달성		
연휴		
식사		
여가		
관계		
격려		
병실		
저녁		
시계		
업체		
중심		
참석		
단짝		
출산		
눈물		
승객		
느낌		

 어휘 활용 연습 정답   Kunci Jawaban Latihan Penggunaan Kosakata

 [보기]에서 알맞은 어휘를 골라 문장 안에 쓰십시오.
Pilihlah kosakata yang tepat dalam [Contoh] dan tuliskan dalam kalimat.
1) 눈물   2) 격려   3) 식사   4) 병실   5) 업체
6) 출산   7) 박수   8) 출발   9) 중심   10) 연휴

✏️ 어휘에 맞는 의미를 찾아 선으로 이어 보세요.
Temukan arti yang sesuai dengan kosakata dan hubungkan dengan garis.
1) ㄱ   2) ㅂ   3) ㄷ   4) ㅁ   5) ㄴ
6) ㅇ   7) ㄹ   8) ㅅ   9) ㅈ   10) ㅊ

 관용어 Idiom

인간은 만물의 척도
Manusia adalah standar segalanya

> 의미 인간이 모든 것을 판단하는 기준이 됨.
> Manusia menjadi standar penilaian segala sesuatu.

씨는 속일 수 없다.
Usul menunjukkan asal (asal tidak dapat berbohong).

> 의미 유전으로 이어받는 집안 내력은 숨기려 해도 숨길 수 없다.
> Tidak bisa menyembunyikan asal usul keluarga yang diturunkan meskipun mencoba untuk menyembunyikannya.

DAY 32
32일차

음악	음악	음악
거울	거울	거울
흡수	흡수	흡수
음식	음식	음식
시골	시골	시골
연상	연상	연상
투자	투자	투자
극복	극복	극복
부자	부자	부자
기사	기사	기사
일과	일과	일과
피서	피서	피서
동네	동네	동네
수정	수정	수정
비만	비만	비만
소아	소아	소아
봉지	봉지	봉지
시험	시험	시험
일행	일행	일행
단원	단원	단원

음악　lagu (musik)

목소리나 악기로 박자와 가락이 있게 소리 내어 생각이나 감정을 표현하는 예술.
seni yang menyampaikan pikiran atau perasaan dengan menghasilkan bunyi yang berirama dan bermelodi dengan suara atau alat musik

음악 교육.
음악 시간.
음악을 감상하다.

예문
- 어릴 적부터 피아노를 배워 온 언니는 음악을 공부하러 유학을 떠났다.
  Kakak perempuanku yang telah belajar piano sejak kecil pergi belajar ke luar negeri untuk mempelajari musik.

거울　cermin, kaca

물체의 모양을 비추어 보는 얇고 평평한 물건.
benda yang tipis dan datar yang merefleksikan bentuk suatu benda lain

대형 거울.
거울을 들여다보다.
거울을 보다.

예문
- 거울에 비친 남자의 모습이 행복해 보였다.
  Bayangan pria yang terpantul di cermin terlihat bahagia.

흡수　penghisapan, penyerapan

안이나 속으로 빨아들임.
hal menghisap ke dalam

흡수 능력.
흡수 속도.
흡수 장치.

예문
- 카페인 흡수 속도는 사람마다 달라 커피를 조금만 마셔도 잠을 못 자는 사람도 있다.
  Karena kecepatan penyerapan kafein setiap orang berbeda-beda, ada orang yang tidak bisa tidur meskipun hanya meminum sedikit kopi.

음식　makanan

밥이나 국 등과 같이 사람이 끼니때 먹는 것.
sesuatu yang dimakan seperti nasi atau sup dsb saat orang makan

음식이 맛있다.
음식을 끓이다.
음식을 먹다.

예문
- 우리는 집에 놀러온 손님들을 위해 점심으로 맛있는 음식을 대접했다.
  Kami menyuguhkan hidangan yang enak sebagai makan siang untuk tamu-tamu yang datang berkunjung ke rumah kami.

시골　desa, kampung

도시에서 떨어져 있어 인구가 적고 개발이 덜 된 곳.
tempat yang jauh dari kota, berpenduduk sedikit, dan kurang berkembang

공기 좋은 시골.
물 맑은 시골.
한적한 시골.

예문
- 아버지는 회사를 그만두시고 조그마한 시골 마을에서 농사를 짓고 계신다.
  Kami menyuguhkan makanan yang enak sebagai makan siang untuk tamu-tamu yang datang berkunjung ke rumah kami.

연상   lebih tua, orang lebih tua

자기보다 나이가 많음. 또는 그런 사람.
hal umur yang lebih banyak daripada diri sendiri, atau orang yang demikian

연상의 연인.
연상이 편하다.
연상을 만나다.

예문
- 아버지는 <u>연상</u>과 결혼하겠다는 형의 뜻을 반대하셨다.
  Ayah menentang maksud kakak untuk menikah dengan orang yang lebih tua.

투자   investasi, penanaman modal

이익을 얻기 위해 어떤 일이나 사업에 돈을 대거나 시간이나 정성을 쏟음.
hal mengeluarkan uang atau mengorbankan waktu dan ketulusan untuk suatu pekerjaan atau usaha untuk mendapatkan usaha

교육 투자.
부동산 투자.
효율적 투자.

예문
- 주식을 살 때에는 전략적으로 <u>투자</u>를 하는 편이 좋다.
  Saat membeli saham, ada baiknya berinvetasi dengan strategis.

극복   penaklukan, penanganan, pengalahan

나쁜 조건이나 힘든 일 등을 이겨 냄.
hal berhasil mengalahkan halangan atau kesulitan dsb

가난 극복.
불황 극복.
시련 극복.

예문
- 어린아이들은 그 나름의 시련 <u>극복</u> 과정을 통해 성장해 나간다.
  Anak-anak kecil tumbuh melalui proses mengatasi permasalahan mereka sendiri.

부자   orang kaya

살림이 넉넉할 정도로 재산이 많은 사람.
orang yang memiliki banyak kekayaan sampai hidup dengan sangat mewah dan berlebihan

최고의 부자.
성공하여 부자가 되다.
부자를 부러워하다.

예문
- <u>부자</u>들 중에는 근검절약하는 습관을 가진 사람이 많다.
  Di antara orang-orang kaya, banyak orang yang memiliki kebiasaan berhemat.

기사   artikel

신문이나 잡지 등에서 어떠한 사실을 알리는 글.
tulisan untuk memberitahukan suatu fakta di surat kabar seperti koran, majalah

경제 기사.
신문 기사.
인터뷰 기사.

예문
- 오늘 신문에 어젯밤 화재 사건에 관한 짧은 <u>기사</u>가 실렸다.
  Ada artikel pendek tentang kasus kebakaran semalam di koran hari ini.

일과 jadwal, tugas harian, kegiatan harian

정해 놓고 날마다 하는 일.
hal yang dilakukan setiap hari

하루 일과.
새로운 일과.
일과가 끝나다.

예문
- 나는 매일 아침에 운동하는 것을 일과로 정해 놓았다.
  Aku menjadikan olahraga setiap pagi sebagai rutinitasku.

피서 liburan musim panas

더위를 피해 시원한 곳으로 감.
hal pergi ke tempat yang segar untuk menghindari panas

피서를 가다.
피서를 떠나다.
피서를 즐기다.

예문
- 휴가 내내 비가 오는 바람에 올해 피서 계획은 엉망이 됐다.
  Rencana liburan musim panas tahun ini gagal total karena hujan turun sepanjang liburan.

동네 kompleks, perumahan

사람들이 생활하는 여러 집이 모여 있는 곳.
tempat rumah-rumah berkumpul, ditinggali orang-orang

산골 동네.
같은 동네.
친구네 동네.

예문
- 현우는 인사성이 밝아 동네 어른들에게 예의 바른 아이라고 칭찬을 듣는다.
  Karena Hyeonwu rajin memberi salam, orang-orang dewasa di lingkungan sekitar memujinya sebagai anak yang sopan.

수정 penyuntingan, koreksi

잘못된 것을 바로잡거나 다듬어서 바르게 고침.
hal menangkap dan membetulkan tulisan atau hal yang salah

계획의 수정.
근본적인 수정.
수정이 되다.

예문
- 최 작가는 감독의 시나리오 수정 요구를 들어주지 않았다.
  Penulis Choi tidak memenuhi permintaan sutradara untuk mengubah skenario.

비만 kegemukan (obesitas, kegemukan)

살이 쪄서 몸이 뚱뚱함.
lemak bertambah dan tubuh menggemuk

비만 아동.
비만 클리닉.
복부 비만.

예문
- 비만은 모든 병의 원인이 될 수 있다.
  Obesitas bisa menjadi penyebab semua penyakit.

소아   anak-anak, balita, bayi

나이가 어린 아이.
anak yang berusia muda

소아 병동.
소아를 돌보다.
소아를 위하다.

예문
- 나는 자원봉사를 하면서 몸이 아픈 <u>소아</u>를 돌보는 일을 맡았다.
  Sembari melakukan kegiatan sukarela, aku bertanggung jawab untuk mengurus anak-anak yang sakit.

봉지   kantong (bungkus, kantong)

안에 물건을 넣을 수 있게 종이나 비닐 등으로 만든 주머니.
kantong yang terbuat dari kertas atau plastik dsb untuk memasukkan sesuatu ke dalamnya

쇼핑 봉지.
쓰레기 봉지.
종이 봉지.

예문
- 동생은 라면 <u>봉지</u>를 뜯어 면을 끓는 물에 넣었다.
  Adik membuka bungkus mie lalu memasukkan mie ke dalam air mendidih.

시험   ujian

문제, 질문, 실제의 행동 등의 일정한 절차에 따라 지식이나 능력을 검사하고 평가하는 일.
pekerjaan mengukur dan menilai pengetahuan atau kemampuan sesuai dengan prosedur yang ditetapkan, baik soalnya, pertanyaannya, maupun dari sikap

국어 시험.
논술 시험.
면접 시험.

예문
- 그는 며칠 남지 않은 <u>시험</u>에 대비해 도서관에서 열심히 공부했다.
  Dia belajar dengan giat di perpustakaan untuk mempersiapkan ujian yang tinggal beberapa hari lagi.

일행   grup, kelompok, partai (rombongan, grup, kelompok)

함께 길을 가는 사람. 또는 그 무리.
orang atau grup yang berjalan di jalan yang sama

일행이 있다.
일행을 데려가다.
일행과 헤어지다.

예문
- <u>일행</u>이 모두 약속한 시간에 도착했다.
  Para rombongan semuanya tiba di waktu yang telah dijanjikan.

단원   bagian, satuan, unit (bab, bagian, satuan, unit)

서로 관련이 있는 주제나 내용을 중심으로 묶은 학습 단위.
satuan pelajaran yang disusun berdasarkan tema atau muatan yang saling berhubungan

한 단원.
단원을 마치다.
단원을 시작하다.

예문
- 우리는 영어 시간에 한 <u>단원</u>으로 끝날 때마다 시험을 본다.
  Di kelas Bahasa Inggris, kami mengikuti ujian setiap kali selesai mempelajari satu bab.

DAY 32

어휘 활용 연습 — Latihan Penggunaan Kosakata

✏️ [보기]에서 알맞은 어휘를 골라 문장 안에 쓰십시오.
Pilihlah kosakata yang tepat dalam [Contoh] dan tuliskan dalam kalimat.

[보기]	거울 흡수 연상 투자 기사 일과 수정 비만 시험 일행

1. 카페인 ___ 속도는 사람마다 달라 커피를 조금만 마셔도 잠을 못 자는 사람도 있다.
2. 주식을 살 때에는 전략적으로 ___를 하는 편이 좋다.
3. ___이 모두 약속한 시간에 도착했다.
4. 나는 매일 아침에 운동하는 것을 ___로 정해 놓았다.
5. 아버지는 ___과 결혼하겠다는 형의 뜻을 반대하셨다.
6. 그는 며칠 남지 않은 ___에 대비해 도서관에서 열심히 공부했다.
7. 최 작가는 감독의 시나리오 ___ 요구를 들어주지 않았다.
8. ___은 모든 병의 원인이 될 수 있다.
9. 오늘 신문에 어젯밤 화재 사건에 관한 짧은 ___가 실렸다.
10. ___에 비친 남자의 모습이 행복해 보였다.

✏️ 어휘에 맞는 의미를 찾아 선으로 이어 보세요.
Temukan arti yang sesuai dengan kosakata dan hubungkan dengan garis.

1. 피서 •   • ㄱ. 안에 물건을 넣을 수 있게 종이나 비닐 등으로 만든 주머니.
2. 음악 •   • ㄴ. 서로 관련이 있는 주제나 내용을 중심으로 묶은 학습 단위.
3. 음식 •   • ㄷ. 살림이 넉넉할 정도로 재산이 많은 사람.
4. 시골 •   • ㄹ. 사람들이 생활하는 여러 집이 모여 있는 곳.
5. 소아 •   • ㅁ. 밥이나 국 등과 같이 사람이 끼니때 먹는 것.
6. 부자 •   • ㅂ. 목소리나 악기로 박자와 가락이 있게 소리 내어 생각이나 감정을 표현하는 예술.
7. 봉지 •   • ㅅ. 도시에서 떨어져 있어 인구가 적고 개발이 덜 된 곳.
8. 동네 •   • ㅇ. 더위를 피해 시원한 곳으로 감.
9. 단원 •   • ㅈ. 나이가 어린 아이.
10. 극복 •   • ㅊ. 나쁜 조건이나 힘든 일 등을 이겨 냄.

DAY 32

어휘 암기 확인 — Pemeriksaan Hafalan Kosakata

단어	번역	암기확인
음악		
거울		
흡수		
음식		
시골		
연상		
투자		
극복		
부자		
기사		
일과		
피서		
동네		
수정		
비만		
소아		
봉지		
시험		
일행		
단원		

 어휘 활용 연습 정답 **Kunci Jawaban Latihan Penggunaan Kosakata**

✏️ [보기]에서 알맞은 어휘를 골라 문장 안에 쓰십시오.
Pilihlah kosakata yang tepat dalam [Contoh] dan tuliskan dalam kalimat.

1) 흡수   2) 투자   3) 일행   4) 일과   5) 연상
6) 시험   7) 수정   8) 비만   9) 기사   10) 거울

✏️ 어휘에 맞는 의미를 찾아 선으로 이어 보세요.
Temukan arti yang sesuai dengan kosakata dan hubungkan dengan garis.

1) ㅇ   2) ㅂ   3) ㅁ   4) ㅅ   5) ㅈ
6) ㄷ   7) ㄱ   8) ㄹ   9) ㄴ   10) ㅊ

 관용어 **Idiom**

물인지 불인지 모르다.
Tidak bisa membedakan air dan api.

> 의미 사리를 분간하지 못하거나 따져 보지 않고 함부로 행동하다.
> Tidak bisa membedakan situasi atau bertindak seenaknya.

온 세상을 얻은 듯
Seperti mendapatkan seluruh dunia

> 의미 세상에 부러울 것 하나 없이 매우 만족해하는 것처럼.
> Seperti menjadi sangat puas dan tidak ada yang membuat iri di dunia ini.

DAY 33

33일차

절차	절차	절차
무료	무료	무료
실전	실전	실전
최선	최선	최선
꽃밭	꽃밭	꽃밭
교통	교통	교통
강조	강조	강조
조심	조심	조심
인구	인구	인구
제목	제목	제목
제품	제품	제품
생활	생활	생활
자식	자식	자식
토끼	토끼	토끼
모든	모든	모든
번호	번호	번호
교환	교환	교환
영상	영상	영상
풍습	풍습	풍습
가치	가치	가치

절차 proses, prosedur

일을 해 나갈 때 거쳐야 하는 순서나 방법.
urutan atau cara yang harus ditempuhi ketika melakukan sesuatu

신청 절차.
출입국 절차.
법적 절차.

예문
- 입학 절차에 따라 서류 전형 후에 면접이 있을 예정이다.
  Apabila mengikuti proses penerimaan, wawancara akan diadakan setelah seleksi dokumen.

무료 gratis, tanpa bayaran

요금이 없음.
hal tidak ada ongkos

무료 강습.
무료 강좌.
무료 대여.

예문
- 오늘은 박물관을 무료로 개방하는 날이다.
  Hari ini adalah hari museum dibuka secara gratis.

실전 pertarungan langsung (pertandingan yang sebenarnya)

실제의 싸움이나 겨룸.
perkelahian atau pertarungan secara nyata/sebenarnya

실전 경험.
실전 상황.
실전에 강하다.

예문
- 국가 대표 축구 팀은 실전을 앞두고 강도 높은 훈련을 하였다.
  Tim sepak bola nasional berlatih keras sebelum melakukan pertandingan yang sebenarnya.

최선 terbaik, usaha terbaik

여럿 가운데서 가장 낫거나 좋음. 또는 그런 일.
hal paling bagus atau baik dari beberapa, atau pekerjaan yang demikian

최선의 결과.
최선의 길.
최선의 선택.

예문
- 나는 글을 잘 쓰기 위한 최선의 방법으로 꾸준히 책을 읽었다.
  Aku rajin membaca buku sebagai cara terbaik untuk menulis dengan baik.

꽃밭 kebun bunga, taman bunga

꽃이 많이 피어있거나 꽃을 심어 가꾸어 놓은 곳.
tempat budi daya bunga atau tempat yang banyak bunga bermekaran

아름다운 꽃밭.
꽃밭을 걷다.
꽃밭을 만들다.

예문
- 도심에 조성한 꽃밭에는 봄이 되면 알록달록한 꽃들이 만개했다.
  Bunga-bunga warna-warni bermekaran di taman bunga yang ada di tengah kota saat musim semi.

교통　lalu lintas

자동차, 기차, 배, 비행기 등의 탈것을 이용하여 사람이나 짐이 오고 가는 일.
hal orang atau barang datang dan pergi menggunakan sesuatu yang dinaiki seperti mobil, kereta, kapal, pesawat, dsb

도로 교통.
항공 교통.
현지 교통.

예문
- 그 도시는 유명한 관광 도시이지만 길이 좁고 차가 많아서 교통이 불편하다.
  Meskipun merupakan kota pariwisata yang terkenal, lalu lintas kota itu tidak nyaman karena jalannya sempit dan banyak mobil.

강조　penekanan

어떤 것을 특히 두드러지게 하거나 강하게 주장함.
suatu tindakan memunculkan sesuatu secara khusus atau memberikan pendapat secara kuat.

강조가 되다.
강조를 두다.
강조를 하다.

예문
- 선생님께서는 문학 작품의 내용보다는 형식에 강조를 두고 설명하셨다.
  Bukan pada isi karya sastranya, Guru menjelaskan dengan lebih menekankan pada bentuknya.

조심　kehati-hatian, hati-hati

좋지 않은 일을 겪지 않도록 말이나 행동 등에 주의를 함.
hal memberikan perhatian pada perkataan atau tindakan dsb agar tidak terkena hal buruk

운전 조심.
조심이 되다.
조심이 많다.

예문
- 자는 동생이 깰까 봐 발소리가 나지 않게 조심을 해서 방을 나왔다.
  Aku keluar dari kamar dengan berhati-hati agar tidak membuat suara langkah kaki karena takut membangunkan adikku yang tidur.

인구　jumlah penduduk

정해진 지역에 살고 있는 사람의 수.
angka orang yang tinggal di daerah yang telah ditentukan

도시 인구.
인구 과잉.
인구 구성.

예문
- 지나치게 많은 인구의 이동은 도시에 큰 문제를 만들고 있다.
  Pergerakan jumlah penduduk yang berlebihan menciptakan masalah besar bagi kota.

제목　judul

글이나 영화, 공연 등에서, 중심이 되는 내용을 나타내기 위해 붙이는 이름.
nama yang dilekatkan untuk menunjukkan isi yang menjadi pusat di dalam tulisan atau film, pertunjukan, dsb

드라마 제목.
소설 제목.
영화 제목.

예문
- 김 교수는 '대학생 자원봉사'라는 제목으로 특강을 열었다.
  Profesor Kim membuka kuliah khusus bertemakan 'Relawan Mahasiswa'.

제품 produk

재료를 사용해서 물건을 만듦. 또는 그렇게 만든 물건.
hal menggunakan bahan baku kemudian membuatnya menjadi barang, atau barang yang dibuat dengan cara demikian

좋은 제품.
제품을 만들다.
제품을 생산하다.

예문
- 가격이 싼 제품을 원하는 사람들은 대형 마트 대신 시장을 찾았다.
  Orang-orang yang menginginkan produk murah lebih memilih pergi ke pasar daripada ke supermarket.

생활 kehidupan

사람이나 동물이 일정한 곳에서 살아감.
hal orang atau hewan tinggal di tempat tertentu

어려운 생활.
행복한 생활.
생활 방식.

예문
- 우리 모두는 행복한 생활을 위해 노력하며 살아간다.
  Kita semua hidup sambil berusaha demi kehidupan yang bahagia.

자식 anak, anak-anak

아들과 딸. 또는 아들이나 딸.
anak laki-laki dan perempuan, atau anak laki-laki atau anak perempuan

우리 자식.
제 자식.
귀여운 자식.

예문
- 나에게는 가족으로 부모님과 아내 그리고 세 자식이 있다.
  Keluargaku terdiri dari orang tua, istri, dan ketiga anakku.

토끼 kelinci

귀가 길고 뒷다리가 앞다리보다 발달하였으며 꼬리는 짧은 동물.
binatang yang bertelinga panjang dan berkaki belakang lebih panjang daripada kaki depan, dan berekor pendek

토끼가 뛰다.
토끼를 놓아주다.
토끼를 잡다.

예문
- 토끼는 기다란 귀를 쫑긋 세우고 경계를 늦추지 않았다.
  Kelinci itu terus waspada sambil menegakkan telinganya yang panjang.

모든 semua, seluruh

빠지거나 남는 것 없이 전부인.
semua tanpa ada yang terlewat atau tersisa

모든 것.
모든 사람.
모든 일.

예문
- 나는 내가 알고 있는 모든 지식을 남김없이 아이들에게 가르쳐 주고 싶었다.
  Aku ingin mengajari anak-anakku semua pengetahuan yang aku tahu tanpa terkecuali.

번호   nomor

차례를 나타내거나 서로 다른 것과 구별하기 위해 붙이는 숫자.
angka yang digunakan untuk menunjukkan urutan atau untuk membedakan satu dengan yang lain

신청 번호.
여권 번호.
우편 번호.

예문

- 문제를 듣고 일 번부터 사 번까지의 보기 중에서 맞는 것의 <u>번호</u>를 골라 쓰세요.
  Dengarkan pertanyaannya lalu pilih jawaban yang benar di antara nomor satu sampai empat.

교환   penukaran, penggantian

무엇을 다른 것으로 바꿈.
hal menukar sesuatu ke sesuatu yang lain

교환 주기.
교환과 환불.
교환이 되다.

예문

- 경쟁사에 우리 측 기밀을 넘기면서 거액과 <u>교환</u>을 한 직원이 밝혀졌다.
  Karyawan yang memberitahukan rahasia perusahaan kami ke pesaing dan menukarnya dengan uang berjumlah besar telah terungkap.

영상   suhu di atas 0 derajat Celcius

섭씨 0도 이상인 온도.
suhu di atas 0 derajat celcius

화려한 영상.
영상 시대.
영상 편지.

예문

- 내일은 낮 최고 기온이 <u>영상</u> 십오 도에 이를 것으로 보입니다.
  Besok suhu tertinggi di siang hari mencapai 15 derajat di atas nol.

풍습   adat istiadat, kebiasaan

풍속과 습관.
adat dan kebiasaan

생활 풍습.
풍습이 있다.
풍습이 변하다.

예문

- 내가 태어난 나라에는 사람들이 꼭 낮잠을 자는 <u>풍습</u>이 있었다.
  Di negara tempat kelahiranku terdapat kebiasaan di mana orangorang selalu tidur siang.

가치   nilai (nilai, harga)

값이나 귀중한 정도.
taraf harga

교환 가치.
상품 가치.
가치가 높다.

예문

- 금 <u>가치</u>가 많이 올라서 어머니는 집에 있는 금붙이를 모두 내다 팔았다.
  Ibu menjual semua perhiasan emas yang ada di rumah karena harga emas sangat naik.

어휘 활용 연습
Latihan Penggunaan Kosakata

✏️ [보기]에서 알맞은 어휘를 골라 문장 안에 쓰십시오.
Pilihlah kosakata yang tepat dalam [Contoh] dan tuliskan dalam kalimat.

| [보기] | 절차 | 무료 | 꽃밭 | 교통 | 인구 | 제목 | 자식 | 토끼 | 교환 | 영상 |

1. ___는 기다란 귀를 쫑긋 세우고 경계를 늦추지 않았다.
2. 오늘은 박물관을 ___로 개방하는 날이다.
3. 내일은 낮 최고 기온이 ___ 십오 도에 이를 것으로 보입니다.
4. 경쟁사에 우리 측 기밀을 넘기면서 거액과 ___을 한 직원이 밝혀졌다.
5. 지나치게 많은 ___의 이동은 도시에 큰 문제를 만들고 있다.
6. 입학 ___에 따라 서류 전형 후에 면접이 있을 예정이다.
7. 도심에 조성한 ___에는 봄이 되면 알록달록한 꽃들이 만개했다.
8. 나에게는 가족으로 부모님과 아내 그리고 세 ___이 있다.
9. 김 교수는 '대학생 자원봉사'라는 ___으로 특강을 열었다.
10. 그 도시는 유명한 관광 도시이지만 길이 좁고 차가 많아서 ___이 불편하다.

✏️ 어휘에 맞는 의미를 찾아 선으로 이어 보세요.
Temukan arti yang sesuai dengan kosakata dan hubungkan dengan garis.

1. 가치 • • ㄱ. 값이나 귀중한 정도.
2. 강조 • • ㄴ. 빠지거나 남는 것 없이 전부인.
3. 모든 • • ㄷ. 사람이나 동물이 일정한 곳에서 살아감.
4. 번호 • • ㄹ. 실제의 싸움이나 겨룸.
5. 생활 • • ㅁ. 어떤 것을 특히 두드러지게 하거나 강하게 주장함.
6. 실전 • • ㅂ. 여럿 가운데서 가장 낫거나 좋음. 또는 그런 일.
7. 제품 • • ㅅ. 재료를 사용해서 물건을 만듦. 또는 그렇게 만든 물건.
8. 조심 • • ㅇ. 좋지 않은 일을 겪지 않도록 말이나 행동 등에 주의를 함.
9. 최선 • • ㅈ. 차례를 나타내거나 서로 다른 것과 구별하기 위해 붙이는 숫자.
10. 풍습 • • ㅊ. 풍속과 습관.

어휘 암기 확인 — Pemeriksaan Hafalan Kosakata

단어	번역	암기확인
절차		
무료		
실전		
최선		
꽃밭		
교통		
강조		
조심		
인구		
제목		
제품		
생활		
자식		
토끼		
모든		
번호		
교환		
영상		
풍습		
가치		

 어휘 활용 연습 정답 **Kunci Jawaban Latihan Penggunaan Kosakata**

 [보기]에서 알맞은 어휘를 골라 문장 안에 쓰십시오.
Pilihlah kosakata yang tepat dalam [Contoh] dan tuliskan dalam kalimat.

1) 토끼   2) 무료   3) 영상   4) 교환   5) 인구
6) 절차   7) 꽃밭   8) 자식   9) 제목   10) 교통

 어휘에 맞는 의미를 찾아 선으로 이어 보세요.
Temukan arti yang sesuai dengan kosakata dan hubungkan dengan garis.

1) ㄱ   2) ㅁ   3) ㄴ   4) ㅈ   5) ㄷ
6) ㄹ   7) ㅅ   8) ㅇ   9) ㅂ   10) ㅊ

 관용어 **Idiom**

가슴이 콩알만 해지다.
Hatinya menciut.

의미 불안하고 초조하여 움츠러들다.
Menciut karena tidak tenang dan gelisah.

마음의 문을 열다.
Membuka pintu hati.

의미 거리감을 없애고 다른 사람을 받아들일 태도가 되어 있다.
Menghilangkan jarak dan bisa menerima orang lain.

34일차

입원	입원	입원
자격	자격	자격
치과	치과	치과
역사	역사	역사
본래	본래	본래
대중	대중	대중
서해	서해	서해
분야	분야	분야
점심	점심	점심
인상	인상	인상
취직	취직	취직
의학	의학	의학
강습	강습	강습
반도	반도	반도
회사	회사	회사
정신	정신	정신
정상	정상	정상
정돈	정돈	정돈
전철	전철	전철
소개	소개	소개

입원 masuk rumah sakit, perawatan di rumah sakit

병을 고치기 위해 일정 기간 병원에 들어가 지냄.
masuk ke rumah sakit dan melewatkan waktu selama beberapa periode untuk menyembuhkan penyakit (digunakan sebagai kata benda)

입원 기간.
입원 생활.
입원 환자.

예문
- 어머니의 치매 증상이 심해지자 의사는 요양 병원에 입원을 권했다.
  Dokter menyarankan untuk merawat ibu di panti jompo karena gejala Alzheimer Ibu semakin parah.

자격 status, posisi, jabatan, kualifikasi

일정한 신분이나 지위.
status atau posisi tertentu

보호자 자격.
아버지 자격.
주인 자격.

예문
- 나는 우리 회사의 대표 자격으로 회의에 참석하였다.
  Aku menghadiri rapat sebagai perwakilan dari perusahaan kami.

치과 kedokteran gigi, dokter gigi

이와 더불어 잇몸 등의 지지 조직, 구강 등의 질병을 치료하는 의학 분야. 또는 그 분야의 병원.
bidang ilmu kedokteran yang mengobati penyakit gigi, gusi, rongga mulut, dan sebagainya. Atau rumah sakit untuk bidang itu.

치과 대학.
치과 의사.
치과를 가다.

예문
- 단것을 좋아하는 동생은 이가 썩어서 치과에 갔다.
  Adik yang menyukai makanan manis pergi ke dokter gigi karena giginya berlubang.

역사 sejarah

인간 사회가 시간이 지남에 따라 흥하고 망하면서 변해 온 과정. 또는 그 기록.
proses manusia berkembang dan hancur seiring berjalannya waktu, atau catatan yang demikian

세계의 역사.
인류의 역사.
한국의 역사.

예문
- 나라를 바로 세우려면 지나온 민족의 역사를 바로 알아야 한다.
  Untuk mendirikan negara yang baik, kita harus mengetahui sejarah bangsa yang telah berlalu.

본래 pada dasarnya (pada dasarnya, asli)

바뀌기 전의 또는 전하여 내려온 그 처음.
awal sebelum terjadinya perubahan atau sebelum disampaikan dan diturunkan

본래의 마음.
본래의 모습.
본래의 얼굴.

예문
- 이십 년 만에 찾은 고향은 본래의 모습과는 너무나 멀어져서 낯설었다.
  Kampung halaman yang kudatangi setelah 20 tahun lamanya terasa asing karena sangat berbeda dengan penampakan aslinya.

대충 perkiraan, perkiraan kasar

대충 어림잡아 헤아림.
hitungan perkiraan kasar

대중을 잡다.
대중으로 계산하다.
대중으로 길이를 파악했다.

예문

- 몇십 년 동안 초밥을 만들었다는 주방장이 <u>대중</u>으로 쥔 밥의 양은 항상 일정했다.
  Jumlah nasi yang dibuat dengan perkiraan oleh kepala koki yang katanya telah membuat sushi selama puluhan tahun selalu sama.

서해 laut barat (Laut Barat)

서쪽에 있는 바다.
laut yang ada di sebelah barat

서해 여행.
서해를 건너다.
서해에 가다.

예문

- 오늘은 <u>서해</u>에 파도가 심하게 쳐서 고기잡이를 나갈 수 없었다.
  Hari ini aku tidak bisa pergi menangkap ikan karena ombak di Laut Barat sangat kencang.

분야 bidang

사회 활동을 어떠한 기준에 따라 나눈 범위나 부분 중의 하나.
lingkup atau bagian yang terbagi menurut standar kegiatan dalam masyarakat

관심 분야.
전공 분야.
분야가 다르다.

예문

- 지수는 미술의 여러 <u>분야</u> 중에서도 회화에 소질이 뛰어나다.
  Di antara berbagai bidang seni, Jisu memiliki kemampuan yang luar biasa di bidang melukis.

점심 makan siang

아침과 저녁 식사 중간에, 낮에 하는 식사.
makan yang dilakukan pada siang hari, di antara makan pagi dan makan malam

점심 시간.
점심을 먹다.
점심을 준비하다.

예문

- 고속도로를 운전하던 유민이는 휴게소에 들러서 <u>점심</u>을 간단하게 때웠다.
  Yumin yang mengemudi di jalan tol mampir ke area istirahat lalu makan siang seadanya.

인상 kesan

어떤 대상이 주는 느낌.
perasaan yang diberikan oleh suatu benda atau objek

나쁜 인상.
좋은 인상.
무뚝뚝한 인상.

예문

- 현우는 말투나 태도에서 무척 조심스러운 성격을 가진 듯한 <u>인상</u>이 풍긴다.
  Hyeonwu memiliki kesan seolah dia memiliki kepribadian yang sangat berhati-hati dalam berbicara maupun bertindak.

취직   mendapat pekerjaan (mendapat pekerjaan, masuk kerja)

일정한 직업을 얻어 직장에 나감.
hal mendapatkan pekerjaan atau tempat bekerja

취직 문제.
취직이 결정되다.
취직이 되다.

예문
- 나는 취직 후 받은 첫 월급으로 부모님께 선물을 사 드렸다.
  Aku membeli hadiah untuk orang tuaku dengan gaji pertama yang kudapatkan setelah masuk kerja.

의학   ilmu kedokteran

사람의 질병을 치료하고 예방하는 방법이나 이론, 기술 등을 연구하는 학문.
studi tentang teori, teknik, metode, dsb untuk mencegah dan mengobati penyakit pada manusia

기초 의학.
의학 박사.
의학 용어.

예문
- 현대 의학의 눈부신 발전에도 불구하고 여전히 치료할 수 없는 병이 많다.
  Masih banyak penyakit yang tidak bisa diobati terlepas dari kemajuan pengobatan modern yang luar biasa.

강습   pelatihan, kursus, kelas

일정한 기간 동안 어떤 지식이나 기술 등을 배우고 익히도록 가르침.
hal mempelajari sebuah pengetahuan, teknik, dsb serta mengajarkan agar dapat menguasainya dalam jangka waktu tertentu

개인 강습.
무료 강습.
강습을 받다.

예문
- 지수는 일주일에 세 번씩 학원에서 무용 강습을 받는다.
  Jisu mengikuti kelas menari di tempat kursus tiga kali seminggu.

반도   tanjung, semenanjung

바다쪽으로 좁게 튀어나온 삼면이 바다로 둘러싸이고 한 면은 육지에 이어진 땅.
tanah yang menjorok keluar dari daratan dan ketiga sisinya dikelilingi oleh laut sementara satu sisinya menyatu dengan daratan

작은 반도.
반도 땅.
하나의 반도이다.

예문
- 한국은 지리학적으로 보면 아시아 대륙에서 나온 하나의 반도이다.
  Dilihat dari ilmu geografis, Korea adalah semenanjung yang ada di Benua Asia.

회사   perusahaan

사업을 통해 이익을 얻기 위해 여러 사람이 모여 만든 법인 단체.
organisasi legal yang dibentuk oleh beberapa orang untuk mendapatkan keuntungan melalui usaha tertentu

금융 회사.
무역 회사.
보험 회사.

예문
- 회사가 잘 돌아가려면 사장과 직원이 한마음이 되어 일해야 한다.
  Agar perusahaan berjalan dengan baik, direktur dan karyawannya harus bekerja sebagai satu kesatuan.

정신　mental, jiwa, rohani

육체나 물질과 반대되는 영혼이나 마음.
jiwa atau perasaan yang merupakan lawan dari badan dan material

정신 세계.
정신을 느끼다.
정신을 분석하다.

예문
- 우리는 이런 그림 한 폭에서도 조상들의 정신을 느낄 수 있었다.
  Kita bisa merasakan jiwa para leluhur walau hanya dari satu gambar seperti ini.

정상　normal

특별히 바뀌어 달라진 것이나 탈이 없이 제대로인 상태.
keadaan biasa yang tanpa ada perubahan atau kelainan khas

정상 근무.
정상 수업.
정상 영업.

예문
- 우리 학교는 방학식 날에도 정상 수업을 하였다.
  Sekolah kami mengadakan kelas reguler bahkan pada hari libur.

정돈　perapian, pemberesan, kerapian

어지럽게 흩어진 것을 가지런히 바로잡아 정리함.
hal memungut dan mengatur dengan rapi apa yang tersebar dengan berantakan

책상 정돈.
정돈이 되다.
정돈을 하다.

예문
- 어머니는 손님들이 가신 후 설거지와 주방 정돈으로 바쁘셨다.
  Setelah para tamu pergi, Ibu sibuk cuci piring dan membersihkan dapur.

전철　kereta api listrik

전기의 힘으로 철길 위를 달리며 한 번에 많은 사람을 태울 수 있는 긴 차.
kendaraan yang bisa berjalan di atas rel dengan tenaga listrik dan bisa menaikkan banyak penumpang dengan sekali jalan

전철 노선.
전철 운행.
전철이 다니다.

예문
- 새롭게 개통된 고속 전철은 서울과 대전 사이를 한 시간 단축시켰다.
  Kereta api listrik cepat yang baru diresmikan mempercepat satu jam dari jarak tempuh Seoul – Daejeon.

소개　perkenalan

서로 모르는 사람들 사이에서 양쪽이 알고 지내도록 관계를 맺어 줌.
hal mengerahkan usaha agar dua sisi pekerjaan di antara dua hal berjalan dengan baik

소개를 받다.
소개를 하다.
소개로 알다.

예문
- 현우는 아버지 친구분께 직업 소개를 받아서 면접을 보고 취직했다.
  Karena diperkenalkan teman ayahnya pada suatu pekerjaan, Hyeonwu mendapatkan pekerjaan setelah diwawancara.

DAY 34 어휘 활용 연습 — Latihan Penggunaan Kosakata

✏️ [보기]에서 알맞은 어휘를 골라 문장 안에 쓰십시오.
Pilihlah kosakata yang tepat dalam [Contoh] dan tuliskan dalam kalimat.

[보기] 치과   역사   서해   분야   취직   의학   회사   정신   전철   소개

1. 지수는 미술의 여러 ___ 중에서도 회화에 소질이 뛰어나다.
2. 오늘은 ___에 파도가 심하게 쳐서 고기잡이를 나갈 수 없었다.
3. 현우는 아버지 친구분께 직업 ___를 받아서 면접을 보고 취직했다.
4. 나라를 바로 세우려면 지나온 민족의 ___를 바로 알아야 한다.
5. 현대 ___의 눈부신 발전에도 불구하고 여전히 치료할 수 없는 병이 많다.
6. 새롭게 개통된 고속 ___은 서울과 대전 사이를 한 시간 단축시켰다.
7. 우리는 이런 그림 한 폭에서도 조상들의 ___을 느낄 수 있었다.
8. 나는 ___ 후 받은 첫 월급으로 부모님께 선물을 사 드렸다.
9. 단것을 좋아하는 동생은 이가 썩어서 ___에 갔다.
10. ___가 잘 돌아가려면 사장과 직원이 한마음이 되어 일해야 한다.

✏️ 어휘에 맞는 의미를 찾아 선으로 이어 보세요.
Temukan arti yang sesuai dengan kosakata dan hubungkan dengan garis.

1. 강습 •   • ㄱ. 특별히 바뀌어 달라진 것이나 탈이 없이 제대로인 상태.
2. 대중 •   • ㄴ. 일정한 신분이나 지위.
3. 반도 •   • ㄷ. 일정 기간 동안 어떤 지식이나 기술 등을 배우고 익히도록 가르침.
4. 본래 •   • ㄹ. 어지럽게 흩어진 것을 가지런히 바로잡아 정리함.
5. 인상 •   • ㅁ. 어떤 대상이 주는 느낌.
6. 입원 •   • ㅂ. 아침과 저녁 식사 중간에, 낮에 하는 식사.
7. 자격 •   • ㅅ. 병을 고치기 위해 일정 기간 병원에 들어가 지냄.
8. 점심 •   • ㅇ. 바다쪽으로 좁게 튀어나온 삼면이 바다로 둘러싸이고 한 면은 육지에 이어진 땅.
9. 정돈 •   • ㅈ. 바뀌기 전의 또는 전하여 내려온 그 처음.
10. 정상 •   • ㅊ. 대충 어림잡아 헤아림.

DAY 34 어휘 암기 확인 — Pemeriksaan Hafalan Kosakata

단어	번역	암기확인
입원		
자격		
치과		
역사		
본래		
대중		
서해		
분야		
점심		
인상		
취직		
의학		
강습		
반도		
회사		
정신		
정상		
정돈		
전철		
소개		

 어휘 활용 연습 정답 **Kunci Jawaban Latihan Penggunaan Kosakata**

✎ [보기]에서 알맞은 어휘를 골라 문장 안에 쓰십시오.
Pilihlah kosakata yang tepat dalam [Contoh] dan tuliskan dalam kalimat.

1) 분야   2) 서해   3) 소개   4) 역사   5) 의학
6) 전철   7) 정신   8) 취직   9) 치과   10) 회사

✎ 어휘에 맞는 의미를 찾아 선으로 이어 보세요.
Temukan arti yang sesuai dengan kosakata dan hubungkan dengan garis.

1) ㄷ   2) ㅊ   3) ㅇ   4) ㅈ   5) ㅁ
6) ㅅ   7) ㄴ   8) ㅂ   9) ㄹ   10) ㄱ

 관용어 **Idiom**

마음이 콩밭에 있다.
  Hatinya ke mana-mana.

  의미 지금 해야 하는 일이 아닌 다른 것에 생각이나 관심이 있다.
  Pikiran dan perhatian yang tertuju pada hal lain yang bukan pekerjaan yang harus dilakukan saat ini.

고생 끝에 낙이 온다.
  Penderitaan membawa kebahagiaan.

  의미 어려운 일이나 고된 일을 겪은 뒤에는 반드시 즐겁고 좋은 일이 생긴다.
  Setelah mengalami hal yang sulit dan rumit, pasti akan muncul hal yang baik dan menyenangkan.

DAY 35

35일차

지갑	지갑	지갑
전문	전문	전문
대표	대표	대표
충돌	충돌	충돌
할인	할인	할인
방학	방학	방학
부문	부문	부문
추천	추천	추천
설문	설문	설문
의식	의식	의식
구경	구경	구경
통장	통장	통장
태도	태도	태도
시간	시간	시간
환불	환불	환불
목표	목표	목표
침대	침대	침대
자신	자신	자신
우선	우선	우선
운행	운행	운행

지갑 dompet

돈, 카드, 명함 등을 넣어 가지고 다닐 수 있게 가죽이나 헝겊 등으로 만든 물건.
benda yang terbuat dari kulit atau kain dsb yang digunakan untuk menyimpan uang, kartu ATM, kartu nama, dan lain-lain

가죽 지갑.
동전 지갑.
지갑을 꺼내다.

예문
- 남자는 다른 사람의 주머니에서 현금이 든 지갑을 훔치려다가 경찰에게 붙잡혔다.
  Laki-laki itu ditangkap polisi saat berusaha mencuri dompet orang lain yang berisi uang tunai.

전문 ahli, profesional, bidang khusus, bidang

어떤 분야에 많은 지식과 경험을 가지고 그 분야만 연구하거나 맡음. 또는 그 분야.
hal memiliki pengetahuan dan pengalaman yang banyak di suatu bidang kemudian meneliti atau menjalani bidang tersebut saja, atau bidang yang demikian

전문 기관.
전문 서적.
전문 지식.

예문
- 약학을 전공한 민준이는 신약 개발을 전문으로 하는 연구소에서 일한다.
  Minjun yang mengambil jurusan Farmasi bekerja di lembaga penelitian khusus pengembangan obat jenis baru.

대표 perwakilan

전체의 상태나 특징을 어느 하나로 잘 나타냄. 또는 그런 것.
hal menunjukkan keadaan atau karakteristik keseluruhan dengan satu yang satu yang dianggap mewakili, atau sesuatu yang demikian

대표 작품.
대표로 꼽히다.
대표로 평가되다.

예문
- 그의 그림은 사실주의의 대표라고 평가된다.
  Lukisannya dinilai sebagai perwakilan aliran realisme.

충돌 tabrakan, tubrukan, perselisihan

서로 세게 맞부딪치거나 맞섬.
percekcokan, saling bertabrakan keras, saling berselisih keras

무력 충돌.
의견 충돌.
자동차 충돌.

예문
- 버스와 승용차의 충돌로 학교 앞 사거리의 정체가 매우 심합니다.
  Perempatan depan sekolah sangat macet karena tabrakan antara bus dan mobil.

할인 diskon, potongan harga

정해진 가격에서 얼마를 뺌.
hal memotong seberapa harga dari harga yang ditetapkan

할인 기간.
할인 상품.
할인 쿠폰.

예문
- 알뜰한 지수는 늘 할인 상품만 산다.
  Jisu yang hemat selalu membeli produk diskon saja.

방학   liburan

학교에서 한 학기가 끝나고 정해진 기간 동안 수업을 쉬는 것. 또는 그 기간.
beristirahat selama waktu yang ditentukan setelah satu periode pengajaran selesai, atau untuk menyebut periode yang demikian

즐거운 방학.
지루한 방학.
방학 계획.

예문
- 그는 <u>방학</u> 동안에 학기 중에는 하지 못했던 취미 생활을 마음껏 즐길 계획이다.
  Dia berencana menikmati hobinya yang tidak bisa dia lakukan di tengah semester sepuasnya selama liburan.

부문   cabang

어떤 분야를 구별하여 갈라놓은 특정한 부분이나 영역.
sub bagian dari sebuah bidang (ilmu, kerja)

공업 부문.
미술 부문.
음악 부문.

예문
- 지수는 이번 백일장에 나가서 수필 <u>부문</u>에서 입상하였다.
  Jisu mengikuti lomba mengarang kali ini dan memenangkan kategori esai.

추천   rekomendasi

어떤 조건에 알맞은 사람이나 물건을 책임지고 소개함.
tindakan memperkenalkan orang atau barang dengan bertanggung jawab

추천 메뉴.
추천 요리.
추천이 되다.

예문
- 현우의 <u>추천</u>으로 지수가 학급 회장 후보가 되었다.
  Jisu menjadi kandidat ketua kelas atas rekomendasi Hyeonwu.

설문   angket, kuesioner

어떤 사실을 조사하기 위해서 여러 사람에게 질문함. 또는 그러한 질문.
daftar pertanyaan atau isian untuk meneliti suatu kebenaran/fakta yang ditanyakan pada beberapa orang, atau untuk menyebutkan pertanyaan tersebut

설문 양식.
설문을 실시하다.
설문에 답하다.

예문
- 그녀는 자신의 연구를 위해 학생들에게 <u>설문</u>에 참여해 줄 것을 부탁했다.
  Perempuan itu meminta para siswa untuk berpartisipasi dalam survei untuk penelitiannya.

의식   upacara, acara

정해진 방법이나 절차에 따라 치르는 행사.
upacara yang diadakan menurut cara, metode, dan prosedur yang telah ditentukan sebelumnya

결혼 의식.
종교 의식.
전통적인 의식.

예문
- 요즘에는 미리 자기 자신의 장례 <u>의식</u>을 선택하고 준비하는 사람들이 늘고 있다.
  Akhir-akhir ini semakin banyak orang-orang yang memilih dan mempersiapkan terlebih dahulu upacara pemakamannya sendiri.

구경   jalan-jalan, melihat-lihat

흥미나 관심을 가지고 봄.
hal melihat karena memiliki kesukaan atau ketertarikan

거리 구경.
극장 구경.
마을 구경.

예문
- 나는 외국 친구에게 한국의 도심지 구경을 시켜 주었다.
  Aku mengajak jalan-jalan teman asing ke pusat kota Korea.

통장   buku rekening, buku tabungan

금융 기관에서, 예금한 사람에게 예금의 입금과 출금 내역을 적어 주는 장부.
buku yang bertuliskan rincian pemasukan dan pengeluaran simpanan oleh orang yang menyimpannya atau dari instansi keuangan

은행 통장.
적금 통장.
통장을 만들다.

예문
- 나는 은행에서 적금 계좌를 개설하고 통장을 받아 왔다.
  Aku membuka rekening deposito di bank dan mendapatkan buku tabungan.

태도   sikap

몸을 움직이거나 어떤 일을 대하는 마음이 드러난 자세.
sikap menggerakkan tubuh atau yang ditonjolkan hati untuk melakukan sesuatu

근무 태도.
학습 태도.
생활 태도.

예문
- 우리를 얕보는 태도에 화가 난 우리는 회의 도중에 회의장을 나가 버렸다.
  Marah karena dipandang rendah, kami pun meninggalkan ruang rapat di tengah rapat.

시간   waktu, masa

어떤 때에서 다른 때까지의 동안.
jangka waktu dari suatu waktu sampai waktu lainnya

긴 시간.
자유로운 시간.
조용한 시간.

예문
- 하루하루는 우리 모두에게 너무도 소중한 시간이다.
  Setiap hari adalah waktu yang sangat berharga bagi kita.

환불   pengembalian uang, pengembalian pembayaran

이미 낸 돈을 되돌려 줌.
hal mengembalikan uang yang telah dibayarkan

전액 환불.
환불이 되다.
환불을 받다.

예문
- 계획이 변경되어 우리는 기차 요금을 환불을 했다.
  Karena rencananya berubah, kami mendapat pengembalian uang tiket kereta kami.

목표   sasaran, target (sasaran, target, tujuan)

어떤 목적을 이루기 위하여 도달해야 할 구체적인 대상.
target konkret yang harus dicapai demi mewujudkan suatu tujuan

정확한 목표.
목표를 달성하다.
목표를 설정하다.

예문
- 그는 가수가 되겠다는 뚜렷한 목표를 가지고 연습을 하고 있다.
  Dia berlatih dengan tujuan yang jelas untuk menjadi penyanyi.

침대   ranjang, tempat tidur

사람이 누워서 잘 수 있게 만든 가구.
perabot yang dibuat agar orang dapat merebahkan diri dan tidur

편안한 침대.
침대 다리.
침대 생활.

예문
- 지수는 너무 피곤해서 집에 돌아오자마자 침대 위에 쓰러져 잠들었다.
  Karena sangat lelah, Jisu langsung tertidur pulas di atas tempat tidur sesaat setelah sampai di rumah.

자신   kepercayaan diri, keyakinan diri

어떤 일을 해낼 수 있다거나 어떤 일이 꼭 그렇게 될 것이라고 스스로 굳게 믿음. 또는 그런 믿음.
hal percaya dengan kuat bahwa diri sendiri bisa melakukan atau menyelesaikan suatu pekerjaan atau suatu hal pasti akan menjadi demikian, atau kepercayaan yang demikian

자신 있는 사람.
자신 있는 태도.
자신이 없다.

예문
- 매 경기에서 일등을 해 온 선수는 자신 있는 태도로 승리를 확신하며 이번 경기에 나왔다.
  Atlet yang selalu juara pertama di setiap pertandingan mengikuti pertandingan kali ini dengan sikap percaya diri bahwa dirinya akan menjadi juara.

우선   didahulukan, diutamakan

다른 것에 앞서 특별하게 대우함.
perlakuan khusus terhadap sesuatu dari yang lain

우선 숙제를 끝내.
우선 손부터 씻어야 한다.
우선 식사부터 하세요.

예문
- 어머니는 언제나 자신보다는 자식이 우선이었다.
  Ibu selalu mendahulukan anaknya daripada dirinya sendiri.

운행   operasi, pengoperasian

정해진 길을 따라 자동차나 열차 등이 다님.
pergerakan atau rotasi mobil, bis, kapal, dsb berdasarkan rute yang ditetapkan

연장 운행.
정기 운행.
지하철 운행.

예문
- 그 섬으로 가는 여객선은 하루에 두 차례만 운행이 된다.
  Kapal penumpang menuju ke pulau itu hanya beroperasi dua kali dalam sehari.`

어휘 활용 연습 — Latihan Penggunaan Kosakata

✏️ [보기]에서 알맞은 어휘를 골라 문장 안에 쓰십시오.
Pilihlah kosakata yang tepat dalam [Contoh] dan tuliskan dalam kalimat.

[보기] 대표   충돌   부문   추천   구경   통장   환불   목표   우선   운행

1. 현우의 ____으로 지수가 학급 회장 후보가 되었다.
2. 지수는 이번 백일장에 나가서 수필 ____에서 입상하였다.
3. 어머니는 언제나 자신보다는 자식이 ____이었다.
4. 버스와 승용차의 ____로 학교 앞 사거리의 정체가 매우 심합니다.
5. 나는 은행에서 적금 계좌를 개설하고 ____을 받아 왔다.
6. 나는 외국 친구에게 한국의 도심지 ____을 시켜 주었다.
7. 그의 그림은 사실주의의 ____라고 평가된다.
8. 그는 가수가 되겠다는 뚜렷한 ____를 가지고 연습을 하고 있다.
9. 그 섬으로 가는 여객선은 하루에 두 차례만 ____이 된다.
10. 계획이 변경되어 우리는 기차 요금을 ____을 했다.

✏️ 어휘에 맞는 의미를 찾아 선으로 이어 보세요.
Temukan arti yang sesuai dengan kosakata dan hubungkan dengan garis.

1. 할인 • • ㄱ. 돈, 카드, 명함 등을 넣어 가지고 다닐 수 있게 가죽이나 헝겊 등으로 만든 물건.
2. 태도 • • ㄴ. 몸을 움직이거나 어떤 일을 대하는 마음이 드러난 자세.
3. 침대 • • ㄷ. 바로 그 사람.
4. 지갑 • • ㄹ. 사람이 누워서 잘 수 있게 만든 가구.
5. 전문 • • ㅁ. 어떤 때에서 다른 때까지의 동안.
6. 자신 • • ㅂ. 어떤 분야에 많은 지식과 경험을 가지고 그 분야만 연구하거나 맡음. 또는 그 분야.
7. 의식 • • ㅅ. 어떤 사실을 조사하기 위해서 여러 사람에게 질문함. 또는 그러한 질문.
8. 시간 • • ㅇ. 정해진 가격에서 얼마를 뺌.
9. 설문 • • ㅈ. 정해진 방법이나 절차에 따라 치르는 행사.
10. 방학 • • ㅊ. 학교에서 한 학기가 끝나고 정해진 기간 동안 수업을 쉬는 것. 또는 그 기간.

DAY 35 어휘 암기 확인 — Pemeriksaan Hafalan Kosakata

단어	번역	암기확인
지갑		
전문		
대표		
충돌		
할인		
방학		
부문		
추천		
설문		
의식		
구경		
통장		
태도		
시간		
환불		
목표		
침대		
자신		
우선		
운행		

 어휘 활용 연습 정답 **Kunci Jawaban Latihan Penggunaan Kosakata**

 [보기]에서 알맞은 어휘를 골라 문장 안에 쓰십시오.
Pilihlah kosakata yang tepat dalam [Contoh] dan tuliskan dalam kalimat.

1) 추천 2) 부문 3) 우선 4) 충돌 5) 통장
6) 구경 7) 대표 8) 목표 9) 운행 10) 환불

 어휘에 맞는 의미를 찾아 선으로 이어 보세요.
Temukan arti yang sesuai dengan kosakata dan hubungkan dengan garis.

1) ㅇ 2) ㄴ 3) ㄹ 4) ㄱ 5) ㅂ
6) ㄷ 7) ㅈ 8) ㅁ 9) ㅅ 10) ㅊ

 관용어 **Idiom**

종이 한 장(의) 차이
Perbedaan selembar kertas

의미 보기에 달라 보이는 것들이 사실은 아주 비슷함을 뜻하는 말.
Sesuatu yang tampak berbeda tetapi sebenarnya sangat mirip.

공자 앞에서 문자 쓴다.
Mengajar itik berenang.

의미 자기보다 훨씬 유식한 사람 앞에서 아는 체한다.
Sok pintar di hadapan orang yang jauh lebih pintar dari dirinya.

36일차

광장	광장	광장
불행	불행	불행
개인	개인	개인
별로	별로	별로
공부	공부	공부
행사	행사	행사
피로	피로	피로
안내	안내	안내
하늘	하늘	하늘
잔치	잔치	잔치
휴가	휴가	휴가
예정	예정	예정
글씨	글씨	글씨
진료	진료	진료
용돈	용돈	용돈
새집	새집	새집
발급	발급	발급
불만	불만	불만
작가	작가	작가
올해	올해	올해

광장   lapangan, alun-alun

많은 사람들이 모이는 도시 가운데에 있는 넓은 곳.
tempat luas di tengah kota di mana banyak orang dapat berkumpul

광장을 메우다.
광장을 채우다.
광장에 모이다.

예문

- 명절을 맞아 고향을 찾으려는 사람들이 모여들어 역 앞 광장까지 줄을 서 있었다.
Orang-orang yang akan pulang ke kampung halaman untuk merayakan hari raya mengantri hingga lapangan yang ada di depan stasiun.

불행   kemalangan, ketidakbahagiaan

행복하지 않음.
hal tidak membahagiakan.

가족의 불행.
불행 속에 살다.
불행을 느끼다.

예문

- 어렸을 때 그녀는 부모의 잦은 부부 싸움으로 인해 불안에 떨며 불행 속에 살았다.
Karena pertengkaran orang tua yang sering terjadi saat masih kecil, perempuan itu selalu cemas dan hidup dalam ketidakbahagiaan.

개인   perorangan, pribadi

어떤 단체나 조직을 이루는 한 사람 한 사람.
satu orang satu orang yang menjalankan suatu organisasi atau badan

개인 생활.
개인의 문제.
개인의 자유.

예문

- 개인의 욕심을 채우고자 공동체 전체에 손해를 끼치는 사람도 있다.
Ada juga orang yang merugikan komunitas secara keseluruhan untuk memuaskan nafsu pribadi.

별로   secara khusus, terlalu (secara khusus, terlalu, begitu)

특별히 따로. 또는 그러한 정도로 다르게.
terpisah secara khusus, atau dengan berbeda sampai sebegitu

관심이 별로 없다.
별로 알지 못하다.
별로 잘하지 못하다.

예문

- 나는 감기에 걸려서 눈싸움을 별로 하고 싶지 않았다.
Aku tidak begitu ingin melakukan perang salju karena terkena flu.

공부   belajar, pembelajaran

학문이나 기술을 배워서 지식을 얻음.
hal belajar untuk mendapatkan ilmu

성경 공부.
수학 공부.
외국어 공부.

예문

- 나는 시험 때문에 밤새 시험 공부를 했다.
Karena ada ujian, aku belajar semalam suntuk untuk mempersiapkan ujian.

행사 acara

목적이나 계획을 가지고 절차에 따라서 어떤 일을 시행함. 또는 그 일.
hal menjalankan suatu hal dengan tujuan atau rencana dan mengikuti prosedur, atau hal yang demikian

큰 행사.
행사 준비.
행사 참여.

예문
- 학생들이 솜씨를 뽐내는 교내 행사에 학부모들도 초대되었다.
  Orang tua murid juga diundang ke acara sekolah di mana para murid menunjukkan kemampuan mereka.

피로 kelelahan

몸이나 정신이 지쳐서 힘듦. 또는 그런 상태.
hal tubuh atau jiwa yang berat karena kelelahan, atau untuk menyebut kondisi yang demikian

눈의 피로.
피로가 몰려오다.
피로가 풀리다.

예문
- 며칠 동안 쉬면서 잠을 푹 잤더니 피로가 많이 풀렸다.
  Rasa capekku hilang setelah beberapa hari beristirahat dan tidur nyenyak.

안내 informasi, pemberitahuan

어떤 내용을 소개하여 알려 줌. 또는 그런 일.
hal memperkenalkan dan memberitahukan suatu isi, atau pekerjaan demikian

관광 안내.
상품 안내.
안내 방송.

예문
- 인사 담당자가 신입 사원들이 맡을 업무에 관해 자세히 안내를 했다.
  Manajer personalia memberikan penjelasan mengenai tugas yang akan dilakukan para karyawan baru dengan terperinci.

하늘 langit

땅 위로 펼쳐진 무한히 넓은 공간.
ruang maha luas yang tak terbatasi dan membentang di atas bumi

가을 하늘.
높은 하늘.
맑은 하늘.

예문
- 하늘 높이 뜬 밝은 달이 들길을 환하게 비추고 있었다.
  Bulan cerah yang muncul di langit yang tinggi menerangi jalan setapak dengan terang.

잔치 pesta

기쁜 일이 있을 때에 음식을 차려 놓고 여러 사람이 모여 즐기는 일.
hal menyiapkan dan menyediakan makanan kemudian beberapa orang berkumpul dan menikmatinya saat ada hal yang menyenangkan

결혼 잔치.
동네 잔치.
회갑 잔치.

예문
- 올림픽 개최 확정 소식에 온 도시가 잔치 분위기이다.
  Seluruh kota dalam suasana pesta karena pembukaan olimpiade telah dikonfirmasi.

휴가 — cuti, masa cuti

직장이나 군대 등의 단체에 속한 사람이 일정한 기간 동안 일터를 벗어나서 쉬는 일. 또는 그런 기간.
hal orang yang berada di tempat kerja atau tergabung dalam organisasi seperti kemiliteran keluar dari situ dan beristirahat selama periode tertentu, atau periode yang demikian

결혼 휴가.
여름 휴가.
백 일 휴가.

예문
- 현우는 결혼식과 신혼여행을 위해서 결혼 휴가를 냈다.
  Hyeonwu mengambil cuti menikah demi pesta pernikahan dan liburan bulan madunya.

예정 — penjadwalan, perencanaan (jadwal, penjadwalan, perencanaan)

앞으로 할 일을 미리 정하거나 예상함.
hal menentukan atau memperkirakan lebih awal hal yang akan dilakukan di masa nanti

도착 예정.
예정 시각.
예정이 잡히다.

예문
- 결과 발표가 원래 잡혀 있던 예정보다 하루 일찍 났다.
  Hasil diumumkan sehari lebih cepat dari jadwal semula.

글씨 — tulisan

써 놓은 글자의 모양.
bentuk huruf dari tulisan

단정한 글씨.
글씨가 작다.
글씨가 크다.

예문
- 우리는 선생님께서 불러 주시는 말을 반듯한 글씨로 받아 적었다.
  Kami menulis perkataan yang diucapkan guru dengan tulisan yang rapi.

진료 — pengobatan

의사가 환자를 진찰하고 치료함.
proses di mana dokter memeriksa dan mengobati pasiennya

진료 시간.
진료를 받다.
진료를 하다.

예문
- 그 병원에서는 노인들에게 무료로 진료를 하고 있다.
  Rumah sakit itu memeriksa para orang tua dengan gratis.

용돈 — uang saku

개인이 여러 가지 용도로 자유롭게 쓸 수 있는 돈.
uang yang digunakan dengan bebas untuk beberapa kegunaan pribadi

하루 용돈.
한 달 용돈.
용돈을 마련하다.

예문
- 나는 부모님께 받은 용돈을 절약해서 저축을 했다.
  Aku menghemat dan menyimpan uang saku yang kudapat dari orang tuaku.

새집　rumah baru

새로 이사 간 집.
rumah yang baru ditempati setelah pindah

새집을 사다.
새집에 적응하다.
새집으로 이사하다.

예문
- 내일 십 년 동안 살던 집을 떠나 <u>새집</u>으로 이사를 간다.
  Besok aku pergi meninggalkan rumah yang telah kutempati selama sepuluh tahun lalu pindah ke rumah baru.

발급　penerbitan, pembuatan

기관에서 증명서 등을 만들어 내줌.
hal membuat dan menghasilkan sertifikat di lembaga

비자 발급.
여권 발급.
카드 발급.

예문
- 그의 비자 <u>발급</u>이 거부되어 그는 해외 취업을 포기해야만 했다.
  Dia terpaksa menyerah untuk bekerja di luar negeri karena pembuatan visanya ditolak.

불만　keluhan, ketidakpuasan, ketidaksenangan, pengaduan

마음에 차지 않음.
hal tidak berkenan di hati

불만 사항.
불만이 가득하다.
불만이 많다.

예문
- 민준이는 <u>불만</u>이 가득한 사람처럼 항상 얼굴을 찌푸리고 있었다.
  Minjun selalu mengernyitkan wajahnya seperti orang yang penuh ketidakpuasan.

작가　penulis, pelukis

시, 소설, 연극, 방송 대본, 그림 등을 처음으로 만들어 내는 사람.
orang pertama yang membuat dan mengeluarkan puisi, novel, drama, naskah siaran, lukisan, dsb

구성 작가.
국내 작가.
방송 작가.

예문
- 그는 노벨 문학상을 수상하여 세계적인 <u>작가</u>가 되었다.
  Dia memenangkan Nobel sastra dan menjadi penulis terkenal di seluruh dunia.

올해　tahun ini, tahun sekarang

지금 지나가고 있는 이 해.
tahun ini yang sekarang sedang dilalui

올해 계획.
올해 말.
올해의 책.

예문
- 나의 <u>올해</u> 계획은 좋은 여자를 만나 결혼을 하는 것이다.
  Rencanaku tahun ini adalah bertemu dengan perempuan baik dan menikah dengannya.

DAY 36

어휘 활용 연습 — Latihan Penggunaan Kosakata

✏️ [보기]에서 알맞은 어휘를 골라 문장 안에 쓰십시오.
　　Pilihlah kosakata yang tepat dalam [Contoh] dan tuliskan dalam kalimat.

[보기]	광장　개인　공부　피로　하늘　휴가　글씨　용돈　발급　작가

1. 현우는 결혼식과 신혼여행을 위해서 결혼 ____를 냈다.
2. ____ 높이 뜬 밝은 달이 들길을 환하게 비추고 있었다.
3. 며칠 동안 쉬면서 잠을 푹 잤더니 ____가 많이 풀렸다.
4. 그는 노벨 문학상을 수상하여 세계적인 ____가 되었다.
5. 나는 부모님께 받은 ____을 절약해서 저축을 했다.
6. 그의 비자 ____이 거부되어 그는 해외 취업을 포기해야만 했다.
7. 우리는 선생님께서 불러 주시는 말을 반듯한 ____로 받아 적었다.
8. 명절을 맞아 고향을 찾으려는 사람들이 모여들어 역 앞 ____까지 줄을 서 있었다.
9. 나는 시험 때문에 밤새 시험 ____를 했다.
10. ____의 욕심을 채우고자 공동체 전체에 손해를 끼치는 사람도 있다.

✏️ 어휘에 맞는 의미를 찾아 선으로 이어 보세요.
　　Temukan arti yang sesuai dengan kosakata dan hubungkan dengan garis.

1. 별로　　•　　•　ㄱ. 기쁜 일이 있을 때에 음식을 차려 놓고 여러 사람이 모여 즐기는 일.
2. 불만　　•　　•　ㄴ. 마음에 차지 않음.
3. 불행　　•　　•　ㄷ. 목적이나 계획을 가지고 절차에 따라서 어떤 일을 시행함. 또는 그 일.
4. 새집　　•　　•　ㄹ. 새로 이사 간 집.
5. 안내　　•　　•　ㅁ. 앞으로 할 일을 미리 정하거나 예상함.
6. 예정　　•　　•　ㅂ. 어떤 내용을 소개하여 알려 줌. 또는 그런 일.
7. 올해　　•　　•　ㅅ. 의사가 환자를 진찰하고 치료함.
8. 잔치　　•　　•　ㅇ. 지금 지나가고 있는 이 해.
9. 진료　　•　　•　ㅈ. 특별히 따로. 또는 그러한 정도로 다르게.
10. 행사　　•　　•　ㅊ. 행복하지 않음.

DAY 36 어휘 암기 확인 — Pemeriksaan Hafalan Kosakata

단어	번역	암기확인
광장		
불행		
개인		
별로		
공부		
행사		
피로		
안내		
하늘		
잔치		
휴가		
예정		
글씨		
진료		
용돈		
새집		
발급		
불만		
작가		
올해		

어휘 활용 연습 정답 — Kunci Jawaban Latihan Penggunaan Kosakata

✏️ [보기]에서 알맞은 어휘를 골라 문장 안에 쓰십시오.
Pilihlah kosakata yang tepat dalam [Contoh] dan tuliskan dalam kalimat.

1) 휴가   2) 하늘   3) 피로   4) 작가   5) 용돈
6) 발급   7) 글씨   8) 광장   9) 공부   10) 개인

✏️ 어휘에 맞는 의미를 찾아 선으로 이어 보세요.
Temukan arti yang sesuai dengan kosakata dan hubungkan dengan garis.

1) ㅈ   2) ㄴ   3) ㅊ   4) ㄹ   5) ㅂ
6) ㅁ   7) ㅇ   8) ㄱ   9) ㅅ   10) ㄷ

 관용어 Idiom

뒷구멍으로 호박씨 깐다.
Lempar batu sembunyi tangan.

> 의미 겉으로는 행동과 태도가 신중하고 바르지만 남이 보지 않는 곳에서는 그와 다르게 행동한다.
> Dari luar perbuatan dan sikapnya terpuji dan baik, tetapi bertindak sebaliknya di tempat yang tidak terlihat oleh orang lain.

발걸음이 떨어지지 않다.
Tidak rela meninggalkan, Tidak rela untuk meninggalkan.

> 의미 마음이 놓이지 않아 선뜻 떠날 수가 없다.
> Tidak bisa meninggalkan karena tidak tega.

DAY 37

37일차

냉동	냉동	냉동
최근	최근	최근
평소	평소	평소
초대	초대	초대
그림	그림	그림
경제	경제	경제
가짜	가짜	가짜
크기	크기	크기
배려	배려	배려
장점	장점	장점
바닷길	바닷길	바닷길
연락처	연락처	연락처
겨울잠	겨울잠	겨울잠
유치원	유치원	유치원
어젯밤	어젯밤	어젯밤
기숙사	기숙사	기숙사
사무소	사무소	사무소
오른쪽	오른쪽	오른쪽
청소년	청소년	청소년
잔디밭	잔디밭	잔디밭

냉동 pembekuan, pendinginan (pendingin)

생선이나 고기 등을 상하지 않도록 보관하기 위해 얼림.
hal membekukan ikan atau daging dsb untuk disimpan agar tidak busuk

냉동 보관.
냉동 시설.
냉동이 되다.

예문
- 이 제품은 낮은 온도로 <u>냉동</u> 보관을 해야 하는 제품이다.
  Produk ini adalah produk yang harus disimpan di lemari pendingin dalam suhu rendah.

최근 baru-baru ini, belakangan ini, akhir-akhir ini

얼마 되지 않은 지나간 날부터 현재까지의 기간.
sampai saat ini sejak waktu yang tidak lama

최근 개봉작.
최근 유행곡.
최근의 일.

예문
- 이 도서관은 <u>최근</u>에 지어진 건물이라서 무척 깨끗하다.
  Perpustakan ini sangat bersih karena merupakan bangunan yang baru didirikan akhir-akhir ini.

평소 waktu biasa (waktu biasa, biasanya)

특별한 일이 없는 보통 때.
waktu biasa yang tidak ada hal khusus

평소 습관.
평소대로 행동하다.
평소보다 예쁘다.

예문
- 나는 중요한 행사가 있어 <u>평소</u>와는 다르게 정장 차림을 했다.
  Berbeda dari biasanya, aku memakai jas karena ada acara penting.

초대 undangan, ajakan

다른 사람에게 어떤 자리, 모임, 행사 등에 와 달라고 요청함.
hal meminta orang lain untuk datang ke sebuah acara, pertemuan, perjamuan, dsb

손님 초대.
식사 초대.
초대가 되다.

예문
- 동생은 친구의 생일잔치에 <u>초대</u>를 받아서 선물을 준비해 갔다.
  Adikku mendapat undangan pesta ulang tahun temannya sehingga ia pergi ke sana membawa hadiah.

그림 gambar, lukisan

선이나 색채로 사물의 모양이나 이미지 등을 평면 위에 나타낸 것.
suatu bentuk pada permukaan datar yang menunjukkan bentuk benda menggunakan garis dan warna

아름다운 그림.
유명한 그림.
그림 그리기.

예문
- 그 화가는 주로 꽃을 소재로 한 <u>그림</u>을 많이 그렸다.
  Pelukis itu sering melukis lukisan bertemakan bunga.

경제 — ekonomi

생산이나 소비 등과 관련된 사람들의 활동.
kegiatan manusia yang berhubungan dengan produksi, konsumsi, dsb, atau semua kegiatan yang berhubungan dengan uang, sumber daya, industri, produksi, konsumsi, perdagangan, dsb di satu masyarakat atau negara

가정 경제.
국가 경제.
국제 경제.

예문
- 최근 수입과 수출이 늘어나 무역이 활발해 지면서 국내 경제가 회복되고 있다.
  Karena ekspor impor meningkat, belakangan ini ekonomi dalam negeri berangsur membaik bersamaan dengan perdagangan yang semakin aktif.

가짜 — palsu

진짜처럼 꾸몄지만 진짜가 아닌 것.
sesuatu yang dihias seperti asli tetapi bukan yang asli

가짜 문서.
가짜 보석.
가짜 신분증.

예문
- 여자가 산 진주 목걸이는 플라스틱으로 만든 가짜였다.
  Kalung mutiara yang dibeli perempuan itu adalah kalung palsu yang terbuat dari plastik.

크기 — besar

사물의 부피, 넓이, 양 등이 큰 정도.
ukuran atau kadar permukaan, luas, kuantitas, dsb suatu benda
(digunakan sebagai kata benda)

물건의 크기.
크기가 작다.
크기가 크다.

예문
- 현우의 방은 그리 넓은 편은 아니었지만 혼자 살기에는 적당한 크기였다.
  Meskipun tidak terlalu luas, besar kamar Hyeonwu cocok untuk orang yang tinggal sendirian.

배려 — perhatian, atensi, pertimbangan, kepedulian

관심을 가지고 보살펴 주거나 도와줌.
hal menaruh perhatian serta menjaga atau membantu

관심과 배려.
배려를 받다.
배려를 하다.

예문
- 우리는 소외당하는 이웃들에 대한 배려를 잊지 말아야 한다.
  Kita tidak boleh lupa untuk peduli kepada para tetangga yang terpinggirkan.

장점 — sisi baik, kelebihan (sisi baik, kelebihan, keunggulan)

좋거나 잘하거나 바람직한 점.
sisi yang baik atau yang pandai dilakukan atau yang benar

장점이 많다.
장점이 있다.
장점을 가지다.

예문
- 우리 회사는 경쟁사 제품의 장점만을 골라 새로운 다기능 제품을 출시했다.
  Perusahaan kami meluncurkan produk multifungsi baru dengan hanya memilih keunggulan produk pesaing.

바닷길 jalur laut

배를 타고 바다를 건너서 가는 길.
jalan yang dilalui atau diseberangi dengan menaiki kapal atau perahu

바닷길이 연결되다.
바닷길을 개척하다.
바닷길을 차단하다.

예문
- 우리가 탄 배가 바닷길을 항해하는 중 풍랑에 휩쓸려 표류하게 되었다.
  Perahu yang kami tumpai tersapu ombak dan hanyut saat berlayar.

연락처 alamat kontak, nomor kontak

연락을 주고받을 수 있는 전화번호나 장소.
nomor, tempat, atau alamat yang bisa dihubungi

긴급 연락처.
비상 연락처.
연락처를 남기다.

예문
- 연락처를 알려 드릴 테니 필요하실 때 연락 주세요.
  Saya akan memberikan kontak saya, jadi silahkan hubungi saya kalau perlu.

겨울잠 hibernasi, tidur musim dingin

동물이 겨울을 나기 위해 활동을 멈추고 겨울철 동안 자는 잠.
hal binatang menghentikan kegiatannya dan tidur untuk melewatkan musim dingin

긴 겨울잠.
겨울잠 자는 동물.
겨울잠을 시작하다.

예문
- 봄이 되자 겨울잠을 자던 개구리가 땅속에서 깨어났다.
  Segera saat musim semi tiba, katak yang berhibernasi bangun dari dalam tanah.

유치원 taman kanak-kanak

초등학교 입학 이전의 어린이들을 교육하는 기관 및 시설.
instansi dan fasilitas untuk mendidik anak-anak kecil sebelum masuk sekolah dasar

유치원 교사.
유치원 교육.
유치원을 졸업하다.

예문
- 우리 아이는 올해 여덟 살이 되어서 유치원을 졸업하고 초등학교에 들어간다.
  Anaku berusia delapan tahun tahun ini, sehingga kini lulus dari Taman Kanak-Kanak dan masuk ke Sekolah Dasar.

어젯밤 tadi malam, semalam, kemarin malam

어제의 밤.
malam hari kemarin, malam kemarin

어젯밤 꿈.
어젯밤 뉴스.
어젯밤 일.

예문
- 어젯밤에 내린 눈이 얼어서 출근길이 무척 미끄러웠다.
  Jalan menuju tempat kerja sangat licin karena salju yang turun kemarin malam membeku.

기숙사 asrama

학교나 회사에서 학생이나 직원들이 함께 자고 식사하도록 제공하는 시설.
fasilitas tempat tinggal bersama para pelajar atau karyawan dari sebuah sekolah atau perusahaan

공장 기숙사.
외국인 기숙사.
직원 기숙사.

예문
- 우리 학교는 지방 학생들을 위해 기숙사를 운영하고 있다.
  Sekolah kami memiliki asrama untuk para siswa yang datang dari daerah.

사무소 kantor

공공 단체, 회사, 개인 등이 사무를 보는 곳.
tempat menjalankan urusan organisasi, perusahaan, pribadi, dsb

개인 사무소.
변호사 사무소.
사무소를 열다.

예문
- 그는 회사를 나와 작은 오피스텔에 개인 사무소를 차렸다.
  Setelah keluar dari perusahaan, dia mendirikan kantor pribadi di studio apartmen kecil.

오른쪽 sebelah kanan, kanan

사람이 북쪽을 보고 있을 때 동쪽과 같은 쪽.
sisi sebelah timur apabila dilihat dari sebelah utara

오른쪽 귀.
오른쪽 눈.
오른쪽 다리.

예문
- 화장실은 계단의 오른쪽에 있다.
  Toilet ada di sebelah kanan tangga.

청소년 remaja

아직 성인이 되지 않은, 나이가 십 대 정도인 어린 사람.
manusia muda berusia belasan yang belum dewasa

청소년 문화.
청소년 비행.
청소년 시절.

예문
- 연예인의 화려한 겉모습은 어린 청소년들에게 선망의 대상이 되었다.
  Penampilan glamor selebriti menjadi objek kecemburuan para remaja muda.

잔디밭 lapangan berumput

잔디가 많이 나 있는 풀밭.
lapangan atau halaman yang ditumbuhi banyak rumput

잔디밭에 눕다.
잔디밭에 물을 주다.
잔디밭에 앉다.

예문
- 직원들과 함께 파릇파릇한 잔디밭에서 점심 도시락을 먹으니 꼭 봄 소풍을 온 것만 같았다.
  Rasanya seperti sedang piknik musim semi saat makan bekal makan siang di atas rumput hijau bersama para pegawai.

DAY 37 어휘 활용 연습 Latihan Penggunaan Kosakata

✏️ [보기]에서 알맞은 어휘를 골라 문장 안에 쓰십시오.
Pilihlah kosakata yang tepat dalam [Contoh] dan tuliskan dalam kalimat.

[보기]　최근　초대　경제　크기　장점　연락처　유치원　기숙사　오른쪽　잔디밭

1. 화장실은 계단의 ____에 있다.
2. 현우의 방은 그리 넓은 편은 아니었지만 혼자 살기에는 적당한 ___였다.
3. 최근 수입과 수출이 늘어나 무역이 활발해 지면서 국내 ___가 회복되고 있다.
4. 직원들과 함께 파릇파릇한 ____에서 점심 도시락을 먹으니 꼭 봄 소풍을 온 것만 같았다.
5. 이 도서관은 ___에 지어진 건물이라서 무척 깨끗하다.
6. 우리 회사는 경쟁사 제품의 ___만을 골라 새로운 다기능 제품을 출시했다.
7. 우리 학교는 지방 학생들을 위해 ____를 운영하고 있다.
8. 우리 아이는 올해 여덟 살이 되어서 ____을 졸업하고 초등학교에 들어간다.
9. ____를 알려 드릴 테니 필요하실 때 연락 주세요.
10. 동생은 친구의 생일잔치에 ___를 받아서 선물을 준비해 갔다.

✏️ 어휘에 맞는 의미를 찾아 선으로 이어 보세요.
Temukan arti yang sesuai dengan kosakata dan hubungkan dengan garis.

1. 평소　　•　　•　ㄱ. 관심을 가지고 보살펴 주거나 도와줌.
2. 청소년　•　　•　ㄴ. 동물이 겨울을 나기 위해 활동을 멈추고 겨울철 동안 자는 잠.
3. 어젯밤　•　　•　ㄷ. 배를 타고 바다를 건너서 가는 길.
4. 사무소　•　　•　ㄹ. 생선이나 고기 등을 상하지 않도록 보관하기 위해 얼림.
5. 배려　　•　　•　ㅁ. 선이나 색채로 사물의 모양이나 이미지 등을 평면 위에 나타낸 것.
6. 바닷길　•　　•　ㅂ. 아직 성인이 되지 않은, 나이가 십 대 정도인 어린 사람.
7. 냉동　　•　　•　ㅅ. 어제의 밤.
8. 그림　　•　　•　ㅇ. 진짜처럼 꾸몄지만 진짜가 아닌 것.
9. 겨울잠　•　　•　ㅈ. 특별한 일이 없는 보통 때.
10. 가짜　　•　　•　ㅊ. 학교나 회사에서 학생이나 직원들이 함께 자고 식사하도록 제공하는 시설.

DAY 37 어휘 암기 확인 — Pemeriksaan Hafalan Kosakata

단어	번역	암기확인
냉동		
최근		
평소		
초대		
그림		
경제		
가짜		
크기		
배려		
장점		
바닷길		
연락처		
겨울잠		
유치원		
어젯밤		
기숙사		
사무소		
오른쪽		
청소년		
잔디밭		

 어휘 활용 연습 정답 **Kunci Jawaban Latihan Penggunaan Kosakata**

✏️ [보기]에서 알맞은 어휘를 골라 문장 안에 쓰십시오.
Pilihlah kosakata yang tepat dalam [Contoh] dan tuliskan dalam kalimat.

1) 오른쪽 2) 크기 3) 경제 4) 잔디밭 5) 최근
6) 장점 7) 기숙사 8) 유치원 9) 연락처 10) 초대

✏️ 어휘에 맞는 의미를 찾아 선으로 이어 보세요.
Temukan arti yang sesuai dengan kosakata dan hubungkan dengan garis.

1) ㅈ 2) ㅂ 3) ㅅ 4) ㅊ 5) ㄱ
6) ㄷ 7) ㄹ 8) ㅁ 9) ㄴ 10) ㅇ

 관용어 **Idiom**

다리(를) 펴고 자다.
Tidur dengan membentangkan kaki.

> 의미 걱정하는 일이 없이 마음 편하게 자다.
> Tidur dengan tenang tanpa ada yang dikhawatirkan.

사람이 죽으란 법은 없다.
Tidak ada hukum yang menyuruh seseorang untuk mati.

> 의미 아무리 어려운 상황에 놓여도 살아 나갈 방법이 생긴다.
> Ada cara untuk bertahan hidup meskipun dalam keadaan yang sulit.

DAY 38

38일차

안내문	안내문	안내문
젊은이	젊은이	젊은이
전년도	전년도	전년도
직장인	직장인	직장인
선풍기	선풍기	선풍기
목욕탕	목욕탕	목욕탕
생활고	생활고	생활고
의지력	의지력	의지력
신분증	신분증	신분증
생활비	생활비	생활비
단기적	단기적	단기적
손바닥	손바닥	손바닥
매표소	매표소	매표소
사회인	사회인	사회인
이용률	이용률	이용률
화장실	화장실	화장실
간호사	간호사	간호사
요즈음	요즈음	요즈음
겨울날	겨울날	겨울날
문화적	문화적	문화적

안내문 penjelasan, keterangan (panduan, penjelasan, keterangan)

어떤 내용을 소개하여 알려 주는 글.
tulisan yang memperkenalkan dan menjelaskan sebuah tempat atau benda

안내문을 받다.
안내문을 보내다.
안내문이 붙어 있다.

예문
- 우리나라의 유적지에 가면 여러 언어로 된 <u>안내문</u>이 있다.
  Terdapat panduan dalam berbagai bahasa bila pergi ke situs bersejarah Korea.

젊은이 remaja, pemuda, pemudi (anak muda, remaja, pemuda, pemudi)

나이가 젊은 사람.
orang yang berusia muda

젊은이의 꿈.
젊은이의 용기.
젊은이들 사이.

예문
- 늙은이와 <u>젊은이</u> 할 것 없이 마을의 모든 사람이 모였다.
  Semua masyarakat desa, tua dan muda berkumpul.

전년도 tahun yang silam (tahun yang lalu, tahun yang silam)

지나간 연도.
tahun yang sudah berlalu

전년도 우승.
전년도 입시.
전년도 행사.

예문
- <u>전년도</u> 대상 수상자인 배우가 나와 올해 수상자에게 트로피를 시상하였다.
  Aktor yang memenangkan penghargaan utama tahun lalu datang dan menyerahkan tropi ke peraih penghargaan tahun ini.

직장인 pegawai, karyawan (pekerja kantoran, pegawai, karyawan)

직장에 다니는 사람.
orang yang bekerja di kantor

직장인이 되다.
직장인들이 출근하다.
직장인들이 퇴근하다.

예문
- 요즘 젊은 <u>직장인</u>들은 점심시간을 이용해서 여가를 즐기기도 한다.
  Para pekerja kantoran muda belakangan ini menggunakan jam makan siang untuk menikmati kegiatan di waktu senggang.

선풍기 kipas angin

전기의 힘으로 바람을 일으켜 더위를 쫓는 기계.
benda listrik yang memproduksi angin untuk mengusir panas

선풍기 바람.
선풍기를 끄다.
선풍기를 켜다.

예문
- 유민이는 공부할 때 자신의 책상 위에 놓을 소형 <u>선풍기</u>를 샀다.
  Yumin membeli kipas angin kecil yang akan diletakkan di atas meja belajarnya saat sedang belajar.

목욕탕　pemandian umum

물로 온몸을 씻을 수 있도록 마련해 놓은 시설이나 방.
fasilitas atau ruang yang disediakan agar orang-orang bisa mencuci seluruh badannya dengan air

목욕탕에 가다.
목욕탕에서 나오다.
목욕탕에서 씻다.

예문
- 언니는 주말마다 근처의 동네 목욕탕에서 목욕을 하곤 했다.
  Kakakku sering mandi di pemandian umum setempat setiap akhir pekan.

생활고　tekanan ekonomi kehidupan

가난 때문에 생활에서 느끼는 고통.
kepedihan yang dirasakan dalam kehidupan karena miskin

생활고가 심해지다.
생활고를 겪다.
생활고를 극복하다.

예문
- 그는 직업을 잃고 한동안 극심한 생활고에 시달렸다.
  Dia menderita tekanan ekonomi yang parah selama beberapa waktu setelah kehilangan pekerjaannya.

의지력　keinginan, kemauan, niat (tekad, keinginan, kemauan, niat)

어떤 일을 이루고자 하는 마음을 꿋꿋하게 지켜 나가는 힘.
kekuatan yang menjaga hati dengan kuat lalu maju untuk mewujudkan suatu hal

의지력이 강하다.
의지력이 약하다.
의지력을 발휘하다.

예문
- 지수는 의지력을 발휘해서 건강에 나쁜 음식들을 멀리했다.
  Jisu menggunakan tekadnya untuk menjauhi makanan-makanan yang tidak baik bagi kesehatan.

신분증　kartu tanda penduduk, surat identitas, kartu identitas

자신의 신분이나 소속을 증명하는 문서나 카드.
dokumen atau kartu yang membuktikan identitas atau afiliasi diri

신분증 분실.
신분증 위조.
신분증 재발급.

예문
- 신입 사원이 된 나는 제일 먼저 직원 신분증을 발급받았다.
  Sebagai pegawai baru, saya diberi kartu tanda pengenal pegawai terlebih dahulu.

생활비　biaya hidup

생활하는 데에 드는 돈.
uang dasar yang diperlukan dan dipakai dalam hidup

한 달 생활비.
생활비를 마련하다.
생활비를 벌다.

예문
- 나는 스스로 생활비를 마련하기 위해 밤낮으로 일을 할 수밖에 없었다.
  Aku harus bekerja siang dan malam untuk membiayai hidupku sendiri.

단기적 singkat (jangka pendek, singkat)

짧은 기간에 걸친 것.
hal yang terjadi dalam waktu singkat (digunakan sebagai kata benda)

단기적인 관점.
단기적인 목표.
단기적인 효과.

예문
- 우리 회사는 그동안 단기적인 이익만을 추구하느라 <u>단기적</u> 성장을 위한 투자에는 소홀했다.
  Perusahaan kami mengabaikan investasi untuk pertumbuhan jangka panjang karena selama ini hanya fokus pada keuntungan jangka pendek.

손바닥 telapak tangan

손등의 반대 부분인 손의 안쪽.
sisi dalam tangan yang merupakan bagian yang berlawanan dengan punggung tangan

손바닥이 크다.
손바닥을 때리다.
손바닥을 비비다.

예문
- 어머니는 내가 말을 안 들을 때면 두 <u>손바닥</u>을 회초리로 때리셨다.
  Ibu memukul kedua telapak tanganku dengan tongkat saat aku tidak mendengarkan perkataannya.

매표소 tempat penjualan tiket/karcis

차표나 입장권 등의 표를 파는 곳.
tempat/lokasi penjualan tiket karcis atau tiket masuk dsb

영화관 매표소.
매표소를 찾다.
매표소에서 표를 사다.

예문
- 전시회를 보러 간 지수는 표를 사기 위해 <u>매표소</u>에 갔다.
  Jisu yang pergi melihat pameran pergi ke loket untuk membeli tiket.

사회인 anggota masyarakat

사회의 구성원으로서의 개인.
pribadi sebagai anggota masyarakat

사회에 속한 사회인
사회인의 활동.
사회인으로 살다.

예문
- 우리는 이 사회에 속한 <u>사회인</u>으로서 사회 질서를 지키며 살아야 한다.
  Sebagai anggota masyarakat, kita harus hidup dengan menjaga ketertiban sosial.

이용률 persentase pemakaian, persentase penggunaan

이용하거나 이용되는 비율.
persentase menggunakan atau yang digunakan

대중교통 이용률.
실제 이용률.
이용률이 높다.

예문
- 버스 전용 차선이 생긴 후 개인 차량 <u>이용률</u>이 부쩍 감소했다.
  Setelah pembuatan jalur khusus bus, persentase penggunaan kendaraan pribadi menurun secara signifikan.

화장실　kamar kecil, WC, toilet

대변과 소변을 몸 밖으로 내보낼 수 있게 시설을 만들어 놓은 곳.
tempat yang difasilitasi agar dapat membuang hajat

간이 화장실.
공동 화장실.
수세식 화장실.

예문
- 나는 <u>화장실</u> 변기 위에 십 분간 앉아서 일을 보았다.
  Saya duduk di toilet selama sepuluh menit untuk buang air.

간호사　perawat, suster

병원에서 의사를 도와 환자를 돌보는 것이 직업인 사람.
orang yang berprofesi membantu dokter dan merawat pasien

간호사 자격증.
간호사가 되다.
간호사를 부르다.

예문
- 이제 <u>간호사</u>는 더 이상 여자들만의 직업이 아니다.
  Sekarang perawat bukan lagi pekerjaan untuk wanita saja.

요즈음　belakangan ini, akhir-akhir ini

아주 가까운 과거부터 지금까지의 사이.
di antara waktu sampai saat ini dari waktu lampau yang sangat dekat dengan waktu saat ini

요즈음의 젊은이.
요즈음에 들어.
요즈음에 생기다.

예문
- <u>요즈음</u>의 아이들은 집에서 게임을 하거나 텔레비전을 보는 것을 좋아한다.
  Anak-anak zaman sekarang suka bermain game atau menonton TV di rumah.

겨울날　hari musim dingin

겨울철의 날.
hari di musim dingin

추운 겨울날.
겨울날의 추억.
눈 내린 겨울날.

예문
- 추운 <u>겨울날</u> 사람들이 두꺼운 옷을 입고 거리를 걸어간다.
  Orang-orang berjalan di jalan dengan memakai pakaian tebal pada hari-hari musim dingin.

문화적　bersifat budaya

문화와 관련된 것.
budaya, terkait dengan budaya (digunakan sebagai kata benda)

문화적인 발전.
문화적인 배경.
문화적인 시각.

예문
- 세종 대왕은 <u>문화적</u>으로 다양한 업적을 남겼다.
  Raja Sejong yang Agung meninggalkan berbagai peninggalan kebudayaan.

어휘 활용 연습 — Latihan Penggunaan Kosakata

✏️ [보기]에서 알맞은 어휘를 골라 문장 안에 쓰십시오.
Pilihlah kosakata yang tepat dalam [Contoh] dan tuliskan dalam kalimat.

[보기]　젊은이 직장인 목욕탕 의지력 생활비 손바닥 사회인 화장실 요즈음 문화적

1. 언니는 주말마다 근처의 동네 _____에서 목욕을 하곤 했다.
2. 세종 대왕은 _____으로 다양한 업적을 남겼다.
3. 우리는 이 사회에 속한 _____으로서 사회 질서를 지키며 살아야 한다.
4. 나는 스스로 _____를 마련하기 위해 밤낮으로 일을 할 수밖에 없었다.
5. 어머니는 내가 말을 안 들을 때면 두 _____을 회초리로 때리셨다.
6. _____의 아이들은 집에서 게임을 하거나 텔레비전을 보는 것을 좋아한다.
7. 지수는 _____을 발휘해서 건강에 나쁜 음식들을 멀리했다.
8. 늙은이와 _____ 할 것 없이 마을의 모든 사람이 모였다.
9. 요즘 젊은 _____들은 점심시간을 이용해서 여가를 즐기기도 한다.
10. 나는 _____ 변기 위에 십 분간 앉아서 일을 보았다.

✏️ 어휘에 맞는 의미를 찾아 선으로 이어 보세요.
Temukan arti yang sesuai dengan kosakata dan hubungkan dengan garis.

1. 간호사　•　　•　ㄱ. 가난 때문에 생활에서 느끼는 고통.
2. 겨울날　•　　•　ㄴ. 겨울철의 날.
3. 단기적　•　　•　ㄷ. 병원에서 의사를 도와 환자를 돌보는 것이 직업인 사람.
4. 매표소　•　　•　ㄹ. 어떤 내용을 소개하여 알려 주는 글.
5. 생활고　•　　•　ㅁ. 이용하거나 이용되는 비율.
6. 선풍기　•　　•　ㅂ. 자신의 신분이나 소속을 증명하는 문서나 카드.
7. 신분증　•　　•　ㅅ. 전기의 힘으로 바람을 일으켜 더위를 쫓는 기계.
8. 안내문　•　　•　ㅇ. 지나간 연도.
9. 이용률　•　　•　ㅈ. 짧은 기간에 걸친 것.
10. 전년도　•　　•　ㅊ. 차표나 입장권 등의 표를 파는 곳.

DAY 38

어휘 암기 확인 — Pemeriksaan Hafalan Kosakata

단어	번역	암기확인
안내문		
젊은이		
전년도		
직장인		
선풍기		
목욕탕		
생활고		
의지력		
신분증		
생활비		
단기적		
손바닥		
매표소		
사회인		
이용률		
화장실		
간호사		
요즈음		
겨울날		
문화적		

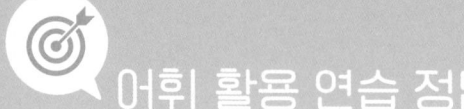

어휘 활용 연습 정답 — Kunci Jawaban Latihan Penggunaan Kosakata

✎ [보기]에서 알맞은 어휘를 골라 문장 안에 쓰십시오.
Pilihlah kosakata yang tepat dalam [Contoh] dan tuliskan dalam kalimat.

1) 목욕탕   2) 문화적   3) 사회인   4) 생활비   5) 손바닥
6) 요즈음   7) 의지력   8) 젊은이   9) 직장인   10) 화장실

✎ 어휘에 맞는 의미를 찾아 선으로 이어 보세요.
Temukan arti yang sesuai dengan kosakata dan hubungkan dengan garis.

1) ㄷ   2) ㄴ   3) ㅈ   4) ㅊ   5) ㄱ
6) ㅅ   7) ㅂ   8) ㄹ   9) ㅁ   10) ㅇ

관용어 Idiom

걷기도 전에 뛰려고 한다.
Mencoba berlari bahkan sebelum berjalan

意미 쉽고 작은 일도 할 수 없으면서 어렵고 큰 일을 하려고 한다.
Melakukan hal kecil saja belum bisa tetapi sudah ingin melakukan hal yang besar.

눈에서 번개가 번쩍 나다.
Muncul petir pada mata.

意미 뺨이나 머리 등을 강하게 맞아서 눈앞이 갑자기 캄캄해지고 잠깐 빛이 떠올랐다가 사라지다.
Mata tiba-tiba menjadi gelap dan cahaya muncul sesaat lalu menghilang karena bagian seperti pipi atau kepala dipukul dengan keras.

39일차

밑바탕	밑바탕	밑바탕
표현력	표현력	표현력
여행지	여행지	여행지
바닷가	바닷가	바닷가
주차장	주차장	주차장
한밤중	한밤중	한밤중
추진력	추진력	추진력
세탁소	세탁소	세탁소
검정색	검정색	검정색
이용료	이용료	이용료
물고기	물고기	물고기
신호등	신호등	신호등
한마디	한마디	한마디
방문객	방문객	방문객
단편집	단편집	단편집
무지개	무지개	무지개
결혼식	결혼식	결혼식
안내장	안내장	안내장
출근길	출근길	출근길
경찰관	경찰관	경찰관

밑바탕 dasar

사물이나 현상이 이루어지는 근본.
dasar terbentuknya benda atau fenomena

성공의 밑바탕.
밑바탕이 되다.
밑바탕을 마련하다.

예문
- 그는 뛰어난 감각을 <u>밑바탕</u>으로 삼아 패션 산업에 뛰어들었다.
  Dia memasuki industri fashion dengan berbekal selera yang tinggi sebagai dasarnya.

표현력 daya ekspresi

느낌이나 생각 등을 말, 글, 몸짓 등으로 나타내어 겉으로 드러내는 능력.
kemampuan yang menunjukkan dan memperlihatkan rasa atau pikiran dsb dengan perkataan, tulisan, gerakan tubuh, dsb

풍부한 표현력.
표현력이 강하다.
표현력이 부족하다.

예문
- 말수가 없는 지수는 자기 <u>표현력</u>이 부족했다.
  Jisu yang tidak banyak bicara tidak pandai dalam mengungkapkan perasaannya.

여행지 lokasi wisata, pusat wisata, pusat pariwisata

여행하는 곳.
tempat melakukan wisata

가족 여행지.
낯선 여행지.
여행지를 선택하다.

예문
- 어머니는 <u>여행지</u>에서 유명한 음식이며 기념품을 사서 집으로 돌아오셨다.
  Ibuku pulang membawa makanan dan oleh-oleh yang terkenal dari tempat pariwisata.

바닷가 pantai, pesisir, tepi pantai, pinggir laut

바다와 육지가 맞닿은 곳이나 그 근처.
tempat atau daerah sekitar yang menyentuh laut dan daratan

바닷가로 나가다.
바닷가에 가다.
바닷가에 정박하다.

예문
- 나는 남편과 <u>바닷가</u>를 거닐며 이야기를 나누었다.
  Aku dan suamiku berjalan di tepi pantai sambil berbincang-bincang.

주차장 tempat parkir

자동차를 세울 수 있는 일정한 장소.
tempat tertentu di mana mobil dapat diparkir

무료 주차장.
유료 주차장.
주차장이 좁다.

예문
- 유료 <u>주차장</u>에서는 한 시간에 오천 원씩 주차 요금을 받았다.
  Di tempat parkir berbayar dikenakan biaya parkir 5.000 won per jam.

한밤중 larut malam (tengah malam)

깊은 밤.
larut malam

한밤중의 정적.
한밤중이 지나다.
한밤중에 길을 떠나다.

예문

- 나는 <u>한밤중</u>에 허기를 이기지 못하고 간식을 먹었다.
  Aku makan makanan ringan di tengah malam karena tidak bisa mengalahkan rasa lapar.

추진력 dorongan, penggerak

물체를 앞으로 밀어 내보내는 힘.
kekuatan untuk mendorong benda ke depan

추진력이 강하다.
추진력이 약하다.
추진력을 높이다.

예문

- 항공기의 엔진 <u>추진력</u>이 향상되면 보다 빠른 속도로 비행을 할 수 있다.
  Pesawat bisa terbang dengan kecepatan yang lebih tinggi apabila tenaga dorong mesin pesawat ditingkatkan.

세탁소 binatu, penatu, laundry

돈을 받고 빨래나 다림질 등을 해 주는 가게.
toko yang melayani jasa mencucikan baju atau menyetrika dsb dengan cara membayar

세탁소를 운영하다.
세탁소를 하다.
세탁소에 가다.

예문

- 유민이는 더러워진 옷을 <u>세탁소</u>에 맡겼다.
  Yumin menitipkan bajunya yang kotor ke binatu.

검정색 hitam, legam

빛이 없을 때의 밤하늘과 같이 매우 어둡고 짙은 색.
warna sangat gelap dan pekat seperti warna langit malam yang tanpa sinar

검정색 가방.
검정색 구두.
검정색 모자.

예문

- 나는 햇빛에 눈이 부셔서 <u>검정색</u> 선글라스를 꼈다.
  Aku menggunakan kacamata hitam karena mataku silau terkena sinar matahari.

이용료 biaya pemakaian, biaya penggunaan

이용한 값으로 내는 돈.
uang yang dikeluarkan sebagai biaya menggunakan sesuatu

전기 이용료.
이용료가 비싸다.
이용료가 싸다.

예문

- 이 주차장에 차를 대면 십 분당 천 원의 주차장 <u>이용료</u>를 내야 한다.
  Kita harus membayar biaya parkir sebesar seribu won per sepuluh menit bila memarkir mobil di tempat parkir ini.

물고기 ikan

물에서 사는, 아가미와 지느러미와 비늘이 있는 척추동물.
hewan vertebrata yang tinggal di dalam air dengan memiliki insang, sirip, dan sisik

물고기가 살다.
물고기를 잡다.
물고기를 키우다.

예문
- 수족관의 물고기들의 입에서는 계속 물방울들이 보글거리며 올라왔다.
  Gelembung-gelembung air terus muncul dari mulut ikan-ikan di akuarium.

신호등 lampu merah (lampu merah, lampu lalu lintas)

도로에서 색이 있는 불빛으로 자동차나 사람의 통행을 지시하는 장치.
alat untuk memerintahkan boleh atau tidaknya mobil atau orang lewat menggunakan sinar lampu berwarna yang ada di jalan-jalan

횡단보도 신호등.
신호등이 바뀌다.
신호등을 기다리다.

예문
- 그는 신호등에 녹색 불이 켜지자 황급히 횡단보도를 건넜다.
  Dia buru-buru menyeberangi zebra cross ketika lampu hijau menyala.

한마디 satu kata, sepatah kata

짧고 간단한 말.
kata yang singkat dan sederhana

인사 한마디.
따뜻한 한마디.
멋진 한마디.

예문
- 우리 처지를 들은 윤 씨는 안타까운 듯 한마디를 던졌다.
  Setelah mendengar situasi kami, Yun mengucapkan kata-kata seolah menyayangkan keadaan kami.

방문객 pengunjung, pelawat

사람을 만나거나 무엇을 보기 위해 어떤 장소에 찾아오는 손님.
tamu yang datang ke suatu tempat untuk bertemu orang atau melakukan sesuatu

평균 방문객.
방문객 수.
방문객을 모으다.

예문
- 한 인터넷 쇼핑몰에 갑작스레 방문객이 폭주해 홈페이지가 다운되는 사태가 벌어졌다.
  Situs laman sebuah pusat perbelanjaan tiba-tiba terganggu setelah dibanjiri pengunjung.

단편집 kumpulan cerpen (buku kumpulan cerita pendek)

단편 소설들을 모아서 만든 책.
buku yang berisi beberapa cerpen dari beberapa pengarang atau seorang pengarang

단편집을 쓰다.
단편집을 읽다.
단편집을 출간하다.

예문
- 나는 장편 소설보다는 단편집에 실린 짧은 소설들을 더 좋아한다.
  Aku lebih suka buku kumpulan cerita pendek daripada novel panjang.

무지개 pelangi

비가 그쳤을 때, 해의 반대쪽 하늘에 반원 모양으로 나타나는 일곱 가지 색깔의 빛줄기.
garis cahaya yang memiliki tujuh macam warna dengan bentuk setengah lingkaran, datang dari arah yang berseberangan dengan matahari, dan muncul saat hujan berhenti turun

일곱 빛깔 무지개.
아름다운 무지개.
무지개가 뜨다.

예문
- 아무리 바라보아도 비 온 뒤의 <u>무지개</u>는 아름답기만 했다.
  Pelangi yang muncul setelah hujan tetap indah tidak peduli seberapa lama aku melihatnya.

결혼식 upacara pernikahan, akad nikah, upacara perkawinan

성인 남녀가 법적으로 부부가 됨을 알리는 의식.
upacara yang mengumumkan bahwa pria dan wanita dewasa menjadi pasangan suami istri secara sah dalam hukum

비밀 결혼식.
야외 결혼식.
친구의 결혼식.

예문
- <u>결혼식</u>이 끝나고 예식장 근처에 있는 식당에서 피로연이 열렸다.
  Jamuan diadakan di sebuah restoran dekat gedung pernikahan setelah resepsi pernikahan selesai.

안내장 surat petunjuk, surat pedoman, surat arahan

어떤 내용이나 일을 소개하여 알리는 문서.
dokumen yang memperkenalkan dan memberitahukan suatu isi atau hal

안내장을 받다.
안내장을 보내다.
안내장에 적다.

예문
- 학교에서 각 가정으로 공개 수업에 참석해 달라는 <u>안내장</u>을 보냈다.
  Sekolah mengirim surat undangan untuk menghadiri kelas terbuka ke masing-masing rumah.

출근길 jalan masuk kantor, jalan masuk kerja

직장으로 일하러 나가거나 나오는 길. 또는 그런 도중.
jalan pergi bekerja ke tempat kerja, atau di tengah perjalanan demikian

바쁜 출근길.
출근길 사고.
출근길 지하철.

예문
- 언니는 <u>출근길</u>에 편의점에 들러 직장에서 먹을 간식거리를 샀다.
  Kakak perempuanku mampir ke minimarket dalam perjalanannya ke tempat kerja dan membeli beberapa makanan ringan untuk dimakan di tempat kerja.

경찰관 polisi

사회의 질서를 지키고 국민의 안전과 재산을 보호하는 일을 하는 공무원.
aparat negara yang mengatur keamanan negara dan masyarakat serta berkewajiban menjaga properti negara

교통 경찰관.
담당 경찰관.
사법 경찰관.

예문
- 음주 운전을 근절하기 위해 <u>경찰관</u>의 음주 운전 단속이 강화되었다.
  Polisi memperkuat razia terhadap pengemudi yang mengemudi dalam keadaan mabuk untuk memberantas mengemudi dalam keadaan mabuk.

DAY 39

어휘 활용 연습 — Latihan Penggunaan Kosakata

📝 **[보기]에서 알맞은 어휘를 골라 문장 안에 쓰십시오.**
Pilihlah kosakata yang tepat dalam [Contoh] dan tuliskan dalam kalimat.

[보기] 밑바탕 여행지 주차장 추진력 검정색 물고기 한마디 단편집 결혼식 출근길

1. 우리 처지를 들은 윤 씨는 안타까운 듯 ____를 던졌다.
2. 언니는 ____에 편의점에 들러 직장에서 먹을 간식거리를 샀다.
3. 항공기의 엔진 ____이 향상되면 보다 빠른 속도로 비행을 할 수 있다.
4. 유료 ____에서는 한 시간에 오천 원씩 주차 요금을 받았다.
5. 어머니는 ____에서 유명한 음식이며 기념품을 사서 집으로 돌아오셨다.
6. 그는 뛰어난 감각을 ____으로 삼아 패션 산업에 뛰어들었다.
7. 수족관의 ____들의 입에서는 계속 물방울들이 뽀글거리며 올라왔다.
8. 나는 장편 소설보다는 ____에 실린 짧은 소설들을 더 좋아한다.
9. ____이 끝나고 예식장 근처에 있는 식당에서 피로연이 열렸다.
10. 나는 햇빛에 눈이 부셔서 ____ 선글라스를 꼈다.

📝 **어휘에 맞는 의미를 찾아 선으로 이어 보세요.**
Temukan arti yang sesuai dengan kosakata dan hubungkan dengan garis.

1. 한밤중 • • ㄱ. 이용한 값으로 내는 돈.
2. 표현력 • • ㄴ. 어떤 내용이나 일을 소개하여 알리는 문서.
3. 이용료 • • ㄷ. 사회의 질서를 지키고 국민의 안전과 재산을 보호하는 일을 하는 공무원.
4. 안내장 • • ㄹ. 사람을 만나거나 무엇을 보기 위해 어떤 장소에 찾아오는 손님.
5. 신호등 • • ㅁ. 비가 그쳤을 때, 해의 반대쪽 하늘에 반원 모양으로 나타나는 일곱 가지 색깔의 빛줄기.
6. 세탁소 • • ㅂ. 바다와 육지가 맞닿은 곳이나 그 근처.
7. 방문객 • • ㅅ. 돈을 받고 빨래나 다림질 등을 해 주는 가게.
8. 바닷가 • • ㅇ. 도로에서 색이 있는 불빛으로 자동차나 사람의 통행을 지시하는 장치.
9. 무지개 • • ㅈ. 느낌이나 생각 등을 말, 글, 몸짓 등으로 나타내어 겉으로 드러내는 능력.
10. 경찰관 • • ㅊ. 깊은 밤.

DAY 39

어휘 암기 확인 — Pemeriksaan Hafalan Kosakata

단어	번역	암기확인
밑바탕		
표현력		
여행지		
바닷가		
주차장		
한밤중		
추진력		
세탁소		
검정색		
이용료		
물고기		
신호등		
한마디		
방문객		
단편집		
무지개		
결혼식		
안내장		
출근길		
경찰관		

 어휘 활용 연습 정답   Kunci Jawaban Latihan Penggunaan Kosakata

✏️ [보기]에서 알맞은 어휘를 골라 문장 안에 쓰십시오.
Pilihlah kosakata yang tepat dalam [Contoh] dan tuliskan dalam kalimat.

1) 한마디   2) 출근길   3) 추진력   4) 주차장   5) 여행지
6) 밑바탕   7) 물고기   8) 단편집   9) 결혼식   10) 검정색

✏️ 어휘에 맞는 의미를 찾아 선으로 이어 보세요.
Temukan arti yang sesuai dengan kosakata dan hubungkan dengan garis.

1) ㅊ   2) ㅈ   3) ㄱ   4) ㄴ   5) ㅇ
6) ㅅ   7) ㄹ   8) ㅂ   9) ㅁ   10) ㄷ

 관용어 Idiom

뜨고도 못 보는 당달봉사.
  Orang buta kelelawar yang tidak bisa melihat meskipun mata dibuka.

  의미 어수룩하여 두 눈으로 뻔히 보고도 제대로 잘 알지 못하는 사람.
    Orang yang tidak bisa mengenali sesuatu dengan baik walaupun melihat dengan jelas dengan dua mata karena sangat polos.

한 계단씩 밟아 올라가다.
  Perlahan memulai dari dasar.Naik selangkah demi selangkah.

  의미 기초부터 차근차근 해 나가다.
    Perlahan memulai dari dasar.

DAY 40
40일차

전통적	전통적	전통적
여성복	여성복	여성복
지름길	지름길	지름길
사춘기	사춘기	사춘기
신청서	신청서	신청서
방문자	방문자	방문자
이메일	이메일	이메일
강연회	강연회	강연회
일반인	일반인	일반인
그림책	그림책	그림책
손가락	손가락	손가락
거짓말	거짓말	거짓말
목요일	목요일	목요일
졸업생	졸업생	졸업생
박물관	박물관	박물관
궁금증	궁금증	궁금증
후원금	후원금	후원금
아버지	아버지	아버지
농산물	농산물	농산물
중앙선	중앙선	중앙선

전통적 tradisional, konvensional, turun-temurun, adat, kebiasaan

어떤 집단이나 공동체에서 지난 시대부터 전해 내려오는 것.
sesuatu yang bersifat diturunkan dari generasi yang telah lewat di suatu kelompok atau komunitas (digunakan sebagai depan kata benda)

전통적인 가치관.
전통적인 관습.
전통적인 방식.

예문
- 한국의 전통적인 식습관을 따르는 민준이는 아침을 가장 배부르게 먹는다.
  Minjun yang mengikuti pola makan tradisional Korea, makan paling banyak saat sarapan.

여성복 pakaian wanita, baju wanita, baju perempuan, busana wanita

여성이 주로 입는 옷.
pakaian yang biasanya dikenakan wanita

고급 여성복.
여성복 시장.
여성복 잡지.

예문
- 그녀는 정장 치마를 사기 위해 상가에 있는 여성복 매장들을 돌아다녔다.
  Wanita itu mengelilingi toko-toko pakaian wanita di pusat pertokoan untuk membeli rok formal.

지름길 jalan pintas

목적지까지 빠르게 갈 수 있는 길.
jalan potong, jalan singkat untuk menuju tempat tujuan

지름길을 이용하다.
지름길을 찾다.
지름길로 가다.

예문
- 지수는 학교로 빨리 갈 수 있는 지름길을 찾으려고 온 동네를 돌아다녔다.
  Jisu mengitari seluruh lingkungan demi menemukan jalan pintas untuk pergi ke sekolah.

사춘기 masa remaja, masa puber

보통 십이 세부터 십팔 세 정도에 나타나는 육체적, 정신적으로 성인이 되어가는 시기.
masa beranjak dewasa baik secara fisik maupun mental mulai dari 12 tahun sampai 18 tahun

사춘기 시절.
사춘기가 지나다.
사춘기를 넘기다.

예문
- 조그맣던 아들 녀석이 어느새 훌쩍 커 벌써 사춘기에 들어섰다.
  Putraku yang dulunya masih kecil sudah tumbuh besar dan memasuki masa puber.

신청서 formulir pendaftaran

단체나 기관 등에 어떤 사항을 요청할 때 작성하는 문서.
formulir permohonan yang diisikan untuk memohon sesuatu pada sebuah perkumpulan atau lembaga dsb

가입 신청서.
상담 신청서.
신청서 양식.

예문
- 나는 합창단에 가입하기 위해 신청서를 작성했다.
  Aku mengisi formulir pendaftaran untuk bergabung dengan kelompok paduan suara.

방문자 tamu, pengunjung, pelawat

사람을 만나거나 무엇을 보기 위해 어떤 장소에 찾아오는 사람.
orang yang datang ke suatu tempat untuk bertemu orang atau melakukan sesuatu

방문자 이름.
방문자가 늘다.
방문자가 오다.

예문
- 한 기업의 블로그 <u>방문자</u>가 백만을 넘어섰다.
  Pengunjung blog sebuah perusahaan melampaui 1 juta orang.

이메일 surat elektronik, email

인터넷이나 통신망으로 주고받는 편지.
surat yang diberikan dan diterima melalui internet atau jaringan komunikasi

이메일 내용.
이메일 주소.
이메일을 보내다.

예문
- 우리 어머니는 컴퓨터로 글을 쓰는 법을 배워 아버지께 <u>이메일</u>을 써서 보내셨다.
  Ibuku mengirim surat elektronik ke ayahku setelah belajar cara menulis di komputer.

강연회 ceramah, seminar, pertemuan

강연을 하기 위한 모임.
pertemuan dengan banyak orang (perkuliahan, seminar, dsb.) yang berisi pembicaraan tentang suatu tema

강연회를 신청하다.
강연회를 열다.
강연회에 참석하다.

예문
- 오늘 <u>강연회</u>에서는 바람직한 학부모상에 대한 강의가 진행되었다.
  Dalam seminar hari ini, diadakan kuliah tentang kriteria orang tua murid yang baik.

일반인 orang biasa (masyarakat umum, orang biasa)

특정한 신분이나 지위, 특징을 지니지 않은 보통 사람.
bukan orang yang berkedudukan atau tertentu

일반인을 대상으로.
전문가가 아닌 일반인.
일반인 출입 금지.

예문
- 이번 미술 강좌는 대학생 및 <u>일반인</u>을 대상으로 한 것이다.
  Kelas seni kali ini diperuntukkan bagi mahasiswa dan masyarakat umum.

그림책 buku cerita bergambar

아이들이 알아보기 쉽게 그림을 많이 그려 넣은 책.
buku cerita yang juga memuat gambar agar mudah dipahami anak-anak

그림책을 보다.
그림책을 사 주다.
그림책을 선물하다.

예문
- 아이들은 글자가 많은 책보다 <u>그림책</u>을 좋아한다.
  Anak-anak lebih suka buku cerita bergambar daripada buku yang banyak tulisannya.

손가락 jari-jari tangan

사람의 손끝의 다섯 개로 갈라진 부분.
bagian di tangan manusia yang terbagi menjadi lima

열 손가락.
손가락 마디.
손가락이 길다.

예문
- 신랑은 신부의 손가락에 반지를 끼워 주었다.
  Pengantin pria memasangkan cincin di jari pengantin wanita

거짓말 bohong, kebohongan

사실이 아닌 것을 사실인 것처럼 꾸며서 하는 말.
cerita yang dibuat-buat sehingga terdengar seolah-olah benar

선의의 거짓말.
순 거짓말.
끝없는 거짓말.

예문
- 그는 뻔뻔해서 태연한 얼굴로 거짓말을 한다.
  Karena tidak tahu malu, dia berbohong dengan wajah tenang.

목요일 kamis, hari kamis

월요일을 기준으로 한 주의 넷째 날.
hari keempat dari satu minggu yang dimulai dari hari senin

지난 목요일.
목요일 아침.
목요일에 만나다.

예문
- 새 프로그램은 매주 목요일 저녁 일곱 시에 방영될 예정이다.
  Program baru ini akan tayang setiap Kamis pukul tujuh malam.

졸업생 lulusan

학교에서 정해진 교과 과정을 모두 마친 학생.
pelajar yang telah menyelesaikan proses belajar siswa yang ditentukan di sekolah

대학 졸업생.
졸업생이 증가하다.
졸업생이 취직하다.

예문
- 우리 학교 졸업생의 취업률은 구십 퍼센트에 이른다.
  Persentase mendapatkan pekerjaan lulusan sekolah kami mencapai 90 persen.

박물관 museum

유물이나 예술품을 수집, 보관, 전시하여 사람들이 보거나 연구할 수 있게 하는 시설.
fasilitas yang mengumpulkan, menyimpan, dan memajang koleksi peninggalan atau benda seni sehingga dapat dinikmati atau diteliti

역사 박물관.
중앙 박물관.
박물관 개관.

예문
- 박물관 측은 소장하고 있는 각 시대별 도자기를 모두 공개하기로 했다.
  Pihak museum memutuskan untuk memamerkan semua keramik dari setiap periode yang dikoleksinya.

궁금증 rasa penasaran

몹시 궁금한 마음.
rasa sangat ingin tahu

궁금증이 나다.
궁금증이 생기다.
궁금증이 풀리다.

예문
- 사람들은 유명 배우를 둘러싼 소문들이 사실일지 **궁금증**을 가졌다.
  Orang-orang penasaran seputar kebenaran rumor-rumor aktor terkenal itu.

후원금 uang bantuan, dana bantuan

개인이나 단체의 활동, 사업 등을 돕기 위해 대가 없이 내놓은 돈.
dana yang diberikan untuk membantu kegiatan individu atau organisasi, usaha, dsb tanpa imbalan

후원금을 모금하다.
후원금을 받다.
후원금으로 내다.

예문
- 우리는 공연 수익금을 소년 소녀 가장을 돕기 위한 **후원금**으로 쓰기로 했다.
  Kami memutuskan untuk menggunakan pendapatan pertunjukkan sebagai sumbangan untuk membantu anak laki-laki dan perempuan yang menjadi kepala keluarga.

아버지 ayah, bapak, papa

자녀가 있는 남자를 자식과 관련하여 이르거나 부르는 말.
panggilan yang menyebutkan laki-laki yang telah melahirkan dirinya

아이의 아버지.
아버지의 사랑.
아버지가 되다.

예문
- 어머니가 돌아가신 후로 나는 **아버지**와 둘이 산다.
  Aku tinggal berdua bersama ayah setelah Ibu meninggal.

농산물 hasil pertanian

쌀, 채소, 과일 등 농사를 지어서 얻은 물건.
barang, benda yang didapatkan, dihasilkan dari bertani beras, sayur-sayuran, buah-buahan, dsb

농산물 수입.
농산물 수출.
농산물 시장.

예문
- 장마 때문에 모든 **농산물**의 가격이 올랐다.
  Harga semua hasil pertanian naik karena hujan berkelanjutan di musim panas.

중앙선 garis tengah

한가운데를 지나는 선.
Линия, проходящая в центре.

중앙선이 생기다.
중앙선을 그리다.
중앙선을 만들다.

예문
- 아이들은 색종이 가운데에 점선으로 그려진 **중앙선**을 따라서 오렸다.
  Anak-anak memotong mengikuti garis tengah putus-putus di tengah kertas berwarna.

DAY 40

어휘 활용 연습 — Latihan Penggunaan Kosakata

✏️ **[보기]에서 알맞은 어휘를 골라 문장 안에 쓰십시오.**
Pilihlah kosakata yang tepat dalam [Contoh] dan tuliskan dalam kalimat.

[보기]	여성복 거짓말 궁금증 그림책 중앙선 아버지 강연회 졸업생 사춘기 방문자

1. 아이들은 색종이 가운데에 점선으로 그려진 ____을 따라서 오렸다.
2. 우리 학교 ____의 취업률은 구십 퍼센트에 이른다.
3. 그녀는 정장 치마를 사기 위해 상가에 있는 ____ 매장들을 돌아다녔다.
4. 어머니가 돌아가신 후로 나는 ____와 둘이 산다.
5. 조그맣던 아들 녀석이 어느새 훌쩍 커 벌써 ____에 들어섰다.
6. 한 기업의 블로그 ____가 백만을 넘어섰다.
7. 아이들은 글자가 많은 책보다 ____을 좋아한다.
8. 사람들은 유명 배우를 둘러싼 소문들이 사실일지 ____을 가졌다.
9. 그는 뻔뻔해서 태연한 얼굴로 ____을 한다.
10. 오늘 ____에서는 바람직한 학부모상에 대한 강의가 진행되었다.

✏️ **어휘에 맞는 의미를 찾아 선으로 이어 보세요.**
Temukan arti yang sesuai dengan kosakata dan hubungkan dengan garis.

1. 후원금 •   • ㄱ. 개인이나 단체의 활동, 사업 등을 돕기 위해 대가 없이 내놓은 돈.
2. 지름길 •   • ㄴ. 단체나 기관 등에 어떤 사항을 요청할 때 작성하는 문서.
3. 전통적 •   • ㄷ. 목적지까지 빠르게 갈 수 있는 길.
4. 일반인 •   • ㄹ. 사람의 손끝의 다섯 개로 갈라진 부분.
5. 이메일 •   • ㅁ. 쌀, 채소, 과일 등 농사를 지어서 얻은 물건.
6. 신청서 •   • ㅂ. 어떤 집단이나 공동체에서 지난 시대부터 전해 내려오는 것.
7. 손가락 •   • ㅅ. 월요일을 기준으로 한 주의 넷째 날.
8. 박물관 •   • ㅇ. 유물이나 예술품을 수집, 보관, 전시하여 사람들이 보거나 연구할 수 있게 하는 시설.
9. 목요일 •   • ㅈ. 인터넷이나 통신망으로 주고받는 편지.
10. 농산물 •   • ㅊ. 특정한 신분이나 지위, 특징을 지니지 않은 보통 사람.

328 Kosakata Kunci

어휘 암기 확인 — Pemeriksaan Hafalan Kosakata

단어	번역	암기확인
전통적		
여성복		
지름길		
사춘기		
신청서		
방문자		
이메일		
강연회		
일반인		
그림책		
손가락		
거짓말		
목요일		
졸업생		
박물관		
궁금증		
후원금		
아버지		
농산물		
중앙선		

 어휘 활용 연습 정답   **Kunci Jawaban Latihan Penggunaan Kosakata**

 [보기]에서 알맞은 어휘를 골라 문장 안에 쓰십시오.
Pilihlah kosakata yang tepat dalam [Contoh] dan tuliskan dalam kalimat.

1) 중앙선   2) 졸업생   3) 여성복   4) 아버지   5) 사춘기
6) 방문자   7) 그림책   8) 궁금증   9) 거짓말   10) 강연회

✏️ 어휘에 맞는 의미를 찾아 선으로 이어 보세요.
Temukan arti yang sesuai dengan kosakata dan hubungkan dengan garis.

1) ㄱ   2) ㄷ   3) ㅂ   4) ㅊ   5) ㅈ
6) ㄴ   7) ㄹ   8) ㅇ   9) ㅅ   10) ㅁ

 관용어 **Idiom**

사람 속은 천 길 물속이라.
Selam air dalam tonggak (hati orang sedalam samudra).

> 의미 사람의 속마음은 알기가 매우 어렵다.
> Sangat sulit untuk mengetahui isi hati seseorang.

모르는게 약, 아는 게 병
Tidak tahu adalah obat, tahu adalah penyakit

> 의미 아무것도 모르면 마음이 편하고 좋지만, 무엇을 좀 알고 있으면 그것 때문에 걱정이 생겨 오히려 좋지 않다는 말.
> Kalau tidak tahu hati terasa nyaman dan senang, tetapi kalau tahu sesuatu muncul kekhawatiran akan itu dan sebaliknya akan menjadi tidak baik

DAY 41

감동적	감동적	감동적
증명서	증명서	증명서
평상시	평상시	평상시
주유소	주유소	주유소
응시자	응시자	응시자
사기꾼	사기꾼	사기꾼
치료법	치료법	치료법
말버릇	말버릇	말버릇
멜로디	멜로디	멜로디
볶음밥	볶음밥	볶음밥
화장지	화장지	화장지
외국인	외국인	외국인
한자리	한자리	한자리
여고생	여고생	여고생
여러분	여러분	여러분
연예인	연예인	연예인
기억력	기억력	기억력
과소비	과소비	과소비
일주일	일주일	일주일
민속촌	민속촌	민속촌

감동적 — mengharukan

강하게 느껴 마음이 움직이는 것.
menyentuh perasaan (digunakan sebagai kata benda)

- 감동적인 영화.
- 감동적인 이야기.
- 감동적인 작품.

예문
- 그 영화는 예술가의 삶을 감동적으로 그려 관객들을 울고 웃게 만들었다.
  Film itu menggambarkan kehidupan seniman dengan cara yang mengharukan sehingga membuat penonton menangis dan tertawa.

증명서 — surat keterangan, surat penjelasan

어떤 사실이 진실임을 밝히는 문서.
dokumen untuk membuktikan atau menjelaskan suatu fakta adalah benar

- 성적 증명서.
- 재직 증명서.
- 재학 증명서.

예문
- 현우는 이 대학교를 졸업했다는 졸업 증명서를 회사에 제출하였다.
  Hyeonwu menyerahkan ijazah yang menyatakan bahwa dia lulus dari universitas ini ke perusahaan.

평상시 — waktu biasa, biasanya, umumnya, biasa

특별한 일이 없는 보통 때.
saat biasa yang tidak ada hal khusus

- 평상시 행동.
- 평상시 활동.
- 평상시에 공부하다.

예문
- 유민이는 남자 앞에서는 평상시 말투와 달라졌다.
  Cara bicara Yumin di depan pria berbeda dari biasanya.

주유소 — pompa bensin (pom bensin)

자동차 등에 연료가 되는 기름을 넣는 곳.
tempat mengisi minyak yang menjadi bahan bakar ke dalam mobil dsb

- 주유소 주인.
- 주유소 직원.
- 주유소 표지판.

예문
- 우리는 여행을 떠나기 전에 주유소에 들러서 기름을 가득 채웠다.
  Kami mampir ke pom bensin untuk mengisi penuh bahan bakar sebelum berangkat liburan.

응시자 — peserta ujian

시험에 응하는 사람.
orang yang mengikuti ujian

- 수능 응시자.
- 전체 응시자.
- 응시자 모집.

예문
- 만 여명에 달하는 응시자로 인해 고사장 주변의 차량이 통제되었다.
  Kendaraan di sekitar tempat ujian dibatasi karena jumlah peserta ujian mencapai sepuluh orang.

사기꾼 penipu, tukang tipu

자신의 이익을 위해 남을 속이는 사람.
orang yang mengelabui orang lain demi keuntungan diri sendiri

사기꾼이 잡히다.
사기꾼에게 걸리다.
사기꾼에게 속다.

예문
- 현우는 사기꾼에게 속아서 전 재산을 날렸다.
  Hyeonwu kehilangan semua kekayaannya karena ditipu oleh penipu.

치료법 cara pengobatan

병이나 상처를 낫게 하는 방법.
cara untuk menghilangkan penyakit atau luka

다양한 치료법.
새로운 치료법.
전통적인 치료법.

예문
- 시기적절하게 치료법을 사용하지 않으면 병이 더 악화된다.
  Penyakit akan memburuk jika cara pengobatan tidak digunakan tepat waktu.

말버릇 gaya bicara, cara bicara, logat

몸에 배어 굳어 버린 말투.
gaya bicara yang telah terpatri di tubuh

말버릇이 나쁘다.
말버릇이 없다.
말버릇을 고치다.

예문
- 민준이는 말버릇처럼 피곤하다는 말을 달고 살았다.
  Minjun selalu mengatakan bahwa dia lelah seperti kebiasaannya.

멜로디 melodi

높낮이와 리듬이 있는 음의 흐름.
tinggi rendah atau irama alunan nada

악기의 멜로디.
기분 좋은 멜로디.
멜로디가 좋다.

예문
- 레코드 가게에서 익숙한 멜로디의 노래가 흘러나왔다.
  Terdengar alunan musik yang tidak asing dari toko kaset.

볶음밥 nasi goreng

밥에 채소나 고기 등을 잘게 썰어 넣고 기름에 볶아 만든 음식.
masakan yang terbuat dari nasi yang dicampur dengan sayuran atau daging dsb yang dipotong-potong kecil dan digoreng dengan minyak

볶음밥의 재료.
볶음밥을 만들다.
볶음밥을 요리하다.

예문
- 아이들은 햄과 계란이 들어간 볶음밥을 좋아했다.
  Anak-anak dulunya suka nasi goreng dengan ham dan telur.

TOPIK 333

화장지 kapas kosmetik, tisu kosmetik (kapas)

화장할 때 쓰는 부드러운 종이.
kertas lembut yang digunakan ketika berdandan

부드러운 화장지.
화장지를 사용하다.
화장지를 사다.

예문

- 얼굴에 크림을 너무 많이 발라 <u>화장지</u>로 조금 닦아 냈다.
  Aku mengoleskan terlalu banyak krim di wajah, jadi aku menyekanya sedikit dengan kapas.

외국인 orang asing

다른 나라 사람.
orang yang berasal dari negara lain

외국인 강사.
외국인 관광객.
외국인 노동자.

예문

- 한국의 전통 의상은 <u>외국인</u>들에게는 흥미롭게 보이기도 한다.
  Pakaian tradisional Korea terlihat menarik bagi orang asing.

한자리 satu tempat, setempat (satu tempat)

같은 자리.
tempat yang sama

한자리에 모이다.
한자리에 서다.
한자리에 앉다.

예문

- 동창회에서는 오랜만에 보는 얼굴들이 모두 <u>한자리</u>에 모여 있었다.
  Saat reuni, semua orang yang sudah lama tidak kita jumpai berkumpul di satu tempat.

여고생 pelajar SMU perempuan (siswi SMA)

여자 고등학생.
pelajar SMU perempuan

여고생 시절.
여고생이 되다.
여고생이 좋아하다.

예문

- 교복을 입은 <u>여고생</u>들이 버스에서 재잘거리며 떠들고 있다.
  Para siswi SMA berseragam sekolah mengobrol di bus dengan berisik.

여러분 Anda sekalian, saudara sekalian

듣는 사람이 여러 명일 때 그 사람들을 높여 이르는 말.
(dalam bentuk formal atau sopan) kalian

고객 여러분.
국민 여러분.
시민 여러분.

예문

- 저희 공연을 관람해 주신 <u>여러분</u>께 감사의 인사를 드립니다.
  Kami mengucapkan terima kasih kepada hadirin sekalian yang telah menonton pertunjukan kami.

연예인 artis, bintang (selebriti, artis, bintang)

연기나 노래, 춤 등의 연예 활동을 직업으로 삼고 있는 사람.
orang yang berprofesi sebagai aktor, aktris, penyanyi, pemeran, atau lainnya

인기 연예인.
연예인이 되다.
연예인을 좋아하다.

예문
- 요즘은 <u>연예인</u>이 되고 싶어 하는 학생들이 많다.
  Belakangan ini banyak pelajar yang ingin menjadi selebriti.

기억력 daya ingat (ingatan, daya ingat)

이전의 모습, 사실, 지식, 경험 등을 마음이나 생각 속에 간직해 두고 생각해 내는 능력.
kemampuan menyimpan kenyataan, bentuk, pengetahuan, pengalaman, dsb sebelumnya dalam hati atau pikiran dan mengingatnya

기억력 강화.
기억력이 나쁘다.
기억력이 떨어지다.

예문
- 나는 <u>기억력</u>이 좋지 않아서 중요한 일은 꼭 메모를 해 둔다.
  Aku selalu mencatat hal-hal yang penting karena ingatanku buruk.

과소비 konsumsi berlebihan, pemakaian berlebihan

자신의 소득이나 예상 지출에 비해 돈을 지나치게 많이 쓰거나 물건을 지나치게 많이 삼.
menggunakan terlalu banyak uang atau membeli terlalu banyak barang jika dibandingkan dengan pendapatan sendiri atau anggaran pengeluaran

과소비를 막다.
과소비를 줄이다.
과소비를 하다.

예문
- 현우는 <u>과소비</u>를 줄이기 위해 신용 카드의 사용 한도를 최저로 설정하였다.
  Hyeonwu menetapkan batas penggunaan kartu kredit ke batas minimum untuk mengurangi pengeluaran berlebih.

일주일 seminggu, satu minggu

월요일부터 일요일까지 칠 일. 또는 한 주일.
tujuh hari mulai dari hari senin sampai hari minggu, satu minggu

이번 일주일.
일주일 내내.
일주일 동안.

예문
- <u>일주일</u>이 지나고 열흘이 지나도 집을 나간 강아지는 돌아오지 않았다.
  Anjing yang pergi meninggalkan rumah tidak kembali setelah seminggu, bahkan sepuluh hari.

민속촌 perkampungan rakyat

예부터 전해 내려오는 고유한 생활 양식이 남아 있는 마을.
perkampungan yang masih menyisakan cara hidup aslinya yang diturunkan secara turun-temurun sejak dahulu

민속촌을 방문하다.
민속촌에서 살다.
민속촌으로 보존되다.

예문
- 이곳은 전통적인 생활 방식을 유지하는 <u>민속촌</u>으로 보존되고 있다.
  Tempat ini dilestarikan sebagai desa rakyat yang mempertahankan cara hidup tradisional.

DAY 41

어휘 활용 연습 — Latihan Penggunaan Kosakata

✏️ [보기]에서 알맞은 어휘를 골라 문장 안에 쓰십시오.
Pilihlah kosakata yang tepat dalam [Contoh] dan tuliskan dalam kalimat.

[보기] 감동적 평상시 응시자 치료법 멜로디 화장지 한자리 여러분 기억력 일주일

1. 얼굴에 크림을 너무 많이 발라 ____로 조금 닦아 냈다.
2. 동창회에서는 오랜만에 보는 얼굴들이 모두 ____에 모여 있었다.
3. 유민이는 남자 앞에서는 ____ 말투와 달라졌다.
4. 시기적절하게 ____을 사용하지 않으면 병이 더 악화된다.
5. ____이 지나고 열흘이 지나도 집을 나간 강아지는 돌아오지 않았다.
6. 만 여명에 달하는 ____로 인해 고사장 주변의 차량이 통제되었다.
7. 저희 공연을 관람해 주신 ____께 감사의 인사를 드립니다.
8. 레코드 가게에서 익숙한 ____의 노래가 흘러나왔다.
9. 나는 ____이 좋지 않아서 중요한 일은 꼭 메모를 해 둔다.
10. 그 영화는 예술가의 삶을 ____으로 그려 관객들을 울고 웃게 만들었다.

✏️ 어휘에 맞는 의미를 찾아 선으로 이어 보세요.
Temukan arti yang sesuai dengan kosakata dan hubungkan dengan garis.

1. 증명서 • • ㄱ. 자신의 이익을 위해 남을 속이는 사람.
2. 주유소 • • ㄴ. 자신의 소득이나 예상 지출에 비해 돈을 지나치게 많이 쓰거나 물건을 지나치게 많이 삼.
3. 외국인 • • ㄷ. 자동차 등에 연료가 되는 기름을 넣는 곳.
4. 연예인 • • ㄹ. 예부터 전해 내려오는 고유한 생활 양식이 남아 있는 마을.
5. 여고생 • • ㅁ. 연기나 노래, 춤 등의 연예 활동을 직업으로 삼고 있는 사람.
6. 사기꾼 • • ㅂ. 여자 고등학생.
7. 볶음밥 • • ㅅ. 어떤 사실이 진실임을 밝히는 문서.
8. 민속촌 • • ㅇ. 밥에 채소나 고기 등을 잘게 썰어 넣고 기름에 볶아 만든 음식.
9. 말버릇 • • ㅈ. 몸에 배어 굳어 버린 말투.
10. 과소비 • • ㅊ. 다른 나라 사람.

DAY 41 어휘 암기 확인 — Pemeriksaan Hafalan Kosakata

단어	번역	암기확인
감동적		
증명서		
평상시		
주유소		
응시자		
사기꾼		
치료법		
말버릇		
멜로디		
볶음밥		
화장지		
외국인		
한자리		
여고생		
여러분		
연예인		
기억력		
과소비		
일주일		
민속촌		

 어휘 활용 연습 정답   Kunci Jawaban Latihan Penggunaan Kosakata

✏️ [보기]에서 알맞은 어휘를 골라 문장 안에 쓰십시오.
Pilihlah kosakata yang tepat dalam [Contoh] dan tuliskan dalam kalimat.
1) 화장지   2) 한자리   3) 평상시   4) 치료법   5) 일주일
6) 응시자   7) 여러분   8) 멜로디   9) 기억력   10) 감동적

✏️ 어휘에 맞는 의미를 찾아 선으로 이어 보세요.
Temukan arti yang sesuai dengan kosakata dan hubungkan dengan garis.
1) ㅅ   2) ㄷ   3) ㅊ   4) ㅁ   5) ㅂ
6) ㄱ   7) ㅇ   8) ㄹ   9) ㅈ   10) ㄴ

 관용어 Idiom

씨 뿌린 자는 거두어야 한다.
Siapa yang menanam, dialah yang menuai.

> 의미 어떤 일을 벌이면 그에 따른 결과를 책임져야 한다.
> Kita harus bertanggung jawab atas apa yang kita perbuat.

매도 먼저 맞는 놈이 낫다.
Hukuman pun akan lebih baik bila ditanggung terlebih dulu

> 의미 어차피 겪어야 할 일이라면 아무리 어렵고 괴롭더라도 먼저 당하는 편이 낫다.
> Sesulit atau seberat apapun suatu hal, akan lebih baik bila menanggungnya terlebih dahulu jika hal itu tidak bisa dihindari.

42일차

여행객	여행객	여행객
여름철	여름철	여름철
식물원	식물원	식물원
신제품	신제품	신제품
마지막	마지막	마지막
연주회	연주회	연주회
디자인	디자인	디자인
봄맞이	봄맞이	봄맞이
손잡이	손잡이	손잡이
첫사랑	첫사랑	첫사랑
준비물	준비물	준비물
이용자	이용자	이용자
체육관	체육관	체육관
시간표	시간표	시간표
선생님	선생님	선생님
가운데	가운데	가운데
입장료	입장료	입장료
불고기	불고기	불고기
장난감	장난감	장난감
최소한	최소한	최소한

여행객 wisatawan, turis

여행하러 온 손님.
tamu yang datang berwisata

여행객 명단.
여행객 복장.
여행객을 모집하다.

예문
- 가이드는 여행객들에게 여행지의 유명한 장소에 대해 설명했다.
  Pemandu menjelaskan kepada para wisatawan tentang tempat terkenal daerah pariwisata.

여름철 musim panas

계절이 여름인 때.
di waktu musim panas

뜨거운 여름철.
여름철 날씨.
여름철 장마.

예문
- 나는 여름철이 되면 시골 냇가에서 고기를 잡으며 더위를 식혔다.
  Saat musim panas tiba, aku mendinginkan diri dari panas sambil memancing di tepian sungai pedesaan.

식물원 kebun raya, kebun tanaman

식물을 연구하거나 식물에 대해 알리기 위해 많은 종류의 식물을 모아 기르는 곳.
tempat mengumpulkan dan memelihara banyak jenis tanaman untuk meneliti tumbuhan atau memberitahukan mengenai tumbuhan

식물원을 견학하다.
식물원에 가다.
식물원 내의 온도.

예문
- 새로 생긴 식물원에는 우리나라에서 흔히 볼 수 없는 종들을 볼 수 있다.
  Di kebun raya yang baru dibuka, kita dapat melihat spesies yang tidak bisa dilihat dengan mudah di Korea.

신제품 produk baru

새로 만든 제품.
barang keluaran terbaru

신제품 개발.
신제품 광고.
신제품이 나오다.

예문
- 우리 회사에서 출시한 신제품에 대한 소비자의 관심이 높다.
  Minat konsumen terhadap produk baru yang diluncurkan perusahaan kami tinggi.

마지막 terakhir

시간이나 순서의 맨 끝.
akhir atau ujung dari waktu atau urutan

마지막 결과.
마지막 경기.
마지막 고백.

예문
- 지수는 마지막 순간까지 최선을 다해 훌륭한 성적으로 대회를 마쳤다.
  Jisu melakukan yang terbaik sampai menit terakhir dan menyelesaikan kompetisi dengan nilai yang luar biasa.

연주회   konser, resital

음악을 연주하여 청중에게 들려주는 모임.
perkumpulan yang memainkan dan memperdengarkan musik kepada khalayak

정기 연주회.
클래식 연주회.
피아노 연주회.

예문
- 세계적인 피아니스트인 김 씨가 오래간만에 국내에서 피아노 연주회를 가졌다.
  Pianis ternama dunia, Kim, menggelar konser piano di dalam negeri untuk pertama kalinya setelah sekian lama.

디자인   desain

의상, 공업 제품, 건축 등의 실용적인 목적을 가진 작품의 설계나 도안.
rencana atau rancangan karya yang bertujuan agar dapat digunakan seperti pakaian, barang industri, bangunan, dsb

가방 디자인.
의상 디자인.
디자인이 예쁘다.

예문
- 지수는 디자인이 화려한 액세서리를 좋아한다.
  Jisu suka aksesoris yang memiliki desain mencolok.

봄맞이   penyambutan musim bunga

봄을 맞는 일. 또는 봄을 맞아서 하는 놀이.
kegiatan atau pekerjaan menyambut musim semi, atau permainan yang dilakukan untuk menyambut musim semi

봄맞이 대청소.
봄맞이 세일.
봄맞이 준비.

예문
- 겨울이 가고 봄이 오면 우리 집은 봄맞이 대청소를 한다.
  Ketika musim dingin berlalu dan musim semi tiba, keluarga kami bersih-bersih rumah untuk menyambut musim semi.

손잡이   pegangan

어떤 물건을 손으로 잡기 쉽게 만들어 붙인 부분.
bagian yang dibuat agar mudah menempel dengan tangan

방문 손잡이.
주전자 손잡이.
리어카의 손잡이.

예문
- 우리 오빠의 책상 서랍은 손잡이가 빠져서 열기 힘들었다.
  Laci meja belajar kakak laki-lakiku susah dibuka karena pegangannya terlepas.

첫사랑   cinta pertama

처음으로 한 사랑.
cinta yang pertama kali dirasakan

첫사랑의 추억.
첫사랑을 추억하다.
첫사랑과 결혼하다.

예문
- 현우는 풋풋했던 첫사랑의 기억을 지금까지도 잊지 못하고 있다.
  Sampai sekarang pun Hyeonwu tidak bisa melupakan kenangan cinta pertamanya yang polos.

준비물 barang yang disiapkan, barang persiapan

미리 마련하여 갖추어 놓는 물건.
benda yang dipersiapkan lebih awal dan dimiliki

준비물이 많다.
준비물이 필요하다.
준비물을 마련하다.

예문
- 나는 운동화와 물병 등 간단한 준비물만 챙겨서 농구장에 갔다.
Aku pergi ke lapangan basket hanya dengan mempersiapkan dan membawa barang-barang sederhana seperti sepatu olahraga dan botol minuman.

이용자 konsumen, pelanggan (pengguna)

어떤 물건이나 시설, 제도 등을 이용하는 사람.
pengguna suatu benda, fasilitas, sistem, dsb

이용자 부담.
이용자의 편의.
도서관 이용자.

예문
- 컴퓨터 보급이 일반화되면서 인터넷 이용자가 크게 늘었다.
Seiring dengan meluasnya penggunaan komputer, jumlah pengguna internet meningkat secara signifikan.

체육관 gedung olah raga

실내에서 운동을 할 수 있게 만든 건물.
gedung yang dibangun untuk berolah raga di dalam ruangan

실내 체육관.
올림픽 체육관.
체육관에 가다.

예문
- 내 동생은 지난주부터 동네 체육관에서 운동을 시작했다.
Adikku mulai berolahraga di gedung olahraga perumahan sejak minggu lalu.

시간표 tabel waktu, tabel jadwal

시간대별로 할 일 등을 적어 넣은 표.
tabel yang berisi hal yang akan dilakukan sesuai jam

수업 시간표.
작업 시간표.
시간표를 만들다.

예문
- 나는 수강 신청을 끝내고 이번 학기 수업 시간표를 작성했다.
Aku menyusun tabel jadwal kelas semester ini setelah selesai mengisi KRS.

선생님 bapak atau ibu guru

(높이는 말로) 학생을 가르치는 사람.
(dalam sebutan hormat) orang yang mengajarkan murid

고등학교 선생님.
국어 선생님.
담임 선생님.

예문
- 선생님께서 내일까지 꼭 숙제를 해 오라고 하셨다.
Guru berkata aku harus menyelesaikan tugas sampai besok.

가운데 tengah, pusat

한 공간이나 사물의 모든 끝에서 거의 같은 거리로 떨어져 있는 부분.
bagian dari tempat atau benda yang berjarak hampir sama dari tiap ujungnya

강 가운데.
길 가운데.
바다 가운데.

예문
- 어머니는 밥상 가운데에 찌개를 올려 놓으셨다.
  Ibu menaruh sup di tengah meja makan.

입장료 biaya masuk

행사나 공연 등이 열리는 장소에 들어가기 위하여 내는 요금.
biaya yang dikeluarkan untuk masuk ke dalam tempat pelaksanaan acara, pertunjukan, dsb

입장료를 내다.
입장료를 받다.
입장료를 지불하다.

예문
- 오늘 공연은 비싼 입장료가 아깝지 않을 만큼 훌륭했다.
  Pertunjukan hari ini sangat bagus dan sepadan dengan biaya masuk yang mahal.

불고기 bulgogi

얇게 썰어 양념한 돼지고기나 쇠고기를 불에 구운 한국 전통 음식.
makanan khas Korea yang dibuat dari daging babi atau daging sapi diiris tipis kemudian dipanggang

맛있는 불고기.
불고기 일 인분.
불고기 전문점.

예문
- 오늘 회사 식당의 점심 메뉴로 불고기가 나왔다.
  Bulgogi disajikan sebagai menu makan siang di kantin perusahaan hari ini.

장난감 mainan, mainan anak-anak

아이들이 가지고 노는 여러 가지 물건.
berbagai macam benda yang dimainkan oleh anak-anak

교육용 장난감.
아기 장난감.
움직이는 장난감.

예문
- 어린 조카는 소리를 내며 빠르게 움직이는 장난감 기차를 사 달라고 떼를 썼다.
  Keponakan kecilku merengek minta dibelikan kereta mainan yang bergerak cepat sambil mengeluarkan suara.

최소한 terkecil, tersedikit, minimal

일정한 조건에서 가장 작거나 적은 한도.
batas terkecil atau tersedikit dalam syarat tertentu

최소한 다섯 번.
최소한 두 시간.
최소한 삼십 분.

예문
- 기업들은 저마다 최소한의 비용으로 최대한의 이윤을 내기 위해 노력했다.
  Setiap perusahaan berusaha untuk memaksimalkan keuntungan dengan biaya seminimal mungkin.

DAY 42 어휘 활용 연습 _Latihan Penggunaan Kosakata_

✏️ [보기]에서 알맞은 어휘를 골라 문장 안에 쓰십시오.
Pilihlah kosakata yang tepat dalam [Contoh] dan tuliskan dalam kalimat.

[보기] 여름철 신제품 연주회 봄맞이 첫사랑 이용자 시간표 가운데 불고기 최소한

1. 어머니는 밥상 ____에 찌개를 올려 놓으셨다.
2. 겨울이 가고 봄이 오면 우리 집은 ____ 대청소를 한다.
3. 오늘 회사 식당의 점심 메뉴로 ____가 나왔다.
4. 나는 수강 신청을 끝내고 이번 학기 수업 ____를 작성했다.
5. 우리 회사에서 출시한 ____에 대한 소비자의 관심이 높다.
6. 나는 ____이 되면 시골 냇가에서 고기를 잡으며 더위를 식혔다.
7. 세계적인 피아니스트인 김 씨가 오래간만에 국내에서 피아노 ____를 가졌다.
8. 컴퓨터 보급이 일반화되면서 인터넷 ____가 크게 늘었다.
9. 현우는 풋풋했던 ____의 기억을 지금까지도 잊지 못하고 있다.
10. 기업들은 저마다 ____의 비용으로 최대한의 이윤을 내기 위해 노력했다.

✏️ 어휘에 맞는 의미를 찾아 선으로 이어 보세요.
Temukan arti yang sesuai dengan kosakata dan hubungkan dengan garis.

1. 디자인 • • ㄱ. (높이는 말로) 학생을 가르치는 사람.
2. 마지막 • • ㄴ. 미리 마련하여 갖추어 놓는 물건.
3. 선생님 • • ㄷ. 시간이나 순서의 맨 끝.
4. 손잡이 • • ㄹ. 식물을 연구하거나 식물에 대해 알리기 위해 많은 종류의 식물을 모아 기르는 곳.
5. 식물원 • • ㅁ. 실내에서 운동을 할 수 있게 만든 건물.
6. 여행객 • • ㅂ. 아이들이 가지고 노는 여러 가지 물건.
7. 입장료 • • ㅅ. 어떤 물건을 손으로 잡기 쉽게 만들어 붙인 부분.
8. 장난감 • • ㅇ. 여행하러 온 손님.
9. 준비물 • • ㅈ. 의상, 공업 제품, 건축 등의 실용적인 목적을 가진 작품의 설계나 도안.
10. 체육관 • • ㅊ. 행사나 공연 등이 열리는 장소에 들어가기 위하여 내는 요금.

DAY 42

어휘 암기 확인 — Pemeriksaan Hafalan Kosakata

단어	번역	암기확인
여행객		
여름철		
식물원		
신제품		
마지막		
연주회		
디자인		
봄맞이		
손잡이		
첫사랑		
준비물		
이용자		
체육관		
시간표		
선생님		
가운데		
입장료		
불고기		
장난감		
최소한		

 어휘 활용 연습 정답 Kunci Jawaban Latihan Penggunaan Kosakata

✏️ [보기]에서 알맞은 어휘를 골라 문장 안에 쓰십시오.
Pilihlah kosakata yang tepat dalam [Contoh] dan tuliskan dalam kalimat.

1) 가운데   2) 봄맞이   3) 불고기   4) 시간표   5) 신제품
6) 여름철   7) 연주회   8) 이용자   9) 첫사랑   10) 최소한

✏️ 어휘에 맞는 의미를 찾아 선으로 이어 보세요.
Temukan arti yang sesuai dengan kosakata dan hubungkan dengan garis.

1) ㅈ   2) ㄷ   3) ㄱ   4) ㅅ   5) ㄹ
6) ㅇ   7) ㅊ   8) ㅂ   9) ㄴ   10) ㅁ

 관용어 Idiom

낳은 정보다 기른 정이 더 크다.
Kasih sayang saat membesarkan lebih besar daripada kasih sayang saat melahirkan.

　🏷️의미　기르고 양육해 준 사랑이, 낳아 준 사랑보다 크고 소중하다.
　　　　Kasih sayang orang yang merawat dan membesarkan lebih besar dan berharga daripada kasih sayang orang yang melahirkan.

여우를 피하자 호랑이를 만났다.
Menghindari rubah, malah bertemu macan.

　🏷️의미　갈수록 더 힘든 일을 당하게 되다.
　　　　Lama kelamaan menghadapi hal yang makin sulit.

43일차

필요성	필요성	필요성
남동생	남동생	남동생
재활용	재활용	재활용
빗방울	빗방울	빗방울
음식물	음식물	음식물
청구서	청구서	청구서
비디오	비디오	비디오
냉장고	냉장고	냉장고
학부모	학부모	학부모
공연장	공연장	공연장
놀이터	놀이터	놀이터
관광지	관광지	관광지
스포츠	스포츠	스포츠
보고서	보고서	보고서
첫인상	첫인상	첫인상
필수품	필수품	필수품
동물원	동물원	동물원
스스로	스스로	스스로
음식점	음식점	음식점
고추장	고추장	고추장

필요성 kebutuhan, keperluan

꼭 있어야 하는 성질.
karakter yang harus ada

필요성 공감.
필요성의 감소.
필요성이 절실하다.

예문
- 그는 학생들의 자발성과 참여를 위한 토론 수업의 **필요성**을 강조했다.
  Dia menekankan perlunya kelas diskusi untuk spontanitas dan partisipasi para siswa.

남동생 adik laki-laki

남자 동생.
adik laki-laki sekandung

귀여운 남동생.
남동생이 생기다.
남동생이 있다.

예문
- 누나는 어린 **남동생**만 집에 두고 놀러 가는 것이 마음에 걸렸다.
  Kakak perempuanku khawatir meninggalkan adik laki-lakinya yang masih kecil di rumah dan pergi bermain.

재활용 pendaurulangan (daur ulang)

쓰고 버리는 물건을 다른 데에 다시 사용하거나 사용할 수 있게 함.
menjadikan barang yang sudah dibuang atau tidak digunakan bisa digunakan kembali

재활용 쓰레기.
재활용이 가능하다.
재활용이 되다.

예문
- 효율적인 **재활용**을 위해 주민들이 분리수거에 협조해야 한다.
  Demi daur ulang yang efisien, penduduk harus bekerja sama dalam pemisahan sampah.

빗방울 tetesan hujan, tetes air hujan

비가 되어 하늘에서 떨어지는 물방울.
tetesan air yang jatuh dari langit dikarenakan hujan

빗방울이 떨어지다.
빗방울이 맺히다.
빗방울을 피하다.

예문
- 맑았던 하늘에서 갑자기 **빗방울**이 툭툭 떨어지기 시작했다.
  Tetes air hujan tiba-tiba jatuh dari langit yang cerah.

음식물 makanan dan minuman

사람이 먹거나 마시는 것.
sesuatu yang dimakan atau diminum orang

음식물 쓰레기.
음식물이 내려가다.
음식물이 소화되다.

예문
- 식도는 근육을 움직여서 **음식물**을 위로 내려보내 주는 역할을 한다.
  Kerongkongan bertugas mengirimkan makanan ke lambung dengan cara menggerakkan otot-ototnya.

청구서 tagihan, rekening

다른 사람에게 돈이나 물건 등을 달라고 요구하는 내용을 적은 문서.
dokumen yang berisi permintaan atau permohonan uang atau barang dsb kepada orang lain

공과금 청구서.
청구서 양식.
청구서를 받다.

예문

- 다음 달부터는 공과금 **청구서**를 이메일로 받을 수 있다.
  Mulai bulan depan surat tagihan biaya bisa diterima lewat email.

비디오 video, gambar hidup, penampilan (video, tayangan)

텔레비전에서, 음성과 대응되는 영상.
gambar hidup yang menjadi padanan suara pada televisi

비디오 선.
비디오가 나오다.
비디오를 중시하다.

예문

- 밤에 텔레비전을 보려면 가족들이 깨지 않게 볼륨을 줄이고 **비디오**만 봐야 한다.
  Agar keluarga tidak terbangun, aku harus mengecilkan volume dan menonton tayangannya saja jika ingin menonton TV di malam hari.

냉장고 lemari es

음식을 상하지 않게 하거나 차갑게 하려고 낮은 온도에서 보관하는 상자 모양의 기계.
sebuah benda elektronik berbentuk segi empat yang digunakan untuk menyimpan makanan dalam suhu rendah agar tidak busuk atau untuk mendinginkan

가정용 냉장고.
대형 냉장고.
영업용 냉장고.

예문

- 동생은 부엌으로 들어가 **냉장고**에서 빵과 과일을 꺼내 먹고 방으로 들어갔다.
  Adik pergi ke dapur lalu makan roti dan buah yang diambil dari lemari es, kemudian kembali lagi ke kamarnya.

학부모 orangtua murid (orang tua murid)

학생을 자녀로 둔 부모.
ayah atau ibu murid sekolah

학부모 모임.
학부모가 되다.
학부모가 참석하다.

예문

- 현우의 어머니는 오늘 **학부모** 모임에 참석하셨다.
  Ibu Hyeonwu menghadiri pertemuan orang tua murid hari ini.

공연장 teater, panggung pertunjukan

연극, 음악, 무용 등의 공연을 하는 장소.
tempat memperlihatkan drama, musik, tarian, dsb.

야외 공연장.
공연장의 관람객.
공연장을 채우다.

예문

- 우리는 연극을 공연하기 위해 작은 **공연장**을 빌렸다.
  Kami menyewa panggung pertunjukkan kecil untuk menampilkan pertunjukan teater.

놀이터   tempat bermain, taman bermain

미끄럼틀이나 그네 등의 기구를 갖추어 두고 아이들이 놀 수 있게 만든 곳.
tempat yang dibuat agar anak-anak bisa bermain dengan dilengkapi alat seperti perosotan, ayunan, dsb

어린이 놀이터.
놀이터에 모이다.
놀이터에서 놀다.

예문
- 나는 수업이 끝난 뒤 친구들과 놀이터에 모여 미끄럼틀을 타고 놀았다.
  Setelah kelas selesai, aku berkumpul dengan teman-teman di taman bermain dan bermain perosotan.

관광지   obyek wisata, daerah wisata

경치가 뛰어나거나 유적지, 온천 등이 있어 관광할 만한 곳.
tempat wisata yang pemandangannya luar biasa indah, tempat peninggalan bersejarah, pemandian air panas, dsb

유명 관광지.
대표적 관광지.
세계적 관광지.

예문
- 우리 마을은 주변 경관이 매우 뛰어나고 해수욕장이 있어 관광지로 유명하다.
  Desa kami terkenal sebagai tempat wisata karena pemandangan di sekitarnya sangat bagus dan ada pantainya.

스포츠   olahraga

몸을 단련하거나 건강을 위해 규칙에 따라 몸을 움직이거나 도구를 사용하여 겨루는 일.
kegiatan bertanding dengan menggerakkan tubuh sesuai dengan peraturan yang telah ditentukan oleh perseorangan atau organisasi atau menggunakan alat

스포츠 관람.
스포츠 선수.
스포츠 센터.

예문
- 오빠는 어릴 적부터 야구와 농구 같은 스포츠를 좋아했다.
  Sejak masih kecil, kakak laki-lakiku suka olahraga seperti bisbol dan basket.

보고서   laporan

연구하거나 조사한 것의 내용이나 결과를 알리는 문서나 글.
dokumen atau tulisan yang memberitahukan hal atau hasil dari sesuatu yang diteliti atau diperiksa

사업 보고서.
연구 보고서.
보고서를 올리다.

예문
- 나는 실험 결과를 보고서로 작성해서 제출했다.
  Aku membuat laporan hasil penelitian dan mengumpulkannya.

첫인상   kesan pertama

어떤 것을 처음 보고 갖게 되는 인상.
kesan yang didapatkan saat melihat sesuatu untuk pertama kali

첫인상이 좋다.
첫인상이 중요하다.
첫인상을 주다.

예문
- 나는 사람들의 첫인상으로 그 사람을 판단하는 편이다.
  Aku cenderung menilai orang dari kesan pertama mereka.

필수품 barang kebutuhan, barang keperluan, bahan pokok, benda pokok

일상생활에 없어서는 안 되는 반드시 필요한 물건.
benda yang pasti diperlukan yang tidak boleh kalau tidak ada di dalam kehidupan sehari-hari

학생의 필수품.
필수품 공급.
필수품 구입.

예문
- 컴퓨터는 매일 같이 인터넷을 접하며 살아가는 현대인의 **필수품**이 되었다.
Komputer telah menjadi kebutuhan wajib bagi orang-orang modern yang hidup berhadapan dengan Internet setiap hari.

동물원 kebun binatang

여러 동물들을 가두어 기르면서 사람들이 구경할 수 있도록 해 놓은 곳.
tempat memelihara binatang sehingga dapat dilihat dan disaksikan oleh pengunjung

동물원을 구경하다.
동물원에 가다.
동물원에 다녀오다.

예문
- 어린이들은 **동물원**에 있는 커다란 동물들을 좋아한다.
Anak-anak suka binatang besar yang ada di kebun binatang.

스스로 diri sendiri, sendirinya

자기 자신.
diri sendiri

스스로를 위해서
스스로의 힘
스스로에게 약속을 했다.

예문
- 선생님은 아이들이 **스스로**의 힘으로 문제를 풀게 했다.
Guru membiarkan anak-anak memecahkan masalah mereka dengan sendirinya.

음식점 kedai makanan, warung makan, restoran

음식을 만들어서 파는 가게.
tempat yang membuat dan menjual makanan

음식점을 차리다.
음식점에 들어가다.
음식점에서 식사하다.

예문
- 맛과 서비스가 좋으면 그 **음식점**은 금방 소문이 나 사람들이 점점 몰리게 된다.
Bila rasa dan pelayanannya bagus, rumah makan akan cepat menjadi buah bibir dan akan semakin banyak orang-orang yang datang ke sana.

고추장 pasta cabai (pasta cabai, gocujang)

고춧가루를 주재료로 해서 만든 붉은 색의 한국 고유의 양념.
pasta berwarna merah yang dibuat dari bubur nasi atau tepung beras yang ditambah dengan tepung, tauco, tepung cabai dan garam

매운 고추장.
고추장이 맵다.
고추장을 넣다.

예문
- 집에서 직접 담근 **고추장**에 오이를 찍어 먹으니 더 맛있는 것 같다.
Timun yang dicocolkan ke gocujang hasil buatan sendiri di rumah sepertinya lebih enak.

어휘 활용 연습 — Latihan Penggunaan Kosakata

✏️ [보기]에서 알맞은 어휘를 골라 문장 안에 쓰십시오.
　　Pilihlah kosakata yang tepat dalam [Contoh] dan tuliskan dalam kalimat.

[보기]　필요성　재활용　음식물　비디오　학부모　놀이터　스포츠　첫인상　동물원　음식점

1. 나는 수업이 끝난 뒤 친구들과 ____에 모여 미끄럼틀을 타고 놀았다.
2. 어린이들은 ____에 있는 커다란 동물들을 좋아한다.
3. 밤에 텔레비전을 보려면 가족들이 깨지 않게 볼륨을 줄이고 ____만 봐야 한다.
4. 오빠는 어릴 적부터 야구와 농구 같은 ____를 좋아했다.
5. 식도는 근육을 움직여서 ____을 위로 내려보내 주는 역할을 한다.
6. 맛과 서비스가 좋으면 그 ____은 금방 소문이 나 사람들이 점점 몰리게 된다.
7. 효율적인 ____을 위해 주민들이 분리수거에 협조해야 한다.
8. 나는 사람들의 ____으로 그 사람을 판단하는 편이다.
9. 그는 학생들의 자발성과 참여를 위한 토론 수업의 ____을 강조했다.
10. 현우의 어머니는 오늘 ____ 모임에 참석하셨다.

✏️ 어휘에 맞는 의미를 찾아 선으로 이어 보세요.
　　Temukan arti yang sesuai dengan kosakata dan hubungkan dengan garis.

1. 필수품　　　•　　•　ㄱ. 경치가 뛰어나거나 유적지, 온천 등이 있어 관광할 만한 곳.
2. 청구서　　　•　　•　ㄴ. 고춧가루를 주재료로 해서 만든 붉은 색의 한국 고유의 양념.
3. 스스로　　　•　　•　ㄷ. 남자 동생.
4. 빗방울　　　•　　•　ㄹ. 다른 사람에게 돈이나 물건 등을 달라고 요구하는 내용을 적은 문서.
5. 보고서　　　•　　•　ㅁ. 비가 되어 하늘에서 떨어지는 물방울.
6. 냉장고　　　•　　•　ㅂ. 연구하거나 조사한 것의 내용이나 결과를 알리는 문서나 글.
7. 남동생　　　•　　•　ㅅ. 연극, 음악, 무용 등의 공연을 하는 장소.
8. 관광지　　　•　　•　ㅇ. 음식을 상하지 않게 하거나 차갑게 하려고 낮은 온도에서 보관하는 상자 모양의 기계.
9. 공연장　　　•　　•　ㅈ. 일상생활에 없어서는 안 되는 반드시 필요한 물건.
10. 고추장　　•　　•　ㅊ. 자기 자신.

DAY 43

어휘 암기 확인 — Pemeriksaan Hafalan Kosakata

단어	번역	암기확인
필요성		
남동생		
재활용		
빗방울		
음식물		
청구서		
비디오		
냉장고		
학부모		
공연장		
놀이터		
관광지		
스포츠		
보고서		
첫인상		
필수품		
동물원		
스스로		
음식점		
고추장		

 어휘 활용 연습 정답   Kunci Jawaban Latihan Penggunaan Kosakata

✏️ [보기]에서 알맞은 어휘를 골라 문장 안에 쓰십시오.
Pilihlah kosakata yang tepat dalam [Contoh] dan tuliskan dalam kalimat.

1) 놀이터   2) 동물원   3) 비디오   4) 스포츠   5) 음식물
6) 음식점   7) 재활용   8) 첫인상   9) 필요성   10) 학부모

✏️ 어휘에 맞는 의미를 찾아 선으로 이어 보세요.
Temukan arti yang sesuai dengan kosakata dan hubungkan dengan garis.

1) ㅈ   2) ㄹ   3) ㅊ   4) ㅁ   5) ㅂ
6) ㅇ   7) ㄷ   8) ㄱ   9) ㅅ   10) ㄴ

 관용어 Idiom

손이 차가운 사람은 심장이 뜨겁다.
Orang yang bertangan dingin memiliki jantung yang hangat

> 의미 겉으로 냉정한 태도를 보이나 실은 감정이 풍부하고 열정적이다.
> Meskipun dari luar terlihat dingin, tetapi sebenarnya penuh perasaan dan bersemangat.

가난 구제는 임금님도 못한다.
Raja pun tidak bisa menanggulangi kemiskinan.

> 의미 나라의 힘으로도 가난한 사람을 잘살게 하는 것은 어렵다.
> Sulit membantu orang miskin agar bisa hidup dengan baik walaupun dengan kekuatan negara sekalipun.

갈비탕	갈비탕	갈비탕
세탁기	세탁기	세탁기
영수증	영수증	영수증
피아노	피아노	피아노
퇴근길	퇴근길	퇴근길
신청자	신청자	신청자
전시회	전시회	전시회
상대방	상대방	상대방
대사관	대사관	대사관
백화점	백화점	백화점
주머니	주머니	주머니
복사기	복사기	복사기
신청서	신청서	신청서
집들이	집들이	집들이
신경질	신경질	신경질
온라인	온라인	온라인
초대장	초대장	초대장
지우개	지우개	지우개
폭발적	폭발적	폭발적
관심사	관심사	관심사

갈비탕 galbitang (sup galbi, galbitang)

소의 갈비를 잘라 넣고 오랫동안 끓인 국.
sup yang dibuat dari tulang iga sapi yang dipotong-potong dan direbus lama.

갈비탕 한 그릇.
갈비탕이 나오다.
갈비탕을 끓이다.

예문
- 고기가 들어간 국이 먹고 싶어서 <u>갈비탕</u>을 한 그릇 사 먹었다.
  Aku membeli sup galbi karena ingin memakan sup yang mengandung daging.

세탁기 mesin cuci

빨래하는 기계.
mesin untuk mencuci

세탁기를 돌리다.
세탁기를 이용하다.
세탁기에 넣다.

예문
- 지수는 <u>세탁기</u>를 돌리는 동안 방을 청소하고 있었다.
  Jisu membersihkan kamar sembari mencuci dengan mesin cuci.

영수증 kuitansi, bon, tanda pembayaran

돈이나 물건을 주고받은 사실이 적힌 종이.
kertas berisikan kenyataan memberi dan menerima uang atau barang

영수증이 발급되다.
영수증을 끊다.
영수증을 발행하다.

예문
- 나는 <u>영수증</u>을 정리하면서 내가 쓸데없는 소비를 많이 했음을 깨달았다.
  Aku menyadari bahwa aku sering membuang-buang uang saat membereskan nota pembelianku.

피아노 piano

검은색과 흰색 건반을 손가락으로 두드리거나 눌러서 소리를 내는 큰 악기.
alat musik berukuran besar dengan tuts kayu berwarna hitam dan putih untuk ditekan agar menghasilkan nada

피아노 한 대.
피아노 건반.
피아노 교실.

예문
- 나는 <u>피아노</u>를 배워서 세계적인 음악가가 되고 싶다.
  Dengan belajar piano, aku ingin menjadi pianis yang terkenal di seluruh dunia.

퇴근길 jalan pulang kerja, masa pulang kerja, saat pulang kerja

일터에서 일을 끝내고 집으로 돌아가거나 돌아오는 길. 또는 그런 도중.
jalan kembali atau datang ke rumah setelah menyelesaikan pekerjaan di tempat kerja, atau di tengah saat seperti itu

퇴근길 지하철.
퇴근길을 걷다.
퇴근길을 다니다.

예문
- 민준이가 지수의 밤늦은 <u>퇴근길</u>을 마중을 나왔다.
  Minjun menjemput Jisu saat perjalanan pulang kerja larut malamnya.

신청자   pelamar, pemohon, pendaftar, peminta

어떤 일을 해 줄 것을 정식으로 요구하는 사람.
orang yang memohon secara formal untuk melakukan sesuatu

면회 신청자.
신청자가 넘치다.
신청자가 몰리다.

예문
- 한국어 능력 시험에 응시하고자 하는 신청자가 점점 늘어나고 있다.
  Jumlah pendaftar yang ingin mengikuti Tes Kecakapan Bahasa Korea semakin bertambah.

전시회   pameran

여러 가지 물품을 차려 놓고 찾아온 사람들에게 보여 주는 모임이나 행사.
perkumpulan atau acara yang memajang berbagai macam barang di satu tempat dan menunjukkannya kepada orang-orang yang datang berkunjung

미술 전시회.
사진 전시회.
전시회가 열리다.

예문
- 올해 졸업자들의 우수 작품은 졸업 작품 전시회에서 볼 수 있다.
  Karya-karya luar biasa para lulusan tahun ini bisa dilihat di pameran karya wisuda.

상대방   pihak lawan, lawan bicara

일을 하거나 말을 할 때 짝을 이루는 사람.
orang yang menjadi pasangan saat bekerja atau berbicara

상대방의 입장.
상대방을 배려하다.
상대방을 이해하다.

예문
- 상대방을 배려하지 않고 자기 말만 늘어놓는 사람은 다른 사람의 호감을 얻을 수 없다.
  Orang yang hanya berbicara sendiri tanpa mempertimbangkan orang lain tidak akan bisa mendapatkan hati lawan bicara.

대사관   kedutaan, kedutaan besar

대사를 중심으로 한 나라를 대표하여 다른 나라에서 외교 업무를 보는 기관.
institusi yang mewakili sebuah negara dan bertugas menangani hubungan dengan negara tempat institusi tersebut berada

대사관 근무.
대사관 직원.
대사관과 영사관.

예문
- 한국 정부는 상대 국가에게 대사관을 통해 의견을 전달하였다.
  Pemerintah Korea menyampaikan pendapat mereka kepada negara lain melalui kedutaan besar.

백화점   mal, pusat perbelanjaan (pusat perbelanjaan)

한 건물 안에 온갖 상품을 종류에 따라 나누어 벌여 놓고 판매하는 큰 상점.
tempat yang menjual segala jenis barang dalam satu gedung

대형 백화점.
장난감 백화점.
유명 백화점.

예문
- 나는 집으로 가는 길에 백화점에 들러 가방을 하나 샀다.
  Dalam perjalanan pulang, aku mampir ke pusat perbelanjaan dan membeli sebuah tas.

주머니　kantong, kantung, dompet (kantong, dompet)

돈이나 물건 등을 넣어 가지고 다닐 수 있도록 천이나 가죽 등으로 만든 물건.
benda yang terbuat dari kain atau kulit dsb tempat menaruh uang atau benda dsb agar dapat dibawa-bawa

동전 주머니.
작은 주머니.
주머니를 챙기다.

예문
- 나는 귤을 몇 개 집어 비닐 주머니에 넣었다.
  Aku mengambil beberapa buah jeruk dan menaruhnya ke dalam kantong plastik.

복사기　mesin fotokopi

문서, 사진 등을 복사하는 데에 쓰는 기계.
mesin yang digunakan untuk menggandakan dokumen, foto, dsb

가정용 복사기.
디지털 복사기.
컬러 복사기.

예문
- 복사 용지가 다 떨어져서 지금은 복사기를 이용할 수 없다.
  Mesin fotokopi tidak bisa digunakan karena kertasnya habis.

신청서　formulir pendaftaran

단체나 기관 등에 어떤 사항을 요청할 때 작성하는 문서.
formulir permohonan yang diisikan untuk memohon sesuatu pada sebuah perkumpulan atau lembaga dsb

상담 신청서.
신청서 양식.
신청서를 작성하다.

예문
- 나는 합창단에 가입하기 위해 신청서를 작성했다.
  Mohon memberi tahu sampai kapan formulir pendaftarannya harus diserahkan.

집들이　(Tiada Penjelasan Arti) (syukuran)

이사한 후에 친한 사람들을 불러 집을 구경시키고 음식을 대접하는 일.
peristiwa mengundang orang-orang yang akrab, memperlihatkan rumah yang baru, serta menjamu makan setelah pindah rumah

집들이를 계획하다.
집들이를 준비하다.
집들이를 하다.

예문
- 나는 새로 이사한 집으로 회사 동료들을 초대해서 집들이를 했다.
  Aku mengadakan syukuran rumah baru dengan mengundang teman-teman kantor ke rumah.

신경질　mudah marah, sensitif (mudah tersinggung, sensitif)

신경이 너무 예민하여 사소한 일에도 흥분하거나 화를 내는 성질. 또는 그런 상태.
sifat suka marah karena hal yang kecil sekali pun karena sarafnya sangat sensitif, atau keadaan demikian

신경질이 많다.
신경질을 내다.
신경질을 부리다.

예문
- 언니는 남자 친구에게 차이고 나서부터 쉽게 화를 내고 신경질을 부렸다.
  Kakak perempuanku jadi mudah marah dan tersinggung setelah dicampakkan oleh pacarnya.

온라인 online

인터넷을 통해 다른 컴퓨터와 연결되거나 다른 컴퓨터에 접근이 가능한 상태.
keadaan sebuah komputer terhubung dengan komputer lain melalui internet

온라인 게임.
온라인 송금.
온라인 시험.

예문
- 요즘은 대부분의 사람들이 <u>온라인</u>으로 돈을 송금한다.
  Belakangan ini, kebanyakan orang mentransfer uang secara online.

초대장 surat undangan, undangan

어떤 자리, 모임, 행사 등에 초대하는 뜻을 적어서 보내는 편지.
surat yang dikirim bertuliskan arti mengundang ke suatu tempat atau perkumpulan, acara, dsb

공연 초대장.
전시회 초대장.
초대장을 만들다.

예문
- 우리는 <u>초대장</u>에 그려진 약도를 따라 약혼식장을 찾아갔다.
  Kami pergi ke tempat pertunangan dengan mengikuti petunjuk pada undangan.

지우개 penghapus, penghapus pensil

연필로 쓴 것을 지우는, 고무로 만든 물건.
benda yang dibuat dari karet untuk menghapus tulisan yang ditulis dengan pensil

네모 지우개.
지우개를 빌리다.
지우개로 지우다.

예문
- 나는 연필로 쓴 편지가 마음에 들지 않아 <u>지우개</u>로 모두 지운 다음에 펜으로 편지를 다시 썼다.
  Karena tidak suka dengan surat yang kutulis dengan pensil, aku menghapus semuanya dengan penghapus dan menulis ulang surat itu dengan pulpen.

폭발적 meledak, meletus (luar biasa, meledak, meletus)

무엇이 갑자기 퍼지거나 일어나는 것.
sesuatu yang bersifat sesuatu menyebar atau muncul tiba-tiba

폭발적인 반응.
폭발적으로 늘다.
폭발적으로 일어나다.

예문
- 한국 드라마가 외국 사람들에게 <u>폭발적</u>인 인기를 끌면서 외국에 수출되었다.
  Drama Korea diekspor ke luar negeri karena popularitasnya yang luar biasa di kalangan orang luar negeri.

관심사 perhatian

관심을 끄는 일이나 대상.
sesuatu yang menarik perhatian

세계적 관심사.
뜨거운 관심사.
관심사가 다르다.

예문
- 환경 보호는 세계적으로 공통된 <u>관심사</u> 중 하나이다.
  Perlindungan lingkungan adalah salah satu perhatian umum di seluruh dunia.

DAY 44

어휘 활용 연습 — Latihan Penggunaan Kosakata

✏️ [보기]에서 알맞은 어휘를 골라 문장 안에 쓰십시오.
　　Pilihlah kosakata yang tepat dalam [Contoh] dan tuliskan dalam kalimat.

[보기]　세탁기　피아노　신청자　상대방　백화점　복사기　집들이　온라인　지우개　관심사

1. 나는 ____를 배워서 세계적인 음악가가 되고 싶다.
2. 나는 새로 이사한 집으로 회사 동료들을 초대해서 ____를 했다.
3. 나는 연필로 쓴 편지가 마음에 들지 않아 ____로 모두 지운 다음에 펜으로 편지를 다시 썼다.
4. 요즘은 대부분의 사람들이 ____으로 돈을 송금한다.
5. 한국어 능력 시험에 응시하고자 하는 ____가 점점 늘어나고 있다.
6. 지수는 ____를 돌리는 동안 방을 청소하고 있었다.
7. ____을 배려하지 않고 자기 말만 늘어놓는 사람은 다른 사람의 호감을 얻을 수 없다.
8. 복사 용지가 다 떨어져서 지금은 ____를 이용할 수 없다.
9. 나는 집으로 가는 길에 ____에 들러 가방을 하나 샀다.
10. 환경 보호는 세계적으로 공통된 ____ 중 하나이다.

✏️ 어휘에 맞는 의미를 찾아 선으로 이어 보세요.
　　Temukan arti yang sesuai dengan kosakata dan hubungkan dengan garis.

1. 신청서　•　　•ㄱ. 일터에서 일을 끝내고 집으로 돌아가거나 돌아오는 길. 또는 그런 도중.
2. 폭발적　•　　•ㄴ. 여러 가지 물품을 차려 놓고 찾아온 사람들에게 보여 주는 모임이나 행사.
3. 퇴근길　•　　•ㄷ. 어떤 자리, 모임, 행사 등에 초대하는 뜻을 적어서 보내는 편지.
4. 초대장　•　　•ㄹ. 신경이 너무 예민하여 사소한 일에도 흥분하거나 화를 내는 성질. 또는 그런 상태.
5. 주머니　•　　•ㅁ. 소의 갈비를 잘라 넣고 오랫동안 끓인 국.
6. 전시회　•　　•ㅂ. 무엇이 갑자기 퍼지거나 일어나는 것.
7. 영수증　•　　•ㅅ. 돈이나 물건을 주고받은 사실이 적힌 종이.
8. 신경질　•　　•ㅇ. 돈이나 물건 등을 넣어 가지고 다닐 수 있도록 천이나 가죽 등으로 만든 물건.
9. 대사관　•　　•ㅈ. 대사를 중심으로 한 나라를 대표하여 다른 나라에서 외교 업무를 보는 기관.
10. 갈비탕　•　　•ㅊ. 단체나 기관 등에 어떤 사항을 요청할 때 작성하는 문서.

어휘 암기 확인 — Pemeriksaan Hafalan Kosakata

단어	번역	암기확인
갈비탕		
세탁기		
영수증		
피아노		
퇴근길		
신청자		
전시회		
상대방		
대사관		
백화점		
주머니		
복사기		
신청서		
집들이		
신경질		
온라인		
초대장		
지우개		
폭발적		
관심사		

 **어휘 활용 연습 정답**　　**Kunci Jawaban Latihan Penggunaan Kosakata**

✏️ [보기]에서 알맞은 어휘를 골라 문장 안에 쓰십시오.
Pilihlah kosakata yang tepat dalam [Contoh] dan tuliskan dalam kalimat.

1) 피아노　2) 집들이　3) 지우개　4) 온라인　5) 신청자
6) 세탁기　7) 상대방　8) 복사기　9) 백화점　10) 관심사

✏️ 어휘에 맞는 의미를 찾아 선으로 이어 보세요.
Temukan arti yang sesuai dengan kosakata dan hubungkan dengan garis.

1) ㅊ　2) ㅂ　3) ㄱ　4) ㄷ　5) ㅇ
6) ㄴ　7) ㅅ　8) ㄹ　9) ㅈ　10) ㅁ

 관용어 Idiom

사랑하는 자식일수록 매로 다스리라.
Anak yang makin disayang harus didisiplinkan dengan tongkat

　의미　자식이 귀할수록 매로 때려서라도 엄하게 잘 가르쳐야 한다.
　　　　Makin berharganya anak tetap harus diajarkan dengan keras walaupun harus dipukul beberapa kali.

만 리 길도 한 걸음으로 시작된다.
Jalan seribu ri dimulai dengan satu langkah.

　의미　아무리 큰일이라도 작은 일에서부터 시작된다.
　　　　Sebesar apa pun itu, suatu hal dimulai dengan sesuatu yang kecil.

45일차

집안일	집안일	집안일
지도자	지도자	지도자
신생아	신생아	신생아
그동안	그동안	그동안
중학교	중학교	중학교
이야기	이야기	이야기
지하철	지하철	지하철
호기심	호기심	호기심
소비자	소비자	소비자
생산자	생산자	생산자
이미지	이미지	이미지
쓰레기	쓰레기	쓰레기
기차역	기차역	기차역
대도시	대도시	대도시
서비스	서비스	서비스
객관적	객관적	객관적
쇼핑몰	쇼핑몰	쇼핑몰
무더위	무더위	무더위
성적표	성적표	성적표
가이드	가이드	가이드

집안일 pekerjaan rumah tangga

청소나 빨래, 요리 등 집 안에서 하는 일.
pekerjaan yang dilakukan di dalam rumah bersih-bersih, mencuci, memasak, dsb

힘든 집안일.
집안일이 많다.
집안일을 돕다.

예문
- 주말에 아내를 대신해 집안일을 해 보니 아내가 얼마나 고생하는지 알 수 있었다.
  Saat aku melakukan pekerjaan rumah menggantikan istriku di akhir pekan, aku bisa tahu betapa menderitanya istriku.

지도자 pembimbing, pemandu, pemimpin

남을 가르쳐서 이끄는 사람.
orang yang memberi bimbingan atau panduan

최고 지도자.
강한 지도자.
지도자가 되다.

예문
- 그 사장님은 회사를 성공적으로 이끈 우수한 지도자이시다.
  Direktur itu adalah pemimpin luar biasa yang membawa perusahaan menuju kesuksesan.

신생아 bayi merah, bayi baru lahir

태어난 지 얼마 되지 않은 아이.
bayi yang belum lama dilahirkan

신생아가 태어나다.
신생아를 돌보다.
신생아를 안다.

예문
- 그녀는 체중이 사 킬로그램이 넘는 신생아를 출산했다.
  Dia melahirkan bayi yang beratnya lebih dari empat kilogram.

그동안 selama ini

앞에서 이미 이야기한 만큼의 기간. 또는 다시 만나거나 연락하기까지의 일정한 기간.
sebanyak waktu yang sudah dibicarakan sebelumnya, atau dari waktu tertentu sampai saat bertemu atau berhubungan kembali

그동안 수고하다.
그동안 잘 지내다.
그동안 평안하다.

예문
- 그동안 절판되었던 책이 다시 출간되었다.
  Buku yang sempat berhenti dicetak selama ini diterbitkan kembali.

중학교 sekolah menengah pertama (SMP)

초등학교를 졸업하고 중등 교육을 받기 위해 다니는 학교.
tingkat sekolah sesudah SD

중학교 동창생.
중학교 삼 학년.
중학교 시절.

예문
- 현우는 중학교를 마치고 서울로 이사 와서 고등학교는 서울에서 다녔다.
  Setelah lulus dari SMP, Hyeonwu pindah ke Seoul dan masuk SMA di sana.

이야기 cerita

어떠한 사실이나 상태, 현상, 경험, 생각 등에 관해 누군가에게 하는 말이나 글.
perkataan atau tulisan yang membentuk suatu cerita di permulaan atau akhir mengenai suatu hal atau benda dsb

전쟁 이야기.
고생한 이야기.
살아온 이야기.

예문
- 작가는 여러 주제 가운데 우선 하나를 선택하여 이야기를 시작했다.
  Penulis memulai cerita dengan memilih salah satu dari beberapa tema.

지하철 kereta api bawah tanah

지하 철도로 다니는 전동차.
semua kereta listrik yang berjalan di jalur kereta bawah tanah

지하철 역.
지하철을 이용하다.
지하철을 타다.

예문
- 교통 체증이 심한 도시에서 지하철은 매우 편리하고 중요한 교통수단이다.
  Kereta bawah tanah adalah sarana transportasi yang sangat nyaman dan penting di kota dengan kemacetan lalu lintas yang parah.

호기심 keingintahuan, rasa penasaran

새롭고 신기한 것을 좋아하거나 모르는 것을 알고 싶어 하는 마음.
perasaan yang menyukai hal yang baru dan ajaib, atau ingin tahu hal yang tidak diketahui

호기심이 많다.
호기심이 생기다.
호기심을 가지다.

예문
- 이 제품은 사람들의 호기심을 유발하는 광고 덕분에 인기가 아주 좋다.
  Produk ini sangat populer berkat iklannya yang membuat masyarakat ingin tahu.

소비자 konsumen

생산자가 만든 물건이나 서비스 등을 돈을 주고 사는 사람.
orang yang memberi uang kemudian membeli barang, pelayanan yang dihasilkan

소비자 보호.
소비자 상담.
소비자 피해.

예문
- 내일부터 이 광장에서는 생산자와 소비자가 직접 만날 수 있는 농산물 직거래 장터가 열린다.
  Mulai besok, pasar transaksi langsung produk pertanian yang memungkinkan produsen dan konsumen dapat bertemu secara langsung akan dibuka di alun-alun ini.

생산자 produsen, penghasil, pembuat

생산하는 사람.
orang yang memproduksi

생산자 가격.
생산자 표시.
생산자가 판매하다.

예문
- 이 채소는 생산자가 직접 판매하기 때문에 가격이 싸고 품질이 좋다.
  Karena dijual langsung oleh produsennya, sayur ini murah dan kualitasnya bagus.

이미지   kesan, imej (kesan)

마음 속에 떠오르는 사물에 대한 생각이나 느낌.
bayangan atau pikiran yang muncul dalam hati tentang suatu benda

미각적 이미지.
시각적 이미지.
청각적 이미지.

예문

- 여러분이 생각하는 한국에 대한 <u>이미지</u>를 써 보세요.
  Tuliskan kesan kalian mengenai Korea.

쓰레기   sampah

쓸어 낸 먼지, 또는 못 쓰게 되어 내다 버릴 물건이나 내다 버린 물건.
debu yang terhapus, barang yang sudah tidak dapat dipakai dan dibuang

생활 쓰레기.
음식물 쓰레기.
재활용 쓰레기.

예문

- 학생들은 방과 후 근처 야산에서 <u>쓰레기</u>를 주웠다.
  Para siswa memungut sampah dari bukit sekitar sepulang sekolah.

기차역   stasiun kereta (stasiun kereta api)

기차를 타고 내리는 장소.
tempat naik ke dan turun dari kereta

기차역에 가다.
기차역에 도착하다.
기차역에서 마중하다.

예문

- 명절이 되면 <u>기차역</u>은 고향에 가려는 사람들로 북적인다.
  Saat hari raya, stasiun kereta api ramai oleh orang-orang yang akan pulang ke kampung halamannya.

대도시   kota besar

정치, 경제, 문화 활동의 중심지로 지역이 넓고 인구가 많은 도시.
kota yang berwilayah luas, berpenduduk banyak, dan menjadi pusat pengembangan kegiatan politik, ekonomi, budaya

복잡한 대도시.
화려한 대도시.
대도시에 거주하다.

예문

- 젊은 사람들은 일거리를 찾아 <u>대도시</u>로 나가고 농촌에는 노인들만 남아 있다.
  Anak-anak muda pergi ke kota besar untuk mencari pekerjaan dan hanya orang tua yang tersisa di daerah pedesaan.

서비스   обслуживание; услуга; служба

제품을 직접 만들어 내는 것이 아닌, 판매, 관광, 금융, 의료 등의 활동.
Не производство продукции, а предоставление услуг, таких как продажа, туризм, финансы, медицина и т.п.

공공 서비스.
의료 서비스.
서비스를 제공하다.

예문

- 나는 청소 <u>서비스</u> 업체에 소속되어 대기업에서 청소를 대신해 주고 있다.
  Я работаю в клининговой компании и делаю уборку для крупной компании.

객관적 obyektif (objektif)

개인의 생각이나 감정에 치우치지 않고 사실이나 사물을 있는 그대로 보거나 생각하는 것.
tindakan melihat suatu kejadian atau fenomena dari sudut pandang orang lain (digunakan sebagai kata benda)

객관적인 입장.
객관적으로 보다.
객관적으로 평가하다.

예문
- 지수는 여러 대회에 나가서 자신의 실력을 <u>객관적</u>으로 평가 받고 싶었다.
  Jisu ingin kemampuannya dinilai secara objektif dengan mengikuti berbagai kompetisi.

쇼핑몰 mal (pusat perbelanjaan)

여러 가지 물건을 파는 상점들이 모여 있는 곳.
kompleks toko yang menjual bermacam-macam barang

대형 쇼핑몰.
온라인 쇼핑몰.
쇼핑몰을 개장하다.

예문
- <u>쇼핑몰</u> 근처에는 항상 사람과 차들이 많다.
  Selalu ada banyak orang dan mobil di sekitar pusat perbelanjaan.

무더위 panas lembab, panas mendidih

견디기 힘들 정도로 찌는 듯한 더위.
panas bagaikan mengukus sehingga sulit untuk ditahan

본격적인 무더위.
지독한 무더위.
무더위가 계속되다.

예문
- 계속되는 <u>무더위</u> 때문에 일사병에 걸리는 사람들이 늘고 있다.
  Jumlah orang yang menderita serangan panas semakin meningkat akibat panas yang berkelanjutan.

성적표 rapor, transkrip nilai

학생들이 공부한 것을 시험 등으로 평가한 결과를 기록한 표.
tabel yang mencatat hasil untuk menilai pengetahuan atau sikap dsb dari para siswa

중간고사 성적표.
기말고사 성적표.
성적표가 나오다.

예문
- 선생님은 학생들에게 기말고사 <u>성적표</u>를 나눠 주셨다.
  Guru membagikan rapor ujian akhir kepada para siswa.

가이드 guide, pemandu wisata

관광이나 여행 등에서 안내하는 사람.
orang yang memberi petunjuk di tempat wisata atau pariwisata

관광 가이드.
여자 가이드.
친절한 가이드.

예문
- <u>가이드</u> 아가씨의 친절한 안내 덕분에 이번 여행은 즐거웠다.
  Liburanku kali ini menyenangkan berkat informasi yang diberikan pemandu wisata wanita yang ramah.

DAY 45 어휘 활용 연습 — Latihan Penggunaan Kosakata

✏️ **[보기]에서 알맞은 어휘를 골라 문장 안에 쓰십시오.**
Pilihlah kosakata yang tepat dalam [Contoh] dan tuliskan dalam kalimat.

[보기]   지도자 그동안 이야기 호기심 생산자 쓰레기 대도시 객관적 무더위 가이드

1. 이 제품은 사람들의 _____을 유발하는 광고 덕분에 인기가 아주 좋다.
2. 학생들은 방과 후 근처 야산에서 _____를 주웠다.
3. 작가는 여러 주제 가운데 우선 하나를 선택하여 _____를 시작했다.
4. 그 사장님은 회사를 성공적으로 이끈 우수한 _____이시다.
5. 채소는 _____가 직접 판매하기 때문에 가격이 싸고 품질이 좋다.
6. 젊은 사람들은 일거리를 찾아 _____로 나가고 농촌에는 노인들만 남아 있다.
7. 계속되는 _____ 때문에 일사병에 걸리는 사람들이 늘고 있다.
8. _____ 아가씨의 친절한 안내 덕분에 이번 여행은 즐거웠다.
9. _____ 절판되었던 책이 다시 출간되었다.
10. 지수는 여러 대회에 나가서 자신의 실력을 _____으로 평가 받고 싶었다.

✏️ **어휘에 맞는 의미를 찾아 선으로 이어 보세요.**
Temukan arti yang sesuai dengan kosakata dan hubungkan dengan garis.

1. 집안일   •   • ㄱ. 여러 가지 물건을 파는 상점들이 모여 있는 곳.
2. 지하철   •   • ㄴ. 기차를 타고 내리는 장소.
3. 중학교   •   • ㄷ. 마음 속에 떠오르는 사물에 대한 생각이나 느낌.
4. 이미지   •   • ㄹ. 생산자가 만든 물건이나 서비스 등을 돈을 주고 사는 사람.
5. 신생아   •   • ㅁ. 제품을 직접 만들어 내는 것이 아닌, 판매, 관광, 금융, 의료 등의 활동.
6. 쇼핑몰   •   • ㅂ. 지하 철도로 다니는 전동차.
7. 소비자   •   • ㅅ. 청소나 빨래, 요리 등 집 안에서 하는 일.
8. 성적표   •   • ㅇ. 초등학교를 졸업하고 중등 교육을 받기 위해 다니는 학교.
9. 서비스   •   • ㅈ. 태어난 지 얼마 되지 않은 아이.
10. 기차역   •   • ㅊ. 학생들이 공부한 것을 시험 등으로 평가한 결과를 기록한 표.

DAY 45 어휘 암기 확인 — Pemeriksaan Hafalan Kosakata

단어	번역	암기확인
집안일		
지도자		
신생아		
그동안		
중학교		
이야기		
지하철		
호기심		
소비자		
생산자		
이미지		
쓰레기		
기차역		
대도시		
서비스		
객관적		
쇼핑몰		
무더위		
성적표		
가이드		

 어휘 활용 연습 정답   Kunci Jawaban Latihan Penggunaan Kosakata

 [보기]에서 알맞은 어휘를 골라 문장 안에 쓰십시오.
Pilihlah kosakata yang tepat dalam [Contoh] dan tuliskan dalam kalimat.

1) 호기심   2) 쓰레기   3) 이야기   4) 지도자   5) 생산자
6) 대도시   7) 무더위   8) 가이드   9) 그동안   10) 객관적

 어휘에 맞는 의미를 찾아 선으로 이어 보세요.
Temukan arti yang sesuai dengan kosakata dan hubungkan dengan garis.

1) ㅅ   2) ㅂ   3) ㅇ   4) ㄷ   5) ㅈ
6) ㄱ   7) ㄹ   8) ㅊ   9) ㅁ   10) ㄴ

 관용어 Idiom

자식을 길러 봐야 부모 사랑을 안다.
Kita harus membesarkan anak terlebih dahulu untuk mengetahui kasih sayang orang tua.

> 의미 자신이 자식을 키워 본 후에야 자신에 대한 부모의 사랑을 깨닫게 된다.
> Seseorang harus membesarkan anak terlebih dahulu agar bisa memahami kasih sayang orang tuanya.

곡식 이삭은 익을수록 고개를 숙인다.
Padi semakin berisi semakin merunduk, Padi semakin berisi semakin merunduk.

> 의미 교양이 있고 덕이 높은 사람일수록 다른 사람 앞에서는 겸손하다.
> Makin terpelajar dan berbudi luhur seseorang, dia akan semakin rendah hati di hadapan orang lain.

DAY 46

46일차

진찰실	진찰실	진찰실
주인공	주인공	주인공
음료수	음료수	음료수
근본적	근본적	근본적
결정적	결정적	결정적
순식간	순식간	순식간
기차표	기차표	기차표
도서관	도서관	도서관
이삿짐	이삿짐	이삿짐
자전거	자전거	자전거
인기척	인기척	인기척
서서히	서서히	서서히
이대로	이대로	이대로
간호원	간호원	간호원
일자리	일자리	일자리
현관문	현관문	현관문
일반인	일반인	일반인
맞은편	맞은편	맞은편
부모님	부모님	부모님
사용자	사용자	사용자

진찰실 ruang praktik, ruang praktik dokter

의사가 환자의 병이나 상태를 살피는 방.
kamar tempat dokter memeriksa keadaan penyakit pasien

병원 진찰실.
보건소 진찰실.
진찰실 침대.

예문
- <u>진찰실</u> 밖에는 진료를 기다리는 환자들이 앉아 있었다.
  Para pasien yang menunggu untuk diperiksa sedang duduk di luar ruang pemeriksaan.

주인공 pemeran utama, peran utama

연극, 영화, 소설 등에서 이야기의 중심이 되는 인물.
tokoh yang menjadi pusat cerita di dalam sandiwara, film, novel, dsb

영화 주인공.
드라마의 주인공.
소설의 주인공.

예문
- 김 감독은 이번 영화에서는 신인 배우를 <u>주인공</u>으로 캐스팅하였다.
  Sutradara Kim memilih aktor pendatang baru sebagai karakter utama dalam film ini.

음료수 air minum

마시는 물.
air yang diminum

음료수가 맑다.
음료수가 부족하다.
음료수로 사용하다.

예문
- 심한 가뭄으로 마을은 <u>음료수</u> 한 방울 구하기도 어려웠다.
  Kekeringan parah membuat desa sulit mendapatkan air minum walau hanya setetes.

근본적 dasar, pangkal

어떤 것의 본질이나 바탕이 되는 것.
sesuatu yang menjadi sifat alami atau dasar sesuatu
(digunakan sebagai kata benda)

근본적인 문제.
근본적인 사항.
근본적인 원인.

예문
- 국가를 이루는 가장 <u>근본적</u>인 요소는 국민이다.
  Unsur paling dasar untuk membentuk sebuah negara adalah rakyat.

결정적 pasti, nyata, jelas

어떤 일의 상황이나 결과가 바뀔 수 없을 만큼 확실한 것.
pasti karena kondisi atau hasil dari sebuah kejadian tidak dapat berubah
(digunakan sebagai kata benda)

결정적인 정보.
결정적인 증거.
결정적으로 예상되다.

예문
- 우리 팀의 패배는 <u>결정적</u>이었지만 경기가 끝날 때까지 최선을 다했다.
  Kami melakukan yang terbaik sampai pertandingan berakhir meskipun kekalahan tim kami sudah pasti.

순식간 seketika, sekejap, seketika

눈을 한 번 깜빡하거나 숨을 한 번 쉴 만큼의 아주 짧은 동안.
dalam waktu yang sangat singkat

순식간의 일.
순식간에 사라지다.
순식간에 없어지다.

예문
- 배가 고팠던 아이는 <u>순식간</u>에 밥 한 그릇을 비웠다.
  Anak yang lapar itu menghabiskan semangkuk nasi dalam sekejap.

기차표 karcis kereta, tiket kereta

기차를 타기 위하여 돈을 내고 사는 표.
karcis kereta, tiket kereta

기차표 판매.
기차표를 사다.
기차표를 예매하다.

예문
- 역에 도착한 지수는 <u>기차표</u>를 사자마자 바로 기차에 올라탔다.
  Jisu yang telah tiba di stasiun langsung naik kereta setelah membeli tiket.

도서관 perpustakaan

책과 자료 등을 많이 모아 두고 사람들이 빌려 읽거나 공부를 할 수 있게 마련한 시설.
fasilitas yang disediakan untuk mengumpulkan buku, data, dsb agar orang-orang dapat meminjam serta membaca atau belajar

공공 도서관.
과학 도서관.
교내 도서관.

예문
- 우리 대학 <u>도서관</u>에는 다양한 종류의 책들이 매우 많다.
  Ada banyak jenis buku di perpustakaan universitas kami.

이삿짐 barang pindahan

이사할 때 옮기는 짐.
barang yang dipindahkan saat pindah

이삿짐 보관.
이삿짐을 나르다.
이삿짐을 부리다.

예문
- 나는 이사 갈 새집으로 <u>이삿짐</u>을 미리 옮겨 놓았다.
  Aku sudah memindahkan barang-barang pindahanku terlebih dahulu ke rumah baru yang akan kutempati.

자전거 sepeda

사람이 올라타고 두 발로 발판을 밟아 바퀴를 굴려서 나아가는 탈것.
sesuatu yang ditunggangi orang dengan menginjakkan kedua kaki ke tapal kemudian menggulingkan bannya lalu menjalankannya

자전거 대여.
자전거 보관소.
자전거 안장.

예문
- 현우는 여자 친구를 <u>자전거</u> 뒤에 태우고 공원 안을 돌았다.
  Hyeonwu membonceng pacarnya di belakang sepedanya dan berkeliling taman.

인기척 keberadaan, eksistensi

사람이 있음을 알 수 있게 하는 소리나 낌새.
suara atau bau yang memberitahukan keberadaan manusia

인기척이 나다.
인기척이 들리다.
인기척도 없다.

예문
- 엄마가 인기척도 없이 방에 들어와서 깜짝 놀랐다.
  Aku terkejut saat ibu memasuki kamarku tanpa menunjukkan tanda-tanda keberadaannya sama sekali.

서서히 perlahan-lahan, sedikit demi sedikit

조금씩 느리게.
sedikit-sedikit dan pelan-pelan.

서서히 나타나다.
서서히 사라지다.
서서히 움직이다.

예문
- 신호가 바뀌자 차들이 서서히 움직였다.
  Mobil-mobil mulai bergerak perlahan saat lampu hijau menyala.

이대로 begini, seperti ini (begitu saja, seperti ini)

변함없이 본래 있던 이 모양이나 상태와 같이.
dalam kondisi atau keadaan seperti ini yang tidak berubah sejak semula

이대로 내버려 두다.
이대로 두다.
이대로 유지하다.

예문
- 자신만 아는 요즘 아이들을 이대로 둬서는 안 된다.
  Kita tidak boleh membiarkan anak-anak zaman sekarang yang hanya memikirkan dirinya sendiri begitu saja.

간호원 perawat, suster

병원에서 의사를 도와 환자를 돌보는 것이 직업인 사람.
orang yang berprofesi membantu dokter dan merawat pasien

친절한 간호원.
간호원이 되다.
간호원이 주사를 놓다.

예문
- 간호원은 환자의 혈압을 측정하더니 걱정하지 않아도 된다고 말했다.
  Setelah mengukur tekanan darah pasien, perawat berkata tidak perlu khawatir.

일자리 lowongan kerja, tempat kerja (lowongan kerja, tempat kerja, pekerjaan)

일터나 직장과 같이 직업으로 삼아 일하는 곳.
tempat untuk bekerja, seperti kantor, pabrik, dsb

일자리 대책.
일자리 제안.
일자리를 구하다.

예문
- 나는 지금 다니는 회사 몰래 다른 일자리를 알아보고 있다.
  Aku sedang mencari pekerjaan lain tanpa sepengetahuan perusahaan tempatku bekerja sekarang.

현관문 pintu keluar masuk, pintu depan

건물로 들어가는 입구에 달린, 드나드는 문.
pintu untuk keluar masuk yang berada di depan pintu masuk saat memasuki suatu gedung

건물의 현관문.
넓은 현관문.
현관문이 열리다.

예문
- 아버지는 퇴근 후 열쇠로 현관문을 여셨다.
  Ayah membuka pintu depan dengan kunci sepulang bekerja.

일반인 orang biasa

특정한 신분이나 지위, 특징을 지니지 않은 보통 사람.
bukan orang yang berkedudukan atau tertentu

일반인을 대상으로.
일반인 출입 금지.
일반인의 통행이 금지.

예문
- 이번에 반환된 문화재는 다음 주부터 전시되어 일반인에게 개방된다.
  Aset budaya yang telah dikembalikan kali ini akan dipamerkan mulai minggu depan dan terbuka untuk umum.

맞은편 seberang, berseberangan, berlawanan

서로 마주 보이는 편.
sisi yang saling berhadapan, berseberangan

맞은편 건물.
맞은편 도로.
맞은편 자리.

예문
- 현관문을 열고 나가면 가끔 맞은편 집에 살고 있는 사람과 마주치곤 한다.
  Aset budaya yang telah dikembalikan kali ini akan dipamerkan mulai minggu depan sehingga terbuka untuk umum.

부모님 orang tua

(높이는 말로) 부모.
(dalam sebutan hormat) orang tua

부모님의 사랑.
부모님의 은혜.
부모님의 뜻을 따르다.

예문
- 우리 형제들은 여름휴가를 부모님이 계시는 시골에서 보낸다.
  Saudara-saudara kami menikmati liburan musim panas di desa tempat orang tua kami berada.

사용자 pengguna, pemakai

물건이나 시설 등을 쓰는 사람.
orang yang menggunakan barang atau fasilitas dsb

사용자가 감소하다.
사용자가 요구하다.
사용자를 모집하다.

예문
- 우리 회사는 제품의 사용자를 위해 자세한 안내 책자를 만들었다.
  Perusahaan kami membuat brosur terperinci untuk pengguna produk kami.

DAY 46 어휘 활용 연습 Latihan Penggunaan Kosakata

✏️ [보기]에서 알맞은 어휘를 골라 문장 안에 쓰십시오.
　　Pilihlah kosakata yang tepat dalam [Contoh] dan tuliskan dalam kalimat.

[보기] 　진찰실　음료수　결정적　기차표　이삿짐　인기척　이대로　일자리　일반인　부모님

1. 역에 도착한 지수는 ＿＿＿를 사자마자 바로 기차에 올라탔다.
2. 우리 팀의 패배는 ＿＿＿이었지만 경기가 끝날 때까지 최선을 다했다.
3. 나는 지금 다니는 회사 몰래 다른 ＿＿＿를 알아보고 있다.
4. 엄마가 ＿＿＿도 없이 방에 들어와서 깜짝 놀랐다.
5. 이번에 반환된 문화재는 다음 주부터 전시되어 ＿＿＿에게 개방된다.
6. 자신만 아는 요즘 아이들을 ＿＿＿ 둬서는 안 된다.
7. 나는 이사 갈 새집으로 ＿＿＿을 미리 옮겨 놓았다.
8. 심한 가뭄으로 마을은 ＿＿＿ 한 방울 구하기도 어려웠다.
9. ＿＿＿ 밖에는 진료를 기다리는 환자들이 앉아 있었다.
10. 우리 형제들은 여름휴가를 ＿＿＿이 계시는 시골에서 보낸다.

✏️ 어휘에 맞는 의미를 찾아 선으로 이어 보세요.
　　Temukan arti yang sesuai dengan kosakata dan hubungkan dengan garis.

1. 현관문　•　　•ㄱ. 건물로 들어가는 입구에 달린, 드나드는 문.
2. 주인공　•　　•ㄴ. 눈을 한 번 깜빡하거나 숨을 한 번 쉴 만큼의 아주 짧은 동안.
3. 자전거　•　　•ㄷ. 물건이나 시설 등을 쓰는 사람.
4. 순식간　•　　•ㄹ. 병원에서 의사를 도와 환자를 돌보는 것이 직업인 사람.
5. 서서히　•　　•ㅁ. 사람이 올라타고 두 발로 발판을 밟아 바퀴를 굴려서 나아가는 탈것.
6. 사용자　•　　•ㅂ. 서로 마주 보이는 편.
7. 맞은편　•　　•ㅅ. 어떤 것의 본질이나 바탕이 되는 것.
8. 도서관　•　　•ㅇ. 연극, 영화, 소설 등에서 이야기의 중심이 되는 인물.
9. 근본적　•　　•ㅈ. 조금씩 느리게.
10. 간호원　•　　•ㅊ. 책과 자료 등을 많이 모아 두고 사람들이 빌려 읽거나 공부를 할 수 있게 마련한 시설.

DAY 46 어휘 암기 확인 — Pemeriksaan Hafalan Kosakata

단어	번역	암기확인
진찰실		
주인공		
음료수		
근본적		
결정적		
순식간		
기차표		
도서관		
이삿짐		
자전거		
인기척		
서서히		
이대로		
간호원		
일자리		
현관문		
일반인		
맞은편		
부모님		
사용자		

어휘 활용 연습 정답 — Kunci Jawaban Latihan Penggunaan Kosakata

✏️ [보기]에서 알맞은 어휘를 골라 문장 안에 쓰십시오.
Pilihlah kosakata yang tepat dalam [Contoh] dan tuliskan dalam kalimat.

1) 기차표   2) 결정적   3) 일자리   4) 인기척   5) 일반인
6) 이대로   7) 이삿짐   8) 음료수   9) 진찰실   10) 부모님

✏️ 어휘에 맞는 의미를 찾아 선으로 이어 보세요.
Temukan arti yang sesuai dengan kosakata dan hubungkan dengan garis.

1) ㄱ   2) ㅇ   3) ㅁ   4) ㄴ   5) ㅈ
6) ㄷ   7) ㅂ   8) ㅊ   9) ㅅ   10) ㄹ

관용어 Idiom

주머니 털어 먼지 안 나오는 사람 없다.
Tidak ada kantung yang tidak berdebu saat dikebaskan.

> 의미 아무리 깨끗해 보이는 사람이라도 숨겨진 허점은 있다.
> Sebersih apa pun seseorang terlihat, pasti ada kekurangan yang disembunyikannya.

열 번 쓰러지면 열 번 다시 일어난다.
Gugur satu tumbuh seribu.

> 의미 강한 정신과 마음으로 어떤 어려운 일에도 굴하지 않는다.
> Dengan pikiran dan hati yang kuat, seseorang tidak akan menyerah dalam menghadapi situasi sesulit apa pun.

47일차

출입문	출입문	출입문
어려움	어려움	어려움
대부분	대부분	대부분
빈자리	빈자리	빈자리
신문사	신문사	신문사
오늘날	오늘날	오늘날
기대치	기대치	기대치
음악회	음악회	음악회
사진관	사진관	사진관
관광객	관광객	관광객
진행자	진행자	진행자
구체적	구체적	구체적
동아리	동아리	동아리
종이컵	종이컵	종이컵
근로자	근로자	근로자
문제점	문제점	문제점
에너지	에너지	에너지
가로등	가로등	가로등
포장지	포장지	포장지
현수막	현수막	현수막

출입문　pintu, pintu masuk, pintu keluar

들어가고 나오는 문.
pintu untuk masuk dan keluar

출입문이 열리다.
출입문을 닫다.
출입문을 두드리다.

예문
- 지하철 출입문이 열리자 승객들이 쏟아져 나왔다.
  Para penumpang berhamburan keluar saat pintu kereta bawah tanah terbuka.

어려움　kesulitan, masalah, kesusahan

힘들거나 괴로운 것.
hal yang sulit atau menyiksa

어려움이 많다.
어려움이 있다.
어려움을 겪다.

예문
- 나는 가난과 실패 등의 여러 어려움을 극복하고 크게 성공을 했다.
  Aku sukses besar setelah menghadapi berbagai kesulitan seperti kemiskinan dan kegagalan.

대부분　sebagian besar, kebanyakan

절반이 훨씬 넘어 전체에 가까운 수나 양.
jumlah atau kuantitas yang lebih dari setengah dan mendekati seluruhnya

대부분의 학생.
대부분을 모았다.
대부분이 사실이다.

예문
- 현우는 밥 먹는 시간을 빼고는 하루의 대부분을 공부에 투자하고 있다.
  Hyeonwu menghabiskan sebagian besar waktunya untuk belajar kecuali waktu untuk makan.

빈자리　tempat kosong, kursi kosong

사람이 앉지 않아 비어 있는 자리.
kursi kosong karena tidak diduduki orang

빈자리가 많다.
빈자리가 생기다.
빈자리가 없다.

예문
- 강의 시간에 늦은 그는 조심스럽게 강의실 문을 열고 들어가 문 가까이에 있는 빈자리에 앉았다.
  Karena terlambat masuk kelas, dia membuka pintu kelas dengan hati-hati dan duduk di kursi kosong yang ada di dekat pintu.

신문사　kantor penerbit, perusahaan penerbit, kantor surat kabar

신문을 만들어 펴내는 회사.
perusahaan yang membuat dan menerbitkan koran

대학 신문사.
신문사 기자.
신문사에 취직하다.

예문
- 이 사건은 워낙 큰 사건이라 각 신문사마다 취재했다.
  Kasus ini begitu besar sehingga diliput oleh setiap surat kabar.

오늘날 kini, sekarang

현재, 지금의 시대.
pada saat atau jaman ini

오늘날의 현실.
오늘날과 같은 모습.
오늘날을 돌아보다.

예문
- 오늘날 사람들은 다른 사람을 마음보다는 외모로 판단하고는 한다.
  Sekarang orang-orang menilai orang lain dari penampilan mereka daripada hati mereka.

기대치 perkiraan, dugaan, prakiraan

(비유적으로) 어떤 일에 대해 처음에 기대했던 목표의 정도.
(dalam bentuk kiasan) taraf tujuan sesuatu yang diharapkan pada mulanya

기대치가 낮다.
기대치가 높다.
기대치에 미치다.

예문
- 부모님은 나에 대한 기대치가 높아 내가 우수한 성적으로 졸업하기를 바라고 계신다.
  Orang tuaku memiliki harapan yang tinggi terhadapku sehingga ingin aku lulus dengan nilai yang bagus.

음악회 konser

음악을 연주하여 사람들이 음악을 들을 수 있게 마련한 모임.
pertemuan yang dipersiapkan dengan memainkan musik agar bisa didengar orang-orang

음악회 무대.
음악회의 연주자.
음악회에 참석하다.

예문
- 오는 1일과 2일에는 그 회관에서 신년 음악회가 열립니다.
  Konser tahun baru akan diadakan di aula itu pada tanggal 1 dan 2 mendatang.

사진관 studio foto

시설을 갖추어 놓고 사진을 찍어 주는 일을 전문적으로 하는 곳.
tempat untuk melakukan pekerjaan memoto secara profesional yang dilengkapi dengan fasilitasnya

사진관에서 사진을 찍다.
사진관에서 사진을 찾다.
사진관에 다녀왔다.

예문
- 부모님을 모시고 사진관에 가서 오랜만에 가족사진을 찍었다.
  Aku mengajak orang tuaku pergi ke studio foto dan mengambil foto keluarga setelah

관광객 wisatawan, turis, pengunjung

관광을 하러 다니는 사람.
orang yang datang untuk berwisata

단체 관광객.
외국인 관광객.
관광객 유치.

예문
- 이 산은 경치가 빼어나서 언제나 관광객으로 북적인다.
  Gunung ini selalu ramai oleh wisatawan karena pemandangannya yang indah.

진행자　MC, pembawa acara

행사나 방송 등의 사회를 보면서 일을 이끌어 나가는 사람.
orang yang memimpin jalannya sebuah acara

프로그램 진행자.
유명한 진행자.
진행자를 소개하다.

예문
- 뉴스 진행자는 발음이 정확해야 한다.
  Pembawa berita harus memiliki artikulasi yang jelas.

구체적　terperinci, terurai, konkrit

눈으로 직접 볼 수 있게 형태를 갖춘 것.
sesuatu yang bersifat membuat bentuk agar bisa langsung dilihat mata
(digunakan sebagai kata benda)

구체적인 모습.
구체적인 형태.
구체적으로 보이다.

예문
- 우리 팀은 신제품의 성능을 구체적으로 보여줄 수 있는 영상을 제작했다.
  Tim kami membuat video untuk menunjukkan kinerja produk baru secara terperinci.

동아리　klub, grup, kelompok, perkumpulan

취미나 뜻이 같은 사람들의 모임.
perkumpulan orang-orang dengan hobi dan tujuan yang sama

동아리 활동.
동아리 후배.
동아리를 만들다.

예문
- 새 학기를 맞아 대학 내의 여러 동아리에서 신입생을 회원으로 모집하고 있다.
  Saat semester baru dimulai, berbagai klub ekstrakurikuler universitas merekrut mahasiswa baru sebagai anggota.

종이컵　gelas kertas

한 번 쓰고 버리는, 종이로 만든 컵.
gelas sekali pakai, gelas yang terbuat dari kertas

종이컵 한 개.
종이컵을 쓰다.
종이컵을 재활용하다.

예문
- 야외로 놀러 갈 때 종이컵을 사용하면 편리하다.
  Gelas kertas nyaman digunakan saat pergi bermain ke luar ruangan.

근로자　buruh, pekerja, tenaga kerja

정해진 시간에 육체적인 일이나 정신적인 일을 하고 돈을 받는 사람.
orang yang bekerja baik secara fisik ataupun mental dan mendapatkan uang

외국인 근로자.
근로자 복지.
근로자의 권리.

예문
- 최근 들어 근로자 복지를 위해 노력하는 회사들이 늘어나고 있다.
  Akhir-akhir ini semakin banyak perusahaan yang berusaha keras demi kesejahteraan pekerjanya.

문제점 titik permasalahan, poin masalah

문제가 되는 부분이나 요소.
bagian atau unsur yang menjadi masalah

숨겨진 문제점.
심각한 문제점.
문제점이 드러나다.

예문
- 우리 회사 연구원들은 이번 제품의 <u>문제점</u>을 해결하기 위해 몇 주 동안 야근을 하며 고생했다.
  Peneliti kami bekerja keras hingga lembur selama beberapa minggu untuk memecahkan masalah produk ini.

에너지 energi, tenaga

사람이 육체적, 정신적 활동을 하는 데 필요한 힘.
kekuatan yang diperlukan orang saat beraktivitas secara jasmani, fisik

삶의 에너지.
생활의 에너지.
에너지가 나오다.

예문
- 우리 부모님은 자식들인 우리에게서 삶의 <u>에너지</u>를 얻는다고 한다.
  Orang tua kami berkata bahwa mereka mendapatkan energi kehidupan dari kami, anak-anaknya.

가로등 lampu jalan

어둠을 밝히기 위하여 길에 설치한 등.
lampu yang dipasang untuk menerangi jalan

가로등 아래.
가로등이 거리를 비추다.
가로등이 켜지다.

예문
- 깊은 밤의 골목길에는 <u>가로등</u> 불빛만이 홀로 빛나고 있다.
  Di gang yang gelap saat larut malam, hanya lampu-lampu jalan yang bersinar seorang diri.

포장지 kertas pembungkus, plastik pembungkus

물건을 싸거나 꾸리는 데 쓰는 종이나 비닐.
kertas atau plasti yang digunakan untuk membungkus atau mengepak barang

예쁜 포장지.
포장지를 뜯다.
포장지로 싸다.

예문
- 여자가 천천히 <u>포장지</u>를 풀자 고운 스카프가 모습을 드러냈다.
  Terlihat syal yang indah saat wanita itu membuka kertas pembungkusnya secara perlahan.

현수막 spanduk

극장 등에 길게 드리운 막.
tirai yang terbentang memanjang di tempat seperti teater

대형 현수막.
거리의 현수막.
현수막 광고.

예문
- 연극의 막이 바뀌고 천장에서 <u>현수막</u>이 서서히 내려왔다.
  Tirai teater berubah dan spanduk perlahan turun dari langit-langit.

DAY 47

어휘 활용 연습 — Latihan Penggunaan Kosakata

✏️ **[보기]에서 알맞은 어휘를 골라 문장 안에 쓰십시오.**
Pilihlah kosakata yang tepat dalam [Contoh] dan tuliskan dalam kalimat.

[보기] 현수막 종이컵 음악회 오늘날 어려움 빈자리 문제점 구체적 관광객 가로등

1. 깊은 밤의 골목길에는 _____ 불빛만이 홀로 빛나고 있다.
2. 야외로 놀러 갈 때 _____을 사용하면 편리하다.
3. 강의 시간에 늦은 그는 조심스럽게 강의실 문을 열고 들어가 문 가까이에 있는 _____에 앉았다.
4. _____ 사람들은 다른 사람을 마음보다는 외모로 판단하고는 한다.
5. 나는 가난과 실패 등의 여러 _____을 극복하고 크게 성공을 했다.
6. 오는 1일과 2일에는 그 회관에서 신년 _____가 열립니다.
7. 우리 회사 연구원들은 이번 제품의 _____을 해결하기 위해 몇 주 동안 야근을 하며 고생했다.
8. 연극의 막이 바뀌고 천장에서 _____이 서서히 내려왔다.
9. 우리 팀은 신제품의 성능을 _____으로 보여줄 수 있는 영상을 제작했다.
10. 이 산은 경치가 빼어나서 언제나 _____으로 북적인다.

✏️ **어휘에 맞는 의미를 찾아 선으로 이어 보세요.**
Temukan arti yang sesuai dengan kosakata dan hubungkan dengan garis.

1. 포장지 •   • ㄱ. (비유적으로) 어떤 일에 대해 처음에 기대했던 목표의 정도.
2. 에너지 •   • ㄴ. 들어가고 나오는 문.
3. 근로자 •   • ㄷ. 물건을 싸거나 꾸리는 데 쓰는 종이나 비닐.
4. 동아리 •   • ㄹ. 사람이 육체적, 정신적 활동을 하는 데 필요한 힘.
5. 진행자 •   • ㅁ. 시설을 갖추어 놓고 사진을 찍어 주는 일을 전문적으로 하는 곳.
6. 사진관 •   • ㅂ. 신문을 만들어 펴내는 회사.
7. 기대치 •   • ㅅ. 절반이 훨씬 넘어 전체에 가까운 수나 양.
8. 신문사 •   • ㅇ. 정해진 시간에 육체적인 일이나 정신적인 일을 하고 돈을 받는 사람.
9. 대부분 •   • ㅈ. 취미나 뜻이 같은 사람들의 모임.
10. 출입문 •   • ㅊ. 행사나 방송 등의 사회를 보면서 일을 이끌어 나가는 사람.

DAY 47 어휘 암기 확인 — Pemeriksaan Hafalan Kosakata

단어	번역	암기확인
출입문		
어려움		
대부분		
빈자리		
신문사		
오늘날		
기대치		
음악회		
사진관		
관광객		
진행자		
구체적		
동아리		
종이컵		
근로자		
문제점		
에너지		
가로등		
포장지		
현수막		

 어휘 활용 연습 정답　Kunci Jawaban Latihan Penggunaan Kosakata

 [보기]에서 알맞은 어휘를 골라 문장 안에 쓰십시오.
Pilihlah kosakata yang tepat dalam [Contoh] dan tuliskan dalam kalimat.

1) 가로등　2) 종이컵　3) 빈자리　4) 오늘날　5) 어려움
6) 음악회　7) 문제점　8) 현수막　9) 구체적　10) 관광객

 어휘에 맞는 의미를 찾아 선으로 이어 보세요.
Temukan arti yang sesuai dengan kosakata dan hubungkan dengan garis.

1) ㄷ　2) ㄹ　3) ㅇ　4) ㅈ　5) ㅊ
6) ㅁ　7) ㄱ　8) ㅂ　9) ㅅ　10) ㄴ

 관용어　Idiom

늦게 배운 도둑이 날 새는 줄 모른다.
Pencuri yang baru belajar tidak tahu hari telah berganti.

의미　남보다 늦게 어떤 일에 흥미를 느낀 사람이 그것을 더 열심히 하게 된다.
Orang yang terlambat menyukai sesuatu daripada orang lain akan melakukan hal tersebut dengan lebih giat.

좋은 노래도 세 번 들으면 귀가 싫어한다.
Telinga tidak akan suka bila lagu diputar tiga kali meskipun itu lagu yang bagus.

의미　아무리 좋은 것이라도 지루하게 끌거나 자꾸 반복하면 싫어진다.
Suatu hal akan berubah menjadi tidak menyenangkan bila dilakukan terus menerus sebagus apa pun itu.

48일차

길거리	길거리	길거리
아동복	아동복	아동복
대다수	대다수	대다수
사무실	사무실	사무실
드라마	드라마	드라마
회사원	회사원	회사원
즐거움	즐거움	즐거움
게시판	게시판	게시판
화장품	화장품	화장품
우체국	우체국	우체국
목소리	목소리	목소리
이곳저곳	이곳저곳	이곳저곳
야단법석	야단법석	야단법석
어린아이	어린아이	어린아이
여기저기	여기저기	여기저기
기본요금	기본요금	기본요금
생활용품	생활용품	생활용품
마음가짐	마음가짐	마음가짐
고등학교	고등학교	고등학교
공공요금	공공요금	공공요금

길거리 jalan, jalan raya, badan jalan

사람이나 차가 다니는 길.
jalan yang dilalui oleh orang atau mobil

길거리의 가로등.
길거리를 걷다.
길거리로 나서다.

예문
- 길을 잃은 아이가 울면서 길거리를 헤매고 있었다.
  Anak yang tersesat berkeliaran di jalan sambil menangis.

아동복 pakaian anak-anak

어린이가 입을 수 있게 만든 옷.
baju yang dibuat agar dapat dikenakan oleh anak kecil

귀여운 아동복.
작은 아동복.
아동복 한 벌.

예문
- 지수는 만화 캐릭터가 그려진 아동복을 조카에게 선물로 주었다.
  Jisu menghadiahkan pakaian anak-anak bergambar karakter komik kepada keponakannya.

대다수 sebagian besar, kebanyakan

거의 모두 다.
hampir semua

대다수의 사람.
대다수의 의견.
대다수의 인원.

예문
- 국민 대다수의 지지를 받은 후보가 대통령으로 당선되었다.
  Kandidat yang mendapat dukungan dari sebagian besar warga negara terpilih sebagai presiden.

사무실 kantor

직장에서 주로 서류 등을 처리하며 자신이 맡은 일을 하는 방.
tempat untuk menata dokumen dsb dan melakukan tugas yang diemban di tempat kerja

개인 사무실.
회사 사무실.
사무실 동료.

예문
- 사무실 동료끼리 서로 존중하고 배려하는 태도가 필요하다.
  Perlu adanya sikap saling hormat dan tenggang rasa antara rekan kerja di kantor.

드라마 drama, sinetron

극장에서 공연되거나 텔레비전 등에서 방송되는 극.
drama yang ditampilkan di teater atau disiarkan di televisi dsb

인기 드라마.
주말 드라마.
드라마를 보다.

예문
- '첫사랑'은 많은 사람들이 보는 인기 드라마이다.
  'Cinta Pertama' adalah drama populer yang banyak ditonton oleh masyarakat.

회사원 karyawan swasta, pegawai swasta

회사에 속하여 일하는 사람.
orang yang termasuk dan bekerja di suatu perusahaan

대기업의 회사원.
평범한 회사원.
회사원이 되다.

예문
- 삼촌은 자동차 회사에 다니는 평범한 회사원이다.
  Paman adalah karyawan perusahaan biasa yang bekerja di perusahaan otomotif.

즐거움 rasa senang, kesenangan

마음에 들어 흐뭇하고 기쁜 마음.
rasa berkenan di hati sehingga merasa puas dan gembira

즐거움이 생기다.
즐거움이 커지다.
즐거움을 나누다.

예문
- 민준이는 오랜만에 혼자 산책을 하며 여유로움이 주는 즐거움을 맛보았다.
  Minjun berjalan-jalan sendirian setelah sekian lama dan merasakan nikmatnya bersantai.

게시판 papan pengumuman

알릴 내용을 여러 사람이 볼 수 있도록 붙여두는 판.
papan yang ditempatkan untuk memberitahukan sesuatu agar diketahui orang banyak

아파트 게시판.
회사 게시판.
게시판에 공고하다.

예문
- 직원들이 회사 게시판에 붙은 승진 결과를 확인하고 있다.
  Para karyawan melihat pengumuman hasil kenaikan pangkat yang ditempel di papan pengumuman perusahaan.

화장품 kosmetik

예쁘게 보이기 위해, 또는 피부를 가꾸기 위해 얼굴에 바르는 물건.
benda yang dibalurkan ke wajah agar terlihat cantik atau untuk menghias kulit

화장품을 바르다.
화장품을 선물하다.
화장품을 쓰다.

예문
- 나는 얼굴 주름을 방지해 주는 기능성 화장품을 바르고 있다.
  Aku sedang mengoleskan kosmetik yang bisa mencegah kerutan wajah.

우체국 kantor pos

편지, 소포를 보내는 일이나 예금 관리 등의 일을 하는 공공 기관.
lembaga umum yang mengurusi pengiriman surat dan paket pos, serta melayani simpanan tabungan, dsb

우체국 건물.
우체국 보험.
우체국 예금.

예문
- 남자는 유학을 떠나기 전에 우체국에 들러 무거운 짐들을 미리 부쳐 놓았다.
  Sebelum pergi belajar ke luar negeri, laki-laki itu mampir ke kantor pos untuk mengirimkan barang-barangnya terlebih dahulu.

목소리　suara, vokal

사람의 목구멍에서 나는 소리.
suara yang timbul dari tenggorokan manusia

낮은 목소리.
아름다운 목소리.
좋은 목소리.

예문
- 그는 생긴 것만큼이나 **목소리**도 개성 있다.
  Sepadan dengan penampilannya, laki-laki itu memiliki suara yang unik.

이곳저곳　sana-sini (di mana-mana, di sana-sini)

분명하게 정해지지 않은 여러 장소.
beberapa tempat yang tidak ditentukan dengan jelas

이곳저곳 가다.
이곳저곳 다니다.
이곳저곳을 살피다.

예문
- 큰 태풍이 휩쓸고 지나간 자리에는 **이곳저곳**에 쓰레기가 널려 있었다.
  Di tempat terjadinya angin topan, sampah berserakan di mana-mana.

야단법석　kegemparan, keributan, kekacauan

시끄럽고 어수선하게 행동함.
hal bertindak dengan berisik dan berantakan

야단법석이 나다.
야단법석을 떨다.
야단법석을 치르다.

예문
- 유명한 가수가 공항에 내리자 많은 사람들이 그를 보려고 **야단법석**이었다.
  Banyak orang yang ricuh untuk melihat penyanyi terkenal saat dia tiba di bandara.

어린아이　anak kecil, anak muda (anak kecil)

나이가 적은 아이.
orang yang belum dewasa

어린아이의 꿈.
어린아이가 울다.
어린아이가 자라다.

예문
- 언니는 어려 보이는 외모 때문에 종종 **어린아이** 취급을 받는다.
  Kakak perempuanku terkadang diperlakukan seperti anak kecil karena wajahnya yang terlihat muda.

여기저기　sana-sini

분명하게 정해지지 않은 여러 장소나 위치.
beberapa tempat atau lokasi yang tidak ditentukan secara jelas

여기저기 떠돌아다니다.
여기저기 묻어 있다.
여기저기 물어 겨우 찾았다.

예문
- 그는 **여기저기** 떠돌아다니는 나그네 신세가 되었다.
  Dia menjadi pengelana yang berkeliling ke sana kemari.

기본요금 tarif dasar, ongkos dasar

어떤 시설이나 서비스를 이용하기 위하여 반드시 내야 하는 최소한의 요금.
tarif terkecil yang harus dibayar untuk menggunakan suatu fasilitas atau jasa

월 기본요금.
택시 기본요금.
핸드폰 기본요금.

예문
- 우리 집과 학교는 매우 가까워서 택시를 타면 기본요금만 내도 될 정도였다.
  Karena rumahku sangat dekat dengan sekolah, aku hanya perlu membayar tarif dasar bila naik taksi ke sekolah.

생활용품 kebutuhan hidup (kebutuhan sehari-hari)

생활하는 데에 기본적으로 필요한 물건.
barang, benda mendasar yang diperlukan dalam menjalani hidup

생활용품을 사다.
생활용품을 팔다.
생활용품이 필요하다.

예문
- 대형 할인 매장에서는 다양한 생활용품을 팔고 있다.
  Supermarket besar menjual berbagai barang kebutuhan sehari-hari.

마음가짐 kebulatan tekad, determinasi

어떤 일에 대해 마음을 쓰는 자세나 태도.
sikap mental dan pikiran dalam menghadapi sesuatu

몸가짐과 마음가짐.
올바른 마음가짐.
마음가짐을 가지다.

예문
- 오늘날의 지도자들은 새로운 마음가짐으로 나라를 보살펴야 할 것이다.
  Para pemimpin zaman sekarang harus mengurus negara dengan determinasi yang baru.

고등학교 sekolah menengah atas, sekolah menengah umum

중학교를 졸업한 수준의 학력을 갖추거나 중학교를 졸업하면 갈 수 있는 학교.
sekolah yang dapat dimasuki jika memiliki kemampuan setingkat dengan SMP atau jika sudah lulus SMP

인문계 고등학교.
특수 목적 고등학교.
사립 고등학교.

예문
- 현우는 고등학교를 수석으로 졸업하고 의대에 입학했다.
  Hyeonwu masuk ke universitas kedokteran setelah lulus dari SMA dengan nilai terbaik.

공공요금 iuran fasilitas umum

철도, 우편, 전화, 수도, 전기 등의 공공의 이익을 위한 사업에 대한 요금.
biaya penggunaan fasilitas umum, biaya utilitas publik seperti kereta, pos, telepon, air, listrik, dsb

공공요금 납부.
공공요금이 오르다.
공공요금을 내다.

예문
- 전기 요금을 비롯한 공공요금이 다음 달부터 오른다.
  Iuran fasilitas umum termasuk biaya listrik naik mulai bulan depan.

DAY 48

어휘 활용 연습   Latihan Penggunaan Kosakata

✏️ **[보기]에서 알맞은 어휘를 골라 문장 안에 쓰십시오.**
    Pilihlah kosakata yang tepat dalam [Contoh] dan tuliskan dalam kalimat.

[보기]   고등학교   공공요금   기본요금   길거리   마음가짐   생활용품   야단법석   어린아이   여기저기   이곳저곳

1. 유명한 가수가 공항에 내리자 많은 사람들이 그를 보려고 _____이었다.
2. 언니는 어려 보이는 외모 때문에 종종 _____ 취급을 받는다.
3. 우리 집과 학교는 매우 가까워서 택시를 타면 _____만 내도 될 정도였다.
4. 현우는 _____를 수석으로 졸업하고 의대에 입학했다.
5. 전기 요금을 비롯한 _____이 다음 달부터 오른다.
6. 대형 할인 매장에서는 다양한 _____을 팔고 있다.
7. 오늘날의 지도자들은 새로운 _____으로 나라를 보살펴야 할 것이다.
8. 그는 _____ 떠돌아다니는 나그네 신세가 되었다.
9. 길을 잃은 아이가 울면서 _____를 헤매고 있었다.
10. 큰 태풍이 휩쓸고 지나간 자리에는 _____에 쓰레기가 널려 있었다.

✏️ **어휘에 맞는 의미를 찾아 선으로 이어 보세요.**
    Temukan arti yang sesuai dengan kosakata dan hubungkan dengan garis.

1. 회사원   •   • ㄱ. 거의 모두 다.
2. 화장품   •   • ㄴ. 극장에서 공연되거나 텔레비전 등에서 방송되는 극.
3. 즐거움   •   • ㄷ. 마음에 들어 흐뭇하고 기쁜 마음.
4. 우체국   •   • ㄹ. 사람의 목구멍에서 나는 소리.
5. 아동복   •   • ㅁ. 알릴 내용을 여러 사람이 볼 수 있도록 붙여두는 판.
6. 사무실   •   • ㅂ. 어린이가 입을 수 있게 만든 옷.
7. 목소리   •   • ㅅ. 예쁘게 보이기 위해, 또는 피부를 가꾸기 위해 얼굴에 바르는 물건.
8. 드라마   •   • ㅇ. 직장에서 주로 서류 등을 처리하며 자신이 맡은 일을 하는 방.
9. 대다수   •   • ㅈ. 편지, 소포를 보내는 일이나 예금 관리 등의 일을 하는 공공 기관.
10. 게시판   •   • ㅊ. 회사에 속하여 일하는 사람.

392   **Kosakata Kunci**

DAY 48

어휘 암기 확인 — Pemeriksaan Hafalan Kosakata

단어	번역	암기확인
길거리		
아동복		
대다수		
사무실		
드라마		
회사원		
즐거움		
게시판		
화장품		
우체국		
목소리		
이곳저곳		
야단법석		
어린아이		
여기저기		
기본요금		
생활용품		
마음가짐		
고등학교		
공공요금		

 어휘 활용 연습 정답 **Kunci Jawaban Latihan Penggunaan Kosakata**

✏️ [보기]에서 알맞은 어휘를 골라 문장 안에 쓰십시오.
Pilihlah kosakata yang tepat dalam [Contoh] dan tuliskan dalam kalimat.

1) 야단법석   2) 어린아이   3) 기본요금   4) 고등학교   5) 공공요금
6) 생활용품   7) 마음가짐   8) 여기저기   9) 길거리   10) 이곳저곳

✏️ 어휘에 맞는 의미를 찾아 선으로 이어 보세요.
Temukan arti yang sesuai dengan kosakata dan hubungkan dengan garis.

1) ㅊ   2) ㅅ   3) ㄷ   4) ㅈ   5) ㅂ
6) ㅇ   7) ㄹ   8) ㄴ   9) ㄱ   10) ㅁ

 관용어 **Idiom**

더도 말고 덜도 말고 늘 한가위만 같아라.
Tidak lebih, tidak kurang, selalu sama seperti Chuseok

🔖 의미 모든 것이 한가위 때만큼만 풍성해서 사는 것이 편안했으면 좋겠다는 말.
Harapan semoga semuanya melimpah seperti saat hari raya Chuseok dan bisa hidup dengan nyaman.

한번 엎지른 물은 다시 주워 담지 못한다.
Nasi sudah jadi bubur.

🔖 의미 일단 잘못을 저질렀으면 다시 회복하기 어렵다.
Sekali berbuat kesalahan, sulit untuk diperbaiki.

49일차

아름다움	아름다움	아름다움
공항버스	공항버스	공항버스
슈퍼마켓	슈퍼마켓	슈퍼마켓
비닐봉지	비닐봉지	비닐봉지
스트레스	스트레스	스트레스
대중문화	대중문화	대중문화
학교 교육	학교 교육	학교 교육
거스름돈	거스름돈	거스름돈
아르바이트	아르바이트	아르바이트
일회용품	일회용품	일회용품
운동선수	운동선수	운동선수
전화번호	전화번호	전화번호
조용하다	조용하다	조용하다
쓰기	쓰기	쓰기
말하기	말하기	말하기
곤란하다	곤란하다	곤란하다
필요하다	필요하다	필요하다
달리기	달리기	달리기
수다	수다	수다
춥다	춥다	춥다

아름다움 keindahan, kemolekan

아름다운 모습.
hal target atau suara, warna, dsb yang terlihat dapat memuaskan mata dan telinga

예문
- 세상에 변하지 않는 영원한 아름다움은 없다
  Tidak ada keindahan yang tidak berubah di dunia ini.

영원한 아름다움.
예술적인 아름다움.
진정한 아름다움.

공항버스 bus bandara

공항과 도심 또는 주요 역을 잇는 버스.
bus yang membawa dan mengantarkan penumpang hanya dari bandara sampai stasiun atau perhentian tertentu

예문
- 관광객들이 공항에서 호텔로 가는 공항버스에 짐을 실었다.
  Para wisatawan memasukkan barang-barang mereka ke bus bandara yang akan membawa mereka ke hotel.

공항버스 시간표.
공항버스 요금.
공항버스 정류장.

슈퍼마켓 supermaket, pasar swalayan

먹을거리와 생활에 필요한 물품 등을 모두 갖추어 놓고 파는 큰 가게.
bus yang membawa dan mengantarkan penumpang hanya dari bandara sampai stasiun atau perhentian tertentu

예문
- 나는 일주일 동안 먹을 식료품을 사러 토요일마다 슈퍼마켓에 간다.
  Aku pergi ke supermarket setiap Sabtu untuk membeli bahan makanan selama seminggu.

대형 슈퍼마켓.
동네 슈퍼마켓.
슈퍼마켓이 세일하다.

비닐봉지 kantung vinil, kantung plastik (kantung plastik)

비닐로 만든 봉지.
toko besar yang menempatkan segala macam makanan dan kebutuhan yang diperlukan dalam hidup dsb kemudian menjualnya

예문
- 어머니는 장을 보실 때 비닐봉지 대신 장바구니를 쓰신다.
  Ibu menggunakan keranjang belanja sebagai pengganti kantong plastik saat berbelanja.

일회용 비닐봉지.
검은 비닐봉지.
비닐봉지에 담다.

스트레스 stres

일이나 사람, 환경 등에서 심리적, 신체적으로 압박과 긴장을 느끼는 상태.
tekanan mental yang dirasa atau diderita karena pekerjaan atau orang, lingkungan, dsb yang tidak sesuai dengan hati diri sendiri

예문
- 과도한 스트레스는 암의 주요한 원인 중 하나이다.
  Stres yang berlebihan merupakan salah satu penyebab utama kanker.

정신적 스트레스.
과도한 스트레스.
심한 스트레스.

대중문화 budaya pop, budaya populer

대중이 만들고 누리는 문화.
budaya yang dibuat dan dinikmati oleh kebanyakan orang/masyarakat umum

대중문화 수준.
대중문화가 발전하다.
대중문화가 형성되다.

예문
- 인터넷 사용이 대중화되면서 채팅 언어와 같은 인터넷 대중문화가 형성되었다.
  Budaya populer internet seperti bahasa obrolan terbentuk seiring dengan populernya penggunaan internet.

학교 교육 pendidikan sekolah

학교에서 받는 교육.
pendidikan yang didapat di sekolah

학교 교육 수준.
학교 교육 환경.
학교 교육을 받다.

예문
- 전쟁이 끝난 후 우리는 다시 학교 교육을 받을 수 있게 되었다.
  Setelah perang berakhir, kami bisa bersekolah kembali.

거스름돈 uang kembalian

치러야 할 돈을 빼고 도로 주거나 받는 돈.
uang yang diberikan atau didapatkan setelah menyisihkan uang yang harus dibayarkan

거스름돈을 주다.
거스름돈을 챙기다.
거스름돈을 확인하다.

예문
- 계산 후에는 반드시 거스름돈이 맞는지 확인하는 습관이 필요하다.
  Kebiasaan memeriksa uang kembalian setelah membayar adalah sebuah kebiasaan yang dibutuhkan.

아르바이트 pekerjaan sambilan

돈을 벌기 위해 자신의 본업 외에 임시로 하는 일.
pekerjaan yang dilakukan di luar pekerjaan utama untuk mendapatkan uang tambahan dalam waktu yang singkat

아르바이트 자리.
아르바이트를 구하다.
아르바이트를 하다.

예문
- 민주는 학비를 벌기 위해 편의점에서 아르바이트를 한다.
  Minju bekerja paruh waktu di minimarket untuk membayar uang sekolah.

일회용품 produk satu kali pakai, produk untuk satu kali pakai

한 번만 쓰고 버리도록 만들어진 물건.
benda yang dibuat untuk dipakai satu kali saja kemudian dibuang

일회용품의 사용.
일회용품 쓰레기.
일회용품을 사용하다.

예문
- 예전에는 천으로 된 기저귀를 빨아 사용했지만 요즘은 거의 일회용품을 쓴다.
  Jika dulu orang-orang menggunakan kembali popok kain setelah mencucinya, belakangan ini hampir sebagian besar orang-orang menggunakan popok sekali pakai.

운동선수 olahragawan, atlet

운동에 뛰어난 재주가 있어 전문적으로 운동을 하는 사람.
orang yang berolahraga untuk tujuan tertentu karena memiliki bakat luar biasa di bidang olahraga

전직 운동선수.
운동선수를 꿈꾸다.
운동선수가 되다.

예문
- 나는 어렸을 때부터 운동을 무척 좋아해서 커서도 운동선수가 되겠다고 다짐했다.
  Aku memutuskan untuk menjadi atlet setelah besar nanti karena sudah menyukai olahraga sejak kecil.

전화번호 nomor telepon

각 전화기의 고유한 번호.
nomor khusus dari tiap-tiap pesawat telepon

집 전화번호.
회사 전화번호.
전화번호를 저장하다.

예문
- 현우는 전화번호가 바뀌었는지 모르는 사람이 전화를 받았다.
  Mungkin karena nomornya ganti, orang yang tidak dikenal mengangkat telepon Hyeonwu.

조용하다 sunyi, sepi (diam, sunyi, sepi)

아무 소리도 들리지 않다.
tidak terdengar suara apapun

조용한 교실.
거리가 조용하다.
방 안이 조용하다.

예문
- 사장님의 한 마디에 직원들은 쥐 죽은 듯이 조용해졌다.
  Para karyawan terdiam setelah mendengar perkataan direktur.

쓰기 (hal) menulis

생각이나 느낌을 글로 표현하는 일.
hal mengekspresikan pikiran atau perasaan dengan tulisan

쓰기 능력.
쓰기 숙제.
쓰기를 잘하다.

예문
- 현우는 글 쓰는 것을 싫어해서 쓰기 숙제를 잘 해 가지 않는다.
  Hyeonwu tidak mengerjakan tugas menulisnya dengan baik karena dia tidak suka menulis.

말하기 berbicara, percakapan

생각이나 느낌, 의견 등을 말로 정확하게 표현하는 방법을 배우는 과목.
mata pelajaran di mana para pelajar dilatih untuk berbicara dan mengungkapkan pendapat, pikiran, serta perasaan

말하기 시험.
외국어 말하기.
말하기가 어렵다.

예문
- 현우는 내일 말하기 시간에 발표할 짤막한 글을 공책에 적고 있었다.
  Hyeonwu sedang menulis kalimat pendek yang akan dipresentasikannya di kelas berbicara besok di buku catatannya.

곤란하다 sulit, sukar, kaku, janggal

사정이 몹시 어렵고 난처하다.
situasi yang sangat rumit, pelik dan membingungkan

곤란한 경우.
곤란한 상황.
곤란한 질문.

예문

- 자꾸 말을 바꾸는 부하 직원 때문에 회사에서의 내 처지가 무척 곤란하게 되었다.
  Posisiku di perusahaan sangat sulit karena bawahan yang terus mengubah kata-katanya.

필요하다 perlu, butuh, memerlukan, membutuhkan

꼭 있어야 하다.
harus ada

필요한 과정.
필요한 기술.
필요한 내용.

예문

- 모든 생물이 살아가기 위해서는 공기와 물이 필요하다.
  Seluruh makhluk hidup memerlukan udara dan air untuk bertahan hidup.

달리기 berlari

두 발을 계속 빠르게 움직여 뛰는 일.
hal berlari dan menggerakkan kedua kaki dengan cepat

달리기 운동.
달리기가 느리다.
달리기가 빠르다.

예문

- 나는 아침 운동 겸 공원에서 달리기를 했다.
  Aku berlari di taman sekaligus olahraga pagi.

수다 obrolan, ocehan, omong kosong

쓸데없이 말이 많음. 또는 그런 말.
hal banyak melakukan pembicaraan tidak penting/tidak berguna, atau pembicaraan yang demikian

수다를 떨다.
수다를 막다.
수다를 부리다.

예문

- 나는 오랜만에 만난 친구들과 수다를 떠느라고 시간 가는 줄 몰랐다.
  Aku tidak sadar waktu telah berlalu karena sibuk berbincang dengan teman-teman yang sudah lama tidak kutemui.

춥다 dingin

대기의 온도가 낮다. 몸으로 느끼기에 기온이 낮다.
rendah suhu di udara

추운 겨울밤.
날씨가 춥다.
몸이 춥다.

예문

- 우리는 추운 날씨를 견디기 위해서 옷을 겹겹이 껴입었다.
  Kami memakai berlapis-lapis baju untuk bertahan di cuaca yang dingin.

DAY 49

어휘 활용 연습 — Latihan Penggunaan Kosakata

✏️ [보기]에서 알맞은 어휘를 골라 문장 안에 쓰십시오.
　　Pilihlah kosakata yang tepat dalam [Contoh] dan tuliskan dalam kalimat.

[보기]　아름다움 슈퍼마켓 스트레스 학교 교육 아르바이트 운동선수 조용하다 말하기 필요하다 수다

1. 과도한 _____는 암의 주요한 원인 중 하나이다.
2. 세상에 변하지 않는 영원한 _____은 없다.
3. 나는 일주일 동안 먹을 식료품을 사러 토요일마다 _____에 간다.
4. 민주는 학비를 벌기 위해 편의점에서 _____를 한다.
5. 전쟁이 끝난 후 우리는 다시 _____을 받을 수 있게 되었다.
6. 현우는 내일 _____ 시간에 발표할 짤막한 글을 공책에 적고 있었다.
7. 모든 생물이 살아가기 위해서는 공기와 물이 _____.
8. 나는 어렸을 때부터 운동을 무척 좋아해서 커서도 _____가 되겠다고 다짐했다.
9. 나는 오랜만에 만난 친구들과 _____를 떠느라고 시간 가는 줄 몰랐다.
10. 사장님의 한 마디에 직원들은 쥐 죽은 듯이 _____.

✏️ 어휘에 맞는 의미를 찾아 선으로 이어 보세요.
　　Temukan arti yang sesuai dengan kosakata dan hubungkan dengan garis.

1. 춥다　　　　　•　　•　ㄱ. 각 전화기의 고유한 번호.
2. 전화번호　　•　　•　ㄴ. 공항과 도심 또는 주요 역을 잇는 버스.
3. 일회용품　　•　　•　ㄷ. 대기의 온도가 낮다. 몸으로 느끼기에 기온이 낮다.
4. 쓰기　　　　•　　•　ㄹ. 대중이 만들고 누리는 문화.
5. 비닐봉지　　•　　•　ㅁ. 두 발을 계속 빠르게 움직여 뛰는 일.
6. 대중문화　　•　　•　ㅂ. 비닐로 만든 봉지.
7. 달리기　　　•　　•　ㅅ. 사정이 몹시 어렵고 난처하다.
8. 공항버스　　•　　•　ㅇ. 생각이나 느낌을 글로 표현하는 일.
9. 곤란하다　　•　　•　ㅈ. 치러야 할 돈을 빼고 도로 주거나 받는 돈.
10. 거스름　　•　　•　ㅊ. 한 번만 쓰고 버리도록 만들어진 물건.

DAY 49

어휘 암기 확인 — Pemeriksaan Hafalan Kosakata

단어	번역	암기확인
아름다움		
공항버스		
슈퍼마켓		
비닐봉지		
스트레스		
대중문화		
학교 교육		
거스름돈		
아르바이트		
일회용품		
운동선수		
전화번호		
조용하다		
쓰기		
말하기		
곤란하다		
필요하다		
달리기		
수다		
춥다		

 어휘 활용 연습 정답 Kunci Jawaban Latihan Penggunaan Kosakata

 [보기]에서 알맞은 어휘를 골라 문장 안에 쓰십시오.
Pilihlah kosakata yang tepat dalam [Contoh] dan tuliskan dalam kalimat.

1) 스트레스   2) 아름다움   3) 슈퍼마켓   4) 아르바이트   5) 학교 교육
6) 말하기   7) 필요하다   8) 운동선수   9) 수다   10) 조용하다

 어휘에 맞는 의미를 찾아 선으로 이어 보세요.
Temukan arti yang sesuai dengan kosakata dan hubungkan dengan garis.

1) ㄷ   2) ㄱ   3) ㅊ   4) ㅇ   5) ㅂ
6) ㄹ   7) ㅁ   8) ㄴ   9) ㅅ   10) ㅈ

 관용어 Idiom

사람은 겪어 보아야 알고 물은 건너 보아야 안다.
Seseorang harus mengetahui orang lain untuk mengenalnya lebih baik dan harus menyeberangi air untuk mengetahuinya lebih baik.

의미 사람의 마음은 겉으로 보아서는 알 수 없으며 함께 오랫동안 지내보아야 알 수 있다.
Kita tidak bisa mengetahui hati manusia hanya dengan melihat dari luar dan baru bisa mengetahuinya setelah berhubungan lama dengannya.

사람 위에 사람 없고 사람 밑에 사람 없다.
Tidak ada manusia di atas manusia dan tidak ada manusia di bawah manusia

의미 사람은 태어날 때부터 평등한 권리를 가지고 있다.
Manusia memiliki hak yang setara sejak lahir.

DAY 50 50일차

감소하다	감소하다	감소하다
입다	입다	입다
강하다	강하다	강하다
진하다	진하다	진하다
창피하다	창피하다	창피하다
쓰다	쓰다	쓰다
같다	같다	같다
먹다	먹다	먹다
사다	사다	사다
덥다	덥다	덥다
좋다	좋다	좋다
친하다	친하다	친하다
맞다	맞다	맞다
주다	주다	주다
아프다	아프다	아프다
짧다	짧다	짧다
예쁘다	예쁘다	예쁘다
대비하다	대비하다	대비하다
기념하다	기념하다	기념하다
운전하다	운전하다	운전하다

감소하다 menyusut (menurun, menyusut)

양이나 수가 줄어들다. 또는 양이나 수를 줄이다.
berkurangnya jumlah atau banyak

비율이 감소하다.
수익이 감소하다.
수출이 감소하다.

예문
- 가뭄 때문에 올해 딸기 생산량이 작년보다 크게 <u>감소했다</u>.
  Produksi stroberi tahun ini menurun drastis akibat kekeringan.

입다 memakai, mengenakan

옷을 몸에 걸치거나 두르다. 손해, 상처, 피해 등의 좋지 못한 일을 당하다.
memakai pakaian ke badan

한복을 입다.
상처를 입다.
손해를 입다.

예문
- 그는 검정 바지에 하얀 와이셔츠를 <u>입고</u> 있었다.
  Dia memakai celana hitam dan kemeja putih.

강하다 kuat

물체가 굳고 단단하다.
material keras dan kuat

강한 손힘.
강하게 살다.
마음이 강하다.

예문
- 대장장이는 불에 달군 쇠를 계속 두들겨서 <u>강하게</u> 만들었다.
  Pandai besi terus memukuli besi yang telah dipanaskan untuk membuatnya lebih kuat.

진하다 kental

액체가 묽지 않고 농도가 짙다. 맛이나 냄새가 강하다.
cairannya tidak encer dan cukup kental

커피가 진하다.
냄새가 진하다.
맛이 진하다.

예문
- 돼지 뼈를 넣고 아주 오래 끓여서인지 국물은 아주 <u>진했다</u>.
  Mungkin karena tulang babi dimasukkan ke dalamnya dan direbus dalam waktu yang sangat lama, kuahnya sangat kental.

창피하다 malu

체면이 깎이는 어떤 일이나 사실 때문에 몹시 부끄럽다.
sangat malu karena kehilangan muka atau tertimpa kejadian yang memalukan

창피한 일.
창피한 줄 모르다.
정말 창피하다.

예문
- 나는 계단에서 넘어졌을 때 너무 <u>창피해서</u> 울고 말았다.
  Aku menangis saat jatuh dari tangga karena sangat malu.

쓰다 — pahit

약의 맛과 같다. 마음에 걸리는 것이 있어 싫거나 괴롭다.
sama dengan rasa obat

약이 쓰다.
쓴 경험.
쓴 기억.

예문

- 이 커피는 맛이 써서 먹기 힘들었다.
  Kopi ini sulit diminum karena rasanya sangat pahit.

같다 — sama, serupa

서로 다르지 않다.
tidak saling berlainan

같은 건물.
같은 날.
같은 내용.

예문

- 내 취미는 그의 취미와 같다.
  Hobiku sama dengan hobinya.

먹다 — makan

음식 등을 입을 통하여 배 속에 들여보내다.
memasukkan makanan ke dalam mulut lalu menelannya

먹고 살다.
밥을 먹다.
아침을 먹다.

예문

- 우리는 점심에 식사로 된장찌개를 먹었다.
  Kami makan dwenjangjjigae saat makan siang.

사다 — membeli

돈을 주고 어떤 물건이나 권리 등을 자기 것으로 만들다.
menjadikan sesuatu atau hak dsb milik dengan memberikan sejumlah uang

땅을 사다.
물건을 사다.
선물을 사다.

예문

- 어제 가족들과 백화점에서 옷과 신발을 샀다.
  Kemarin aku membeli baju dan alas kaki di pusat perbelanjaan bersama keluargaku.

덥다 — panas

어떤 것의 온도가 높고 따뜻하다.
suhu tinggi yang dirasakan badan

더운 국물.
더운 눈물.
더운 밥.

예문

- 여름이 지났는데도 날씨가 무척 덥군요.
  Cuacanya masih cukup panas meskipun musim panas telah usai.

좋다   bagus, baik

어떤 것의 성질이나 내용 등이 훌륭하여 만족할 만하다.
karakter atau sifat dsb sesuatu hebat dan cukup memuaskan

좋은 음악.
좋은 학교.
과일이 좋다.

예문

- 유민이는 어릴 때부터 좋은 글을 많이 썼다.
  Sejak saat masih kecil, Yumin menulis banyak tulisan yang bagus.

친하다   akrab, dekat

가까이 사귀어 서로 잘 알고 정이 두텁다.
saling mengetahui dan keakrabannya kental karena sangat dekat

친한 사람.
친한 사이.
이웃과 친하다.

예문

- 나는 민준이와 초등학교 때부터 알고 지내서 무척 친하다.
  Aku dan Minjun sangat dekat karena sudah saling mengenal sejak masih SD.

맞다   benar, betul (tepat, benar, betul)

문제에 대한 답이 틀리지 않다.
jawaban yang tidak salah

답이 맞다.
문제에 맞다.
질문에 맞다.

예문

- 이 문제에 맞는 답을 쓰시오.
  Tulislah jawaban yang tepat untuk pertanyaan ini.

주다   kasih, memberi

물건 등을 남에게 건네어 가지거나 쓰게 하다.
mengeluarkan barang dsb untuk orang lain kemudian membuat menjadi memiliki atau menggunakannya

공책을 주다.
먹이를 주다.
선물을 주다.

예문

- 그는 주위를 둘러보더니 책 한 권을 집어 그녀에게 주었다.
  Setelah berkeliling untuk melihat-lihat, dia mengambil sebuah buku dan memberikannya kepada perempuan itu.

아프다   sakit, nyeri

다치거나 병이 생겨 통증이나 괴로움을 느끼다.
merasa sakit atau menderita karena terluka atau timbul penyakit

머리가 아프다.
목이 아프다.
몸이 아프다.

예문

- 현우는 상한 음식을 먹고 종일 배가 아프다고 한다.
  Hyeonwu berkata perutnya sakit seharian setelah memakan makanan basi.

짧다 pendek

공간이나 물체의 양 끝 사이가 가깝다.
dekatnya jarak antara sebelah ujung objek yang satu dengan ujung yang lain

짧은 다리.
짧은 치마.
짧게 자르다.

예문
- 현우의 키를 재기에는 줄자가 너무 짧았다.
  Pita pengukur terlalu pendek untuk mengukur tinggi Hyeonwu.

예쁘다 cantik

생긴 모양이 눈으로 보기에 좋을 만큼 아름답다.
sangat indah

예쁜 여자.
예쁜 인형.
가방이 예쁘다.

예문
- 그녀는 그가 목소리만 듣고 상상했던 것보다 훨씬 예뻤다.
  Perempuan itu jauh lebih cantik dari yang dibayangkan laki-laki itu setelah mendengar suaranya saja.

대비하다 melakukan persiapan

앞으로 일어날 수 있는 어려운 상황에 대해 미리 준비하다.
menyiapkan (rencana) untuk situasi atau kondisi sulit di masa yang akan datang

면접을 대비하다.
시험을 대비하다.
장마에 대비하다.

예문
- 학생들은 시험을 대비해 기출 문제를 풀어 보았다.
  Para siswa mencoba menyelesaikan soal latihan sebagai persiapan ujian.

기념하다 memperingati, merayakan

훌륭한 인물이나 특별한 일 등을 오래도록 잊지 않고 마음에 간직하다.
tidak melupakan tokoh hebat atau hal khusus dsb untuk waktu yang lama dan menyimpannya dalam hati

기념하는 자리.
기념하는 행사.
독립을 기념하다.

예문
- 그는 우리의 첫 만남을 기념하여 파티를 열어 주었다.
  Dia mengadakan pesta untuk memperingati pertemuan pertama kami.

운전하다 mengemudikan, mengoperasikan, menjalankan

기계나 자동차를 움직이고 조종하다.
menggerakkan dan mengoperasikan mesin atau kendaraan

기사가 운전하다.
자동차를 운전하다.
트럭을 운전하다.

예문
- 운전하다가 잠이 오면 안전을 위해 잠시 휴식을 취하는 것이 좋다.
  Ada baiknya untuk istirahat sebentar bila mengantuk saat mengemudi demi keselamatan.

DAY 50

어휘 활용 연습 — Latihan Penggunaan Kosakata

✏️ [보기]에서 알맞은 어휘를 골라 문장 안에 쓰십시오.
　Pilihlah kosakata yang tepat dalam [Contoh] dan tuliskan dalam kalimat.

[보기]	감소했다　강하게　창피해서　같다　샀다　좋은　맞는　아프다　예뻤다　기념하여

1. 내 취미는 그의 취미와 ___.
2. 그는 우리의 첫 만남을 _____ 파티를 열어 주었다.
3. 어제 가족들과 백화점에서 옷과 신발을 ___.
4. 그녀는 그가 목소리만 듣고 상상했던 것보다 훨씬 ____.
5. 가뭄 때문에 올해 딸기 생산량이 작년보다 크게 _____.
6. 유민이는 어릴 때부터 ___ 글을 많이 썼다.
7. 대장장이는 불에 달군 쇠를 계속 두들겨서 ____ 만들었다.
8. 현우는 상한 음식을 먹고 종일 배가 ____고 한다.
9. 이 문제에 ___ 답을 쓰시오.
10. 나는 계단에서 넘어졌을 때 너무 ____ 울고 말았다.

✏️ 어휘에 맞는 의미를 찾아 선으로 이어 보세요.
　Temukan arti yang sesuai dengan kosakata dan hubungkan dengan garis.

1. 운전하다　•　　•　ㄱ. 음식 등을 입을 통하여 배 속에 들여보내다.
2. 친하다　•　　•　ㄴ. 옷을 몸에 걸치거나 두르다. 손해, 상처, 피해 등의 좋지 못한 일을 당하다.
3. 짧다　•　　•　ㄷ. 어떤 것의 온도가 높고 따뜻하다.
4. 진하다　•　　•　ㄹ. 약의 맛과 같다. 마음에 걸리는 것이 있어 싫거나 괴롭다.
5. 주다　•　　•　ㅁ. 액체가 묽지 않고 농도가 짙다. 맛이나 냄새가 강하다.
6. 입다　•　　•　ㅂ. 앞으로 일어날 수 있는 어려운 상황에 대해 미리 준비하다.
7. 쓰다　•　　•　ㅅ. 물건 등을 남에게 건네어 가지거나 쓰게 하다.
8. 먹다　•　　•　ㅇ. 기계나 자동차를 움직이고 조종하다.
9. 덥다　•　　•　ㅈ. 공간이나 물체의 양 끝 사이가 가깝다.
10. 대비하다　•　　•　ㅊ. 가까이 사귀어 서로 잘 알고 정이 두텁다.

DAY 50

어휘 암기 확인 — Pemeriksaan Hafalan Kosakata

단어	번역	암기확인
감소하다		
입다		
강하다		
진하다		
창피하다		
쓰다		
같다		
먹다		
사다		
덥다		
좋다		
친하다		
맞다		
주다		
아프다		
짧다		
예쁘다		
대비하다		
기념하다		
운전하다		

어휘 활용 연습 정답 — Kunci Jawaban Latihan Penggunaan Kosakata

✏️ [보기]에서 알맞은 어휘를 골라 문장 안에 쓰십시오.
Pilihlah kosakata yang tepat dalam [Contoh] dan tuliskan dalam kalimat.

1) 같다 2) 기념하 3) 샀다 4) 예뻤다 5) 감소했다
6) 좋은 7) 강하게 8) 아프다 9) 맞는 10) 창피해서

✏️ 어휘에 맞는 의미를 찾아 선으로 이어 보세요.
Temukan arti yang sesuai dengan kosakata dan hubungkan dengan garis.

1) ㅇ 2) ㅊ 3) ㅈ 4) ㅁ 5) ㅅ
6) ㄴ 7) ㄹ 8) ㄱ 9) ㄷ 10) ㅂ

관용어 Idiom

사람은 죽으면 이름을 남기고 호랑이는 죽으면 가죽을 남긴다.
Harimau mati meninggalkan belang gajah mati meninggalkan gading, orang mati meninggalkan nama.

　의미　인생에서 가장 중요한 것은 살아있을 때 보람 있는 일을 해서 후세에 명예를 얻는 것이다.
　　　　Yang terpenting dalam hidup adalah melakukan hal yang bermanfaat saat masih hidup lalu mendapat kehormatan kelak.

사람이 세상에 나면 저 먹을 것은 가지고 나온다
Setiap orang membawa makanannya masing-masing saat terlahir di dunia

　의미　사람은 능력이 있거나 없거나 누구든 다 살아 나갈 수 있는 방법을 가지고 있다.
　　　　Setiap orang memiliki cara untuk bertahan hidup dengan atau tanpa kemampuan.

색인

색인

단어	페이지	단어	페이지	단어	페이지	단어	페이지
가게	61	객관적	367	계란	126	광장	292
가격	151	거기	141	계산	52	교사	39
가난	103	거스름돈	397	계속	180	교수	86
가능	62	거실	221	고객	119	교실	252
가로등	383	거울	260	고기	150	교재	21
가방	198	거절	103	고등학교	391	교통	269
가수	37	거짓말	326	고민	239	교환	271
가슴	204	걱정	221	고생	230	구경	286
가요	77	건강	140	고추장	351	구름	109
가운데	343	건물	212	고통	94	구멍	214
가위	100	걷기	166	곡식	228	구분	238
가을	63	걸음	150	곤란하다	399	구석	206
가이드	367	검색	68	골목	44	구역	79
가족	223	검정색	317	공감	172	구체적	382
가파	301	게시판	389	공공요금	391	국내	76
가치	271	게임	134	공급	76	궁금증	327
각종	92	겨울날	311	공기	46	규모	228
간호사	311	겨울잠	302	공부	292	규칙	23
간호원	374	격려	253	공연	52	그곳	85
갈비탕	356	결국	199	공연장	349	그늘	54
감기	220	결론	157	공원	220	그동안	364
감동적	332	결석	231	공항버스	396	그때	222
감소	148	결심	207	과목	119	그룹	20
감소하다	404	결정	76	과소비	335	그릇	30
값	14	결정적	372	과일	28	그림	300
강	14	결혼	117	과학	21	그림책	325
강습	278	결혼식	319	관객	149	극복	261
강연회	325	경솔	71	관계	253	근로자	382
강조	269	경쟁	158	관광	79	근무	101
강하다	404	경제	301	관광객	381	근본적	372
같다	405	경찰	228	관광지	350	근처	158
개념	180	경찰관	319	관리	213	글씨	294
개선	150	경탄	182	관심	87	글자	173
개성	198	경험	61	관심사	359	금방	38
개인	292	계단	117	관찰	110	금액	199

색인

단어	페이지	단어	페이지	단어	페이지	단어	페이지
금지	215	낮잠	31	대부분	380	로봇	230
기계	157	내년	100	대비하다	407	마련	166
기념	116	내일	30	대사관	357	마음	79
기념하다	407	냄새	39	대중	277	마음가짐	391
기대	55	냉동	300	대중문화	397	마중	45
기대치	381	냉장고	349	대표	284	마지막	340
기도	111	노래	109	댁	12	만남	223
기본	93	노력	60	덥다	405	만일	141
기본요금	391	노인	165	도로	39	만화	61
기분	95	놀이	140	도서	125	말	13
기쁨	109	놀이터	350	도서관	373	말버릇	333
기사	261	농산물	327	도시	36	말씀	166
기숙사	303	눈물	255	도움	236	말하기	398
기억	212	뉴스	60	도전	135	맞다	406
기억력	335	느낌	255	도착	141	맞은편	375
기운	47	다른	229	독서	84	매력	212
기차	126	다리	63	동네	262	매일	22
기차역	366	다시	127	동료	214	매표소	310
기차표	373	다음	173	동물	87	먹다	405
기초	149	다행	238	동물원	351	먼저	117
긴장	22	단계	165	동산	68	먼지	55
길거리	388	단기적	310	동생	95	멋	14
김치	140	단맛	124	동시	143	메뉴	102
꽃	13	단원	263	동아리	382	메모	197
꽃밭	268	단짝	255	동의	159	멜로디	333
꽃병	221	단체	30	동작	142	면도	92
꾀병	182	단편집	318	동전	77	면접	79
꾸밈	229	달리기	399	동해	28	명절	140
꿈	20	달성	252	뒤	14	모든	270
나라	23	담당	228	드라마	388	모습	190
나중	189	답장	69	등산	28	모양	245
낚시	69	당일	31	디자인	341	모임	60
날씨	165	대다수	388	딸기	92	모자	236
날짜	68	대답	71	땀	15	모집	143
남동생	348	대도시	366	라면	172	목소리	390

🔍 색인

단어	페이지	단어	페이지	단어	페이지	단어	페이지
목요일	326	발송	199	복사기	358	비자	21
목욕탕	309	밤중	111	복습	87	빈자리	380
목적	124	방과	63	볶음밥	333	빌딩	28
목표	287	방문	37	본래	276	빗방울	348
몫	12	방문객	318	봄	14	빨래	157
무게	116	방문자	325	봄맞이	341	사건	206
무대	108	방법	103	봉사	237	사과	164
무더위	367	방송	45	봉지	263	사기꾼	333
무료	268	방학	285	봉투	20	사다	405
무지개	319	방해	134	부담	149	사람	22
문서	124	배달	61	부모님	375	사랑	239
문자	84	배려	301	부문	285	사무소	303
문제	31	배추	45	부엌	165	사무실	388
문제점	383	백화점	357	부자	261	사실	119
문화	190	버스	95	부탁	132	사용	21
문화적	311	버튼	207	부품	36	사용자	375
물건	220	번개	77	분석	196	사진	102
물고기	318	번지	213	분수	167	사진관	381
미래	76	번호	271	분야	277	사춘기	324
미술	127	범위	94	불고기	343	사탕	207
민속촌	335	범칙	52	불길	239	사회인	310
밑바탕	316	법률	102	불꽃	53	산업	55
밑줄	175	벽	13	불만	295	산책	191
바다	111	변경	221	불안	53	살림	157
바닷가	316	별로	292	불편	215	살맛	84
바닷길	302	별명	125	불평	116	상금	78
바지	71	병	15	불행	292	상담	244
바퀴	124	병실	253	비교	54	상대방	357
박물관	326	병원	62	비누	102	상자	158
박수	252	보고서	350	비닐봉지	396	상점	77
반도	278	보관	173	비디오	349	상처	52
반면	174	보물	79	비만	262	상태	246
반복	213	보통	133	비서	95	새벽	151
반응	167	보편	205	비용	189	새집	295
발급	295	보호	212	비율	204	새해	237

색인

단어	페이지	단어	페이지	단어	페이지	단어	페이지
색	20	세일	191	스타	100	신청	132
색상	44	세탁기	356	스트레스	396	신청서	324
생명	247	세탁소	317	스포츠	350	신청자	357
생산자	365	소개	279	슬픔	125	신호	46
생신	142	소금	108	습관	70	신호등	318
생일	95	소년	53	승객	255	실내	174
생활	270	소란	229	시간	286	실망	237
생활고	309	소리	37	시간표	342	실수	212
생활비	309	소비자	365	시계	254	실전	268
생활용품	391	소아	263	시골	260	실패	62
샤워	77	소요	93	시민	39	심금	196
서로	238	소포	52	시작	126	심리	101
서류	188	소풍	108	시장	135	심장	87
서비스	366	소형	175	시절	196	쓰기	398
서서히	374	소화	174	시중	236	쓰다	405
서점	36	속도	237	시청	183	쓰레기	366
서해	277	손	13	시험	263	아기	69
석	20	손가락	326	식구	159	아동복	388
선물	183	손님	69	식당	76	아르바이트	397
선배	45	손목	101	식량	165	아름다움	396
선생님	342	손바닥	310	식물	78	아버지	327
선택	156	손잡이	341	식물원	340	아침	100
선풍기	308	쇼핑몰	367	식사	253	아프다	406
선호	222	수다	399	식탁	125	안경	29
설명	245	수량	29	식품	181	안내	293
설문	285	수박	110	신경	198	안내문	308
설치	198	수영	189	신경질	358	안내장	319
설탕	37	수정	262	신고	244	앞길	29
성격	116	수첩	164	신뢰	92	앞집	204
성공	71	숙제	198	신문사	380	애호	47
성실	78	순서	94	신발	180	야단법석	390
성적표	367	순식간	373	신분증	309	야외	124
성패	44	순위	118	신생아	364	야채	140
세계	166	슈퍼마켓	396	신용	86	약국	84
세상	213	스스로	351	신제품	340	약사	172

🔍 색인

단어	페이지	단어	페이지	단어	페이지	단어	페이지
약속	54	연습	151	요금	44	음악	260
양말	221	연애	172	요리	110	음악회	381
양보	238	연예인	335	요즈음	311	응시자	332
얘기	231	연인	204	요즘	94	의류	132
어깨	45	연주	246	용돈	294	의미	149
어려움	380	연주회	341	우리	148	의식	285
어른	29	연필	103	우산	247	의자	31
어린아이	390	연휴	252	우선	287	의지력	309
어부	85	열차	110	우유	68	의학	278
어제	30	엽서	188	우정	102	이곳저곳	390
어젯밤	302	영상	271	우주	93	이대로	374
언니	38	영수증	356	우체국	389	이름	135
얼굴	206	영향	215	우편	86	이메일	325
얼음	54	예매	206	운동	175	이미지	366
업무	143	예쁘다	407	운동선수	398	이삿짐	373
업적	206	예습	148	운전	188	이야기	365
업체	254	예약	71	운행	287	이용	207
에너지	383	예절	143	울음	237	이용료	317
여가	253	예정	294	원리	181	이용률	310
여고생	334	옛날	183	원인	230	이용자	342
여권	244	오늘날	381	월급	142	이유	214
여기저기	390	오락	236	월말	36	이후	23
여러분	334	오른쪽	303	위	13	인간	167
여름	23	오염	30	위급	55	인구	269
여름철	340	오해	191	위로	245	인기	245
여성복	324	오후	158	위반	220	인기척	374
여행	180	온도	111	위치	205	인상	277
여행객	340	온라인	359	유치원	302	인품	53
여행지	316	올해	295	유행	62	일곱	54
역사	276	옷	15	육체	189	일과	262
역할	188	왕복	151	음료	142	일반인	325
연극	222	외국인	334	음료수	372	일반인	375
연락	108	외모	172	음식	260	일부	231
연락처	302	왼쪽	197	음식물	348	일생	127
연상	261	요구	132	음식점	351	일자리	374

색인

단어	페이지	단어	페이지	단어	페이지	단어	페이지
일주일	335	장점	301	조심	269	증가	175
일치	150	장터	167	조용하다	398	증명서	332
일행	263	재산	100	졸업	118	지각	223
일회용품	397	재활용	348	졸업생	326	지갑	284
읽기	223	저녁	254	졸음	207	지구	70
임신	46	저희	141	종류	239	지금	62
입	12	전국	28	종이	108	지능	196
입구	246	전년도	308	종이컵	382	지도	247
입다	404	전달	181	종일	142	지도자	364
입맛	183	전문	284	좋다	406	지름길	324
입원	276	전설	191	좌석	134	지식	213
입장료	343	전시회	357	좌석	164	지역	87
입학	190	전철	279	주다	406	지우개	359
자격	276	전통적	324	주말	174	지폐	29
자동	61	전화번호	398	주머니	358	지하	167
자랑	70	절차	268	주먹	156	지하철	365
자료	197	젊은이	308	주문	159	직업	38
자매	31	젊음	133	주방	93	직장	60
자세	118	점	15	주부	157	직장인	308
자식	270	점심	277	주소	116	진료	294
자신	287	정돈	279	주위	158	진실	205
자연	109	정말	199	주유소	332	진심	222
자율	109	정보	78	주인공	372	진짜	156
자전거	373	정상	279	주제	103	진찰	119
작가	295	정식	84	주차	55	진찰실	372
작성	164	정신	279	주차장	316	진하다	404
작품	110	정오	119	주택	86	진행자	382
잔디밭	303	정원	197	준비	246	질	12
잔치	293	제공	143	준비물	342	질문	188
잠깐	85	제목	269	중심	254	집	12
잠시	205	제출	244	중앙	244	집단	246
장난감	343	제품	270	중앙선	327	집들이	358
장래	117	조건	118	중요	70	집안일	364
장소	173	조금	69	중학교	364	짧다	407
장엄	86	조깅	229	즐거움	389	착각	118

TOPIK 417

색인

단어	페이지	단어	페이지	단어	페이지	단어	페이지
참석	254	추진력	317	택시	182	학생	148
참여	156	추천	285	토끼	270	한계	247
창문	205	축복	247	통장	286	한마디	318
창작	21	축제	215	통지	37	한밤중	317
창피	127	축하	85	퇴근	150	한번	175
창피하다	404	출구	70	퇴근길	356	한복	68
채소	135	출근	36	투자	261	한식	133
책방	22	출근길	319	특성	125	한자리	334
책임	47	출발	252	판매	196	한창	245
책자	231	출산	255	편지	135	할인	284
책장	44	출입	38	평상시	332	합격	239
처리	181	출입문	380	평소	300	해결	166
처음	22	출장	94	평일	60	핵심	132
천만	228	춥다	399	평화	126	행복	159
철도	134	충돌	284	포도	191	행사	293
첫사랑	341	취미	133	포장지	383	행운	101
첫인상	350	취소	23	폭발적	359	향기	230
첫째	189	취업	159	표	15	향상	236
청결	46	취직	278	표현	223	허리	149
청구서	349	치과	276	표현력	316	허용	47
청년	182	치료법	333	품질	133	현관	111
청소	46	친절	85	풍경	231	현관문	375
청소년	303	친절	229	풍습	271	현대	181
체온	92	친척	134	피로	293	현수막	383
체육관	342	친하다	406	피부	164	현실	151
체중	93	침대	287	피서	262	혜택	174
초대	300	칫솔	38	피아노	356	호기심	365
초대장	359	칭찬	39	피해	238	호수	204
촛불	230	카페	173	필수품	351	혼자	222
최고	63	크기	301	필요성	348	홍수	53
최근	300	타인	63	필요하다	399	화장실	311
최상	199	탁자	117	하늘	293	화장지	334
최선	268	탄산	182	하루	101	화장품	389
최소한	343	태도	286	학교 교육	397	환경	47
추위	215	태풍	214	학부모	349	환불	286

🔍 색인

단어	페이지	단어	페이지	단어	페이지	단어	페이지
환영	197	회사원	389	휴식	126	예방	190
환자	220	회원	141	휴일	214	운전하다	407
활동	127	효과	148	흡수	260		
회관	156	후원금	327	희망	78		
회복	183	휴가	294	흰색	180		
회사	278	휴대	190	신청서	358		

이 책을 만드는데 도움을 받은 자료들

폰트
  - 칠곡할매서체(이종희체,이원순체), 에스코어 드림, 카페24 써라운드 에어, 나눔스퀘어, Calibli

내용 및 기본 번역
  - TOPIK 한국어능력시험 기출문제 자료실
  - 국립국어원 한국어기초사전 OpenAPI를 사용함

※ 한국어기초사전 OpenAPI 와 칠곡할매서채는 공공누리 저작권 정책에 따라 이용하였습니다.
※ TOPIK 한국어능력시험 준비를 위해 필요한 다양한 콘텐츠를 준비해 나가겠습니다.

발 간 일	2024년 1월 5일
초 판 1 쇄 발 행	2024년 1월 5일
기 획 및 편 집	박대건, 소기르 어뜨겅두
공 저 및 번 역	페비 엘피다
펴 낸 곳	케이에스비퓨쳐
출 판 등 록	2021년 1월 14일	제2021-000010호
주 소	서울시 금천구 가산디지털1로 120 (G밸리창업큐브) 702호
연 락 처	070-8829-8290
이 메 일	ksbfuture@gmail.com
홈 페 이 지	https://www.topik-edu.com
	https://facebook.com/ksbfuture
I S B N	979-11-983396-1-4
정 가	20,000원

※ 이 책은 공공누리 저작권 정책에 따라서 자유로운 활용이 가능합니다. 단, 저작권 출처를 명시하여야 합니다.
※ 잘못된 책은 구입하신 서점을 통하여 교환하여 드립니다.